Z. 2284
+ K G B. 16e.

Ⓒ

5141
6

ANNALES

DE LA PROVINCE ET COMTÉ

DU HAINAUT.

TOME SIXIÈME.

Les quatre cents exemplaires du commerce sont numérotés, signés par le Bureau de la Société des Bibliophiles et paraphés par l'imprimeur.

ANNALES
DE LA PROVINCE ET COMTÉ
DU HAINAUT,

CONTENANT

LES CHOSES LES PLUS REMARQUABLES ADVENUES DANS CESTE PROVINCE,
DEPUIS L'ENTRÉE DE JULES CÉSAR, JUSQU'A LA MORT DE L'INFANTE ISABELLE;

PAR FRANÇOIS VINCHANT.

TOME SIXIEME.

MONS.
TYPOGRAPHIE D'EMM. HOYOIS, LIBRAIRE,
RUE DE NIMY, 163.

M. DCCC. LIII.

APPENDICE

CONTENANT

LES DIPLOMES ET AUTRES DOCUMENTS HISTORIQUES

REPRIS DANS LES CINQ VOLUMES

DES

ANNALES DU HAINAUT,

PAR VINCHANT.

APPENDICE.

N.° 1.er — Tome deuxième, page 92.

GÉNÉALOGIES DE LA FAMILLE SAINTE WAUDRU.

Généalogie de sainte Waltrude, patrone de la ville de Mons, d'après laquelle se voit comment ceste sainte est issue en ligne droite des prémiers roys de France et combien de saints personnages sont issus de ceste sainte famille.

I.

Le premier que nous trouvons plus connu ès-histoires authentiques d'entre les ancestres de sainte Waltrude fut Pharamond, premier roy des Francs. Il eut à femme Argote, fille du roi des Cimbres, de laquelle il eut plusieurs enfants, dont l'aisné fut *Clodion* le chevelu. Il mourut sur la fin de 430, ayant rengné 11 ans.

II.

Clodion le chevelu, second roy des Francs, eut à femme Basine, fille du roy de Thuringe, dont il eut un fils nommé *Clodeband*, et d'une autre femme un second fils nommé *Merovée*, qui est le troisième roy des Francs. Clodion régna 18 ans et mourut en 448.

III.

Clodeband. Ce prince mourut jeune, tué dans un combat sous les murs de Soissons. Il laissa trois enfants : *Auberon*, *aliàs Alberic*, *Reginald* et *Ragnacaire*. Ces deux derniers furent mis à mort par Clovis.

IV.

AUBERON, *aliàs* AUBERT, ALBERIC, eut à femme ARGOTE, fille de Theudemer, roy des Oostrogoths. Il recouvra sur le roy Merovée le Haynaut, les Ardennes, etc., où il se maintint au milieu des forêts. Il bastit, pour se défendre, une tour fortifiée sur une montagne, dite *Castri-loc.*; c'est la ville de Mons. Il mourut très-âgé vers l'an 488, laissant plusieurs enfants dont l'aisné appelé *Waubert* lui succéda.

V.

WAUBERT 1.er, héritier des possessions paternelles et maternelles, eut à femme LUCILE, sœur de l'empereur Zénon l'Isaurien. C'est le premier prince chrétien de la race. Il mourut vers l'an 528, laissant plusieurs enfants : *Anselbert*, *Waubert*, *Gomar*, *Deotaire*, évesque d'Arisie en Aquitaine ; saint *Firmin*, évesque de Vence ; *Agiulphe*, évesque de Metz ; *Raginfride*, vierge ; *Goda*, vierge ; *Marie*, vierge ; *Clotilde*, vierge ; *Lucile*, épouse de Théodore, duc de Bavière.

Maintenant, pour suivre l'ordre adopté dans cette généalogie, je diviserai la race dudict Waubert 1.er en trois branches :

Première, *Anselbert* ; deuxiesme, *Waubert II* ; troisiesme, *Gomar*.

PREMIÈRE BRANCHE.

VI.

B. ANSELBERT ou ANSBERT, sénateur de Rome, succéda aux seigneuries de son père en Aquitaine et Mosellane, etc., eut à femme BLITHILDE, fille de Clotaire 1.er, roi des Francs ; il eut six enfants, sçavoir :

C. *Buggise*, *aliàs* ARNOULD ; *Ferreole*, évesque d'Uzez, mort l'an 584 ; *Mederic*, évesque d'Arisie en Aquitaine ; saint *Gondulphe*, évesque de Maistrecht ; sainte *Tarsite*, vierge religieuse, gist à Rennes en Bretaigne ; sainte *Ulsis*, vierge religieuse.

VII.

C. BUGGISE, *aliàs* ARNOULD, eut à femme ODA, fille de Gonzo, duc de Suève, qui le seconda en vertus. Il laissa six enfants :

D. Saint *Arnoul*, *Sigilphe*, saint *Bazin*, archevesque de Trèves ; saint *Wandlin*, qui embrassa la vie monastique ; *Gonza*, mariée à *Gerwin*, duc de Lothier ; *Goda*, vierge religieuse.

Finalement, après la mort de sa femme, Buggise quitta le monde pour se faire hermite. Il vécut dans les exercices de dévotion le reste de sa vie et mourut saintement.

VIII.

D. Saint Arnould succéda à son père dans ses seigneuries. Il eut à femme Doda, dame très-vertueuse, fille de *Wiberich*, comte de Boulogne sur mer. Le roy Clotaire le fit maire de son palais, mais il quitta peu de tems après ceste dignité pour se rendre hermite, et sa femme se fit religieuse ; ayant eu au préalable par ensemble trois enfants :

E. *Ansigise*, *alias* Anchise ; saint *Clodulphe*, *Walachise*.
   Après avoir vécu quelque tems fort saintement dans son hermitage, saint Arnould fut forcé d'accepter l'évêché de Metz ; mais il s'en démit après environ 15 ans, pour rentrer dans sa solitude, où il mourut en odeur de sainteté vers l'an 641.

D. Sigilphe, *alias* Brunulphe, comte de Templacene, espousa Clothilde, sœur de sainte Aye, dont il eut trois enfants :

E. *Brunulphe*, *Sichilde*, mariée à *Clotaire II*, roy de France ; *Gome=trude*, laquelle espousa *Dagobert*, fils dudit roy Clotaire.

IX.

E. Anchise, *alias* Ansigise, eut à femme Beggue, fille de Pepin de Landen, laquelle fonda le monastère d'Andenne. Il eut un fils dit :

F. *Pepin le gros*, *alias* de Heristal.

E. Saint Clodulphe, duc de Mossellane, eut à femme Marie, fille du roy Clotaire II, dont il eut plusieurs enfants.

F. L'un d'eux *Martin*, gouverneur de l'Austrasie, fut tué en trahison par Ebroïn. A l'imitation de son père, saint Clodulphe, se retira dans un monastère, d'où il fut aussi tiré pour être évesque de Metz. Il mourut vers l'an 689.

E. Walachise, *alias* Wallchise, comte de Verdun, eut à femme Val=drade, dont il eut un fils saint *Vandregisile*, fondateur du monas=

F. tère de Fontenailles, et une fille nommée *Helwide*, mariée à *Lideric*, forestier des Flandres.

E. Brunulphe, gouverneur d'Aribert, viceroy d'Aquitaine, son nepveu, fut occis par ordre du roy Dagobert, laissant quatre enfants :

F. *Brunulphe*, comte de Louvain ; *Alberic*, dit l'orphelin, comte de Haynaut, après sainte Aye ; *Hydulphe*, comte d'Ardenne, et *Gloméric*, comte de Durbuy et Namur.

DEUXIESME BRANCHE.

VI B.

B. WAUBERT II, bisayeul de sainte WAUDRU, fut envoyé tout jeune à Rome, où il fut créé sénateur avec son frère Anselbert. A son retour il entra en possession des seigneuries que son père avait en Hainaut, Ardennes, etc. Il eut à femme ROTHILDE, sœur d'Athalaric, roy des Oostrogohts, princesse vertueuse réputée sainte. Ils eurent par ensemble trois enfants :

C. *Waubert III*, ayeul de sainte Waudru; *Brunulphe I.er*; *Vraye*, qui fut mariée à *Mumolinus*, issu du sang des ducs de Tongres.

VII.

C. WAUBERT III eut à femme AMALBERGE, fille de Carloman, de laquelle il eut quatre enfants :
D. *Waubert IV, Brunulphe, Amalberge, Vraye.*
C. BRUNULPHE I.er, comte de Cambresis. Il eut un fils qui portait son nom.
D. *Brunulphe II.*

VIII.

D. WAUBERT IV, seigneur de Haynaut et Ardennes, eut à femme BERTILLE, fille de Bercaire, roy de Thuringe, dont il eut deux filles :
E. Sainte *Vaudru*, sainte *Aldegonde*, première abbesse de Maubeuge. Waubert IV et Bertille vécurent pieusement et sont réputés saints.
D. BRUNULPHE, fils de Waubert III, espousa VRAYE, fille du comte de Boulogne sur mer, dont il eut deux filles :
E. Sainte AYE, qui espousa saint HYDULPHE, duc de Lobbes, son cousin. CLOTHILDE qui fut mariée à BRUNULPHE, comte de Templacene.
D. BRUNULPHE II, comte de Cambresis, eut plusieurs enfants dont.
E. l'aisné saint *Hydulphe*, duc de Lobbes, mary à sainte Aye.
D. AMALBERGE, dame de Saintes, espousa en premières nôces THEODORIC, duc de Lothier, dont elle eut trois enfants :
E. Saint *Vinant*, hermite et martyr près de la ville d'Aire; sainte *Pharaïlde*, ou *Phaerl*; sainte *Ermelende*, aliàs *Ermetrude*.
Elle espousa en secondes noces saint WITER, seigneur de Condet sur l'Escault, dont elle eut trois enfants :

E. Saint *Ablebert*, *aliàs Emebert*, évesque de Cambray; sainte *Reynelde*, vierge et martyre près de Hal; sainte *Goule*, *aliàs Gudule*, patrone de Bruxelles.

IX.

E. Sainte Waudru, *aliàs* Waltrude, espousa le seigneur Maldegaire, *aliàs* Vincent, dont elle eut quatre enfants :
F. Saint *Landry*, évesque de Metz.
   Saint *Dentelin*, mort en bas âge.
   Sainte *Aldetrude*, deuxiesme abbesse de Maubeuge.
   Sainte *Maldeberte*, troisiesme abbesse de Maubeuge.

Après avoir vécu vertueusement par ensemble pendant plusieurs années, saint Vincent et sainte Waudru quittèrent le monde pour embrasser l'état religieux. Saint Vincent fonda d'abord le monastère d'Haumont, où il se retira, et ensuite celui de Soignies; il en mourut abbé vers l'an 677. Sainte Waudru, de son costé, se retira à Castriloc., dans un monastère que lui avoit basti saint Hydulphe, son cousin. Elle y passa le resté de sa vie dans la pratique des œuvres de piété et y mourut saintement vers l'an 686.

TROISIESME BRANCHE.

VI D.

B. Gomar eut un fils nommé
C. Godin, qui est reconnu comme saint.

VII.

C. Saint Godin, comte d'Aquitaine, eut une fille nommée
D. Segoline, réputée sainte.

Parentaige de sainte Wauldrud, comtesse de Haynault.

Cette généalogie est extraite d'un tableau qui se trouve à l'église de Sainte-Waudru, à Mons, portant la date du 9 avril 1577.

1. A.

A. CARLOMAN I.er, fils de Braban, troisiesme du nom, second prince de Brabant, comte de Hesbain chrestien.

B. Père à *Pepin de Landen* et à *Amalberge*, abave à sainte *Wauldrud*.

PREMIÈRE BRANCHE.

11. B.

B. PEPIN de Landen, fils à Carloman I.er, fut viceroy et proconsul du roy de France, défenseur de l'église catholique, grand-oncle à sainte Wauldrud. Il eut à femme YDUHERMIE, fille du duc d'Aquitaine. (Ensepvelie à Nivelles.)

C. Ils eurent trois enfants : *Grimault alias Grimaudde*, duc de Lothier et de Brabant, de la cour du roy de France, fut occis par l'envie d'aulcuns ; *sainte Gertrude*, vierge, abbesse de Nivelles, patronesse de la maladie de sueries ; *sainte Beggue*.

111. C.

C. SAINTE BEGGUE, mariée à ANGIN, *alias Anchisigise*, duc de Lothier, Brabant, ès parties orientales.

D. Ils eurent un fils appelé *Pepin le gros*.

IV. D.

D. PEPIN LE GROS, dit de Herstal, duc de Lothier, Brabant, vice-roy de France et proconsul. Eut à femme sainte PLECTRUDE, née à Couloigne, où elle y fut ensepvelie en l'église de Sainte-Marie-aux-degrés.

E. De ce mariage sont issus trois enfants : saint *Sylvin*, confesseur ; sainte *Notoburge*, vierge ensepvelie à Couloigne ; *Grimoald*.

V. E.

E. GRIMOALD fut assassiné en allant voir son père à Jopil ; ensepveli à Liége près de saint Lambert.

F. Il laissa deux fils *Hyldebert*, qui mourut jeune, *Drogon*.

N. B. Pepin le Gros eut aussi un autre fils de sa concubine Alpaïde, nommé *Charles Martel*.

E. Charles dit *Martel*, duc de Lothier, etc., etc., principal proconsul de France. Il eut à femme Rotrude. Il mourut l'an 741 duc d'Austrasie.

F. Il eut de Rotrude deux fils : *Carloman* II, duc d'Austrasie, etc., se fit depuis moyne de Saint-Benoist et devint ensuite évesque de Vienne. *Pepin* dit *le bref*.

F. N. B. Il eut aussi plusieurs enfants illégitimes, sçavoir : *Grippon*, qui eut de la part de Sonichilde, sa mère, une partie de la province de Normandie, soubs la displaisance de ses frères. *Remy*, archevesque de Rouen ; le comte *Bernard*; *Jérôme*, père de *Fulrade* abbé de Saint-Denis ; *Chiltrude*, qui devint par rapt espouse d'*Odilon*, duc de Bavière, contre la volonté de Carloman et Pepin, ses frères.

vi. F.

F. Pepin le bref, coroné roy de France par saint Boniface, régna 40 ans. Il eut à femme Berthe, dite au grand pied, fille de Florent, roy de Hongrie. (Ensepveli à Aire.)

G. Ils eurent deux fils : *Carloman et Charlemagne*, et cinq filles mortes sans lignée : dont *Helcane*, duchesse d'Aigremont, et *Gloriane*, comtesse de Blois.

F. Drogon, fils aisné de Grimoald, duc et comte de Champagne,

G. Eut un fils nommé *Théodat*.

F. *Bernard*, quatriesme fils de Charles Martel.

G. Il eut trois fils : saint *Allard*, *Vala* et *Bernard*, tous moynes de Corbie, dont les deux premiers furent abbés. Saint *Allard*, célèbre en la ville d'Amiens, est patron de la douleur de chief.

G. Charlemagne, eslu par le pape Léon empereur des Romains, roy de France, etc., régna 43 ans. Il eust à femme *Hyldegarde*, fille d'Heraclius, empereur (ensepvelie à Metz).

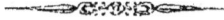

DEUXIÈME BRANCHE.

II. B.

B. Amalberge, première fille à Carloman I.ᵉʳ, mariée à Waulbert I, comte de Haynault. Ave à sainte *Wauldrud*. Ensepvelie au cloistre de Bilsen.

III. C.

C. Ils eurent deux enfants : saint *Waulbert* et sainte *Amalberge*.
C. Saint Waulbert, second comte de Haynault, noble prince, il eut à femme Sainte Bertile, deschendant de la corone de France.
D. Ils eurent deux filles : sainte *Waudrud* et sainte *Audegonde*, abbesse de Maubeuge et y ensepvelie.
C. Sainte Amalberge, comtesse aux limites de Brabant, tante à sainte *Wauldrud*, fut mariée deux fois. A la mort de son second mary, elle se fit religieuse à Maubeuge. Canonisée. Son premier mary fut Théodoric, duc et roy de France occidentale, il fut emprisoné par Pepin de Herstal, après avoir régné quinze ans.
D. De ce mariage sont issus trois enfants : saint *Winant*, martyr, demi-frère à sainte *Goule;* sainte *Ermetrude*, vierge, laquelle trespassa nonain à Maldert-lez-Thillemont ; sainte *Phaërle*.
E. Sainte Phaerle, 30 ans vierge non mariée. Alliée par mariage à Guy, cousin de sainte Wauldrud pendant 30 ans, lequel tombant de cheval, à la chasse, mourut. Vefve ensuite pendant 30 ans. Cousine à sainte Wauldrud.
    Son second mary fut saint Wither, comte sur les limites de Brabant, seigneur de la ville de Condet avec le bourg sur l'Escault.
D. De ce mariage sont issus trois enfants : saint *Emebert*, *aliàs Gillebert*, évesque de Cambray ; sainte *Renelle*, vierge et martyre, patronesse de Sainctes lez la ville de Hal, patronesse contre la peste ; sainte *Goule*, vierge dame temporelle de Ham, Morselle, patronesse, devant son décès et après, des hemoroydes, lyenterie et des possessés. Sa feste est célébrée le 8 febvrier.

IV. D.

D. Sainte Wauldrud, noble comtesse de Haynault, femme et conjointe à saint Vinchien, depuis abbesse des chanoinesses et damoiselles de Mons en Haynault, patronesse des possessés du diable, goutteux, artériales, etc. Sa fête se célèbre le 3 febvrier.

Saint Vinchien, paravant Maldegaire, marié à sainte Wauldrud, depuis faict moisne de l'ordre de Saint-Benoist, à Soignies. Sa fête se célèbre le 4 julet.

De ce mariage sont issus quatre enfants :

E. Saint *Landric*, évesque de Metz; son estole et le principal de son corps gisent à Soignies.

Saint *Dentelin*, mort au berceau.

Sainte *Aldetrude*, abbesse du monastère de Maulbeuge, patronesse de sourds, boyteux, aveugles et captifs.

Sainte *Maldeberte*, vierge et abbesse de Maulbeuge, patronesse des sourds, muets, aveugles et abortifs.

N.° II. — Tome deuxième, page 148.

De institutione sanctimonalium.

Nous avons cru devoir omettre la traduction annoncée par Vinchant ; elle est très-incomplète. La règle dont parle cet auteur se trouve toute entière dans la collection des conciles, de *Hartzheim*, tome II, page 514. Nous n'avons fait qu'indiquer avec *Molanus* (*De collegiis canonicorum*, cap. 35), le sommaire du livre II, du concile d'Aix-la-chapelle, contenant ladite règle.

De regulâ canonicorum et canonissarum in concilio Aquisgranensi scriptâ.

Ludovicus imperator, Caroli magni filius, mense junio 816, generalem conventum habuit, ad quem plurimi Germaniæ, Galliæ, aliarumque provinciarum episcopi convenerunt. In hoc conventu capitula octoginta regularis disciplinæ sunt constituta, sivè ut hodiè loquimur, scripta est regula canonicorum et canonissarum; quæ extat in summâ conciliorum Germaniæ inferioris cujus argumenta infrà subnectimus.

1. Excerptum ex epistolâ B. Hieronymi, ad Eustachiam.
2.   »   »   ejusdem, ad Demetriadem.
3.   »   »   ejusdem, ad Furiam.
4.   »   »   B. de habitu virginum.
5. Ex sermone S. Cæsarii, episcopi, sanctimonialibus directo.
6.   »   S. Athanasii, ad sponsas Christi.
7. Quales in monasteriis puellaribus debeant esse abbatissæ.
8. De congregandis in monasteriis sanctimonialibus.
9. Qualiter his, quæ ad monasterium expetunt, de rebus propriis agendum sit.
10. Qualiter in monasterio sanctimonialibus conversandum sit.
11. Ut monasteria puellarum undique muniantur et necessariæ habitationes interiùs præparentur.
12. Ut sanctimoniales in unâ societate viventes æqualiter cibum et potum accipiant.
13. Qualiter sanctimoniales stipendia accipere debeant necessaria.
14. Quod gemina abbatissis sanctimonialibus impendenda sit pastio.
15. Ut ad horas canonicas celebrandas incunctanter conveniant sanctimoniales.
16. De instantiâ orationis.
17. Ut completorium pariter sanctimoniales celebrent.
18. Qui modus correptionis erga sanctimoniales delinquentes adhibendus sit.
19. Ut abbatissæ virorum frequentias devitent.
20. Ut sanctimoniales virorum caveant frequentias.

21. Ut sanctimoniales erga famulas sibi subvenientes pervigilem adhibeant curam et custodiam.
22. Ut erga puellas in monasteriis erudiendas magna adhibeatur diligentia.
23. Ut in monasteriis puellaribus domus propter anus et infirmas sit.
24. Quales sint præpositæ constituendæ.
25. Qualis sit constituenda cellaria.
26. De portâ monasterii constituendâ.
27. Ut nonnisi statuto tempore presbyteri eorumque ministri monasteria puellarum ingrediantur.
28. Ut hospitale pauperum extra monasterium sit puellarum.

N.° III. — Tome deuxième, page 192.

L'empereur Othon confirme l'abbaye de Saint-Ghislain dans la possession de ses biens.

Otto Romanorum divinâ favente clementiâ imperator augustus.

Pervenit ad notitiam nostram quidam venerabilis locus, olim ab incolis Ursidungus, nunc cella vocatus; ad quem de Athenis civitate Græcorum commeavit sanctus confessor Christi Gislenus sacerdos et monachus. Hunc locum rex Dagobertus cum B. Gisleno, ad unguem perduxit et regiâ munificentiâ ampliavit : sanctus verò Otbertus cum B. Amando, in honore apostolorum Petri et Pauli eundem locum dedicarunt. Noverint ergò duces et marchiones, comites etiam nostri, et principes locum hunc regiâ tuitione ubique protegi et defendi. Itaque præcipimus, subtitulare rerum ad eundem locum pentinentium possessiones, quatenùs regiâ corrobatione confirmatæ, semper ad usus fratrum, in eodem loco Deo servientium famulentur. *Hornud* cum præcinctu; in *Durno* ecclesiam unam ; in *Lismonte* ecclesiam unam ; in *Resin* unum curtile ; in *Basiaco* mansos duos quos dedit S. Aldegundis. In *Monterolcurt*, quæ est in pago Cameracensi quatuor curtilia ; in *Villare* super Tenram, bonaria xij in *Alemaniæ* villâ, quæ sita est in pago Suessionensi, hospites, vineas et terras.

Signum Ottonis magni, imperatoris et invictissimi augusti.
Adalgerus cancellarius vice Bardonis archicancellarii recognovi acta. Kalendis maii anno nongentesimo sexagesimo quinto indictione xii, anno Domini Ottonis xxx, imperii quarto. Actum noviomago.

N.° IV. — Tome deuxième, page 209.

L'abbé Albert de Gembloux s'engage à écrire la vie de saint Véron.

Comiti Raginero comitum nobilissimo, Olbertus Gemblacensis, nomine non merito, abbas devotæ orationis et fidelis servitutis munificentiàs.

Gaudeo comitum nobilissime super benevolentià tuà, quæ lucet divinitus accensa, ætatem enim transiens moribus et curarum sæculi fortiter excutiens pondus ecclesiasticæ religionis zelum amplecteris devotus. Bona, mi dilecte, intentio quæ intendit malum vincendum in bono, ideòque jussionis tuæ sarcinam recusare non audeo, quæ precando præcipis et miracula sancti Veroni convenienti scripto aperiam, ad quod faciendum non me scientiæ præsumptio, sed impulit ejus trepidatio, timui peccatum esse, tot Domini beneficia silentio subtegere et timui præceptorum tuorum fierem contemptor. Quæ lector examinans, justè ne irascatur, mihi precor, dum invenerit bona, descripta malè, hæc enim etsi aliùd non possunt esse, hæc quandoque meliùs scripturis, vel memoriæ interventu poterunt esse.

Vale comitum nobilissime.

N.° V. — Tome deuxième, page 234.

Fondation de l'abbaye de Saint-Denis en Brocqueroie,
par le comte Bauduin III.

In nomine Patris, et Filii, et Spiritûs sancti. Amen.

Ego Balduinus comes Hannoniæ, nobilissimæ Richildis comitissæ filius cum audivissem à divinis prædicatoribus et scirem veraciter justorum et impiorum opera per revelationem, atque ostensionem sacrarum scripturarum dissimiliter remunerari, psalterio puerorum acclamante, *justi antem hæreditabunt terram et habitabunt in sæculum sæculi super eam injusti autem disperibunt, simul reliquiæ impiorum interibunt* : et iterùm in eodem, subsequuntur pueri lætantes, et divitibus mundi hujus significantes: *Nolite sperare in iniquitate et rapinas nolite concupiscere, divitiæ si affluant nolite cor apponere, quià tunc judex in die judicii reddet unicuique juxtà opera sua.* Dei inspiratione compunctus et matris prædictæ confortatione vigoratus, tunc mihi consensit cor meum, et cœpi disponere qualiter in tempore opportuno dum tempus est, aliquid proficui mihi assumerem quod in illo die ante Christi tribunal adstans remunerandus offeram. Hoc autem est dispositionis meæ optabile proficuum mihi.

Noverint tam præsentes quàm posteri, quod in meo allodio, hoc est in villâ quæ Sancti-Dionisii appellatur, monachorum ordinem sub abbatis potestate constituo, ad quorum usus, idem allodium, sicuti jure hæreditario usque nunc possedi, liberum ab omni terrenâ dominatione amodo possidendum, ad honorem Dei et beatæ Mariæ semper virginis, liberâ concessione, sancto martyri Chisti Dionysio trado. Ut verô radicari, et fundari merear cum antecessoribus in terrâ viventium, concedo adhuc eidem loco servos et ancillas, sicut designat subtitulatio.

Odam de Merbes, cum sororibus suis, cum earumdem potestate futurâ.

Odam de Senephio, cum filiis et filiabus ejus.

Richueram de Blichy, et quinque filias ejus, scilicet Richueram, Renscellam, Hulsendem, Tietlemdem et Ahieldem.

Hargerum coccum et uxorem ejus, Gillam et filiam Yniburgem.

Robertum et uxorem ejus Liardem.

Alardum, Cambarium, quem de manu Segardi de Cenes suscepi et eidem loco concessi.

Item concedo Normannos, qui in eâdem villâ deguerunt, eâ conditione uti, anno et unâ die ibi manserint posteà ibi, et ubicumque in comitatu meo, abbas vel monachi jure sempiterno possideant, si verô ad annum diemque non pervenerint solùm, dum ibi habebuntur, sub ditione abbatis et monachorum erunt. Albanos etiam similiter trado quamdiù videlicet ibi manserint quos venientes quasi eâ solùm conditione Theodoricus de Avesnis qui eis feudatus est, multo precatu in manu meâ retulit. Has itaque donationes meas oblationes, ab omni advocatione humanâ, præter abbatis, liberas clamo, ab omni terrenâ potestate et dominatione absolvo. Nulli autem comitum, principum, castellanorum, aliarumve potestatum, liceat ex his surripere quicquam. Quod si quis potentum ausus fuerit præsumere, nec desierit potenter æterna tormenta sustineat. Ut autem hoc ratum permaneat, sicut oportet, nobiles meos et principes et potentes sicuti præsentes sunt, ad testimonium appello et subnotare censeo.

Sigillum Gossuini de Montibus.

Theodorici de Avesnis. S. Segardi de Cenes. S. Fastredi. S. Walteri de Chirviâ. S. Baldrici de Roisin. S. Theodorici de Aldenardâ. S. Manassis de Bethuniâ. S. Walteri de Lens. S. Anselmi de Ribemonte. S. Anselli de Merbes. S. Solechini Castellani. S. Rodolphi fratris ejus. S. Wasselini Brunoldi. S. Widonis senescalli. S. Gonscellini. S. Lietberti.

Item consilio Domini mei Gerardi Cameracensis episcopi, consilio inquam salubri et præscriptorum nobilium meorum assensum, quasi divino fervore inflammatus, ecclesiam Sancti-Petri, quæ sita est in Montibus, inter duo monasteria Sanctæ-Waldetrudis videlicet, et Sancti-Germani, cum omnibus appendiciis suis eidem beati Dionisii cœnobio liberaliter trado, ità ut cononici ipsius ecclesiæ, subjaceant potestati abbatis, et obeuntibus illis, in usus monachorum Sancto-Dionysio servientium præbendæ ipsorum cedant. Majora et submajora et ut ità dicam, molendini molendinaria Sancti-Dionysii in manu et potestate abbatis sint, ità ut nullus hæres in eis constituatur, sed abbas ad libitum suum et profectum ea præordinet.

Actum Montibus anno incarnationis Verbi millesimo octuagesimo quarto, indictione VII, epactà VI; regnante et imperante Henrico rege. Duce Godefrido; Remaclo Remensi, archiepiscopo, et Gerardo Cameracensi.

N.° VI. — Tome deuxième, page 255.

Translation des reliques de sainte Waudru.

Ego Geraudus, Dei gratià, Tornacensis episcopus, corpus sanctæ Waltedrutis, vices super hoc gerens Domini cameracensis, de alio vase in hoc vas, anno Dominicæ incarnationis 1157, Balduino comite, filio Yolendis imperante, sub testimonio et in præsentià abbatum transtuli.

Locus sigillorum.

N.° VII. — Tome deuxième, page 271.

Confirmation des biens et revenus de l'église de Sainte-Waudru, octroyée du pape Lucius III.

Lucius episcopus servus servorum Dei dilectis in Christo filiabus sanctimonialibus Sanctæ-Waldetrudis salutem et apostolicam benedictionem. Justis petentium desideriis dignum est nos facilem præbere consensum et vota quæ a rationis tramite non discordant, effectum prosequente complere, quàpropter dilectæ in Christo filiæ vestris postulationibus grato concurrentes assensu quidquid habetis in villà quæ dicitur Resignies. Quidquid habetis in villà quæ dicitur Lestinis in monte et valle. Quidquid habetis in villâ quæ dicitur Walrecum cum pertinentiis suis : Villam de Herinis : quidquid habetis apud Ham : censum de Fertin : quinque modios salis quos vobis debent annuatim monachi Sancti-Amandi de villâ Elaime. Quidquid habetis in villâ quæ dicitur Maffles : quidquid habetis in villâ super Haynam : Et altare de Heruebaus de dono reverendi Cameracensis episcopi, censum de Lombize : censum de Sars : censum de Deslin : quidquid habetis apud Dimont : censum de Bonengien : et quidquid habetis apud Bovenias : sicut ea justè et sinè controversiâ possidetis, et vobis per vos ecclesiæ vestræ authoritate apostolicâ confirmamus et præsentes scripti patrocinio communimus. Nulli ergò hominum liceat hanc paginam nostram confirmationis infringere vel ei ausu temerario contraire. Si quis autem hoc attemptare præsumpserit indignationem omni potentis Dei et beatorum Petri et Pauli apostolorum ejus se noverit incursurum.

Datum Veronæ, viii kalend. novembris.

N.º VIII. — Tome deuxième, page 208.

Charte du Haynau donnée en 1200 par Bauduin VI.

C'est li forme de le pais en toute le conte de Haynau ke li sires cuens de Flandres et de Haynau Bauduins et li home noble et li autre chevalier par leur sairemens ont assourée confremée et roborée par le pension de lor saials ausi dou saiel le conte com des autres nobles homes pendans.

Des homes geriers ki chevalier ou fil de chevalier ne seront mort pour mort. Membre pour membre. Et li fil de chevaliers ki yusques a vintechiunkime an de lor eage ne seront fait chevalier, après le vintechiunkime an seront à le pais autel comme vilain.

Saucuns hom envaist autre home con dit assalir et esis hom qui assalis iert sor son cors deffendant occit celui qui lara assalit, pais ferme doit avoir de cou enviers le signeur et enviers les amis del ocis.

Saucuns en le warde de fruis de ses tieres ou de ses bos ou de ses arwes par lui ou par son sierjant welle prendre pan ou wage et cils pans ou cils wages li soit denoies ou escondis, et de cou entre lui et celui ki le wage li ara denoiet ou escondit, qu'il ara trouve sor le sien tences ou mellées soient meotes et cil cui li tiere sera ou li bus ou arwe ocit qu'il ara troye sor le sien nule venghance niert en lui, ne ne sera a nule amende, ains doit avoir ferme pais.

Sun hom ocit autre homme et cil homecides senfuit si ami et si proisme le doivent forjurer ainsi doivent avoir pais et ki forjurer ne le voira il iert autels comme li homecides qui fuit eniert jusquadont kil lara for= juret.

Saucuns senfuit avœc cel homecide ou pour cele ocquoison se met hors voie et ist del païs pour cou kil lhomecide ne violt forjurer devens lan peut revenir et faire le forjur mais aprics lan il ni peut revenir nient plus ke cil aroit fait le meffet et devens cel an li sires en cui justice il ara mes ara les meules celui ou kil soient en le conte de Haynau.

Li ami et li cousin de celui homme ki ara este ocis doivent asseurer tos cels ki lhomecide aront forjuret et ki asseurer ne le volra il iert en ce mesme point ke cil ki ara fait le meffet. Sauf cou ke puis kil iert amonestes de cele asseurance faire, del jour a lendemain jusqua vespre peut issir dou païs. Et li sire en cui justice il ara mes ara les meules celui si com dit est. Et sil apries l'amonition n'est issus del païs del jour a lendemain on fera de lui ce mesme qu'il devroit iestre fait de celui ki le mal aroit fait. Et s'il meesmement devens lan puet revenir et faire asseurance.

Se membre voloit iert a le pais en celi maniere a le wallance dou fait, si loist a savoir de tolte de membre et de forjur et d'asseurance.

El homecide ki fuis eniert et de celui home ki ara toltit membre a autre home et fuis eniert li sires en cui justice il ara mes ara tous les meules ou qu'ils soient en le conte de Haynau et les fruis de ses tieres dun an.

Del fuitiule home ou del banit le tere outre lan li sires ne puet tenir mais quant li ans sera passes li plus proisme oirs de celui ara son ire= tage et sa terre sil la forjuret.

Del home ocis ait le mortemain cil cui siers ou de cui avoerie ia ara estet.

Se home fuitiules ki home ara ocis ou membre ara tolut a home ou a banis revient ou païs nule vile franke ne nus sires, ne nus home celui puet deffendre ne warander que tout partout ne le puist prendre cescun qui le païs ara jure et quant il la pris presenter le doit a celui sor cui justice il iert pris pour cou que cil en face justice et le devandite venghance et se cil adont nen fait justice ne reniance li sire cuens de Haynau le doit faire.

Suns home a este navres ou griement blecies de quoi on doutie de mort ou de membre pierdre cil ki navret lara ou bleciet doit iestre tenus et wardes desci adont quon ait vu que de ciele plaie ou de cele ble= ceure iert avenu.

Se chil cel home ainsi atenu a en se warde et il li escape li chil doit jurer lui tiers que chil que sans se coulpe li est escapes sauve nekedent la bone verite del pais.

Et se cil home atenus et wardes escape a aucun maieur ou bailliu qui ne soit mie chevaliers il jurra lui sietisme dhomes que sans se coulpe lui sera escapes sauve nekedent la bone verite del pais.

Cil coutiel a pointe portera sil nest venerus, ou keus, ou mauchers ou estranges home passant par le païs amender le doit par LX S. de deniers a celui sor cui justice il sera trouvet et sil par povreté cele amende païer ne puet on lui coupera un orelle.

El amende des meffais en toutes les viles ou markies ne cuert de voisins sest a savoir contre autres, ausi des homes le comte contre d'autres est ceste.

Del roisniet ou de membre brisiet L S. de deniers sont a doner desquels li home blecies ait XXX et li sires en cui justice li home ble= cies ara mes XX S.

De sanc espandu XXX S. dont li home blecies ait le moitiet et li sires en cui justice li home blecies ara mes lautre moitiet.

De kevelement ou de ferure sans sanc XV S. dont li keveles ou li feries ait le moitiet et li sires en cui justice il ara mes lautre moitiet.

Toutes ces coses par bone verite seront a prouver et se verites nen pert, cil ki autrui encoulpera jurra lui seul que sil lara blesciet, ou ferut, ou kevelet et li autres jurra li tiers que de cou nest encoulpe et ensi doit avoir pais.

En ces juremens nules okoisons ne sont a ameller con appiele engit.

Saucuns des homes de cui les amendes sont en L S. ou en XXX S. ou en XV S. soit envoies a celui a cui li justice piertient pour son home ki ara este blecies, se devens XV jors cele amende ne puet paies ou ne violt, li sires fera de celui justice selon le meffait et se cil enfuit on le cacera com autre banit. Et dementrues con le cacera si ami aront pais.

Par ces amendes pais ferme doit iestre entre les signeurs et les voisins et les homes, ausi des homes le conte comme des autres.

Toutes ces coses li sires cuens de Flandres et de Haynau *Bauduin* et si home noble et li autre chevalier, de quels li non ensuivent par atou= kement des sains jurerent plainement a warder.

Phelippes, marcis de Namur, au devant dit conte germains. *Henris*, ausi a ce mesme conte germains. *Watiers d'Avesnes. Alars de Cymay. Rasses de Gavres. Gerars de Ghauce. Ustasses del Rues. Nicholes de Bar= benchon. Willaumes*, au devant dit conte oncles. *Gilles de Trasignies. Willaumes de Kievi. Reniers de Trich. Nicholes de Rumigny. Englebiers* d'*Aenghien*. *Jernols de Moriaume*. *Godefrois de Thuin*. *Willaumes de Hausi*. *Alousses fils*. *Watiers de Vile* et *Watiers de Kievraing*.

Cest li declarations des lois en le court et en le conte de Haynau par le commun assens et le commun conseil et deliberation et sainne re= cordance des nobles homes qui piertiennent a le conte de Haynau, diligemment contrescrites et confermees des saials et des sairemens monsigneur Bauduin conte de Flandres et de Haynau et de ses homes foiaules qui piertiennent a le contet et a la signorie de Haynau et sont confermees et roborees a warder perpetuelment.

Ensi est fermet en le loi ke suns home tenans fief prent femme en mariage et de celi ait fille et nient fil, celle fille tenra le fief de sen pere et de se mere.

Se li premiere femme del home soit morte, et cils home prent autre femme et de celi ait fil, cil fils tenra le fief de sen pere et de se mere.

Et est en le loi affermet ke se li home tenans fief a fils, ou tant seule= ment filles, li premiers fils, ou li premiere fille ait oir de son propre cors et cils premiers fils, ou celle premiere fille muire devant sen pere, li oirs de celi ne tenra le fief de sen tayon, mais se cil tayons muert tenans sen fief ses plus proismes oirs sorvenans ens el fief le tenra seloist a savoir fils ou fille.

Si li home tenans fief muert sans oir de son propre cors, li succes= sions del fief venra a sen plus proisme oir se loist a savoir a celui ki de celle proismetet sera de que cil fief descendi devant.

Cela mesme lois est de le femme tenant fief sele muert sans oir de sen propre cors.

Si li home prend femme en mariage et doer le welle de fief il convient kil soit fait par le seigneur dou fief et par le tiesmoignage des homes au signor dou fief.

Si li home sans oir de son propre cors soit mors, se femme en ses fies ou es alues ki de le partie lhome par droit diretage seront venu ne retenra nule cose si ce nest tant seulement doaires et li meule en tiere ahaniule de celui an.

Encore est confermet en le loi ke se li home et li femme sont venut ensanle par mariage et de le partie de lun ou del autre fief ou aluet soient venut et li home ou li femme muire sans oir de sen propre cors li fief ou li aluet ki de le partie de lhome mort ou de le femme morte seront venut, venront maintenant a lor plus proismes oirs. Ensi que li home en liretage de le femme ne retenra nule cose ne li femme en li= retage de sen baron se ce nest doairs; sauf nekedent les mueles de lun et del autre en tiere ahaniule de celui an.

Si li home muert anchois ke se femme, ses oirs, sil son eage, tenra maintenant les fies de sen pere. Ensi ke li femme de che ne retenra nule cose se ce nest doaires ki lui soit dones et li mueles de celui an en tiereahaniule con a piele tiere wagnaule.

Ensement se li femme muert devant sen baron, ses oirs, sil a sen eage, tenra maintenant les fies de se mere ensi que li home de cou ne retenra nule cose, se ce sont muele ki sor se tiere ahaniule con apiele tiere wagnaule seront cel an.

A le loi li eages del home est de XV ans, et de le femme a XII ans.

Encore est conformet en le loi ke se li home et se femme ont ensanle fief acquis et li home muire sans oir de sen propre cors cil fief venra maintenant au plus proisme oir de cel home. Ensi ke cil plus proisme oir cel fief recevra au signor dou fief et homage len fera et siervice en ara sil iest. Et li femme tant com elle muira ara le moitiet des fruis et des profis en ce fief, sans justice et sans siervice faire au signor dou fief et li oirs lautre moitiet, qui de tout justice et siervice fera au signor dou fief.

Se li home et li femme ont ensanle aluet acquis et li home muire sans oir de sen propre cors, li femme tant com ele vivra tout laluet et apries le deces de le femme tous li alues revenra as proisme oir de lhome.

Se li femme muert de cui partie ou aluet soient venut, ses barons devant le plain eage de lor enfans, des enfants et en lor fief et en lor biens ara le ballie desci adont que li enfans aront leur eage.

Ensement se li home muert de cui partie fief ou aluet soient venut li femme en ses enfans et en lor fies et en lor biens ara cele mesme ballie.

Il home tant com il vivra tenra laluet de se femme jasoit con quil aient enfans et li femme en celi maniere tenra laluet de sen baron.

Se li home et li femme soient mort anchois que leur enfant aient leur eage li plus proisme oirs des enfans ki sera de cele proismitet ara le baillie des enfants et en lor fies et en lor alues desci adont que li enfant aront leur eage.

Nu sierf ne puet sen aluet jeter hors de se main ou fief faire, se ce nest par lassens de sen signeur cui sierf il est.

Il ballius le conte de Haynau desoure tous autres ballius, pour le tiesmognage des homes le conte estaulis, puet faire justice dun home contre autre et descambier de toutes coses ausi come li cuens.

Et li home le conte doivent faire pour lui plaine justice se loit assa= voir dun home contre autre ausi comme pour le conte.

Mais li ballius de possessions et de tenures et del hiretage le conte ne puet plaidier, par quoi li cuens par le justice ou le maintenement de celui puist pierdre.

Ne ne puet li ballius nul home le conte traire en cause ou en querele de ses tenures ou de sen iretage se ce nest en presence le conte.

Mais de mueles et de catels entre le conte et ses homes puet li ballius postuiment plaidier.

Les causes trespassees et les quereles remaignent estaules ainsi com de cou a estet jugiet devant.

Li cuens *Bauduins* de Flandres et de Haynau et si foiaule home *Phelippes*, marcis de Namur, a ie mesme conte germains. *Watiers dAvesnes. Alars de Chimay. Rasses de Gavre. Gerard de Ghauce. Michiels de Barbenchon. Ustasses del Rues. Willaumes*, oncles au devant dit conte. *Willaumes de Kievi. Reniers de Trith. Nicholes de Rumigni. Watiers de Kievraing. Gilles de Trasignies. Englebiers d'Aenghien. Henri*, oncles le conte. *Gerars de Saint-Obiert. Willaumes de Hausi. Adans de Waullaincourt. Gilles de Bierlainmont. Jernols d'Audenarde. Watiers de Sotenghien. Ostes de Waudripont. Watiers de Vile. Nicholes de Condet. Gilles de Brayne. Henris*, castelains de Binch. *Watiers*, provos de Doay. *Pieres de Doay. Gerars*, seneschal de Bouchain. *Stievenes de Denaing. Jernols de Kaurain. Hues de Saint-Obiert. Willaumes de Gomignies. Gillains*, castelains de Biaumont. *Henris*, castelains de Mons. *Ostes dArbre. Hues de Gage. Renars de Strepi. Achars de Verli. Hues de Givris* et pluisieur autre.

Tout cil ki sont nomet et mouldt dautre par atoukement de sains jurerent toutes ces coses a warder par leur sairemens, ke saucuns des homes ces lois contescrites voloit enfraindre en aucune partie, tout li autre seront contre celui de warder plainement tout cou ke dit est deseure.

Ce fut fait lan del incarnation MCC. el Castiel a Mons le quinte kalende dAwoust le sycte fere devant le fieste Saint-Piere.

N.º IX. — Tome deuxième, page 300.

Diplome du comte Bauduin II, qui affranchit l'église de Sainte-Waudru de certaines charges.

Balduinus Flandriæ et Hannoniæ comes universis tam præsentibus quam futuris in perpetuum. Noverit universitas vestra quod cum ad succursum terræ promissionis cruce signatus iter acciperem considerans quod ecclesiam montensem, cujus abbas sum et major advocatus in jure et honore illæsam conservare debeam, hoc eidem ecclesiæ specialiter recognovi de jure et bonâ voluntate meâ quod ipsam ecclesiam inter cætera quibus ei obligatus teneor ab omnibus procurationibus quæ vulgariter gestæ seu personia dicuntur, quæ quandòque à cardinalibus, aut legatis sedis Apostolicæ et à Domino Rhemensi archiepiscopo, seu Cameracensi episcopo, cæterisque prælatis, officialibus suis et ministris requiruntur, ego et hæredes et successores mei in propriis expensis nostris omninò debeamus illam liberare et prorsùs prædictas procurationes quandocumque et quotiescumque ab eâdem ecclesiâ requisiti fuerimus, persolvere. Ut autem hæc rata habeantur et tam à me quàm à meis successoribus inviolabiliter observentur, præsenti scripto, sigillo que meo eadem roborari decrevi.

Actum Montibus antè corpus beatæ Waldetrudis, anno Verbi incarnati 1201.

Il existait une très-ancienne traduction de cette pièce à la trésorerie de Sainte-Waudru, nous croyons devoir la joindre à l'original latin.

Bauduin cuens de Flandre et de Haynau à tous chiaux qui sunt et avenir seront permenaulement, conneute chose soit à votre universitet ke comm jou croisies eusse entrepris le voie à soucours de le saincte tier de promission rewardai et considerai que jou qui sui abbes et lis plus grans avoes del eglise de Mons tenu de wardeir icheli en son droit et en sen honneur sans blechier, reconneuchs chou mes de droit et de men boine volonteit ke entre toutes choses asqueles je suis obligies à tenir, ja et min successeur devons et astons tenus de delivrer icheli eglise à nos propres despens de toutes procurations qui sont apellées communelment gistes u poursoing, lesqueles sont requises aucunes fies des cardenaux u des legas de Rome u de monseigneur l'archevesque de Rheims u de monseigneur l'eveque de Cambray u des autres prelas de sainte eglise, u des officiaux u des ministres et jou mi oir et mi successeur devons paier de tant en tant les dites procurations quante et quante fies nos seras requis de cheli eglise et pour chou que ces choses soient fermes seront wardées sans brisier de mi et de mes successeurs, je les ai conferméés par che présent escrit et par men saïel.

Che fut fait à Mons par devant le cors saint me dame saincte Waudrut, l'an del incarnation mil CC et I.

N.° X. — Tome deuxième, page 301.

*Diplôme du même,
affranchissant les quatre hôtes de Sainte-Waudru.*

Balduinus Flandrensis et Hannoniensis comes universis tam præsentibus quàm futuris in perpetuum. Cum ad subveniendum terræ sanctæ cruce Domini signatus, iter peregrinationis arripuissem concessi Montensi ecclesiæ beatæ Waldetrudis et legitimâ sanctione confirmavi ad perpetuam memoriam et inviolabilem observationem ut quatuor ipsius ecclesiæ hospites in Montibus, Harduinus scilicet textor, Theobaldus Calons, Joannes et Petrus et eorum in curtilibus illis successores ab assisiis et tailliis et exactionibus liberi permaneant ecclesia autem mihi de gratiâ et liberalitate concessit scripto et sigillo confirmavit ut Valentia redituum quos annuatim ab illis curtilibus habet distribuatur perpetuo in præbendas in celebratione anniversarii mei et Mariæ comtissæ conjugis meæ, cum xxv solidis census de Eugiis nobis verò viventibus ipsorum redituum Valentia distribuatur in præbendas ecclesiæ in celebratione Assumptionis beatæ Mariæ. Ut autem hæc tam per me quàm successores data conserventur scripto et sigillo meo confirmare decrevi.

Testes :

Ægidius de Trazegnies; Willermus de Haussy;
Ægidius de Brena; Willermus de Gominiis,
et quamplures alii.

Actum Valencenis, anno M. CC. II., XI kalendas septembris.

N.° XI. — Tome deuxième, page 304.

Extrait d'une lettre du comte Bauduin, concernant la prise de Constantinople.

Balduinus, Dei gratiâ, fidelissimus in Christo, imperator Constantino= politanus à Deo coronatus Romanorum moderator et semper Augustus, Flandriæ et Hannoniæ comes universis Christi fidelibus archiepiscopis, episcopis, abbatibus prioribus præpositis, decanis cæterisque ecclesia= rum prælatis ecclesiasticisque personis. Baronibus, militibus et ser= jantis, omni deniquè populo christiano ad quos pagina præsens pervenerit in verò salutari gratiam et salutem.

Audite qui longè estis et qui propè admiramini et laudate dominum, quàm magnificè fecit qui antiqua miracula nostris dignatus est renovare temporibus et non nobis quidem sed nomini suo gloriam dedit omnibus sæculis admirandam, etc. *(Cætera desunt.)*

N.° XII. — Tome deuxième, page 306.

Diplôme du comte Ferrand reconnaissant une donation faite en faveur de Bouchard d'Avesne, mari de Marguerite la brune.

Ego Ferrandus, comes Flandriæ et Hannoniæ, notum facio omnibus, præsentes litteras inspecturis, quod dilectus et fidelis meus Walterus de Avesnis, et frater ejus Bouchardus ad me venientes Montibus, ibidem in domo meâ recognoverunt coràm me et hominibus meis, pacem inter ipsos factam esse in hunc modum. Quod ipse Walterus dederat dicto Bouchardo fratri suo terram de Estrœn, cum oibus appenditiis, et propter hoc assignavit ei sexcentas libras alborum Valencenen= sium, ad Wignagiæ sua, accipiendas annuatim, et hæc omnia tenebit ipse Bouchardus de eo in fœdum et homagium ligium. Si verò ipsum Bouchardum absque hærede contingat decedere, hæc omnia ad dictum Walterum redibunt salvâ dote uxoris ipsius Bouchardi ; et pro tanto idem Bouchardus quittum reclamavit se pro dicto Waltero et hærede suo totum residuum nisi veniret per Escancheiam. Hanc pacem recogno= verunt ipsi coràm me tanquam coràm domino de quo fœdum movebatur. Ego requisitus ab ipsis pro utrâque parte hostagium me constitui, quod si alter deficeret super eisdem conditionibus observandis, ego eas tenere faciam tanquàm dominus. Huic itaque cognitioni coràm me factæ præsentes fuerunt.

> Gerardus de Jacea. Eustachius de Rues. Egidius de Bar=
> benchon. Willelmus avunculus. Alardus de Strepy.
> Philippus, comes Namurcensis. Joannes, dominus
> Nigelle. Gerardus de Sancto-Auberto. Nicolaus de
> Condato. Walterus de Fontaines. Petrus de Duaco.
> Gilbertus de Bourghella.

Actum Montibus anno Domini M. CC. duodecimo in crastino Mariæ= Magdalenæ.

N.º XIII. — Tome deuxième, page 507.

Diplôme du comte Ferrand et de la comtesse Jeanne, statuant que les prébendes du chapitre de Sainte-Waudru ne seront conférées qu'à personnes nobles.

Ferrandus, comes Flandriæ et Hannoniæ, et Joanna, comitissa uxor, ejus, universis tam præsentibus quàm futuris in perpetuum. Quoniam Montensem ecclesiam beatæ Waldetrudis totà dilectionis et devotionis constantià diligere honorare et conservare debemus, sanà considera= tione et prudentum consilio statuimus ad profectum et provectum pre= dictæ ecclesiæ, et ad securiorem bonorum suorum defensionem, ut nulla de trignita præbendis Dominarum ipsius ecclesiæ, alicui per= sonæ à nobis, vel à successoribus nostris de cætero conferri, vel ab eâdem ecclesià in canonicam ant sororem possit admitti, nisi ipsa per= sona militis filia, fuerit de thoro legitimo : Decem verò præbendæ clericorum in eâdem ecclesià, satisdictà, manent ad donationem nos= tram conferendæ, pro voluntate nostrà quibuscumque clericis sæcula= ribus. Et ut hoc ratum habeatur, et tam à nobis quàm à successoribus meis robore perpetuo in inviolatum observetur, presentis scripti anno= tatione et sigillorum nostrorum appositione, idem confirmamus, volentes fidelium hominum nostrorum sigillis in testimonium scriptum roborari. Testes fideles homines nostri.

> Renaldus, comes Boloniensis. Alardus de Cimaco.
> Gerardus de Jacea. Eustachius de Rues. Guilielmus
> Patruus. Nicolaus de Condato, et quamplurimi alii.

Actum in vigilià Purificationis beatæ Mariæ anno verbi incarnati M. CC. XIII.

N.º XIV. — Tome deuxième, page 308.

Diplôme de la comtesse Jeanne, concernant l'administration de l'hôpital des Ladres.

Johanna, Flandriæ et Hannoniæ comitissa, dilectis suis scabinis de Montibus salutem et dilectionem. Mandamus vobis et districtè precipimus, ut in his que sunt ad provisionem et omnimodam ordinationem domûs leprosorum montensium, virum discretum Guillelmum capellanum nostrum, vobiscum advocetis, ut ea que ipsi domui vos et ipse videritis expedire, tam in recipiendis, seu amovendis fratribus ac sororibus, quàm in aliis ejusdem domûs negotiis fideliùs ac meliùs disponantur.

Datum anno verbi incarnati M. CC. XV, mense Julio.

N.º XV. — Tome deuxième, page 317.

Lettre de Fondation del cure Monseigneur saint Nicolas, en la rue de Havrecq.

In nomine Dei omnipotentis universis Christi fidelibus tam præsentibus quàm futuris præsentem paginam inspecturis, Gilbertus Præpositus, Johannes Decanus et quod cum eis est totum beati Germani montense capitulum æternam in Domino salutem. Cum dicat veritas de seipsâ, *ego sum Pastor Bonus et cognosco oves meas*, liquido patet quàm necessaria sit pastoris ovium suarum cognitio; pro quibus in die districti judicii coràm eo qui nichil ignorat redditurus est rationem. Cum igitur parochia de Montibus ferè sub unico curato Presbytero hactenùs fuerit constituta ità ut propter munia, sui diffusionem, necnon locorum remotionem, innumerosa ovium multitudo sub pastoris sui notitiâ nullatenùs poterat comprehendi; in quo maxime deperibat debitum regimen animarum; nos summi pastoris vestigiis inhærere cupientes, cum unicum pastorem ad prædictum regimen animarum non posse sufficere videremus, eidem dare voluimus adjutorem et regiminis participem. Qui duo super gregem sibi particulariter commissum invigilantes et oves sibi commissas agnoscant et earum excessus. Quà propter, præcedente ad hoc Domini nostri Diœcesani Cameracensis Episcopi authoritate, parochiam novam juxtà hospitale Sancti-Nicolai instituimus à prædictà parochiæ Montensis unitate excerptam atque divisam. Dictum verò hospitale beneficium admodùm competens no= biscum ibidem assignavit. Videlicet duodecim libras Hannoniensis monetæ de quibus presbyter in hâc novâ parochià curatus integraliter singulis annis octo libras habebit; presbyter verò Sancti-Germani in compensàtionem eorum, quæ in hâc quondam parte suæ parochiæ habere consueverat quatuor libras percipiet perpetuo et annuatim. Et per hoc in oblationibus seu quibuscumque obventionibus ibidem de cætero proventuris nichilomodo poterit dictus presbyter Sancti-Ger= mani reclamare. Nos verò tertiam partem oblationum presbytero hospitalis Sancti-Nicolai concessimus habendam quâcumque horâ videlicet, sivè in missâ, sivè non, ibi fient oblationes; duas verò partes earumdem oblationum nobis reservavimus de jure patronatùs ad nos spectantes. Verumtamen de oblationibus minutarum candelarum eadem reservabitur consuetudo inter nos et novum presbyterum Sancti= Nicolai, quæ observatur inter nos et presbyterum Sancti-Germani. De candelis autem quæ circà corpus speliendum apponuntur, præpositus Sancti-Germani, presbyter verò hospitalis reliquam medietatem liberè percipient et absolutè.

Candela autem quam offert mulier purificanda, sivè in partu, sivè in nuptiis integraliter in partem cedet ipsius præpositi. Et similiter omnes aliæ candelæ ubicumque sint affixæ præter quæ offerentur ad manum presbyteri vel quæ apponentur circà corpus defuncti, ut dictum est candela etiàm quam tenebit parvulus in baptismo propter quas omnes idem præpositus luminarium in officiis ejusdem ecclesiæ necessarium administrabit. Præstereà impositio Horoscopi, et receptio prædicatorum elemosynas quærentium litteris sicut decet monitorum ad præpositum spectabunt, presbyter siquidem hospitalis cathedraticum, id est Sog= niam dabit capitulo Sancti-Germani per cujus manum ad synodum defertur.

Sedes parochialis antiqua debet esse hospitali et nisi de consensu provisorum hospitum ab invicem non poterunt elongari capitulum prædictum ad faciendum sivè reficiendum cancellum, sivè navim quocumque sartotecto templi, in nullo tenebitur neque etiàm adminis= trandum vel libros, vel campanas, vel quæcumque ornamenta.

Cæterùm presbyter hospitalis omnes visitationes et confessiones, item denarium unum de quolibet parochiano suo tam masculo quam feminâ, qui vel quæ de proprio pane suo vivet, qui denarius debebitur annuatim primâ die quadragesimæ item ea quæ gratis dabuntur, sivè in nuptiis, sivè in baptismo parvulorum, præter candelam; hæc omnia in suam penitùs habebit portionem.

De donationibus autem, sivè legatis rerum mobilium, id quod dona= bitur, seu quod legabitur hospitali, nomine ipsius suum erit omninò, similiter de rebus immobilibus. Id quod donabitur seu quod legabitur parochiæ seu sacerdotio totum erit ipsius hospitalis quousque recom= pensationem duodecim librarum ipsum hospitale plenè fuerit assecutum. Quâ recompensatione impletâ donatum seu legatum immobile illius erit ad quem de jure spectabit. Verùm de legatis rerum mobilium factis vel ecclesiæ vel presbytero hospitalis eadem manebit consuetudo inter presbyterum illum et capitulum Sancti-Germani quam et observatur inter idem capitulum et presbyterum Sancti-Germani. Quinetiam dictus presbyter hospitalis per annum vel majorem partem anni capellanum habere non poterit, nisi de consensu capituli memorati. Insuper idem presbyter processionibus majoris ecclesiæ, quæ fient in majori ecclesiâ in purificatione beatæ Mariæ virginis, in Ramis palma= rum, in diebus Rogationum, et in Ascensione Domini, interesse debebit. Benedictio candelarum in Purificatione et benedictio Ramorum fient solummodò in ecclesiâ majori. Item benedictionem fontium presbytero prædicto non licebit facere priùsquam facta fuerit in ecclesiâ beatæ Waldetrudis, quâ factâ celebrare poterit itâ ut submissâ voce fontes benedicat. Nullamque in ecclesiâ suâ processionem faciet, præterquam in die Dedicationis Ecclesiæ suæ et quidem in die dedicationis Sancti= Germani et servitio processionis ipse et populus sibi subditus debebunt adesse.

Si aliqua suborta fuerit controversia de hiis quæ pertinent ad jus parochiale inter plebanum Sancti-Germani et presbyterum hospitalis ordinationi dicti capituli stabit uterque. Si autem opus fuerit majori ordinatione, ad Dominum Episcopum referetur. Licet autem parochia hospitalis per capitulum competenter limitata sit, clerici tamen sivè uxorati, sivè non et eorum uxores seu familiæ, necnon feodati servientes domini terræ, uxores eorum et familiæ infrà limites ejusdem parochiæ habitantes jura christianitatis suæ accipient, ubi priùs consueverant, itâ ut presbyter hospitalis nullum jus in eis poterit vendicare. Simi= liter nullum jus habebit idem presbyter in hospitali duodecim apos= tolorum sed habitantibus ibidem jura christianitatis suæ exhibebuntur, cum clericis prædictis. Verùm habitantibus in hospitali Sancti-Nicolai, necnon peregrinis seu hospitibus ibidem collectis ut potè presbyter ipso= rum christianitatis jura ministrabit, nullam tamen habens in bonis temporalibus ejusdem hospitalis jurisdictionem, in institutione siqui= dem presbyteri sæpè dicti nihil juris penitùs habebit presbyter Sancti= Germani ubi autem et quandò cœpi debeant duodecim libræ superiùs memoratæ alibi expressum est evidenter.

Interfuerunt autem cum hæc fierent provisores præfati hospitalis Ægidius presbyter et Simon qui de unanimi consensu totius hospitalis ea quæ dicta sunt voluerunt et approbaverunt. Testes omnium prædictorum nos Gilbertus præpositus, Johannes decanus, Nicolaus de Frameries, Lambertus, Damianus, Gilbertus presbyteri. Theobaldus, Bomondus, Ludovicus, Walterus et Eustacius canonici Sancti-Germani. In corumdem quoque perpetuum ac fidele testimonium præsentem paginam sigilli Ecclesiæ nostræ appensione duximus roborandum. Quin etiam ego Adam plebanus Sancti-Germani in hæc omnia fideliter expressa consensi et in testimonium eamdem paginam sigillo christianitatis Montensis feci communiri.

Datum solempniter anno Domini mccxxiv, mense Julio.

N.° XVI. — Tome deuxième, page 535.

Érection de la paroisse du Beghinage, à Mons.

Guido, Dei gratiâ, Cameracensis episcopus universis Christi fidelibus, has litteras inspecturis salutem in Domino. Noverit universitas vestra quòd præpositus decana totumque capitulum beatæ Waldetrudis Montensis, ad preces illustrissimæ Dominæ Margaretæ, Flandriæ et Hannoniæ comitissæ, concesserimus favorabiliter et benignè quòd in loco ubi commorantur Beguinæ in pratis juxtà Montes, qui locus Cantimpratum appellatur, proprio allodio B. Waldetrudis, continens in se sex bonaria vel circiter, fiat parochialis ecclesia, et cimæterium salvo in omnibus jure, et dominio dicti loci, et etiàm præsentatione ad dictam parochiam ecclesiæ Montensis supradictæ : Et quod presbyter parochialis dicti loci medietatem omnium oblationum et aliorum proventuum dicti loci percipiat (exceptis decimis quas ecclesia Montensis sibi retinuit). Aliâ medietate dictæ ecclesiæ B. Waldetrudis in oblationibus et legatis mobilibus, seu immobilibus, sivè fiant ecclesiæ præfati loci, sivè presbytero et qualicunque modo fiant, et aliis proventibus reservatâ, retentisque ipsi parochiali ecclesiæ Cantimprato legatis, quæ fient ad augmentationem parochiæ quousque dicta parochia valeat triginta libras alborum, et iisque similiter retentis quæ ad fabricam ipsius ecclesiæ conferentur.

Concesserunt etiàm prædicti Domini, et ad petitionem prefatæ comitissæ quod candelæ, quæ pro suâ medietate percipere ad opus luminarii dictæ parochiæ et non alibi per unam personam vel duas personas ad hoc per ecclesiam Montensem convocatas committantur, hoc excepto, quod si corpus aliquod ibi advenerit de non parochianis dicti loci, medietatem candelarum indè provenientium dicta ecclesia B. Waldetrudis percipiet et habebit.

Insuper cum dicta ecclesia de Cantimprato infrà limites parochialis ecclesiæ de comis in quâ ecclesia Montensis obtinet personatum de voluntate et consensu presbyteri parochialis dictæ ecclesiæ de comis sit constituta, dicta ecclesia Montensis et presbyter parochialis dicti loci de Cantimprato pro recompensatione oblationum et aliorum proventuum quæ ratione dicti loci ecclesiæ de comis et presbytero parochiali ejusdem loci poterant obvenire viginti solidos alborum medietatem scilicet in nativitate Domini et aliam medietatem in nativitate beati Joannis Baptistæ singulis annis de communibus oblationibus dicti loci de Cantimprato persolvent in futurum. Presbyter etiàm parochialis dicti loci de Cantimprato processionibus quæ fient in nativitate Mariæ, in Ramis palmarum, in Ascensione Domini, in die Trinitatis et in Assumptione beatæ Virginis, in missis et vesperis in solemnitatibus beatæ Waldetrudis et in dedicatione dictæ ecclesiæ Montensis cum canonicis Sancti-Germani Montensis in ecclesià beatæ Waldetrudis tenebitur interesse hâc tamen conditione adjectà in præmissis concessis quòd ad constructionem seu ædificationem, ad ornamenta, vel libros dictæ parochialis ecclesiæ vel ad construendum vel reparandum cancellum vel ad competentiam etiàm faciendam dictæ parochiæ, dicta ecclesia Montensis minimè teneatur. Cathedraticum autem et synodaticum et alia onera ipsius ecclesiæ parochialis presbyter dicti loci in suis expensis sustineat. Quicunque verò presbyter parochialis fuerit dicti loci tactis sacro sanctis evangeliis in suâ institutione jurabit in presentià capituli beatæ Waldetrudis præmissa omnia se firmiter servaturum. Nos ergò qui promotionem et augmentationem dicti loci Beguinarum quantùm secundùm Dominum possumus affirmamus præmissis omnibus nostrum prebuimus assensum et favorem et ea concedimus et laudamus. In cujus testimonium præsentes litteras sigilli nostri munimine fecimus roborari.

Actum anno Domini millesimo ducentesimo quadragesimo octavo, mense Julio.

N.º XVII. — Tome deuxième, page 336.

Donation en faveur de ladite paroisse.

Universis præsentes litteras inspecturis Inguerranus Dei gratiâ Cameracensis episcopus salutem Domino sempiternam. Noverit universitas vestra quòd cum per inquisitionem de mandato nostro factam per dilectos in Christo filios magistros Gerberum decanum ecclesiæ Beati Ursmari Lobiensis et decanum christianitatis de Montibus quod bonæ memoriæ magister Nicolaus quondam præpositus Montensis pro salute animæ suæ et ad fundandam capellaniam in ecclesiâ de Cantinprato Beghinagii dicta bona et reditus legaverit videlicet, etc.

Actum in crastino, Dominicæ incarnationis 1276.

N.º XVIII. — Tome deuxième, page 337.

Séparation du chef de sainte Waudru, etc.

Petrus miseratione divinâ Albanensis Episcopus Apostolicæ sedis Legatus. Albertus Dei gratiâ Prussiæ ac Livoniæ Archipiscopus. Nicolaus eâdem gratiâ Episcopus Cameracensis, ac Margareta Flandriæ et Hannoniæ comitissa universis præsentes litteras visuris in Domino salutem. Noveritis universi omnes cùm nos pariter essemus in ecclesiâ beatæ Waldetrudis Montensis in crastino octavarum beati Laurentii, anno incarnationis Dominicæ 1250, capitulo dictæ ecclesiæ convocato et consentiente præsentibus eis qui volebant et debebant interesse capsam in quâ sacrosanctum corpus dictæ beatæ Waldetrudis ab antiquo tempore honestè reconditum habebatur in eâdem ecclesiâ aperiendam duximus et caput dictæ sanctæ extrahendum per se divisum à dicto suo corpore, toto alio corpore cum suis membris integraliter in eâdem capsâ remanente, ut dictum caput in suo philacterio repositum peregrinantibus et dictam Sanctam requirentibus ibidem ostendatur.

Ego Nicolaus Dei gratiâ episcopus Cameracensis anno Dominicæ incarnationis millesimo ducentesimo quinquagesimo in crastino octavarum beati Laurentii apertâ capsâ in quâ corpus beatæ Waldetrudis apud Montes Hannoniæ reconditum habebatur, inveni litteram sigillatam sigillo Geraudi quondam Dei gratiâ Tornacensis episcopi in hæc verba. Ego Geraudus Dei gratiâ Tornacensis episcopus corpus sanctæ Waldetrudis, vices super hoc gerens Domini Cameracensis, de alio vase in hoc vas anno dominica incarnationis 1157, Balduino comite, filio Yolendis imperante, sub testimonio et in præsentiâ abbatum transtuli. Signum et cætera quæ ibi continebantur et in eodem crastino dictarum octavarum beati Laurentii sacrosanctum caput dictæ beatæ Waldetrudis a dictâ capsâ extrahendum duxi in alio vase per me reponendum et in eâdem ecclesiâ custodiendum toto alio corpore dictæ sanctæ in dictâ capsâ cum suis membris integraliter remanente. Actum in præsentiâ reverendi patris domini Petri Dei gratiâ Albanensis episcopi apostolicæ sedis Legati; domini Alberti eâdem gratiâ Prussiæ et Livoniæ archiepiscopi et illustris dominæ Margaretæ Flandriæ et Hannoniæ, comitissæ, Balduini imperatoris Constantinopolitani, Flandriæ et Hannoniæ, comitis filiæ convocato dictæ ecclesiæ Montensi capitulo et consentiente.

N.° XIX. — Tome deuxième, page 357.

Diplôme de la comtesse Marguerite en faveur du magistrat de Mons.

Je Margueritte comtesse de Flandre et Haynaut fait sçavoir à tous ceulx qui ces présentes lettres verront ou oyeront, que je, pour bien de paix et le profit de le ville de Mons, ay eswardé et ordonné par l'assent et conseil des eschevins de Mons que qui dira lait as eschevins de Mons ou auquel que ce soit, il sera à C sols se tesmognaige en appert, et si tesmognaige n'en en appert chil qui eschevins en encoulpera sur son serment sera à C sols, et qui main mettra à li eschevin par ire sans sang, il sera à vingt livres se tesmognaige en appert. Et si tesmognaige n'en appert cil qui li eschevin encoulpera sur son serment sera à vingt livres. Et qui li eschevin abattra il sera à trente livres se tesmognaige en appert, et si li tesmognaige n'en appert chil qui li eschevin encoulpera sur son serment sera à trente livres. Et qui à li eschevin fera sang coulant sera à quarante livres. Et quiconque ces laideurs avandites fera as eskevins de Mons ou auquel que ce soit des eskevins ou qui incoulpez en seront pour le serment de l'eskevin ainsy que dict est, amender luy conviendra à l'eskevin par conseil de quattre des pers qui seroient eschevins de Mons, Ançois que le seigneur en puis lever nulles amendes devant dites. Et si le sergeans jurez de la ville de Mons vont aval la ville par l'enseignement des eskevins. Qui à ces seigneurs dira lait il sera à X sols. Si tesmognaige en appert, et si tesmognaige n'en n'apert si le sergeant le prent sur son serment, il sera à X sols. Et qui au sergeant de le ville mettra main par ire fait, il sera à quarante sols soit par tesmognaige ou sour le serment dou sergeant. Et qui au sergeant fera

sang coulant de quoy que ce fust il sera à cent sols soit par tesmo=
gnaige ou sour le serment dou sergeant. Et est à sçavoir que ces choses
devant dites puisse rapeller à me volunté sans les eschevins. Et ay
octroyé as eskevins que ils ces choses puissent rapeller sans moy en
requerre, mais que ils à mon bailly le feissent sçavoir. Et quiconque
de nous, de moy et des eskevins les choses devant dites rappelleroit
pour ce ne demouroit mie que des fourfaites qui seroient escheus
devant, on ne jugeast et que on ne les levast. Et pour chou que toutes
ces choses devant dites soient mieux tenues et wardées, je en ay as
eskevins de Mons donné mes lettres seelées de mon seel. Données en
l'an de l'incarnation Jésus-Christ m. cc. cincquante, le mardy devant
le Candelier.

N.° XX. — Tome deuxième, page 340.

Fondation de l'abbaye du Val-des-Écoliers à Mons.

Universis præsentes litteras inspecturis Walbertus præpositus et
Ida decana, et capitulum beatæ Waldetrudis Montensis, salutem in
domino : notum facimus quod nos ad preces illustris dominæ Margaretæ
Flandriæ et Hannoniæ comitissæ, fratribus ordinis Vallis Scholarum
concessimus ut possint ædificare domum, et monasterium in quibus
Domino perpetuò famulentur in manso quodam qui fuit quondam
Joannis Noël et Sara uxoris in villà Montensi, salvo privilegio claræ
memoriæ Balduini quondam comitis Hannoniæ in quo manifestè conti=
netur quod nulla ecclesia, nullus locus conventualis terras vel domos
in Montibus ant in procinctu illo absquè consensu nobilis ecclesiæ
Montensis sibi possit aquirere non per elemosynæ donationem ant per
emptionem vel cambii compensationem, nos verò ad preces supradictæ
Dominæ Flandriæ et Hannoniæ comitissæ memoratis fratribus ordinis
Vallis Scholarum concessimus ut in Montibus et in procinctu illo terras
et domos per elemosynæ donationem sibi possint recipere ita ut domos
et terras, per elemosynam eis datas, infrà annum, prædicti fratres non
ecclesiæ, non loco conventuali vendere teneantur nisi voluntate nostrà
et licentià speciali tam domorum quàm terrarum aquisitio necnon
possessio sæpedictis fratribus fuerit approbata, salvis privilegiis et
juribus ecclesiæ nostræ concessis. In cujus rei testimonium priori et
fratribus beatæ Mariæ Montensis ordinis Vallis Scholarum præsentes
litteras tradimus sigilli nostri munimine roboratas.

Actum et datum in octavis beati Martini in hyemalibus, anno
Domini m. cc. lii.

N.º XXI. — Tome deuxième, page 556.

Donation des waressaix, etc., en faveur de la commune de Ghlin.

Jou Nicol de Condet chevalier sire de Moriaumes fait cognoistre à tous chiaulx qui ces présentes lettres veront ou oront, que j'ay donné et donne perpetuèlement à le communeté de me ville de Ghelin tous les werischais et les pasturaiges, ainsy comme al le devant dit ville sont usé et se voist à sçavoir expressément :

La bruière et le pasturaige qui est entre Spinleu et Ghelin, ainsy comme le voye va de Ghelin entre le Hayne et le bois le festinoit tout qui tient à celle bruière et qui s'estend auprès de Nimy.

L'aunoit qui gist entre Ghelin et Jumapt qui commence à l'issue de Ghelin et qui s'estent de chy après delez Harsine.

L'aunoit aussy Kokeromont qui s'estent d'icy au maret de Jumapt.

Le fonteny tout et l'aunoit qui gist entre Ghelin et Douvrain.

Les marés de Brainchon et Buceteau et la voye Cachaule delez place de Lambert Kaisne de cy au bois madame Sainte-Waudru.

Le bruière d'Erbisœl, le pasturaige et les aises d'iceluy pour le bruière rayer et coupper et les torbes faire et mener et leurs doy livrer voye Cachaule de Ghelin de cy a le devant ditte ville d'Erbrisœul parmy le bos pour toutes ces aises mener et jour leurs bestes. Et sy ay donnés à le communeté de notre devant ditte ville de Ghelin tout le wares=chaye qui sont en le paroche de me ville de Ghelin, par tout qu'il soient quitte sont donné à cens ou à rente et dont récage n'en fais. Et pour toutes ces choses devant dites le devant dite communeté de Ghelin doit rendre et payer as povres de le devant dite ville de Ghelin chacun an perpetuèlement à le Saint-Remy chief d'octobre XI livres de le monoye de Haynaut coursable pour les ames de mes meillieurs, et que cy en doient rendre à my et à mon hoirs chascun an au Noel un chappon et parmy ce jou et mes hoirs leur debvons conduire et warandir perpetuèlement à tousjours comme que dit est deseur comme sires. Et pour ce que ce soit ferme chose et estable je leurs ay donnés ceste présente lettre saillée pendant de mon propre saiel. Sy furent my hommes :

 Messer Warnier de Liquiers. Aubry de le Coursaige. Gerard de Ghelin. Gossuin le maire de Ghelin et Gérars qui fu fius monseigneur Gilles de Ghelin. Hues de Giermes. Colin de Giermes.

Ce fut fait l'an de l'incarnation Jesu Christ M. CC. LXIII, le dies après le jour de Pasques du mois d'avril.

N.° XXII. — Tome deuxième, page 357.

Permission de tester en faveur des jeunes chanoinesses.

Universis præsentes litteras inspecturis præpositus decana totumque capitulum ecclesiæ Waldetrudis Montensis, cognosce veritatem. Universitati omnium tenore præsentium volumus declarari quod nos in capitulo nostro congregati de communi consensu ordinavimus et voluntate totius nostri capituli congregati de concanonicabus nostris duodecimun annum deinceps attingentibus quòd cædem concanonicæ in extremis laborantes suum possent condere testamentum de fructibus suarum præbendarum quos obtinent in ecclesià nostrâ Montensi anni illius sequentis mortem suam ac si essent installatæ de aliis verò concanonicabus nostris quæ nondùm duodecimum adimpleverint annum ætatis sic statuimus ac ordinamus quod eædem concanonicæ si decesserint antè completionem duodecimi anni fructus præbendarum suarum anni sequentis mortem suam, integraliter in usus ecclesiæ sinè contradictione aliquâ convertentur et nostræ ecclesiæ erunt et de eisdem fructibus capitulum nostrum disponet secundùm suam voluntatem. Idem autem de concanonicis nostris infrà quatuordecimum annum existentibus quòd de nostris concanonicabus nondùm duodecimum annum attingentibus duximus statuendum et ordinandum. Hæc autem omnia supradicta duximus unanimiter statuenda et irrevocabiliter ordinanda ut non in posterùm super his in capitulo nostro disputatio seu concertatio oriatur inter personas capituli memorati. In quorum omnium testimonium et munimen præsentes litteras appensione sigilli nostræ ecclesiæ duximus roborandas.

Actum anni Domini 1263, mense martio.

Sur la ditte ordonnance il y a lettre d'approbation de l'évesque de Cambray.

N.° XXIII. — Tome deuxième, page 357.

Ordonnance de la comtesse Marguerite,
pour répression de la prostitution.

Margareta Flandriæ et Hannoniæ comitissa omnibus fieri notum volo, quod ad preces virorum in Christo piè viventium ordinavimus, tan= quam pudicarum matronarum custos et fautrix, ut nulla de cætero earum mulierum que vulgò meretrices nominantur, Montibus in vico de *staro* commorantium, cinctorium aureum suprà pectorale gestet quinimò ut ab omnibus tanquam viles dignoscantur, volumus ut suspensà in humero egilarià publicè incedant.

Actum Montibus xxviii may.

N.° XXIV. — Tome deuxième, page 358.

Ordonnance de la comtesse Marguerite,
concernant les fruits de la première année de la jouissance d'une prébende.

Margareta Flandriæ et Hannoniæ comitissa præsentes litteras ins= pecturis salutem in Domino sempiternam universitati vestræ volu= mus esse notum quod pensatis utilitatibus et commodis ecclesiæ nostræ Sanctæ-Waldetrudis Montensis in quà jus obtinemus patronatùs et in quà præbendarum collatio ad nos dignoscitur pertinere ac etiàm consi= deratis ipsius ecclesiæ quàm plurimis defectibus, quos tam in libris quàm in ornamentis ecclesiasticis ad cultum divinum spectantibus et etiàm quos in persequtione negotiorum suorum multipliciter sustinebat tandem vocatis præposito decanà et cæteris dictæ ecclesiæ personis quæ propter hæc debebant et commodè poterant evocari, tractatu præ= habito diligenti ; per nos, præpositum, decanam et capitulum ipsius ecclesiæ, est ordinatum concordatum et statutum quod medietas fruc= tuum seu proventuum primi anni præbendæ illius canonici vel canonicæ qui vel quæquocunque modo sivè per mortem sivè per resignationem, ad vacantem præbendam instituetur seu reciperetur in ecclesià supra= dictà convertatur et converti debeat perpetuo in provisione librorum et ornamentorum primo et principaliter et secundario in alia dictæ eccle= siæ nogocia procuranda. Residua verò medietas fructuum eorundem pertinebit ad canonicum vel canonicam instituendum vel instituendam in ecclesià memoratà, salvo tamen jure canonicorum vel canonicarum decedentium quantùm ad proventus præbendarum suarum quos post obitum suum in sæpedictâ ecclesiâ de approbatâ consuetudine hactenùs habuerunt. Canonicus etiam seu canonica instituendus de cætero et instituenda antequàm recipiatur ad præbendam seu ad jura præbendæ in ecclesiâ sæpedictâ jurare tenebitur præsens statutum firmiter et inviolabiliter observare. Et est dictum statutum ut superiùs est expressum, revendo in Christo patre N., Dei gratiâ Camaracensi episcopo præstante ad hoc authoritatem pariter et consensum ipsumque statutum pontificali authoritate et ordinariâ confirmante. In cujus rei testimonium et munimen præsenti cartæ sigillum nostrum duximus apponendum unà cum sigillo dicti reverendi patris domini Cameracensis episcopi et sigillo ecclesiæ supradictæ.

Datum et actum anno Domini m. cc. lxv in principo mensis junii.

N.º XXV. — Tome deuxième, page 360.

Fondation en faveur du chapelain de l'hôpital de Cantimpret.

A tous chiaux qui ces présentes lettres veront et oront, Jou Helwis de Landrechies pauvre recluse de Cantimpret de lès Mons, pour cognoissance de vérité, faict à sçavoir que jou ay donné pour Dieu et en ausmone perpétuelle et représenté en le main demiselle Irmine de Herofont ainée, doyenne de Mons, tel acquest que j'ay acquis ou territoire de Blaugies et de Dour dont on me rend quatre muicts de bled par an et un pret que jou acquis à Baudour et ceus que jou acquis à Herechies et trois muids de bled que on prend chacun an sur terre qui gist ou territoire d'Ierbiscœl pour louer chacun an un chapellain qui sera tenu de poursuivre et soustenir les frais du service de Cantimpret de jour et de nuict en confessions, à comenier, enolier, au commant dou paroissien et tous les fies qu'il en sera requis soit de jour ou de nuict sauf chou que je veulx que M.ʳ Jean de Baudour paroichiens de Cantimpret en tienne les preus en se lettre en tel estat qu'il soit et encore après se décés tant qu'il ara ses debtes payées. Et nous prevos, doyenne et li capitelz de medame Sainte-Waudru de Mons avons receu en telle manière que de telle heure qu'il defaille de maistre Jean devant dit et que ses debtes soient payées le paroichiens en est et sera tenu à tousjours de lewer un chapellain qui sera tenu à faire toutes les devises dessus dictes et devisées, et si li paroichien estoit négligent à lewer le chapellain devant dit, nous li capitelz devant nommé le polrons contraindre à chou faire parmy tous les biens de se parosse saisir qu'il tient desoub nous, et si li capellain n'estoit honeste et à le pais de le court, li parossien le poroit oster toût à se volenté, et nous le capitelz devant dit à le prière et requeste de le devant dicte Helwis nous avons pendu noz seelz à ces présentes lettres avoecq le sayaux les dessoubs hommes M. Nicolon Lorpheve, prevost des eglises de Mons et frère Guillame prieur des Escolliers de lez Mons.

En cognoissance de vérité encore nous le capitelz avons octroyé tout le moitiet en le couture de le parosse deseur XXX l. en quelle manière que se soit pour lewer prebre ou clercq honeste pour ayder à soustenir le service de l'église de Cantimpret et à tous ces devises s'obligea M.ʳ Jean de Baudour pour luy et ses successeurs. A ces aumosnes et ces devises faire furent comme chrestien M.ʳ Jean Baudour parossien de Cantimpret, messire Jean de Gonimart, messire J. de Saint-Gislain.

Ce fut fait en l'an de l'incarnation 1270, le dimenche après la Trinité.

N.° XXVI. — Tome deuxième, page 364.

Diplôme de la comtesse Marguerite, reconnaissant diverses redevances dues à l'église de Sainte-Waudru par les comtes de Hainaut.

Margareta Flandriæ et Hannoniæ comitissa universis præsentes litteras inspecturis salutem in domino sempiternam. Cùm inter aliàs ecclesias Flandriæ et Hannoniæ comitatuum, ad ecclesiam beatæ Waldetrudis Montensis devotionem et reverentiam semper gessimus et gerere volumus specialem, placuit nobis reditus et jura in quibus nos et prædecessores nostri tenemur et tenebamur annis singulis ecclesiæ supradictæ in scriptis redigere ut super istis semper veritas clarescat in posterùm præfatæque ecclesiæ nostræ et nostris posteris pacis tran= quillitas perpetuò præparetur, scire igitur volumus universis quod nos nostrique prædecessores semper solvere consuevimus et ad huc sol= vimus annis singulis bonâ pace et absque difficultate qualibet ecclesiæ sæpedictæ ea que inferiùs continentur videlicet quinque solidos monetæ Hannoniæ pro Castro Montensi. Item pro veteribus Hallis sex solidos dictæ monetæ. Item pro veteribus Macellis 4. Item pro grangiâ nostrâ quæ est in loco qui dicitur Bertaimont duos solidos et sex denarios

monetæ sæpedictæ. Ad hæc volumus omnibus esse notum quod dum
personæ ipsius ecclesiæ more debito et consueto in ecclesiá et extrà
ecclesiam incedunt processionaliter, observatis temporibus et statutis,
nos et prædecessores nostri dumdictis processionibus interesse consue=
vimus et nos interesse contingit pastoralem baculum deferentes cuilibet
personæ præfatæ ecclesiæ unum lotum vini sufficientis solvere tenemur
et semper solvimus temporibus retroactis. Ut autem hæc pacificè in
posterùm pleniùs observentur ea conscribi et redigi fecimus in publi=
cam notionem, ac sigilli nostri præsentibus appensi munimine roborari
salvis omnibus juribus et reditibus memoratæ ecclesiæ præsentibus
non expressis.

Datum anno M. CC. LXXVIII.° die veneris, post exaltationem sanctæ
crucis.

N.° XXVII. — Tome deuxième, page 365.

Ordonnance de la comtesse Marguerite,
concernant l'administration de l'hôpital de Cantimpret.

Nous Margherie contesse de Flandre et de Haynaut faisons sçavoir à
tous comme il soit ensi que nous en l'honneur de Dieu et de sa glorieuse
mère de tous saints et saintes aiemes estoré et fondé de nos propres
biens en partie et des biens monseigneur Nicholons Leretrait prevost
des eglises de Mons et de bien d'autres bonnes gens un hospital à
Cantimpret selonch Mons en Haynaut, pour le salut de nostre ame et
de nos ancisseurs et de nos successeurs et des bienfaiteurs dou liu,
duquel hospital li bien temporel doivent y estre converty et despensé
à pauvres Beghines et à malades dou beguinaige de Cantimpret
devandit : et nous les biens temporels dou dit hospital aiemes mis en
le main de nostre eglise de nostre dame Sainte-Waudru de Mons, pour
warder, pour gouverner et pour warandir à perpetuité sauf que nous
y retenons et avons retenu l'ordonanche de nostre volonté tant que
nous serons en vie, nous ordonnons et avons ordonnet par le conseil
dou capitre de nostre eglise de Mons deseur dite et d'autres boines
gens que nulle personne quelle quelle soit ne soit mise à l'hospital
pour malade de failleté, ne pour povreté à prendre et à recevoir les
biens dou liu selle n'a demouré en le court de Cantimpret en habit de
Beghinaige un an entier ou plus continuement. Encore nous voulons
que celle qui gardera l'hospital devant nommé et sera maistresse y soit

mise par le capitre de medame Sainte-Waudru deseurdit et par la souveraine de le court de Cantimpret ou par trois ou quatre prieuses de celle mesme court lesquelles seront esleues et nommées à ce faire par les autres prieuses de le dite court.

Et que nulle beghine ne autre personne ne soit mise ou reçue audit hospital à se vie n'est à bonne devise des hors en avant par nous, ne par autrui ; mais selonch que li maistresse dou liu et li souverains dou beghi=
naige de Cantimpret et li souveraine et li prieuses devandites esleues des autres comme prieuses de Cantimpret, veront que besoin sera les malades beghines oster et remettre audit hospital et que le bien dou liu se polront estendre et souffrir.

Nous voulons et ordonnons que li maistresse de l'hospital souvent nommé compte chacun an à moins une fois, ou deux si mestier est, les biens de l'hospital pardevant personne que li eglise y volra mettre et pardevant le souverain et la souveraine et les trois ou quatre prieuses de le court du beghinaige de Cantimpret ; ensi comme dou compte fait rechoive transcrit contre le maistresse ly une des personnes cy devant nommées. Et pour oster tout souspechon et tout murmure, nous voulons que nulle des personnes quelle quelle soit ou de quel estat que elle soit vaille ne soit oye pourquoi nostre ordonnance soit amenrie ne embrisée par nulle occoison des hors en avant en tout coses ou en partie et pourchoi que tous ces choses cy devant dites et deb-
visées soient fermement et loyaulement tenues nous en avons ces présentes lettres fait sceller de no seel l'an del l'incarnation MCCLXXIX, le jour de Saint-Jean-Decollascé.

N.os XXVIII et XXIX. — Tome troisième, page 8.

Rodolphe, roi des Romains, agrée le relief des Quatre offices de Flandres, fait par Jean d'Avesnes, et lui donne l'investiture.

Rodulphus, Dei gratià, Romanorum rex, semper Augustus, universis sacri imperii Romani fidelibus in perpetuum. Regiæ præminentiæ principalis auctoritas, institutis ab olim solidata legalibus et antiquæ munificentiæ liberalibus titulis gloriosiùs insignita, devotos indesi=
nenter amplectitur, gradibus auctioribus eos continuè provehens et extollens, ut fida devotio et devota fidelitas abundanter amplificetur in numero, prout crescit amplificatio meritorum ; et sicut sumus in jus=
titià faciles, sic efficiamur in gratià liberales ; eà propter nosse volumus

universos tam posteros quam præsentes, quod cùm spectabilis vir Johannes de Avesnis, Haynoniæ comes, fidelis noster dilectus, ad celsitudinis præsentiam accessisset proposuit coràm nobis quod cum jam pridem illustris domina Margareta, tunc Flandriæ comitissa, adversùs Romanum imperium et præclaræ recordationis Willelmum, Romanorum regem, prædecessorem nostrum, in devotionis erecto calcaneo ipsum imperium, sivè regem per ingratitudinis vitium adeò provocasset, quod idem rex, processu legitimo habito contrà eam, dictante sententiâ principum, comitissam prædictam quibusdam terris, videlicet terrâ juxta Scaldam, terrâ de Alost, terrâ de Wast et terrâ Quatuor officiorum, cum omnibus pertinentiis suis, quas ab Imperio tenuisse debuerat, omni juris solemnitate servatâ, privaverit, conferens ipsas terras quondam spectabili viro Johanni d'Avesnis, ejusdem comitis Haynoniæ genitori, quem sibi et Imperio fidum et gratum ab experto compererat, principum eorumdem benevolo acce= dente et applaudente consensu. Quam ob rem predictus comes Haynoniæ nostro culmini supplicavit humiliter ut privationem et colla= tionem præmissas approbare et confirmare ac innovare de benignitate regiâ dignaremur, juxtà quod instrumentis prædicti Willelmi regis super prædictis privatione et collatione confectis et insertis præsentibus ple= niùs contineri dinoscitur, quorum quippè per omnia habendus est tenor.

Nos igitur fidei puritatem et sinceritatis affectum, quem præno= minatus comes Haynoniæ et progenitores ipsius ad nos et sacrum Romanum Imperium gesserunt gratiosiùs attendentes, considerantes quoque præclara et grata, quæ comes ipse nobis et imperio memorato gratanter impendit obsequia, et adhuc impendere poterit gratiora, devotis ejusdem supplicationibus inclinati, privationem et collationem terrarum hujusmodi per præfatum Willelmum regem sic factas solem= niter, prout superiùs evidentiùs est expressum, ratas habentes et gratas easdem, majoris partis nostrorum et Imperii principum jus in electione Romani regis habentium libero interveniente consensu, de plenitudine regiæ potestatis, ex certâ scientiâ confirmamus innovamus approbamus et hujus scripti patrocinio communimus, et nihilominùs dictas terras et omne jus quod ratione imperii nobis vacavit et vacat, competit sive competit in eisdem, comiti sæpèdicto Haynoniæ unà cum omnibus attinentiis suis, ex merâ liberalitate, de novo conferimus et donamus in fœdum, ab eodem comite ac hæredibus suis perpetuo possidendum, et de feodis ipsis eumdem solempniter investimus, recepto ab ipso pro terris prædictis homagio et fidelitatis debitæ jura= mento. Nulli ergò omninò hominum hanc liceat præsentem paginam nostræ confirmationis, innovationis, approbationis et novæ collationis infringere vel eidem in aliquo temerario ausu contraire. Quid qui facere fortè præsumpserit gravem regiæ indignationis offensam se noverit incursurum.

Earum verò quæ sunt scripta superiùs ii sunt testes :

> Bambergensis et Herbipolensis, episcopi ; abbas Fuldensis ; L., comes palatinus Rheni, dux Bavariæ; Har., comes de Habspurch et de Haspurch et de Tripurch, et Alsaciæ langravius, filius noster clarissimus ; H. de Baden, H. de Burgowe et H. de Haperch, marchiones ; Fr. Bur. de Nuremburg, G. de Seyne, Jos. et H. de Spahen, H. et B. de Honneberch, Bur. de Hohenberch, H. de Souperstemberch et L. de Ortingen, comites ; E. de Cartennelbogen de Wurtenburg, G. de Diest et F. de Truhendigen de Rinneggen, comites; H. de Castelle; Goth. et Craf de Hohenloth, G. de Brimegge de Hagonayà, *et alii quàm plures.*

Sigillum domini Rodulphi Romanorum regis invictissimi.

In cujus rei testimonium, præsens scriptum exindè conscribi et bulla nostra aurea typario Regiæ Majestatis impressa misimus communiri. Datum Neremberg per manum magistri Goth., præpositi pactorum prothonotarii nostri, nonis augusti, indictione octavà, anno. Domini m. cc. lxxx, regni verò nostri, anno octavo.

Rodulphus, Dei gratià, Romanorum rex, semper Augustus, nobilibus, ministerialibus, militibus, vassalis et popularibus universis per terram de Alost, per terram juxtà Scaldam, per terram Geraldimontis, per terram Wasiæ et per terram Quatuor officiorum et attinentiarum suarum quarumlibet, constitutis dilectis suis et imperii Romani fidelibus gratiam suam et omne bonum.

Quià spectabilem virum Johannem de Avesnis, Haynoniæ comitem, fidelem nostrum dilectum ob suæ probitatis eximiæ merita et progenitorum suorum contemplationem sublimium, qui constanter in fide coaluerunt imperii, gratiosis amplexibus astringentes, processum claræ recordationis Willelmi, Romanorum regis, prædecessoris nostri, tunc habitum de terrà de Alost, de terrà juxtà Scaldam, de terrà Geraldimontis, de terrà Wasiæ, de terrà Quatuor officiorum et omnibus attinentiis suis, per ipsum Willelmum regem et principes regni Ale=

manniæ in solemni curiâ congregatos, abjudicatis, solemniter quon=
dam Margaretæ, Flandriæ comitissæ, ac piæ recordationis Johanni de
Avenis, ejusdem comitis Haynoniæ genitori, eorumdem principum,
libero interveniente consensu, collatis, ex liberalitate munificâ
duximus approbandum, confirmandum ac etiàm innovandum; omne
jus nihilominùs nobis et imperio vacans aut competens, in præmissis
ipsorum nostrorum et imperii principum applaudente consensu, novo
eidem comiti Haynoniæ liberaliter et largifluè conferendo ac eum
investiendo de ipsis, recepto ab ipso pro terris eisdem homagio et fide=
litatis debitæ juramento, prout in privilegiis nostris super hoc confectis
et sibi concessis expressiùs et lucidiùs continetur. Universitatem seu
fidelitatem vestram attentiùs exhortamur, regià vobis universis et
singulis authoritate mandantes et firmiter injungentes quatenùs juxtà
divinæ præceptionis edictum, quo, Deo quæ Dei, et Cesari, quæ ipsius
sunt, reddire quisque debet, præfatæ Haynoniæ comiti, veluti vestro
domino temporali præstetis homagium et fidelitatis debitæ jura=
mentum sibi parentes humiliter et devotæ obedientionis obsequiis in=
tendentes. Super hoc autem nemo vestrûm utatur excusationis aut
occasionis ullius umbraculo nec in expectatione frivolà alios sivè alium
præstoletur, ut proindè sacri imperii brachium sæculare vos foveat et
in oportunitatibus dexteræ suæ sceptrigeræ gratiam vobis accommodet
assistricem. Si verò, quod absit, quempiam vestrûm in hujus modi
casûs articulo contumacem esse contigerit aut rebellem animadversionis
ultricis mucronem contrà cum, justitià suadente, nos oportebit exercere,
juxtà quod consuevit in curià nostrà temeritas indevota rebellium
condempnari.

Datum Nuremburgh, nonis augusti, indictione octavà, anno vero
millesimo ducentesimo octuagesimo, regni verò nostri, anno octavo.

N.º XXX. — Tome troisième, page 10.

Le roi des Romains Rodolphe confirme la charte de la ville de Valenciennes.

Nous Jehan d'Avesnes, cuens de Haynau, faisons savoir à tous que
quant nous fusmes nouvellement venut à terre, nous seloncq chou que
nos antécesseurs comtes de Haynau, seigneurs de Valenchiènes, avoient
fait anchiènement et que nous y estiemes tenut, asseurames par no
sairment sollempnement le ville de Valenchiènes, les cors et les avoirs
des bourgois et des masniers de la dite ville à warder et mener par

loy, et les francisces et le loy de le ville tenir, warder et maintenir as
us, as coustumes et as frankise que no anticesseurs les avoient main=
tenues et qu'ils avoient uset, et en telle manière que dit est nous les
connissons par nous, pour nos hoirs et pour nos successeurs, et les
jurons solempnèlement à tenir, et si debvons faire eschevins, jurez,
preudhomes, créaulx et souffisans bourgois de le ville. Et si avenoit
que débas meuist ou fust meus des usaiges, des coustumes, de le loy
et des francises de le ville en quelconque manière que se fust que
nous ou autres desissieus que ce ne fust un usaige ou coustume ou loy
ou franckise de le ville, toutes les fies que débas seroit meus ou mou=
veroit de chou, li recors des jurez et des eschevins de la ditte ville de
Valenchiènes de chou fais sur leurs sairment en doibt estre creus. Et
debvons tenir pour usaige, pour coustume, pour frankise ou pour loy
de le ville, chou qu'il en recorderont. Et che mesme que descur est
dit, nous leur confremons pour nos hoirs et pour nos successeurs. Et
tout chou qui est contenut en ceste présente carte, nous l'avons encon=
neut à faire et à tenir bien et loïalment sous no sarment, pour nous,
pour nos hoirs et pour nos successeurs. Et renonçons expressément
pour nous et pour nos hoirs et pour nos successeurs, tant comme à
chacune que à toutes choses entièrement qui nos poroient aider et
valoir et les bourgois et les maismiers de no ville de Valencenes grever
et nuire. Et pour chou que ce soit ferme chose, estauble et bien tenues
à tous jours, nous avons ceste présente carte saïelée de no propre scel
avec les saïauls de nos homes.

Et nous Jean d'Avesnes, comte de Haynau, devandis, prions et
requérons à nos chiers amys et feables nos homes de Haynau :

Jean, seigneur d'Audenarde et de Roisoit ;
Rasson de Gavre, seigneur de Lidekerke et de Bredas ;
Nicholon de Condet, seigneur de Moriammés ;
Gillion dict Rigaut, seigneur dou Rues ;
Jean, seigneur de Barbençon ;
Watier, seigneur d'Enghien ;
Demisiel Ernoul, seigneur de le Hamaide ;
Gérart, seigneur de Jaute ;
Watier, seigneur de Ligne ;
Jehan de Hennin, seigneur de Boussurch ;
Jaquemont de Werchin, senescal de Haynau ;
Bauduin de Hennin, seigneur de Fontaines ;
Oston, seigneur de Trasegnies ;
Watier, seigneur de Bousies ;

Joffroit, seigneur de Dampremont;
Baudry, seigneur de Roisin;
Nicolon, seigneur de Kieverieng;
Gérart, seigneur de Viane;
Gillon, seigneur de Berlaimont;
Jehan, seigneur de Lens;
Alart, seigneur de Ville;
Willame, seigneur de Gomegnies;

qu'ilz, à ceste présente carte, meichent leurs saïuls awech le no saïel, seureté de paroles et convenences desseur dictes. Et leurs requérons encor que se nous ou no hoir ou no successeur aliemes en aucun tans encontre aucune des choses devant dites qu'ilz ne no puissent ne wellent aidier ne conforter, tant com à chou par iauls ne par leurs lettres ne par le leur ne en autre manière quele quele soit pour chiaus de Valenchiènes grever et nuire, et nous tous li homes de Haynaut devant nomet, c'est à sçavoir (reprenez comme dessus), à la requeste et prière de nodit seigneur, avons nous enconvent pour nous et pour nos hoirs que se nos chiers sire Jehan d'Avesnes, cuens de Haynaut, devant nommé, il, ou ses hoirs ou si successeur, alloient encontre ces convenences devant dites ou aucunes d'èles, que nous à no devant dit seigneur ne à ses hoirs ne à successeurs ne seriens à rien aydant ne confortant, tant com à chou par nous, ne par nos homes, ne par nos biens, ne en autre manière quèle que elle soit, qui en le grevanche soit chiaus de Valenchiènes. Et en tesmonaige de tenir seurement les choses devant dites et chacune à part ly, nous avons mis nos saïauls à ceste présente carte, à la requeste de no chier seigneur devant dit awecq le seel sien.

Ce fut fait et donnet l'an de l'incarnation notre seigneur Jésu-Crist m. cc. lxxx, el mois de sebptembre.

N.º XXXI. — Tome troisième, page 12.

Guy, comte de Flandre, est mis au ban de l'Empire, pour s'être opposé à l'exécution du mandement de Rodolphe.

Rodulphus, Dei gratiâ, Romanorum rex, semper Augustus, universis imperii sacri Romani fidelibus præsentes litteras inspecturis gratiam suam et omne bonum. Ad universitatis vestræ notitiam duximus deferendum quod præsidentibus nobis feriâ quintâ post dominicam quæ cantabatur misericordia domini, in judicio apud Haghenoyam, præsentibus venerabilibus, Vernero Magontino et H. Treverensi, archiepiscopis ac Spirensi et Argentinensi episcopis. Illustribus L., comite palatino Reni, duce Bavariæ, et Ottone, marchione de Brandeburg, principibus nostris, et nobilibus viris E. de Catzenelgeboden, H. de Virtemburg, E. de Stiburg, de Diech et de Spanhen, comitibus, et quàm plurimis aliis imperii fidelibus, spectabilis vir Joannes de Avesnis, Hannoniæ comes, contrà Guidonem, Flandriæ comitem, ibidem præsentem proposuit quod ipse comes Flandriæ et sui ipsum comitem Haynoniæ prohibuerant et impeverant quominùs liberè quitè ac utiliter possideret terram d'Alost, terram super Scaldam, terram Geraldimontis, terram Wasiæ et terram Quatuor officiorum, cum omnibus attinentiis suis, quas eidem comiti Haynoniæ in feudum concesseramus jamdudum, in quarum possessionem juxtà mandatum nostrum, et curiæ nostræ sententiam par venerabilem Ingerranum, episcopum Cameracensem, mitti jussimus et missus fuit petens idem Haynoniæ comes sibi de eodem comite Flandriæ justitiam exhiberi. Quo ista negante litem contestando sententiatum fuit et per sententiam ibidem approbatum quod super hoc dictum episcopum executorem ad nostram deberemus præsentiam evocare vel si legitimo impedimento detentus venire non posset coràm nuntiis nostris quos ad hoc ad ejus destinaremus presentiam per juramentum corporaliter præstitum ab eodem deponeret veritatem et eam sub litteris suis patentibus per proprium nuntium ad nostram deferret notitiam præfixâ per nos juxtà sententiam prædictorum archiepiscoporum, episcoporum, principum, comitum et aliorum imperii fidelium ad hoc et ut in dicto negotio procederetur et fieret quid curiæ nostræ dictaret sententiâ dictis comitibus pro termino peremptorio feria secunda post festum beati Barnabæ apostoli. Nuntiis igitur nostris juxtà formam dictæ sententiæ ad præfatum episcopum Cameracensem cum tenore ejusdem sententiæ venientibus quià propter legitima impedimenta quæ per procuratorem suum postmodùm ea in animam suam jurantem coràm celsitudine nostrâ docuit esse vera personaliter nos nequivit accedere, coràm nuntiis nostris antèdictis secundùm for= mam perscriptæ sententiæ juratus deposuit de præmissis puram quam novit et simplicem veritatem et ea nobis per proprium nuntium et procuratorem ac litteras patentes in dicto termino destinavit. Auditis autem lectis et expositis litteris hujusmodi in judicio coràm nobis pro tribunali sedentibus apud Wormatiam feriâ secundâ prædictâ, prædicto comite Haynoniæ præsente et secundùm tenorem depositionis prædicti episcopi sibi justitiam fieri cum instantiâ postulante præfato verò Flandriæ comite, nec per se, nec per procuratorem aliquem comparente sed per contumatiam absentante per commune venerabilium Worma= censium et Spirentium episcoporum, illustris Ottonis, marchionis de Brandenburg, principum nostrorum, nobilium virorum R. Gelriæ, E. Zeunen, H. de Willence, E. de Willence, E. de Catzenelgeboden, de Nasso et de Diech, comitum; Walrani, de Walkenburg et de Hamseburg et aliorum baronum et Imperii fidelium sententiam predictæ terræ, cum omnibus pertinentiis suis abjudicatæ fuerunt et sunt predictæ comiti Flandriæ, ejus contumaci absentiâ non obstante et adjudicatæ Haynoniæ comiti prænotato. Fuit etiam per eamdem sen= tentiam dictatum pariter et obtentum quod (secundùm relationem nuntiorum nostrorum prædictorum tenorem depositionis prædicti Cameracensis episcopi, et formam litterarum suarum antedictarum nec= non relationum nuntii ac procuratoris dicti episcopi faramundi Restiel), prædictum Flandriæ comitem pro eo quod ipse per se et suos dictum Haynoniæ comitem prohibuerat et impediverat (ut ostendit clarè tenor depositionis predictæ quominùs dictarum terrarum sibi per nos prout est expressum superiùs in feudum concessarum in quarum posses= sionem auctoritate et mandato nostro sæpèdictus episcopus procurato= rem dicti comitis Haynoniæ nomine ejus misit, utili, quietâ et vacuâ possessione gauderet), de jure, proscribere, ac eundem Haynoniæ comitem adjuvare et deffendere prout possibile nobis fuerit ut dictarum terrarum possessionem, quam executione juris jam habet, liberam et vacuam à quolibet detentore et specialiter Guidone comite Flandriæ nancisci valeat, debeamus ac omnes episcopos comiti Flandriæ in contumaciâ et in injuriosâ violentiâ assistentes similiter proscriptionis mucrone etiàm ferire debeamus.

Item sententialiter fuit ab omnibus supràdictis eodem tempore defi= nitum quod idem comes Haynoniæ prædictarum terrarum, hominum, jurium et pertinentium ad easdem in toto vel in parte, per se et suos possessionem possit accipere ac intrare et se intromittere de iisdem quomodo cumque sibi visum fuerit expedire, nec in hoc in alicujus injuriâ aliquid reputabitur egisse, nec indè interdicto teneri.

Prætereà in eâdem judicii instantiâ similiter fuit sententialiter judi=
catum quod dictus Haynoniæ comes tanquam juris predictarum
terrarum et attinentiarum suarum possessor pro ipsis terris quoàd
ipsum Flandriæ comitem et quoslibet alios non actoris sed rei debeat
præsentare personam, si videlicet quis hominum dixerit sibi jus
competere in prædictis. Quas sententias utpotè rationabiles et ab om=
nibus de jure approbatas laudamus, approbamus et ex certâ scientiâ
confirmamus in quorum omnium testimonium præsens scriptum ex
indè conscribi et majestatis nostræ sigillo jussimus communiri.

Actum Wormatiæ, xvii kal. julii, indictione nonà, anno Domini
m. cc. lxxxi, regni verò nostri anno nono.

N.° XXXII. — Tome troisième, page 13.

*Rodolphe, roi des Romains, relève du serment de fidélité les vassaux
de Guy, comte de Flandre, pour les terres en litige, etc.*

Rodulphus, Dei gratiâ, Romanorum rex, semper Augustus, universis
vasallis, rectoribus, villicis, justiciariis, scabinis et universitatibus ci=
vitatum oppidorum et villarum ac popularibus universis terræ Geraldi=
montis, terræ de Alost, terræ de Quatuor officiorum, terræ Wasiæ et
terræ super Scaldam et attinentiarum suarum gratiam et omne bonum.
Quià feriâ secundâ proximà post festum beati Barnabæ apostoli
nobis in judicio præsidentibus apud Wormatiam predictæ terræ cum
earum attinentiis universis et singulis processibus habitis per senten=
tiam principum et nobilium qui fuêre præsentes, sunt abjudicatæ
nobili viro Guidoni, comiti Flandriæ et per eamdem sententiam adju=
dicatæ spectabili viro Johanni de Avesnis, comìti Haynoniæ, fideli
nostro dilecto nobis universaliter et singulis et singulariter universis
sub obtentu gratiæ nostræ, firmiter et districtè præcipimus et mandamus
precisè volentes quatenùs infrà sex septimanas et dies tres post recep=
tionem præsentium quos vobis juxtâ sententias curiæ nobilium nostrorum
pro termino peremptorio assignamus per vos vel per nuntios ad hoc
speciale mandatum habentes cum litteris vestris patentibus et sigillis
accedatis prædictum Haynoniæ comitem et ab eo petatis et recipiatis
feoda vestra quæ ratione dominii prædictarum terrarum possident et ab
eo in feodum habere tenemini et sibi faciatis debitè fidelitatis homagii

sacramentum non obstante homagio vel quolibet sacramento quibus præfato comiti Flandriæ ratione feodorum vestrorum constricti videbamini à quibus vos denuntiamus penitùs absolutos alioquin si in admitendis regiis præceptis inobedientes inventi fueritis et rebelles contrà vos necnon bona vestra et possessiones sivè dilatione quàlibet, secùndùm quod jùs in curià nostrà dictaverit procedemus.

Datum Wormatiæ, xv julii, regni verò nostri nono.

N.º XXXIII. — Tome troisième, page 15.

Sentence de proscription contre le comte de Flandre en sa personne et ses biens.

Rodulphus, Dei gratià, Romanorum rex, semper Augustus, universis sacri imperii Romani fidelibus præsentes litteras inspecturis gratiam suam et omne bonum. Ad universitatis vestræ notitiam duximus deferendum, cum spectabilis vir Joannes de Avesnis, Haynoniæ comes, dilectus fidelis noster causam quæ inter ipsum ex unà parte et Guidonem, comitem Flandriæ, ex parte alterà, super terris Geraldimontis, Wasiæ, suprà Scaldam, de Alost et Quatuor officiorum cum earum attinentiis universis et singulis vertebatur coràm celsitudine nostrà adeò finalitèr directò judicii tramite prosequtus quid prædictæ terræ et earum attinentiæ sint abjudicatæ predicto Guidoni, comiti Flandriæ, per sententiam principum et nobilium qui nobis in judicio affuerunt et adjudicatæ per eamdem sententiam comiti Haynoniæ prænotato et ipsum Flandriæ comitem ob violentiam, injuriam irrogotam per se et suos in terris prædictis vel pertinentiis suis sæpedicto comiti Haynoniæ necnòn ob ejus contumatiam debeamus proscriptionis mucrone sævire prout in instrumentis super hujusmodi confectis processibus pleniùs continetùr nos exigente justitià, prædictum Flandriæ comitem prædictæ proscriptionis mucrone innodamus et ipsum ponimus extrà pacem in cujus rei testimonium præsens scriptum exindè conscribi et majestatis nostræ sigillo fecimus communiri.

Actum Wormatiæ et datum anno Domini M. CC. LXXXI, XV junii, indictione 8, regni verò nostri nono.

N.º XXXIV. — Tome troisième, page 15.

Sentence contre les villes d'Alost, Grammont et autres terres, portant que le comte de Hainaut pouvait saisir leurs corps et leur avoir et faire en sa volonté, comme de ceux qui sont fouringés de leur honneur et de leurs biens.

Rodulphus, Dei gratiâ, Romanorum rex, semper Augustus, universis sacri imperii Romani fidelibus præsentes litteras, inspecturis gratiam suam et omne bonum. Ad universitatis vestræ notitiam duximus deferendum quid cùm villici, scabini, justitiarii, rectores et communitas de Alost ad instantiam spectabilis viri Joannis de Avesnis, Haynoniæ comitis, dilecti fidelis nostri ad nostræ præsentiam in crastino beati Clementis, papæ et martyris, nunc præterito peremptorio, citati fuerunt super hoc quod inobedientes existunt ei comiti in præstando sibi tanquam suo domino fidelitatis debitæ juramentum ratione terrarum quas eidem comiti in feodum concessimus prout liquet ex litteris super hoc sibi traditis et concessis, iidemque non comparuerunt, nec per se miserunt responsales licet mandatum nostrum receperint, sicut per nuntios nostros quos super hoc ad ipsos misimus, nobis facta extitit plena fides per sententiam principum comitum nobilium ac aliorum nostrorum et fidelium qui præsentes fuêre, definitum extitit, omni applaudente consensu quòd prædictos villicos, scabinos, justitiarios, rectores et communitatis Geraldimontis, de Alost debeamus proscriptionis sententiâ innodare et quòd idem comes Haynoniæ retinendi sibi bona, res vel hæreditates earum vel aliis concedendi quibus voluerit, habeat liberam facultatem, nos autem dictam sententiam ratam habentes et gratam approbamus eam et ex plenitudine potestatis regiæ confirmamus.

Testes sunt:
  Abbas de Wissenburg . . . illustris; L., comes palatinus Rheni, dux Bavariæ; H., marchio de Haparch; H. de Wurtemburg; Al. de Holenburg, primores nostri; Burchardus de Hohenburg, primores nostri; Buchardus de Hohenburg; F. de Linighen de Wengelowe, de Veldes, comites; G. de Swarizburch; Ludovicus de Henburgh, Geraldus de Bruberch, W. de Olingen, Otto de Ossenstein, Wernherus de Boulandia, et quam plures alii.

In cujus rei testimonium præsens scriptum exindè conscribi et majestatis nostræ sigillo fecimus communiri.

Datum Wissenburch, octavo kalend. decembris, indictione nonâ, anno Domini M. CC. LXXXI, regni verò nostri nono.

N.° XXXV. — Tome troisième, page 13.

Sentence de proscription des communautés d'Alost et de Grammont.

Rodulphus, Dei gratiâ, Romanorum rex, semper Augustus, universis sacri imperii Romani fidelibus præsentes litteras inspecturis gratam et omne bonum. Ad universitatis vestræ notitiam duximus deferendum quod cum villici, scabini, justitiarii, rectores et communitas Geraldi=montis, necnon villici, scabini, justitiarii, rectores et communitas oppidi de Alost ad instantiam spectabilis viri Joannis de Avesnis, comitisi Haynoniæ, dilecti fidelis nostri ad nostram præsentiam in crastino beati Clementis, papæ et martyris, nunc preterito peremptorio citat fuerunt super eo quod inobedientes existinit eidem comiti in præs=tando sibi tanquam suo domino fidelitatis juramentum debitæ ratione terrarum quas eidem comiti in feodum concessimus prout liquet ex litteris super hoc sibi traditis et concessis. Iidemque non comparuerunt nec pro se miserunt responsales licet mandatum nostrum receperint sicut per nuntios nostros quos super hoc ad ipsos misimus nobis facta extitit fides plena per sententiam principum comitum nobilium et aliorum nostrorum fidelium qui fuêre præsentes definitum extitit om=nium applaudente consensu, quod prædictos villicos, scabinos, jus=ticiarios, rectores et communitates debeamus proscriptionis sententiâ innodare. Nos exigente justitiâ prædictos villicos, sabinos, justitiarios rectores et communitates proscriptionis sententiâ innodamus et dictos ponimus extrà pacem. In cujus rei testimonium præsens scriptum exindè conscribi et majestatis nostræ sigillo fecimus communiri.

Actum et datum Argentæ, vii idus decembris, indictione nonâ, anno Domini m. cc. lxxxi, regni verò nostri anno nono.

N.° XXXVI. — Tome troisième, page 19.

Fondation des Guillelmins à Flobecq.

Nous Jehans dis sires d'Audenarde et sires de Rosoit et Mehault sa femme vidamesse d'Amiens, dame de Petregny, faisons savoir à tous chiaus ki sunt et ki avenir sunt que nous purement par Dieu, por le remede et le salut de nos ames et de nos successeurs et antécesseurs et pour l'honneur de Dieu et son service à enhauchier, donnons et

octroions de maintenant et avons donneit et octroieit au prieur pro=
vincial et as frères de l'ordre Saint-Guillame trois bonniers et vingt
cinq verges de terre ki nous avions en le paroche de Flobierc tenant à
nostre bos deleis le Robe en un lieu ki l'on disoit as Masures, en tel
manière que aient franchement sans retenir à nous nule justice : un
bonier et vingt cinq verges de celle dite terre pour faire une église
en l'honneur Nostre Dame en leurs manoir, pour les frères habiter
et Dieu servir, qu'ils y doivent mettre, pour l'eglise et maison enhau=
chier, par quoy il y ait a tousjours une maison et eglise del Ordene de
Saint-Guillame et volons que celle maison de celle eglise ait nom au
Mont *Nostre-Dame*, pour chou qu'elle est fondée en l'honneur Nostre
Dame. Et ou ramanant hors les dits boniers et les vingt cinq verges
deles le bos, nous retenons toutes justices hautes et basses, pour nous
et pour nos hoirs. Et encore leur avons nous donneit et octroiet don=
nons et octroions dis boniers et trois journaux, pau plus, pau moins
de bruieres que nous tenons et aviesmes d'autre part. Le voie qui va
de Flobierc à Ronsais par deles le dit bos, pour en ahaner, cultiver et
faire leur waignage, pour vivre chiaus de le maison sauf aussi à nous
ki en ce ledite bruiere nos y retenons toutes justices hautes et basses
pour nous et pour nos hoirs ki après nous seront. Et est encore à savoir
que le frère de la maison ne leur souverain, ne autre de par iaulx ne
pusent ne doivent traire à nul autre avoet, ne à autre souverain tem=
porel fors ka nous et à nos hoirs ki après nous venront tant que nous
ou nos hoirs les tenrons à droit et se nous ne nos sommes ne les tenions
à droit adont pusent en attraire as souverain seigneur monseigneur
le comte de Haynaut de cui nous les tenons souverainement et promet=
tons à bonne foy que jamais ce don reclamerons ne encontre venrons
pour nous ne pour autruy ains les warandirons et promettons à warandir
bonnement contre tous chiaux qui à lencontre vouront venir à jour et
à droit et pour chou ke toutes ces choses soient servies et estaules et
tenues à tousjors nos en avons as dits frères données nos lettres
saielées de nos propres saieles. Et prions à no chier seigneur monsei=
gneur le comte de Haynaut de cui nous le tenons souverainement que
wielle ce don et ces choses gréer, octroier et confremer et wardeir si
comme sire souverain.

Ce fut fait et donneit en l'an del incarnation notre seigneur Jesus=
Christ mil deux cent quatre vingt et trois, le nuict S.-Michiel.

N.° XXXVII. — Tome troisième, page 24.

Vente de la terre de Chièvres au comte de Hainaut.

Nous Jean d'Avesnes, cuens de Haynau, faisons sçavoir à tous, ken le présence de nos chiers, féables et homes por che espécialement appeillés, c'est à sçavoir : Jean, seigneur de Dampierre, no chier cousin; Rasson, seigneur de Liedekerke; Ernouls, seigneur de lo Hamaide; Rasson, seigneur de Bouleis; Nicholon de Houdeng, chevaliers, et messire Nicholon dou Quesnoit, archidiacre de Metz et provost des églises de Mons, Nicholes de Rumigny, sires de Kievereng, chevaliers, no chiers cousins, raporta en no mains, werpi et se deshérita bien et à loy de tout le fief qu'il tenoit en homaige de nous en le ville de Chirve ou sart de Chirve et ès appendances de luis devant dis, ares nous et ares nos hoirs, à tenir à tousjours perpétuèlement et hiretaulement. Et après ce raport ce werp et celle desheritance, nous conjurames no chier cousin le seigneur de Dampierre devant dit et le tournans sous luy que il nous desist si lidis Nicholes de Rumigny s'estoit bien deshérité et à loy dou fief devant dit ares nous et ares nos hoirs, et il conjureis et conselliés à ses pers devant dis, dist par jugement que lidis Nicholes de Rumigny s'estoit bien desheritiés et à loy des choses desure dites ares nous et ares nos hoirs, et de chou l'eusmes ensi par nos homes devant dis. Et tantost après, en le présence desdis homes, nous donasmes et raportames bien et à loy en le main ledit Nicholon, tous les humiers et les profis doudit fief et le vaillant d'autant avec par loial prisie comme ledit humier et profit valent et pusent valoir par an, à prendre cascun an sour nos bos de Mons, et s'il ne suffissoient sour tous les biens de no cense de Mons, à tenir en fief et en homaige de nous et de nos hoirs, tant et si longement comme lidit Nicholes ara le vie ou cors. Et l'en avont receus à home, et conjurans le seigneur de Dampierre devant dit et le tournans sour luy qu'il nous desist se lidis Nicholes estoit bien aheriteis et à loy de ces humiers et pourfis toute se vie devant dis. Dist par jugement que lidis Nicholes estoit adhereteis à loy toute se ville des humiers et des porfis dou fief devant dit, et de chou lensuivrent si per nos homes devant nommeit. En seureté et en tesmonaige desquels choses, nous avons mis no saiel en ces présentes lettres. Et jou Nicholes Rumigny, sires de Kiewereng, devant dis, connois et fay sçavoir à tous que je ay raporteit, werpi et m'en sui desheritiés bien et à loy de tout le fief devant dit et des apertenances ares men chier seigneur Jehan d'Avesnes, conte de Haynau deseure dit, et ares ses hoirs en le présence des homes devant dis, tout ensi comme il est chy deseure contenut parmy les humiers et les pourfis, si com devant est di, ke li dis cuens m'en a donneit et raporteit tout le cors de men vie, ensi comme deseure est deviseit et escrit. Et en seurté et tesmonaige des choses devant dittes, je ay mis mon saiel en ces présentes lettres avoeck le saiel monseigneur le cuens devant dit, et prie et requiers as hommes de mes pers devant nommeis ke il vellent mettre leurs saiaul à ces présentes lettres, en tesmonaige des choses devant dittes.

Et nous : Jean, sires de Dampierre, chevalier ; Rasse, sires de Liedekerke ; Ernoul, sires de le Hamaide ; Rasse, sires de Bouleis ; Nicholon de Houdeng, chevaliers ;

Et maistre Nicholes dou Kaisnoit, archidiacre de Metz et provost des églises de Mons, homme le comte devant dit,

Connossons et fasons sçavoir à tous que nous, com hommes le comte appeilleit pour chou, fumes present ès choses devant dites et qu'elles furent faites bien et à loy, tout ensi comme elles sont chy deseure escrites.

Et à la requeste de no chier signeur le conte devant dit et monseigneur Nicholon de Rumigny devant nommeit, nous homes devant dis avons mis nos saiauls en ces présentes lettres aveck les leurs, en tesmonaige des choses devant dittes.

Ce fut fait et donneit à Mons, l'an de grace mil deux cens quatre ving et nœf, le mercredy après le fieste Saint-Nicholay en yvier.

N.º XXXVIII. — Tome troisième, page 26.

Philippe, roi de France, oblige le comte Jean à relever de lui le comté d'Ostrevant.

Philippus, Dei gratiâ, Francorum rex, notum facimus universis tam præsentibus quàm futuris quod nobilis vir fidelis ac dilectus noster Johannes de Avesnis, comes Haynoniæ, nobis fecit homagium ligium præ cæteris hominibus quo ad illud feodum de terrâ Ostrevant quod si in nostrum hominem legium nos recepimus, hoc adjecto quod in predictâ terrâ si aliquid quod non sit de regno nostro et sit extrâ fines regni nostri de hoc inquiri faciemus veritatem rationibus utriusque partis auditis. Et illud quod reperietur esse extrà fines regni nostri nec erit de regno nostro de feodo nostro non erit nec ad id prædictum homagium se extendet et sciendum est quod predictam terram tenebit à nobis et successoribus nostris in Baroniâ et nobis faciet servitum cum quinque militibus pro eàdem sicut alii barones nostri. Consuetudines verò in prædictâ terrâ hactenùs observatæ quantùm ad subditos in perpetuum observabuntur. Emendam verò seu fore facturam quam petebamus occasione homagii hactenùs per eumdem nobis non impensi, ad supplicationem ipsius comitis et amicorum suorum eidem remisimus, nec occasione alicujus facti seu delicti in ipsâ terrâ per ipsum inter gentes suas usquè nunc perpetrati coràm nobis tenebitur respondere. Et quià nos dicebamus ad nos pertinere gardas seu custodias ecclesiarum et abbatiarum predictæ terræ, easdem gardas seu custodias ecclesiarum et abbatiarum de Ostrevant in manu nostrâ posuimus et inquiri faciemus tam de jure nostro et ecclesiarum quam de suo et usu, rationibus partis utriusque auditis. Et si repertum fuerit easdem ad nos pertinere easdem retinebimus, alioquin eidem restituemus easdem, quas tenebit ad homagium supradictum. Gardam etiàm ecclesiæ de famu in manu nostrâ posuimus, quam ad nos pertinere dicebamus et de bonis ipsius ecclesiæ abbatis per gentes suas et captis tam in predictâ ecclesiâ quàm in domibus de Ostrevant quæ pertinent ad ipsam ecclesiam locum faciet resarciri et super eàdem gardâ veritas inquiretur et si repertum fuerit eamdem ad nos pertinere et in regno nostro esse situatam eam retinebimus et ipse comes damna illata predictæ ecclesiæ per gentes suas restituet, alioquin si reperiatur esse extrà regnum nostrum nos non intromittemus, super recossas verò et injurias factas per gentes suas servientibus nostris ut dicebant emendabitur à nobis ad nostræ libitum voluntatis. Omnia verò suprascripta et singula facta fuerunt ad supplicationem amicorum suorum de voluntate ipsius et assensu et eadem promisit pro se et successoribus suis in perpetuum observare. Quod ut ratum et stabile permaneat in futurum præsentibus litteris nostrum fecimus apponi sigillum salvo tamen in aliis jure nostro et juro alieno.

Actum apud domum nostram Foleye in Leonibus, anno m. cc. nonagesimo, mense septembri.

N.° XXXIX. — Tome troisième, page 26.

Rodolphe, roi des Romains, décharge le comte de Hainaut du serment qu'il avait fait à cause de Valenciennes et annulle tous les priviléges.

Rodulphus, Dei gratiâ, Romanorum rex, semper Augustus, universis sacri imperii Romani fidelibus gratiam suam et omne bonum. Judicii vigor jurisque publici tutela videtur in medio constituta ut ne quis sibipsi permittere valeat ultionem. Cum apud Haghenoiam anno Domini M. CC. nonagesimo j.° indictione III, decimo sexto kal. julii in judicio pro tribunali sedemus ad nostræ itaque majestatis notitiam clamosam insinuationem à probis et fide dignis quibus fidem plenariè ad hibemus pervenisse, noverint universi generaliter præpositus, scabini, jurati, comunitas quoque villæ Vallenchenensis ad nos et ad imperium nostrum directo domino spectantes et de feodo comitatûs Haynoniæ extantes armati, furore, succensi rabie, illicitis ausibus scelestæ intendentes factioni contrà spectabilem virum comitem Haynoniæ dominum suum, fidelem nostrum dilectum Joannem de Avesnis, nullâ coram nobis, seu quovis alio Domino motâ quæstione de eodem, ut pote judices in propriâ causâ, ut publicâ ipsius villæ Vallenchenensis, rebellaverunt in præfati domini sui præjudicium verecundiam et gravamen, portas dictæ villæ contrà ipsum serando, villam muniendo, machinas faciendo, propugnacula erigendo castrum domini sui terribiliter assaltando ac etiam occupando, acclamationes et prohibitas convocationes in suis conventiculis in domini sui pernitiem exercentes et aggravantes, ignem ad feoda dominica immitentes, et in augmentum sui facinoris potentioris brachium gerentes per metum evidentem continentem necem populi et excidium terræ ipsius comitis, compulerunt ipsum comitem quamdam litteram ab eis vel eorum mandato compositam et conscriptam sigillare continentem, quod ipse comes tunc ignorabat et adhuc ignorat, approbaret, ratificaret et per omnia confirmaret constituendo dictos scabinos seu juratos declaratores in dubiis et obscuris que possent emergere de præmissis. Nos autem attendentes dictos præpositos scabinos, juratos, totamque communitatem Vallenchenensem ac eorum fautores et complices qui tam detestabile facinus contrà dominum suum proprium exercere et usurpare nullatenùs formidarunt, esse dignos flagitio necnon ab omni misericordiâ secludendos, ut eis perpetuâ egestate sordentibus, mors sit illis solatium et vita supplicium reputetur. Considerantes nihilominùs litteram suprâdictam prætextu metûs qui in virum constantem cadere postest à dicto comite sigillatam et eisdem traditam superioris auctoritate non interpositâ habere effi=

caciam, nos verò ipsam litteram et omnia contenta in eâdem auctoritate regiâ de consilio Baronum et procerum imperii ibidem apud Hagen= hoyam præsentium et per sententiam eorumdem reprobamus, revo= camus et ac si nunquam scripta sigillata vel data fuisset penitùs annullamus, ordinantes et finaliter denuntiantes ipsum comitem necnon suos homines et universos qui ad instantiam dicti comitis appo= suerunt sigilla sua litteræ supradictæ astringentes se suis promis= sionibus seu obligationibus ad observandum et tenendum ea que littera continebat à quibuslilet promissionibus et obligationibus de potestate regiæ majestatis penitùs absolutos, ac si nunquam alicujus promissionis et obligationis se vinculo astrinxissent. Et ut prædicti præpositus, scabini, jurati necnon totalis universitas Valenchenensis et horum successores suam enormen deplangant in perpetuum factionem ritè suis universis consuetudinibus legibus municipalibus, collegiis, conventiculis, ac acclamationibus campanæ suæ strepitibus ad cujus sonitum convenientes in unum statuta faciunt, edicta edunt, dictos præpositum, scabinos, juratos ac communitatem et universitatem dictæ villæ Valenchenensis et eorum successores auctoritate regiâ exuimus totaliter et privamus, nullâ præscriptione temporis, assecura= tione, permissione vel obligatione sibi à dicto comite aut progeni= toribus suis modo aut conditione quibuslibet factis, eas deffendente seu obstante à quibus videlicet assecurationibus promissionibus seu obli= gationibus ipsum comitem progenitores suos, necnon successores suos futuros comites de plenitudine regiæ potestatis penitùs absolvimus et deinceps ipsis omninò liberamus privilegiis tamen eis salvis que à divis imperatoribus et regibus Romanorum dictis civibus, seu communitati prædicta sunt indulta. Acta sunt hæc ac sententiata ordinata et denuntiata, præsentibus venerabilibus Constantiensi, Basiliensi, epis= copis. Spectabilibus comitibus de Cathenelbogen, de Linighighen, de Wurstenburg, de Veldenze et Vecthenich, altero Burgat de Seigley, marchione de Hapostrenos. Viris domino de Baldeke seniore et juniore et aliis quàm pluribus.

Signum Rodulphi Romanorum regis invictissimi.

In cujus rei testimonium præsens scriptum exindè conscribi et ma= jestatis nostræ sigilla jussimus communiri.

Datum apud Hagenoghiam per manum magistri Henrici protho= notatarii nostri, anno Domini m. cc. nonagesimo primo, xii kalend. julii, regni verò nostri anno xviii.

N.° XL. — Tome troisième, page 54.

Le comte Jean reçoit en grâce ceux de Maubeuge à certaines conditions.

A tous chiauls qui ces présentes lettres verront et oront. Li eschevins, li jureit, li consaux et tous li communes de le ville de Maubeuge, salus en Dieu. Conneute chose soit à tous que nobles princes nos chier sire messire Jehan d'Avesnes, cuens de Haynau, pour grant necessiteit et grant besoigne d'en deffendre son honneur, sen heretage et sen pays, nous requist à lever une assize dedens Maubeuge un tierme durant en monstrant amiaulement comme sire les raisons pour= quoy, et comment il le vouloit faire, pooit et devoit. Nous à une journée que nos y fiemise devant luy à Maubeuge pour ceste chose, avant chou que nous fussièmes arraisoneit de luy ne aucuns des siens, nous nos mesmes par malvais conseil et par deffaut de sens à son de cloke à banniers desployées, à armes, li plusieurs de nous entrant en l'église Sainte-Audegon mettant se fierte hors de se liu en my le mous= tier villonies et reproches au sainct cors, entrant aussi en le halle et ès cambres où nos chier sire li cuens avant dis estoit, no chière dame Phelippe, contesse se compaigne, si enfant, leurs chevaliers et leurs maisnies, aussi demorant à force et encontre commandement en mena= chant et disant laides paroles desconvignables à no seigneur et à no dame devant dis, et à leurs chevaliers et à leur maisnie. Pour lequel meffait notoire et appert no chière sire deseure dis se party de le villes courcies et ireis à sen droit et à no tort en talents de prendre le ven- geance de tel fait. Nous qui fumes appercheut de no confusion apparant et bien connissant de nos meffait, criames merchi à no chier signeur deseur dit et nous meismes simplement seus aucune condition de cors et des avoirs à se volentet entièrement, à disposer, ordener et faire tout ensi come il le plairoit, c'est com s'il a qui n'aviemes aultre refui, parquoy nous puissiens escarper à main de péril et de damaige. Nos devant dis sires par se debonnaireteit meut de pitiet nos rechuit en le manière, après se conseilla en se plaine court à Mons et à plusieurs de ses amys d'ordoner et attempérer se volenteit al honneur de Dieu et de luy et à nous sauver en nous punissant de si grant meffait. Chou fait no devant dis sire vint puis à le mote dehors Maubeuge le prochain mardy devant Noël en l'an de grace mil deux cens quattre vingt treze, et nous dist et semonist en nom d'amende dou meffait avant nommés plusieurs chozes et articles ki cy après sont dit et escrit.

Premièrement que de là en avant, pour le débit que nous aviens fait à l'église et au cors saint deseure dit, que nous ne aucuns de le ville de Maubeuge de ce jour en avant perpetuellement fust mais si hardis qu'il mesist main à le fieitre saincte Audegon pour mettre jus de celuy pour porter à procession ne pour autre choze faire.

Après pour chou que nos chier sire entendi souffisament que aucuns de no commun furent principals de esmouvoir le ville à tel outrage faire, il commanda et dist qu'il fussent banit hors de sen pays à tousjours jusques à trente-sept s'il n'estoient dont rapielliet par luy.

Et encores nous enjoinist-il, et dist que nous eusiesmes pour le ville sayel commun que nous ne puissiens défaire ni briser sans sen gret et volontet où de ses hoirs contes ou contesses de Haynaut et que cils saiauls soit wardés par quatre preudhomes qui seront esleut par les eschevins et le conseil de le ville, et cil quatre aient quatre cleis à coffre là où li saiauls soit mis, par quoy li quattre y soient quant on in vorra user pour le nécessiteit de le ville.

Encores dist nos sires que li escievins, li consiaus, li communauteit de le ville ne puissent faire eswart, taille, ne assize pour iauls, se ce n'est par se volenteit ou de ses hoirs contes et contesses de Haynaut et ke se gens y soient présent au faire et à ordonner ce ke fait en seroit.

Encores dist no sire que tous ouvriers et toutes ouvrières qui œuvrent et wagnent en le ville de Maubeuge, paient à luy et à ses hoirs contes et contesses hyretaulement et perpetuellement une maille chascune sepmaine le semmedi et commencera ceste assise lendemain dou Noël prochainement venant.

Encores dist nos sires que toutes fies que il et le contesse se compaigne ou li uns di iaulx ou leurs hoirs cuens ou contesses de Haynau venront à Maubeuge pour demorer tant comme il leur plaira, k'il wet ke li ville livre à sen coust de le ville cincquante kuires souffisans, buires de terre pour apporter vin, ciervoise et aiwe, pos de terres, hanas de tière ou de fust, vaisselemens che de cuisine et chou qu'il enconvenra pour leur hostel souffisament siervir à tous jours perpétuèlement. Et quant ils en partiront ou li uns d'iaulx, cil vassiel et ses chozes devant dites demorreront en le warde des preudhomes de le ville ki à chou seront esleut par le conseil des eskievins pour le profit de le ville.

Encores dist nos sires que kiconques mettra main sour ses sergeans ou sour aucun de se maisnie pour les sergeans et maisnies de ses hoires contes et contesses de Haynau par ire, faire et couroux, dont suffisans vérités pert il sera à se volenteit ou à le volenteit de ses hoirs.

Encores dist nos sires que tous drapiers paieront à luy ou à ses hoires à tousjours perpétuèlement de chacun qu'il feront, trois denniers, de une vise trois deniers, d'un petit drap deux denniers, d'un demy drap un denier. Et ceste assize prendra-on as polies et le commenchera-on à prendre et à lever à ce prochain Noël en douze ans.

Ces points et ces articles deseure dis nous a enjoins et commandeis à warder et à tenir no chier sire en nom d'amende dou meffait que nous aviens fait. Et nous tous de commun assens benignement et de bons cueur les avons recheut à faire et à emplir si com deseure est dit. Et s'il avenoit (dont Dieu nous deffende) que nous en commun ou aucuns de nous estiemes ou aliémes à l'encontre aucuns de ces points en tout ou en partie, nous ou cil ki y seroient seriesmes ou seroient à le volenteit de no seigneur souvent nommeit decors et d'avoir ou de ses hoirs, contes ou contesses de Haynaut. Et s'il avoit en no escrit présent aucune chose obscure ou à déclarer, no chier sire le retient à déclarer par luy ou par sen conseil ou si hoir par iauls et par leur conseil chiaus qui pour le tans seroit sire ou li déclaration aroit besoing. Et parmy chou, no chier sire nous a pardonnet le courrou et le maltalent qui avoit envers nous pour le meffait avant dit. Et pour chou que ces choses cy desseure dictes soient bien tenues et wardées perpetuèlement, nous avons mis de communs assens de toute le ville de Maubeuge. Il est escrit no propre sayel.

Ce fut fait et donnet, dit et ordené, l'an del incarnation Jesu-Christ mil deux cens quatrevingt et treize, le prochain mardy devant le Nativiteit Notre Seigneur, ou mois de décembre.

N.º XLI. — Tome troisième, page 40.

Remise faite par Jean, comte de Hainaut,
du droit de morte-main, etc., à ceux de la ville de Mons.

Nous Jehan d'Avesnes, cuens de Haynau, fasons sçavoir à tous chiauls qui ces présentes lettres verront et orront. Ke come li habitant de no ville de Mons en Haynaut selonc lor vie et condition d'iauls fussent par raison de bourghesie ou autre tenut à nous et à sainteurs ou autres seigneurs d'aucunes debites par mortes mains ou meilleur catheuls. Et li aucun desdis habitans ki venut seront demorer en ladite ville en aultres debites pour raison de siervaiges ou d'aubaniteit. Et pour le fait et le kierke desdites debites, moult de gens laioient ou pooient

laier à venir demorer en nodite ville de Mons. Nous désirant à moul=
tiplier et peupler nodite ville pour l'accroissement de nous, de nos
hoirs, de nos successeurs et de no tière, par le conseil des preudhomes
et sages, en le presence de nos chiers et feiables homes de fief :

Mgr Gillon, dit Rigaut dou Rues;
Mgr Gérard de le Longheville;
Mgr Gillion de Bierlaimont;
Mgr Watier de Daules;
Mgr Jaquemon de Werchin, senescal de Haynaut;
Mgr Gillion dou Sart;
Mgr Jean Sausseit;
Mgr Jean Behilon;
Mgr dou Roues;
Mgr Jean de Ressais;
Mgr Frastreit de Ligne;
Mgr Nicolon de Houdeng;
Mgr Nicolon de Bievene;
Mgr Gillion Pouretet, chevaliers;
Jehan de Soissons;
Henry de Lussembourg, seigneur de Ligny;
Damisiaus Jean Renaut;
Jean de Kevy;
Watier Bourial de Ferein;
Gillon de Haspre;
Gillion d'Aunoit;
Cholart de Willechamp,
et Gillion, dit Grignart;

pour chou spécialement de nous appielley,

Avons de certaine science sans nulle dechevance pour nous,
pour nos hoirs et pour nos successeurs hyretaulement, perpétuelement
et absoluement donneit, relaieit, quiteit et affranki, donnons, relaions,
quittons et affrankissons nodite ville de Mons et toute le pourchinte
qui est ou sera dou jugement de nos eskevins de Mons et toutes les
personnes et chacune par luy, habitans et demorans en no ville et
pourchinte devant nommée, ki ors sont demorant et ci en avant ver=
ront demorer, iauls, leur hoirs, leur successeurs et leurs biens de
quelconque liu que ils soient venut ou vignent ou de quelconque condi=
tion kils soient, de toutes mortemains, milleurs catheuls, parchous
de servaige ou d'abanies, à vie, à mort, ki à nous, à nos hoirs ou à
nos successeurs appertiènent ou appertenir pooient ou devoient en

manière quele kele soit, sauf chiu que nous et no hoirs poons nos siers
et no serves requaire et réclamer par plainte à no mayeur de Mons devant nos eskevins de ce lieu deues an et jour, puis que il y seront
premiés venut demorer, et puis l'an et jour passeit que il ou eles paisieulement sans calengier souffisament si com dit est averoient demoreit.
Nous, no hoir ne no successeur ne aultres de par nous ne poons de
ci en avant les demorans en la ditte ville ou pourchinte pour raison de
servage requerre calengier ou demainder, ains demorer franc doient
et quitte es kas devant dis si comme li aultres habitans en le ville et
en le pourchinte de Mons. Et est à sçavoir que quant nos eskevins
feront sairment à nous si comme accoustumé est, on adjoindra à leurdit sarment que si tost sans mauvaise oquison comme il savreront et
poront sçavoir si aucuns siers ou sierve vient nouvellement demorer à
Mons ou en le pourchinte kil l'anonceront à nous ou à nos provost ou au
mayeur de Mons. Et si s'accorderont à ban faire que nus ne leura
maison à personne afforaine ke ançois ke le vingne demorer en ladite
maison et san mauvaise oquison, anonchera le nom de cheli personne
à nous ou à nodit prevost ou mayeur.

Encor est à sçavoir que li bastart demorant es lius devant dis qui
averont hoirs de leurs corps, goseront de celi mesme frankise, et s'il
n'ont hoirs de leur cor, nous userons à le mort de leurs biens si comme
accoustumé est. De recief, comme il fut accoustumeit ke kiquonques
faisoit mellée durant les fiestes de Pentecouste et de le Toussains,
fussent bourgois ou aultre que il estoient à tant de cors et d'avoir à no
volenteit sans perdre vie ou membre. Et pour ceste cremeur, moult
de gens laioient à venir as dit fiestres; nous pour l'enmendrement
de nodite ville et des fiestes devant dites, avons pour nous, por nos
hoirs et pour nos successeurs muet et muons, mis et metons ledite paine
de no volenteit à doubles loys des mellées faites en autre tamps par le
jugement de nos eskevins, et en jugeront ensi de si en avant. Et lesdites frankises et quittances des mortemains, des meilleurs cateuls, de
parchons, de siers et d'aubanies à nous, à nos hoirs ou à nos successeurs apiertenans à vie et à mort, sauf à nous successeurs le réclamation de nos siers ou sierves, si comme dit est. Et avec chou no volonté
dite desdites meslées faites et muées à doubles loys, si comme dit est,
pour nous, pour nos hoirs et pour nos successeurs, nous les avons
données as habitans de le ville et pourchinte devant dites, à tousjors
quitteis, réclameis, mises et misées, donnons, quittons, réclamons,
mettons et muons, à tenir de nous et de nos hoirs et successeurs comtes
de Haynaut, perpétuèlement à six deniers blans, tant seulement à
payer en nom de cense chascun an à Mons à le fieste de le Nativiteit

S.'-Jehan-Baptiste, si còm on paye nos autres cens et nodite ville par loy. Et plus, ke ces six deniers blans pour toutes les chozes devant dites, nous ne no hoirs ne nos successeurs présents et à venir et en ceste forme et condition, nous pour nous, nos hoirs et successeurs, reportames quittement, frankement et absolument, bien et aloy ou au nom de ledite ville et pourchinte de Mons et de toutes les personnes ki y sont et seront demorant et leurs hoirs de cy en avant à tous jors et de chacune par li et pour iauls en le main Jean dit de Baudour et Jean dit Vilàin dou Markiet, bourgois de Mons, procureur de ledite ville, communauteit et universiteit de Mons, pour chou suffisament establis par lettres de ledite ville sailées de leur propre saiel en le présence et le warde de nos hommes devant nommeis. Et les en adheretons bien et aloy et conjurasmes no feiable homme Gillion, seigneur de Bierlaimont, ke il no desist se lidit procureur au nom de leditte ville, communauteit et universiteit en estoient bien adhyreteit et aloy souffisament. Et conseilles à ses pers dist ke selonc les coustumes et les usaiges ke il avoit veut, maintenir et user en tel cas ou en semblables que lidit procureur au nom de leditte ville de Mons, pourchinte des habitans, d'iauls, de leurs hoirs ou successeurs présens et advenir, et pour iauls sont bien adhyereteit aloy souffisament des chozes deseur dites, parmi seulement les six deniers blans de cens devant dis payent ensi comme deseur est dit et contenut. De ce l'ensuirent par no conjurement et par suite pasuile, nosdis homes, si par après en le présence de nosdis homes et en leurs warde, nous promismes et promettons par solennelle stipulation et loiale à l'universiteit de nodite ville et pourchinte de Mons et à leurs hoirs ke decy en avant y demorront ke nous les délivrerons entièrement partout, en toute cour de sainte église ou mondaines envers tous sainteurs ou signeurs quel ke il soient de toutes debites pour raison d'aubanies, de mortemains ou de meillieurs cathieuls que on leur demanderoit ou pourroit demander à nos cous, à nos frais et à nos despens sans rien mettre dou leur. Et à toutes ces chozes et à chacune d'elles fermement et entièrement, nous obligeons, nos, nos hoirs et successeurs et noditte ville et pourchinte et à tous les personnes et à chacune, habitans et demorans en lesdis lius, présens et avenir, et promettons loialement par no sairment, pour nous, pour nos hoirs et pour nos successeurs, ke nous ne venrons ne soufferons à venir par nous ou par autruy, en tout ou en partie, contre ces chozes ou aucunes d'elles, ne quérons art, engien, ne manière par quoy eles ou aucunes d'elles soient retraites ou empiries. Et renonchons expressement pour nous et pour nos hoirs et nos successeurs par no sairment, quant à chou que nous, nos hoir ou no successeur puissions dire ke en ce fait soient dechiut, aultre le moitié dou droit pris ou autrement. Et à tous bénéfices de restitution en entière et à tous autres bares, allégations, raisons de droit et de fait et à tous usaiges de coustume de lius et de pays ki nous ou nos successeurs poroient ayder et lesdites personnes ou aucunes d'elles nuir ou grever.

Et volons que nos successeurs conte de Haynaut qui pour li tans seront, ke il recognoissent ces chozes devant dites ensi faites bien et souffisament. Et les promettons à tenir expressement à faire le sarment si comme accoustumé est, en leditte ville quant il venront nouvellement à tière. Et requairons nosdis homes ke en tesmoignage de ces chozes, à la requeste de leditte ville ou desdits procureurs, il en donissent leurs lettres ouvertes saiëlées de leur saiauls à leditte ville. Et pour chou que ces chozes et chacunes d'elles, si comme deseure est dit et deviseit, soient et demeurent fermes et estables à tous jors, nous en avons données nos présentes lettres saielées de no propre sael à leditte ville, communauteit et universiteit de Mons.

Ce fut fait et donneit à Mons en l'an de grace m. cc. quatreving et quinze, le demence après le jor Saint-Jean-Bietremi l'apostre, ou mois d'aoust.

Et nous, mairs, eskevins, communauteit et universiteit devant dites toutes les chozes es dites lettres contenues aquel nous ou nos successeurs ou li habitans de le ville de Mons ou de le pourchinte devant dite présent et avenir sont tenut et seront, nous les promettons pour nous et pour lesdis habitans présens et à venir à tenir entièrement sans venir encontre à no chier seigneur devant nommet et à ses successeurs. En tesmonage desquels chozes, nous avons ces présentes lettres saielées de no propre sael de la ville de Mons en Haynau devant dite en l'an et jor devant dis.

N.º LII. — Tome troisième, page 40.

Lettre en faveur des serfs qui viendront demeurer en la ville de Mons.

Nous Jehan d'Avesnes, cuens de Haynau, fasons sçavoir à tous chiaulx ki ces présentes lettres verront et oront. Ke comme il ait esté de si long tans, comme mémoire d'home puet souvenir, et encore soit sans interruption nulle accoustumeit et useit en le ville de Mons et en le pourchinte dou jugement de nos eskevins, ke kiconques venoit manoir ou demorer en noditte ville de Mons et pourchinte de quelconques lin y venist et de quelconques condicion de siervaige k'il fust et à quelconques saniteur ou seigneur, puis qu'il avoit demoret en leditte ville an et jor paisiulement sans réclamer et plainte faire à nos mayeur devant nos eskevins de Mons, de là en avant estoit frans et quitte de toutes débites de siervage envers tous, il et ses successeurs demorans en ces lius et si bien par tout. Nous ledite coustumes loons, approvons et confermons comme sires de le terre, et le promettons, pour nous, pour nos successeurs fermement à tenir et avons enconneut as habitans de noditte ville et pourchinte et à chacun par luy présens et à venir ki en ledite ville et pourchinte demeurent et de cy en avant y demorreront, que nous le deffenderons en leditte coustume et les tenrons et garderons pasiules envers tous si comme les autres manans de no ville devant dite, à no loial pooir sans le omettre. Et à chou nous obligons as dis habitans et à chacun par luy, nous, nos hoirs et nos successeurs perpétuèlement. Et pour chou que ces choses et chascune de eles, si comme deseure est dit et deviseit, soient et demeurent fermes et estaubles à tousjors, nous en avons donnees nos présentes saielées de no propre saiel à leditte ville, communauteit et universiteit de Mons.

Ce fut fait et donné à Mons en l'an de grace M. CC. quatreving et quinze, le deneures après le jor Saint-Bietremi l'apostle, ou mois d'aout.

Et nous maire, eschevins, communautcit ei universiteit de le ville de Mons souvent dite, avons en tesmonaige des choses devant dites mis no propre saiel de le ville de Mons devant dite à ces présentes lettres, en tesmonaige de vériteit.

Ce fut fait l'an et jor devant dis.

N.° XLIII. — Tome troisième, page 40.

Fondation de l'hôpital Taye, à Mons.

A tous chiaux qui cheste presente lettre veront et oront li prevos, li doyens et tout li capiltes de l'eglise me dame Sainte-Waldrut de Mons salut et cognissance de veriteit. Comme il soit ensi que tout li heritaige qui sont devens le pourchaince de le ville de Mons meuvant de nous et de no eglise et que ces heritaiges si comme maisons tieres et autres lius on ne puist amortir sans nous et no eglise, si faisommes savoir à tous que messire Jehans li Taye capelains perpetuels de Saint-Andrien as no eglise devant dite, meus en pitié et en compassion de le mezaise des pauvres vint a nous et nos requist et pria humblement en dévotion que nous pour Dieu et en aulmosne volsissiemes amortir le maison et le liu qui fu Mehaut le Lorgne et le maison et li liu qui tient a cheli maison, que on nommoit le Grand couvent, lesquelles il a acquises et les tient en de nous souverainement pour faire un hospital en ces lius devant nommés, à demorer à tous jours pour herbegier et apoer povres begines anchiennes et non poissans et pour une capelerie faire et restorer en ces meismes lius sensi estoit que Dieus en donnat grasce lui et autrui dou faire et del estorer. Et nous li prouvos, li doyens et tous li capitles devant nomes li avomes ensi gréet et otryet pour Dieu et en aulmosne et pour chou que nous et les ames de nos anchisseurs et de chiaus et de chielles qui sont à venir apries nous especialement personnes de no eglise aient boine participation à touttes les almosnes les biens et les orizons que on y dira et fera a tousjours mais. Sauf chou que li bien et les droitures de no eglise nen soient amenries et que li cappelains de le cappellerie, se cappellerie y estoit faite, soit repairans à no eglise as fiestes solempnes ainsi que li priestre et li cappelains de le ville de Mons y doient venir et repairier.

Che fut fait et otryet en no capitle general par commun assent de tous. En tesmoingnaige desquels coses nous avomes donne au devant dit monseigneur Jehan le Taye cheste lettre pendant saylée dou sayel de no capitle donée et otryée l'an de grase mil cc. quatrevins et seze le dimans apries les octaves Saint-Martin en juiet.

N.os XLIV et XLV. — Tome troisième, page 45.

Le roi de France Philippe ménage la paix entre Jean, comte de Haynaut, et ceux de Valenciennes; douze bourgeois et six échevins lui sont livrés comme ótages.

Nos provos, juret, eskevins et toute li communauteit de le ville de Valenchenes, fasous sçavoir, à tous chiaus ki cest escript veront, que de tous contens, descors et débas qui jusque à jourdui ont esté entre no chier signeur Jehan d'Avesnes, conte de Haynaut, d'une part, et nous tous devant dis d'autre part, de no bonne volenté et dou consentement de nos, de le communauteit, de le ville et par le conseil des preudhomes, est pais feite en telle manière. Que no chier sires devant dit nos a enconneut que de tous contens, descors et débas ki de jusques à jourduy ont esté entre luy d'une part et nos et les gens de Valenchenes d'autre part, de se bonne volonté et de se consentement et par conseil de preudomes, est pais faite. Il nous a enconneut pour luy et pour ses hoirs et promis assez que pour lontens, discors, crimes ou forfais de tans passé mal ou villenie, à nous ou à aucun de nous il ne fera ne porcachera, ains le nous pardonne bonnement et nos enquitte. Et si nos a promis et promet pour luy et pour ses hoirs que pour fourfaiture, commise, amende de cors ou d'avoir en jugement ne hors jugement, demande ne nos en fera ne nous approchera par aucune manière kele quele soit. De rechef nos a il promis por luy et por nos hoirs en nom de pais à tenir et warder no charte sailet de son saiel et nos lois, nos coustumes et no usaige au recors des jurés et des eskevins de Valencenes sens venir encontre et que en tens à venir depuis ore en avant boins sires et loial il nous sera et nous maintenra par loy selonc le charte devant dite et par le loy jus et les coustumes de le ville de Valencenes. Avec chou nous at-il promis pour luy et pour ses hoirs que les cors et les avoirs des bourgeois et des masnans de Valenchènes, il les wardera et dehors le ville de Valenchènes et dedens. Et pour plus grande seureté de nous tous a nos chiers sires devant dis, pour luy et por ses hoirs, promis par sen serment solemnèlement et corporèlement fait tous les choses descur dites et chacunes d'elles, à tenir, warder et à emplir sans venir de rien encontre. En tesmonaige de queles choses, nos avons cest présent escript saielet de no propre saiaul.

Donné en l'an de l'incarnation Notre Seigneur Jésu-Christ, M. CC. IIII^{XX} et seize, le jour du grand quaresme. (More romano l'an 1297.)

Nos provos, juret et eskevins de toute li communité de le ville de Valenchènes, faisons sçavoir à tous qui cest présent escrit veront ou oront, que com il soit ensi que de no bonne volenteit et de no consentement par le conseil de preudhomes ariesmes fait bonne pais à no chier signeur droiturier, pour lequele pais fermement à tenir pour luy et pour ses hoirs, il nous ait donneit ses lettres ouvertes en lesquelles il soit contenu avec aultres plusieurs devises qu'il nous ayt promis pour luy et pour ses hoirs que les cors et les avoirs des bourgeois et des masniers de Valenchènes, il les wardera dehors le ville de Valencenes et dedens. Il est à sçavoir que hors de celi pais et de

celi warde ki dit est, li douze qui furent adjournet à la porte Cambré=
sienne de par le roy, sont mis hors del tout entièrement leurs cors
et leur avoir ne ne peuent jamais estre en office nul qui appertienge
à le ville ne enfant aussi que ils aient, ne porter tesmongnage dont
li noms desdits. ajournez sont tels : Regnier Tauvin, Jehan d'Angre,
Willame Roussiauls, Rogiers Caperon, Wathier Brochon, Jehan de
Saint-Pierre, Jaquemon de Castiel, Huon de Treit, Jehan Brochon,
Jaquemons le Pere, Colart Gouches, Jean Sauvaige. Et avec cho li six
eschevins qui estoient eskevins avec lors pères au jour que messire
Aubert de Hangest et li provos de Paris vinrent à le porte Cambrézienne
de par le roy, dont li noms sont tels : Engelbers Noghes, Jehan
Carbon, Watier li Liens, Jaquemes Ewestiaus, Jehan li provos et
Gilles Roussiaus, ne peuvent jamais estre en office nul qui appertienge
à le ville ne enfant aussi qu'il ayent, ne porter tesmonaige. Et pour
tout que toutes ces choses deseurdites soient fermement tenues, nous
avons cest présent escript saielet de no propre saiel en connissance de
verite.

Donnet l'an del incarnation Notre Seigneur M. CC. quatreving et seize,
le jour du grand quaresme. (More romano l'an 1297.)

N.º XLVI. — Tome troisième, page 45.

*Paix et alliance
entre le roi de France Philippe et Jean, comte de Hainaut.*

Philippe, par la grace de Dieu, roy de France, faisons sçavoir à tous
présens et avenir, que nous, pour nous et pour no hoirs et successeurs
roys de France, avons fait alliance à notre amé et féal Jehan d'Avesnes,
conte de Haynaut, et à ses hoirs à tous jours, et lidit cuens pour luy et
pour ses hoirs, avons et à nos successeurs roys de France, en la manière
qui s'ensuit :

Premièrement nous promettons en bonne foy, et à luy et à ses hoirs
contes de Haynaut, confort et ayde, nommément contre Guy de Dam=
pierre, conte de Flandres, et ses hoirs et contre tous aultres ès cas
en quoy faire le pourrions sans nous meffaire vers nos hommes. Et
ledit cuens aussi por luy et por ses hoirs promis en bonne foy, conseil
et ayde à nous et à nos successeurs, nommément contre ledit Guy et

ses hoirs et contre tous aultres, exceptez les personnes de ses seigneurs. C'est à sçavoir le roy d'Allemaigne et l'évesque de Liège, tant seulement ès cas où il se porroit meffaire vers eux ou enviers ses homes. Et pour ce que nous et lidit cuens avons à présent matière de discort et de guerre envers lidit Guy, conte de Flandre, et les siens et ses aidans, nous sommes alliez espécialement ensamble en ce discort et en ceste guerre et en aultre de aider l'un l'autre en bonne foy en la manière qui s'ensuit, c'est à sçavoir : que nous li debvons aider à ce ke il recouvre envers ledit Guy et ses hoirs son héritaige et ayt ses jugez fais et à faire nommement la terre de Namur. Et ne poons audit Guy, ne à ses hoirs faire paix ne donner trièves sans le gré dudit conte de Haynaut. Et tout en autele manière ne peut lidit cuens faire paix ne donner trièves sans notre gré audit Guy ne à ses hoirs. Et nous doit estre tenu à nous aider et venir à notre raison envers le dit Guy et ses hoirs.

La manière comment lidit cuens et si hoir comte de Haynaut doibvent nous et nos successeurs roys de France aider contre lidit Guy et ses hoirs et ses aidans et aultres, et nous aussi lui et ses hoirs à tous jours est tele. Li cuens nous doibt aider en la terre de Haynaut et en la comté de Flandre à mil armures de fer et cincquante armures de fer jusques au fleuve de Seinne au gages accoustumez en France, c'est à sçavoir : por le banneret, ving sols; pour le bacheles dix sols, et pour l'escuyer, cincq sols tournois. Et doibvent estre li cheval dudit conte et de sa gent estimé et prisié et mis en escrit; et oultre le restour accoustumé en France, nous en ferons selonc notre bon esgard. Et est à entendre des gaiges et restours devant dis en bonne foy, et d'armures de fer plus là nous et li cuens nous accorderons et de mains à mains, et de ce est-il en notre volenté durant les guerres. Et est à entendre ke pour les fortresses de ladite conté, warder, et les périls ke avenir en porroient eschiner, et pour advenues grever doibt y estre envoye un preudhome chevalier de par nous qui loyalement par son sarment selonc l'estat des besoignes et conditions dès lieus, mettra gens d'armes, oultre les résidens ès lieus selon ce k'il verra en bonne foy que bon sera à nos gaiges et restours accoustumez, selonc ce que il est devant dit.

De recef s'il avenoit qu'aucuns de nos gens ou des gens dudit conte estre pris de guerre par les enemis ou adversaires ou aucun héritaige perdu, nous ne lidit cuens ne ferons paix ne donnerons trièves aux enemis jusques à tant ke de prisons soient délivré et li héritaige réduite. Et doibvent y estre faites les semonces et les chevauches en bonne foy pour le pays deffendre et pour chasser sur les ennemis par le conseil du chevalier devant dit à nos gaiges et restours accoustumés, si comme il est dit devant. Si aucun venoient à armes sur ledit comte et entroient en sa terre ou en la terre de sa gent où asseoient leurs forteries, nous y debvons envoyer et secourre suffisament pour ceulx remettre arrière, aussi comme par notre propre heritaige en bonne foy et hastivement. Et lidis cuens aussi en bonne foy en l'ayde de nous et de notre royaulme se besoing est, et il en soit requis doit secourre au gaige et restours accoustumez comme ci-devant est dit. Sauf ce ke il ne meffaist vers les seigneurs et hommes devant dis. Et est à sçavoir ke ces alliances et ces chozes devant dites, toutes et chacune par soy doibvent tenir et durer perpétuèlement en la forme et manière devant expresseis et doibvent y estre renovellées de nous et de nos successeurs et de luy et de ses siens de chacun dix ans en dix ans. Et touteffois que nouveaux roys ou cuens de Haynaut venront à terre tenir à grei=gneur, fermeté et mémoire des choses devant dites. Et quant aux choses dessus dites en chacune par soy garder et tenir et fermement accomplir en la manière devant dit, nous obligeons et sommes por nous et por nos successeurs à luy et à ses hoirs, et il aussi à nous et à nos successeurs. Et pour ce ke ces choses soient fermes et estables à tous jours, nous avons fait mettre notre saiel à ces présentes lettres.

Ce fut fait à Pont-Saint-Venant, l'an del incarnation de Notre Seigneur mil cc. quatreving dix-sept, au mois de may.

N.° XLVII. — Tome troisième, page 51.

Albert, roi des Romains, confirme tout ce que son père Rodolphe avait décrété en faveur de Jean, comte de Hainaut.

Nos Albertus, Dei gratià, Romanorum rex, semper Augustus, ad uni=versorum Sacri-Romani imperii fidelium notitiam tenore præsentium cupimus pervenire quod anno Domini м. cc. nonagesimo nono, feriâ quintâ proximâ post festum beati Mathei, apostoli (secundùm calculum romanum an. 1300) apud spiram, nobis pro tribunali sedentibus per spectabilem virum Johannem de Avesnis, comitem Hannoniæ. In sen=tentiam quæsitum et propositum extitit coràm nobis utrùm omnes sen=tentiæ latæ per claræ memoriæ dominum Rodulphum, Romanorum regem, prædecessorem et genitorem nostrum karissimum et processus per ipsum facti sortiri deberent effectum. Communi dictante et appro=

bante sententià sententiatum extitit et obtentum quod ejusmodi sententiæ et processus debeant in suo robore permanere nisi aliquæ tales litteræ, probationes seu legitima documenta per quemcunque in lucem vel medium deducantur quibus iidem processus et sententiæ de jure elidi valeant seu etiam annullari. In cujus rei testimonium præsentes litteras sigillo majestatis nostræ nissimus communiri.

Datum in Ulmà, IIII nonas martii, anno Domini, ut suprà indictione XII, regni verò nostri anno primo.

N.° XLVIII. — Tome troisième, page 51.

Lettres de deshéritance de Bauduin d'Avesnes en faveur de Jean d'Avesnes surnommé sans mercy.

Jou Bauduins, escuiers, sires de Biaumont, fiulz jadis de noble home monseigneur Bouchard d'Avesnes, fach sçavoir, à tous chiaus qui ces présentes lettres verront et oront, que pour le vraie amour et le grant bien que très-haus sires et puissans me très chières et amés sires mesires Jehans d'Avesnes, cuens de Haynau, et medame Philippe, se chière compaignie, contesse de Haynau, ont monstré par œuvre à Jean, men frère, cui Dieus absolve et amy. Et pour le ferme espérance que j'ay en iaulx . . . . au salut et porfit de . . . . et de mon cors plus que en nuls autres vivans. De me bonne volenté et de me pure libéraulité sans destrainte et sans enhortement d'autruy, poissans de mi en me boin sens, en me bonne mémoire et en sain avis, ai reporteit tout absoluement et entièrement bien et souffisamment en le main monseigneur le conte devant dit Biaumont, et toutes les appendances et le fief tout entièrement que jou tenoy de luy, par devant plusieurs de ses homes de fief mes pers pour chou et à chou spéciaulement apiélés et assamblés, c'est à sçavoir :

Henry, seigneur de Ligny;
Jean de Jeuville, seigneur d'Anserville;
Baudry, seigneur de Roisin;
Bauduin de Dambrichecourt;
Bauduin de Montigny;
Nicolon de Housdeng;
Gérard, seigneur d'Escaillon, chevaliers;

Huon, conte de Soissons, seigneur de Chymay;
Renaut d'Audenarde, prevost de Bochcian ;
Jehan de Saint-Amand, prevost des églises de Mons ;
Philippe de Roui ;
Bauduin du Chasnoy, doien de Soignies ;
Jehan de Maubeuge, canone de Condé ;
Jehan de Housdeng ;
Bernart dou petit Chasnoy ;
Cholart de Castiel,
et Jehan Cauffechire ;

Et m'en suis deshériteit, déveistis et hors mis bien et à loy en tout et tant en ay fait que je ni ay ni retieuch rien pour adhéritier Jehan de Haynaut sen ainsnet fil, men très-chier et amé cousin, et en conjura mesires li cuens devant dit monseigneur Jehan de Jeuville, seigneur d'Ansterville, son home sour ce fiauteit que il desist par jugement se jou ce fief devant dit avoie tant fait que je ni avoie rien, et se je m'en estoye deshéritez, devestis et hors mis bien et à loy, lequel messire Jehan conjurés et conseillés sour chou à ses pers là présens, dist pour droit par jugement que jou seloncq le loy, coustume et l'usaige de le terre et dou païs de Haynau avoie raportiet ledit fief en le main monseigneur le comte devant dit et m'en estoie desheritiez, dévestis et hors mis bien et à loy souffisament, en tant en avoie fait ke je ni avoie mais rien et que mes chiers sires devant dit en pooit bien et à loy adhériter Jehan sen fil, men chier cousin devant dit. Et de chou l'ensuirent li homes monseigneur le comte devant nommés concordalement.

Après mes chiers sires devant dit adhérité Jehan sen ainsné fil de Biaumont, des appendanches et de tout le fief devant dit entièrement bien et à loy, par devant ses hommes devant dis et lidis Jehan et entra en le féaulté et el homaige men chier seigneur devant nommé.

Et de recef messeigneurs li cuens devant dis conjura monseigneur Jehan de Jenville par sen sairment qu'il li desist par jugement se Jehan sen ainsnet fil, estoit bien et à loy adhéritez de Biaumont, des appendances et de tout le fief ke je avoie tenut de monseigneur le comte devant dit douquel estoit desheritiet bien et à loy si com dit est. Liquel mesire Jehan de Jenville conjurés et conseillés à ses pers souffisament, dist pour droit par jugement que lidis Jehan, men cousin, estoit adhérités bien et à loy de Biaumont, des appendances et de tout le fief devant nommés, et bien en estoit en le féaulté et en l'homaige de men chier seigneur devant nommé. Et dist toutes ces chozes y estre bien faites et à loy selonc le loy et usaige et le coustume de le terre et dou pais de Haynau. Et de chou l'ensuirent li homes monseigneur le comte devant dit paisiulement et sans débat si com j'entench.

En tesmonaige desquels choses pour chou que je n'avoie mies men grant saiel avec mi, jou a mis men petite bulette approuvée et conneute en court par devant les hommes monseigneur le comte devant dit, et de coy jou usoy en mes besoignes à ces présentes lettres, en tesmonaige, en seureté et en recognoissance des chozes devant dites et ai priet et requist à men chier seigneur le comte de Haynau devant dis et as hommes devant dis, jadis mes pers, que il voellent i estre souvenable de ces chozes et mettre leur saiaulx avec le mien à ces présentes lettres en signe de vérité, de tesmonaige et de seureté.

Et nous Jehan d'Avesne, cuens de Haynau, à le supplication et à le resquete Bauduin, mon chier cousin devant dit, avons mis no saiel à ces présentes lettres avec le sien, comme signe des choses dessus dites, en tesmónaige qu'elles sont bien faites et à loy et à de warandir comme sires.

Et nous li homes deseure nommés, à la requeste de Bauduin de Biaumont, à chou et pour chou apïellés fumes à tous les chozes devant dites comme homes de fief à monseigneur le conte de Haynau, no chier et amet seigneur devant dit et jadis par ledit Bauduin. Et les tesmognons y estre vraies et estre faites bien et à loy selonc le loy, l'usaige et le coustume de le terre et dou pays de Haynau, si comme dit est deseure, et en signe de vériteit, de tesmonaige et de seurté, nous en avons mis nos saials avec le saiel nodit seigneur, et avec le saiel doudit Bauduin, à se requeste à ces présentes lettres.

Ce fut fait à Valencènes, en le maison kon dist monseigneur Piéron Vigereus, le cinquiesme jour dou moi de julé entrant, l'an de grace mil cc. nonante et nœf.

N.° XLVIII bis. — Tome troisième, page 52.

Soumission des Frisons occidentaux.
Lettres données à ce sujet.

Nous consuls, burgemaistre, eschevins et communauté de West=frise, sçavoir faisons à qui il appertiendra que pour les offenses et fourfaitures par nous commises à l'encontre de hault et puissant prince Jean, comte de Hollande et de Zélande et seigneur de Frise, notre seigneur, lige et souverain, tant en bataille donnée à Vrouven (ce fut en l'an 1295, le 27 de mars), que de ce qu'avons démoly son chasteau et autres mesfaits en quelque manière que ce soit jusques aujourd'huy, promettons nous soubmettre pour réparation et amen=dement d'iceulx au dire, arbitrage et taxe de haut et puissant prince Jean d'Avesnes, comte de Haynaut tant en punition corporelle que pécuniaire, servitudes, redevances et obéissances en toute manière.

Ce que nous faisons, stipulons tant pour nos successeurs, d'effectuer et accomplir de point en point sans aucun contredict. En tesmonaige de ce, ceulx de Hoochtwouder Ambacht, Neynwerdorper Ambacht, Drechtiger Ambacht et Gheestman Ambacht, ont séelé la présente de leurs séels aux causes l'an 1299, le samedy après le jour de tous les Saints, avec quelques signatures.

N.° XLIX. — Tome troisième, page 77.

Lettre de deshéritance des terres de Dourlers, Thierimont, Coursolre, faite par Beatrix d'Avesnes en faveur de son fils Walran.

A tous chiaus qui ces présentes verront et orront. Phelippe, contesse de Haynaut, salut et cognoissance de veriteit. Comme no chière et amée suer Béatrix, comtesse de Luccembourch, venist par devant nous pour adhiretier no chier nepveu Henry, comte de Luccembourch, son fil, de toute la terre qu'elle tenoit, pooit et debvoit tenir en fief en la comté de Haynaut; Guillame, par la grace de Dieu, conte de Haynaut et Hollande, sour chou li homme nodit fil, c'est à sçavoir : messire Thierry dou Castelet, baillius de la conteit de Haynaut ; messire Gille de Berlaimont ; messire Jehan Sauxes de Boussoit ; messire Nicolas de Housdaing ; messire Jehans de Roisin ; messire

Henris Louchin et messires Joffrois de Plainsauches, chanoine de Tournay et de Mons, furent semons et conjureit si nous aviesmes pooir de par no chier fils le comte de faire et de passer les besoignes de hiretaige ou desheritaige bien et à loy, liquels disent et rapportèrent par jugement et par commun accort que no chier fils li cuens deseur dis nous avoit bien et souffisament estaublie pour luy en liu de luy et pour rechevoir des hiretances et pour faire hiretances, et pour recevoir homaiges et pour faire tout chou que nos dis fils feroit ou porroit faire en le conteit de Haynaut parmi le recort qu'il auroient eu veu des homes devant dis.

Après no chier suer li comtesse de Luccembourch devant nommée, en la présence des homes deseur dis, de sa bonne volenteit, rapporta en nos mains Dourlers, Thiérimont, Coursolre et toutes les appertenances et tout le fief qu'elle tenoit de no chier fils le comte en la conteit de Haynaut et s'en deshireta pour en adhireter no niepveu le comte de Liccembourch devandit, son aisnet fils et hoir dont nous semoncismes le seigneur de Boussoit devant dit qu'il desist par jugement se nodit suer s'avoir deshiretée bien et à loy de tout chou que elle tenoit en fief de no chier fils le comte en la conteit de Haynaut, liquels conseilliers as hommes devant nommés, dit par jugement qu'elle s'en estoit deshiretée bien et à loy as jus et as coustumes de la conteit de Haynaut si que rien ni avoit retenu, et de chou l'ensuivirent li homme devant dit. Après nous adhéritames nodit niepveu le comte de Luccembourch dou fief et de la terre devant dite et l'en reçuimes as home de par nostre fils le comte de Haynaut bien et à loy par jugement des hommes deseurdis. Chou fait nosdis niepveu li cuens raporta tous les profits doudit fief pour remettre en la main de notre dicte suer li comtesse se mère pour tenir et maintenir tous les cours de ses vies en quel estat qu'elle soit, laquelle nous recheuimes en féaulté et homaige ensi que nous devismes. Encor raporta en nos mains nosdis niepveu li cuens devant dits toutte le terre de Dourlers, de Thirimont et de Coursolre qui sont des fiefs devant nommés, ensi comme il le tenoit et debvoit tenir de no chier fils deseurdit et s'en deshireta bien et à loy pour adhireter monsieur Walerand sen frère en parchon de terre pour deux mille livres de terre à blans, monoye de Haynaut, lequel nous adhiretames et receusmes à home ensi que nous devimes et s'en si estoit que eus dis lius nen iust plainement deux mille livres de terre à blans, parfaire les doit lidis cuens ses frères ès bo. de Vicogne et tout à tel prisie que fait luy fut de par no chier fils le comte de Haynaut. Et après chou lidis messire Wallerand dist et recogneut en nom de parchon que s'il défailloit de luy sans hoir de son corps de léal mariage, toutte li terre deseurdicte du tout ce dont il en seroit tenant au jour de son décès revenroit et doit revenir à nodit niepveu le comte de Luccembourch entièrement et à ses hoirs qui après li venront comtes de Luccembourch, etc.

Ce fut fait et donné à Valencenes, l'an de grace Notre Seigneur mil trois cent et huict, le vendredy après closes Pasques, au mois d'avril.

N.os L et LI. — Tome troisième, page 77.

Lettre du pape Clément V, concernant la remise du droit de morte-main accordée à ceux de la ville de Mons.

Clemens, episcopus, servus servorum Dei, venerabili fratri, episcopo Cameracensi, salutem et apostolicam benedictionem, suâ nobis universitas villæ Montensis in Hannoniâ, Cameracensis diœcesis, petitione monstravit quod cùm olim inter quondam Joannem, comitem Hannoniæ, Dominum dictæ villæ super eo quod idem comes ab hæredibus singulorum hominum. Ejusdem villæ pro tempore decedentium valentiorem mobilem quam haberent tempore mortis quique ipsorum pro ipsius voluntatis libito exigebat, ex parte unâ. Et dictam universitatem ex alterâ, materiâ dissentionis exortâ, tandem pro bono pacis et concordiæ quædam super his et aliis diversis articulis amicabilis compositio intervenit de observando compositionem hujusmodi in perpetuum præstito ab iisdem partibus juramento : ac nobilis vir Guilielmus, comes Hannoniæ, filius dicti Joannis comitis compositionem ipsam ratam habens et gratam, de observando compositionem hujusmodi præstitisse dignoscitur corporaliter juramentum. Quare dicta universitas nobis humiliter supplicavit ut eundem nobilem compelli per discretum aliquem mandaremus ad ejusmodi observantiam per eum præstiti juramenti. Quocircà fraternitati tuæ per apostolica scripta mandamus quatenus si ità est dictum nobilem ad observantiam juramenti dicti per eum, ut præmittitur, præstiti monitione præmissâ per censuram ecclesiasticam, appellatione remotâ, compellas. Pictavis X, kalend. maii, pontificatûs nostri anno 3.

N.° LII. — Tome troisième, page 85.

Ordonnance de Guillaume, comte de Hainaut, concernant la draperie de la ville de Mons.

Nous Guillame, par la grace de Dieu, comte de Haynaut, de Hollande et Zélande et sire de Frise, sçavoir faisons à tous ceulx qui ces présentes lettres verront ou oyront que nous pour l'amendement, profit et utilité apparant de nous et de notre ville de Mons, avons ordonné et establi, gréé et octroyé, ordonnons, establissons, gréons et octroyons, que drapperie soit faicte en notre ville et pourchaincté de Mons à tousjours en la forme et manière que s'ensuit :

Premièrement nous avons ordonné à Mons, pour le profit de ladite drapperie par le conseil de preudhomes et sages que les eschevins de Mons doibvent léalement sur les sermens pour le mieux qu'ils poulront eslire chacun an sept homes créables et suffisans pour warder le drapperie et prendre leur serment.

Après chil sept homes avec les eschevins doibvent eslire prevost preudhome et suffisant pour warder le drapperie avec sept homes et prendre son serment, lequel prevost peult faire par le conseil de sept homes chacun an un mayeur, sergeant et courretiers et prendre le prevost chacun an le serment du mayeur, des sergeans et courretiers par devant les sept homes.

Et si ces sept homes ou les aucuns d'eulx ou li prevost ou cil qu'on eslira pour sergeanter ne vouloient entreprendre sur eulx le fait de le drapperie et faire leur office sur leur serment, celuy qui le refuseroit seroit à LX s. et à V s. à le drapperie essauchier.

Et promettons et avons en convent que nous les contraindrons à ce qu'ils le facent et mandons et commandons à tous nos gens, baillius, prevost, justices et mayeurs qui requis en seroient de par nosdits eschevins qu'ils contraindent ceulx qui eslis y seroient de faire serment qu'ils poursuivront bien et léalement l'office où ils seront esleus pour le drapperie et warderont et raporteront à nous ou à notre commande nos droictures et à le ville les leurs.

Nul de sept homes ne ly prevost ne peuvent estre eschevins, ains doibt-on remuer chacun an le prevost et les sept homes, le mayeur et les sergeans de le drapperie et mettre nouveaulx, et le prevost de le drapperie doibt lever par luy ou ses sergeans dans la ville et pourchaincté de Mons toutes les amendes de ce mestier jugées par les sept homes, ce que au meitier en affaira. Et ces amendes le prevost doibt mettre par le conseil de ces sept homes à le drapperie essauchier et à l'amendement de le ville et doibt compter chacun an à ces sept homes. Et doibt ce prevost ou ses sergeans par son commandement faire avoir à tous les menestreurs de ce mestier dedens laditte ville et pourchaincté de Mons ce qui dessus est dict, leurs journées et leurs désertes, de ceulx à qui ils auront déservy deniers secqz ou wages, tels qu'ils puissent les deniers empruncter subs, sans autre justice appeller, et faire doibt aussi avoir toutes debtes faites en ocquison de le drapperie estoffer de quoy on auroit point donné de jour ne de respit en bonne foy sans fraute sans autre debte adjouter avec dedens le ville et pourchaincté de Mons, et que ce waige et les amendes du mestier debvroit, retombroit ou enforceroit à ce prevost ou ses sergeans envoyez par son command, il seroit à LX s. à nous et à V s. à le drapperie essauchier, et en sera chacun d'eulx creu par son serment.

Nul drappier peut estre tavernier ni nul tavernier peut estre drappier.

Et cognoissons que nous ne debvons rien avoir au poids des draps pressez ne au banquet, ains doibt demeurer au mestier essauchier et à l'amendement de le ville.

Et avec ce cognoissons que tout ce entièrement que on pesera en l'ocquison de le drapperie que ne seroit vendu ne acaté, nous n'y pouvons n'y debvons rien avoir ne demander. Ainçois voulons que on le puist peser paisiblement si comme dict est et tout li autre pois de ce qui sera vendu et acaté demeure à nous sauf à l'essauchement de le drapperie et à l'amendement de le ville le banquet, si que debvisé est.

Ne peult, ne doibt nul faire draps dedens le ville et pourchaincté de Mons qui ne passe par les sept homes et au pois léal, se n'est aucun pour s'en vestir, et celuy qui ainsi drappera pour s'en vestir, il luy convient feaucher qui ne fera de ce drap plus que pour se vestir et sa maisnie, et qui en seroit trouvé mensongeable il seroit à LX s. à nous et à V s. à le drapperie essauchier. Lesquelles amendes nos eschevins de Mons doibvent juger, et est à sçavoir que les menestreurs de ce mestier se peulvent louer au mieux qu'ils pourront et les maistres facent à eux tel marché qu'il peuvent.

Et qui fourclot en assemblée seroit, il seroit à LX s. à nous et à V s. à le drapperie.

Donnons plain pouvoir à sept hommes devant dicts et au prevost de la drapperie de faire bans sur le mestier et hausser et abaisser les bans pour le profit d'icelle et de le ville et muer le drapperie, touteffois qu'il leur plaira pour le profit de le drapperie et de le ville, sauf qu'ils ne peuvent prendre nuls des piecs des drapperies de Valencenes et de Maubeuge, et sauf ce aussi que les bans de LX s. ils ne peuvent abaisser, mais hausser les peuvent.

Tous les bans de LX s. et de desoulz demeureront audit mestier et à l'amendement de le ville et tous les bans en deseure LXV s. sont à nous, sauf au mestier de le drapperie les V s. sans nos amendes admenrir.

Toutes ces debvises devant dites et chacune d'elles avec les bans de le drapperie fais à faire, promettons et avons en convent bien et léalement sans maise ocquison à tenir, warder et faire tenir, warder et accomplir bien et entièrement à tousjours perpétuellement et en avons obligez et obligeons nous, nos hoirs et tous nos successeurs. Et pour ce que toutes ces choses devandites et chacune d'elles avec les bans de le drapperie soient fermes, stables et bien tenues à tousjours, en avons nous Guillame, par la grace de Dieu, comte de Haynaut, etc., pour nous, pour nos hoirs et pour nos successeurs ces présentes lettres séélées de notre propre seel.

Donné en notre ville de Mons l'an de grace Notre Seigneur mil IIIe x, le vendredy prochain après le jour Saint-Jean-Baptiste du mois de giskerech.

Charte comment l'on transmua les prévôt et sept hommes de la draperie à deux doyens et quatre jurés.

Margueritte, par la grace de Dieu, comtesse de Haynaut, de Hollande, Zélande et dame de Frise, sçavoir faisons à tous que comme notre très-chier amé père, dont Dieu ayt l'ame, par ses lettres euist et ayt octroyé et gréé que pour la drapperie de notre ville de Mons faire et maintenir, les eschevins de notre dicte ville eslizissent chacun an sept homes et que lesdits sept homes eslizissent avec nos eschevins, un prevost pour warder la drapperie avec ces sept homes. Nous, à la supplication des eschevins et du conseil de notredicte ville de Mons, avons octroyé et octroyons que au lieu des sept homes nosdits eschevins puissent chacun an eslire et faire deux doyens et 4 jurez de soustrains à ces doyens, auquels nous donnons authorité et pouvoir en touttes choses touchans la drapperie avandite que notre devandit père avoit donné au prevost et aux sept homes, si comme ès lettres de notredit père sur ce faites plus plainierement ès contenu, lesquelles nous voulons en tous autres cas demeurer en leur vertu. En tesmoing desquelles choses, nous avons ces présentes lettres séélées de notre propre séel.

Donné en notre ville du Quesnoy l'an de grace mil IIIe et LII, la nuicte de la Nativité Notre Dame en septembre.

Encore est ordonné que nul ne nuls ne traye autre justice que à le loy de le drapperie de chose nulle qui appartienne à le drapperie sur l'amende de LX s. au comte et V s. à le drapperie.

Si les doyens mandent home ou femme pour cause touchant l'office ou plainte sur luy faicte, et il ne veuille venir à la requeste du sergeant, il est à l'amende de LX s. au comte et V s. à le drapperie.

Si ung homme se plaint d'un autre et qu'il le noye, si le plaindant ne peult sans clam averir, il est à deux s., et s'il le peut averir, le défendant sera à II s. et le luy fera on payer.

N.° LIII. — Tome troisième, page 90.

Fondation de l'hôpital de Houdeng à Mons.

Nous Nicolles, sires de Housdeng, chevalier, et nous li prieus dou Val des Escollis dales Mons, faisons savoir à tous chiaus qui ces présentes lettres veront ou oront, que nobles homs jadis de boine mémoire messires Jehans li Fagnois, chevalis, cui Dieux absolle, en se plaine vie, en sen boin sens et en se boine mémoire, se fist sen tiestament et se ordonnance, ses lais et ses devises pour le salut et le redemption des ames de luy et de medame se femme, et se fist esliensist, nous Nicolon, seigneur de Housdeng et li prieus dou Val des Escollis dales Mons quiconque le fust pour le tamps à chairtains et espéciauls tiestamenteurs pour sendit tiestament, ses lais et ses divises donner et départir pour Dieu et en ausmone et mettre à exécution et à fin diligeament. Et entre les autres ordenances, lais et divises, lidis messires Jehans li Fagnois en sen boin sens et en boine mémoire et en se daraine volenté layast et donnast pour Dieu purement et en ausmone et mesist en nos mains deux milles livres de blans pour tourner au salut de luy et de medame se femme, de nous Nicolon, seigneur de Housdeng, et de Marguerite, no chère femme et compaigne. Et pour donner et disposer ensi que nous Nicolon, sires de Housdeng, et li prieus dou Val des Escollis, veriens que boin seroit pour le salut et le rédemption de luy et des ames devant dites. Nous qui l'intention et le daraine volenté doudit mort volons emplir et mettre à exéqution par boin conseil de preudhomes et sages dignes de foy avons accatet et acquis de deux milles livres de blans devanddittes à très excellens et poissant Jehan, par la grace de Dieu, jadis comte de Haynaut et de

Hollande, cui Dieux absolle, cent livres de terre ou blans par an à
tous jours et perpétuèlement, dont nous li prieus dou Val des Escollis
dales Mons et li couvens de ce mesme lieu sommes adhireté bien et à
loy pour tous les touniuls que no chairs sires li cuens de Haynau a en
se ville de Mons parmi deux deniers blans de cens que nous ou chil qui
tenront lesdits cent livres de tierre en debvront rendre et payer à
monseigneur de Haynaut ou à ses gens à tous jours chascun an au
jour Saint-Remy. Et sont lesdits cent livres de terre à frankes et
amorties bien et souffisament à tous jours parmi les deux deniers blans
de cens par an devantdis, ensi qu'il appert par les lettres sou cou faite
saillées dou séel no chair segneur le cuen dessudit, lesquelles li es=
kevins de le ville de Mons, ont par devers yaux et en leur warde et
convient que nous prieus et frère dou Val des Escollis dales Mons en
soyons adhiretet si comme dit est; nous tous ensemble et chascun de
nous pour de nos bonnes volonté congnoissons et confessons expressément que nous esdittes cent livres de terre en tout ne en partie n'avons
droit ne rien clamons ne retenons pour nous ne pour no église, ains-
chois en somes adhiretet pour faire le volenté entièrement doudit
seigneur de Housdeng et de nous prieus dessusdict et nous li sires
de Housdeng et prieur dessusdit en debvons come exécuteurs doudit
mort ordener, disposer et aumosner pour le salut des ames dessusdictes ensi qu'il nous semblera mieux disposet, donnet et aus=
monet que autrement. Et nous Nicol, sires de Housdeng et nous li
prieus dou Val des Escollis dales Mons dessusdict qui pour chou nous
avons ew boin consel et diligent à preudhomes sages et dignes de foy et
as boins clers de droit et qui avons rewardé et considéré diligement
l'honneur de Dieu, de se douce mère et de tous ses saints premier et
après le profeit des ames doudit Fagnois et des autres personnes
devantdites, espécialement le accomplissement de le deraine volenté
doudit monseigneur Jean le Fagnois, avons les C livres de terre au
blanc par an devantdites données, aumosnées et quittées, donnons
aumosnons et quittons à tous jours perpétuèlement purement et en
aumosne, pour fonder, restorer un hospital pour les povres et les dé=
haities, herbergier, coucher et lever en le maison et y est, ou nous
Nicol, sires de Housdeng, et Margueritte, dame de Housdeng, no
chair femme et compaigne demorons aujourd'hui en le ville de Mons,
lequelle maison et y est tout entièrement ensi comme il s'estend. Nous
Nicol, sires de Housdeng, et no chière femme et compaigne Margueritte, dame de Housdeng, avons en l'accroissement et en l'amendement doudit hospital et pour ledite hospitalité maintenir donnée et
aumosnée pour Dieu et en aumosne à tous jours perpétuèlement pour

le salut et redemption de nos ames et de tous nos anchisseurs. Encor avec chou avons-nous pour le salut et le redemption de nos ames et de tous nos anchisseurs donnet et aumosnet audit hospital dys livres de blans de cens par an à tous jours que nous avons sur le maison Thumas de le Hayne tenant par derière nodite maison et le maison aussi Adrien Hubaut et le maison encor qui fut Pieron Engremer et le pret desous le Parcq qui fut Jean de Lens et les prés qui furent Jenne Colart Deskenes. Si volons Nicol, sires de Housdeng et li prieur dessusdits, et ordonnons que des C livres de terre au blanc par an devantdittes, une capellerie soit faite et restorée en ladite maison et hospital pour le nécessité doudit hospital à tous jours perpétuèlement, laquelle capellerie vaille XXV livres de tournois par an à payer en deux payement l'an, au Noel et à le Saint=Jean-Baptiste, à chascun payement XII livres dix s. de tournois, et les XXV livres de tournois devandites soient prises chascun an à tous jour esdittes C livres de terre au blancq tout premièrement et principalement, et li sourplus demorera à tous jours à le gouverne et disposition doudit hospital, liquel hospitaux avec les C livres de terre devant dittes et avec tous les autres biens qui y appartièrent et appertenront seront et doibvent estre gouvernet et dispenset à tous jours par le conceil des eschevins de le ville de Mons, et le prieus dou Val des Escollis dales Mons, quiconque le soient pour le temps. Lequelle capellerie devant dite en le valeur de XXV livres par an nous des ore en droit sans rappielle avons donnet et donnons purement pour Dieu et en aumosne à tous jours perpétuèlement après le déchiès dou darain vivant de nous Nicolon, sires de Housdeng, et de no chière compaigne le dame de Housdeng, au prieus et as frères dou Val des Escollis dales Mons pour célébrer oudit hospital li messe et li service de Notre Seigneur Jésus-Christ à tous jours trois jours ou 4 le sepmaine selon chou qu'il en seront aisiet. Et tant que nous Nicolon, sires de Housdeng, et Marguerite, dame de Housdeng, no chière femme et compaigne, et li darains vivans de nous deux serons en vie, nous des C livres de terre au blancq par an devantdittes avons retenu et retenons XX livres de tournois pour ladite messe et service faire célébrer en nodite maison toute le cours de nos deux vies ou du survivant. Et si tost que li darain vivans de nous deux sera allé de vie à trespas, si tost les XX livres par an devantdittes reverons et serons remises et ratjoinctes asdictes C livres de terre par an en le gouverne et en le disposition des eskevins de le ville de Mons et dou prieus dou Val des Escollis dales Mons avec les autres biens doudit hospital qui y appertièent ou appertiendrons, si comme dit est devant et des dont en-avant qui li darain vivans de nous deux sera allé de vie à mort, li eskevins et li consail de la ville de Mons seront et y doibvent y estre tenus de paier au prieus et as frères dou Val des Escollis dales Mons de C livres au blanc par an devant dites, XXV livres tournois l'an pour ladite capellerie déservir, célébrer oudit hospital par leurs frères ou par autre priestre qui souffisament li face à tous jour, si comme dit est devant, et prions et requérons as eskevins et au conseil de la ville de Mons et au prieus dou Val de Escollis dales Mons, quicunque le soient pour le temps, que pour Dieu et en aumosne voellent emprendre à tous jours en yaulx le fais et le gouverne et le disposition doudit hospital et des biens qui y appertiènent et appertiendrons et qu'ils ly eskevins voeillent mettre le seel de le ville de Mons et ly prieus le sien seel à ces présentes lettres avec le no. En tesmonaige de vérité et pour chou que toutes ces choses et divises contenues en cestes présentes lettres à chascune d'elles soient fermes et estaules et bien tenues, nous en avons Nicolon, sires de Housdeng, chevalier dessusdit, saellée ces présentes lettres de no propre seel en cognoissance de vériteit. Et nous li eskevins et li consiauls de le ville de Mons en Haynaut pour nous et tous nos successeurs eskevins et consiauls de laditte ville de Mons. Et nous li de prieus dou Val des Escollis dales Mons, pour nous et pour tous nos successeurs prieus dou Val desdits Escollis, à la requeste et prière nobles personnes le seigneur de Housdeng dessusdit et medame sa femme, avons empris et emprenons en nous le fais de le gouverne et disposition doudit hospital à tous jours, et promettons et avons en convent, comme gouverneur doudit hospital, à faire oudit hospital tout chou que à nous en appertiendra bien loyallement à tous jours. Et nous li eskevins et li consiauls de laditte ville de Mons promettons aussi et avons en convent, en bonne foy à payer à les prieus et frères dou Val des Escollis dales Mons ou à leur commant après leurs déchiès dou darain vivant desdits seigneur et dame de Housdeng, de C livres de blanc par an devant dittes, XXV livres de tournois par an, ensi comme dit et devisé est devant, pour leditte capellerie déservir si comme dit est. Et nous li prieus dou Val des Escollis dales Mons et tous li frères dou cil mesme lieu, pour nous et pour tous nos successeurs, promettons et avons en convent loyalement leditte capellerie à déservir bien souffisament à tous jours parmi les XXV livres de tournois par an devant dittes, et parmi chou aussi qu'on doibt aquerre le cans au frais et coust doudit hospital, et si ledit cant n'estoit aquis nous debverismes leditte capellerie déservir en no église de chy adonc qu'il seroit aquis si qu'en dit est, et tandis nous debvons avoir et jouir paisiblement des XXV livres par an devantdites, parmittant que nous debvons leditte capellerie deservir ou faire si comme dit est. En tesmonaige desquelles choses et devises devantdittes, nous en avons li eskevins et li consauls de le ville de Mons, mis no seel de ladite ville de Mons, et no li prieus dessusdit le no propre seel mis et pendus à ces présentes lettres avec le seel dou seigneur de Housdeng desusdit en cognoissance de veriteit.

Ce fut fait en l'an de grace Notre Seigneur M. CCC. XIII.

N.º LIV. — Tome troisième, page 90.

Lettres d'amortissement.

Nous li mayres, li eskievin, li consaus et toute li communité et universités de le ville de Mons en Haynû, faisons savoir à tous que nous, les lettres de reverens personnes sages et discretes le prouvost le doyene et le capitle de le noble eglize medame Sainte-Waudrut de Mons sainnes et entieres sans visce et sans rasure, non canulees, non abolees, ne en aucune partie empiries, par droit necessitet convenaule avons recheues et mises par deviers nous contenant de mot à mot le fourme et le teneur ki sensuit. Nous li prouvos, li doyene et tous li capitles de leglise medame Sainte-Waudrut de Mons faisons savoir à tous que come nobles homs jadis de bone memore messire Nicolas de Housdeng chevaliers sires Despinoit cui Diu assolle en se plainne vie en sen bon sens en se bonne memore et en se darraine volontet pour le salut et le redemption de same et des ames medame Margheritain dame Despinoit se chiere femme et compagne et de leurs bienfaiteurs volsit fonder et estorer en se maison et en tout liestre u il demoroit a donc en le ville de Mons j hospital pour coukier, lever et gouvrener povres dehaities et pour chou faire li dis mesire Nicoles meus en dévotion donnast et aumosnast purement pour Diu et en aumosne par le gret, le volontet et l'assentement de nous et de no eglise se maison devant ditte ki fu Antone le Mayeur tout ensi comme elle sestent vide hierbe= ghie en le rue con dist Hautbos. Et donnast encore et otriast purement pour Diu et en aumosne aes le dit hospital le maison et tout liestre ki fu Andriu Hubaut tout ainsi comme il s'estent vuis et hierbeghies tenant à le maison devant dicte ki fu Antone le Mayeur et j courtil aussi ke li dis messires Nicoles acquist à Pieron Engermer et tient par deriere audit manage ki fu ledit monseigneur Nicolon et Antone le

Mayeur et dis aussi de blans de cens par an a tousjours qu'il avoit sour le maison Thumas Delehainne seant assez pries des manages devantdis. Et j pret encore ki gist ens espres condist desous le Parch qu'il acquist à Jehans de Lens fil dame Eve et j autre pret aussi ki gist dessuers le ville de Mons ens espres condit espres as Apostles et fu Colart de Haisnes. Et fusist lidis mesires Nicoles de Housdeng de tous les hiretages entierement devantdis bien et aloy en tans et à lui ki faire le peut tant quil pour lui pour ses hoirs ne pour ses successeurs nieut mais droit et ke che fu et demora perpetuellement par le gret le volontet et lassentement de nous boins hiretage aes ledit hospital et comme no boin ami li eskeievin et li consiaus de le ville de Mons dessusdite par le gret de nous et de no eglise aient acquis le maison et liestre ki no chiere et amée compagne et concanoniesse le demisiele de Houpelines cui Die absolle tenant au chimitere de Saint-Germain de Mons pour acroistre et agrandir ledit chimitere à tousjours.

Nous si le bonne volontet et li devotion dou dit mort et des eskievins et dou conseil de le dite ville de Mons pour chou ke sans lassentement de nous et de no eglise ne puet iestre fait volons otryer et essauchier pour Dieu et en aumosne et a le pryere dou dit et meisnees ken se plainne vie nous empria et requist et a le pryere et requeste aussi de nos boins amis les eskievins et li conseil de le ville de Mons avons tous les dons, les aumosnes et les acques de tous ces hiretages entierement et especialement le fondation dou dit hospital loes, grees, approuvees, corroborees et confermees, loons, greons, approuvons, corroborons, confermons et volons que tout li bien et hiretage entirement devantdit hormis le dit chimetere soient et demeurent à toujours entierement audit hospital avec les cent livres que mesire de Haynau doit chacun an aes le dit hospital et capelerie ke li dis mesire Nicoles a estorée et fondée à tous jours en le maison doudit hospital et volons et a chou nous sommes expressement et par loial convenenche assentit et assentons pour nous et pour no eglise et au non de li que li ditte hospitalittes et capelerie se tiengne perpetuellement et soit faite ordenée et disposée a tousjours en le fourme et en le maniere de point en point ke li dis mesire Nicoles de Houdeng lordens et devisa. Et encore volons nous et a chou nous sommes expressement assentit et assentons ke li maisons et estres ki le demisiele de Houplines devantdis soit et demeure à tousjours aes le chimetere de l'eglise Saint-Germain et le chimetere en soit fait en accroissant le chimetere qui i est, selonch lordenanche des eskievins et le conseil de le ville de Mons et de chiaus aussi qui i sont a apieler. Tous ces hiretages devantdis nous pour nous et pour no eglise et au non de li avons quites et relaijes quitons et relaions à tousjours de tous sierviches entirement qu'il nous devoient ne pooient devoir et les avons amortis et amortissons tous ensaulle et chascun pluinuement et absolument à tousjours perpetuellement ne riens ni avons retenus ne retenons pour nous ne pour no eglise sortant seulement tels cens u tels rentes ke li dit hiretage nous doivent u puecnt devoir et devoient devant cest amortissement fait et sauve encore à chiaux et à celles qui ont et doivent avoir sour les hiretages devant dis u sour aucuns diaus cens et rentes tels droitures ke avoir i doivent.

Cest amortissement devandit. Nous pour nous et pour no eglise devandite et ou non de li proumetons et avons inconvent à tenir fermement à tousjours perpetuellement sans enfraindre de riens et cognoissons ke tant est fait et a nous et a no eglise qu'il nous souffit et se par aucune aventure aucun héritage au tans passet fussent acques ajoustes et convertit as maisons Dieu u as hospitaux u al aumosne de le ville de Mons que nous u no eglise neussiemes mie amortis. Nous pour oster toutes doutanches pour chou que sans lamortissement de nous et de no eglise le dit acquest ni puissent demorer ne tenir nous pour Diu purement et en aumosne et à le priyere et requeste de nos boins amis les eskievins et le conseil de le ville de Mons jusques au jourdui avons amortis et amortissons avoech les autres hiretages entirement devantdis à tousjours perpetuellement. Et volons qu'ils demeurechent a tousjours a luis aes lesquels il ont estet et sont acquis et ajoustes. Sauf a nous et a no eglise tels cens et tels rentes entirement ke li dit hiretage nous doivent et puecnt devoir devant cest amortissement fait et sauve a chiaus et celles kont u doivent avoir sour les hiretages devant dis u sour aucun dians cens et rentes tels droitures ke avoir i doivent. Et pour chou que toutes ces coses devantdites et chascune delles soient fermes estaules et bien tenues si en avons li prouvos li doyene et tous li capilles de leglise medame Sainte-Waudrut de Mons dessusdit ces presentes lettres saielees dou propre seel de no ditte eglise dont nous avons uset et usons en tels besongnes et ensemblans.

Faites et données à Mons en Haynù en no ditte eglise en l'an de grace Notre Seigneur Jhesus-Christ mil trois cent et treze le diemenche devant le jour Saint-Luch evangeliste ou mois d'octobre et nous li mayres li eskievin li consauls et toute li communites et universites de le ville de Mons en Haynù dessusdit cognoissons et confessons expressement de nos boines volentes ke li don les aumosnes ne li acquest dessusdit ne aucun dians ne puissent ne ne duissent tenir ne estre fait ne aumosnet souffisamment se li prouvos li doyene et tous li capilles de le noble eglise medame Sainte-Waudru de Mons dessusdit ni enissent mis leur otroy leur assent et leur benivolense et sil ne les enissent amortis sì condist.

En tiesmongnage de lequel cose nous as dist prouvost doyene et capitle avons ces présentes lettres données saielees dou propre seel de le ville de Mons dessusdite.

Faites et données l'an et le jour dessusdis.

N.° LV. — Tome troisième, page 92.

Lettres authentiques des reliques de Sainte-Waudru.

Petrus, miseratione divinâ, episcopus Cameracensis, religiosis viris in Christo clarissimis Lobiensis, Sancti-Ghisleni ac Sancti-Dyonisii in Broqueriâ monasteriorum abbatibus, ordinis Sancti-Benedicti, nostræ diœcesis, salutem et sinceram in domino charitatem de circumspectâ providentiâ vestrûm cujuslibet gerentis in Christo fiduciam veriorem, corpus sanctum beatæ Waldetrudis Montensis de uno repositorio in quo nunc est in aliud vas, seu repositorium ad honorem Dei et sanctorum, cum eâ quâ decet reverentiâ, transferendi et reponendi vobis et vestrûm cuilibet in solidum, tenore præsentium committimus potestatem, post octavam instantis festi beati Remigii in capite octobris eâdem potestate minimè duraturâ. Nos autem omnipotentis Dei misericordiâ omnibus verè pænitentibus et confessis qui ecclesiam dictæ beatæ Waldetrudis Montensis die translationis et repositionis hujusmodi in honore Dei, beatissimæ Mariæ virginis matris ejus, et beatæ Waldetrudis prædictâ, peregrinationis causâ visitaverint quadraginta dies et qui infrà octavam diei translationis et repositionis hujusmodi dictam ecclesiam modo prædicto etiam visitabunt viginti dies de injunctis sibi pænitentiis misericorditer relaxamus.

Datum anno Domini m. ccc. xiii, dominicâ post festum Ascensionis Domini.

In nomine Domini nostri Jesu Christi, amen.

Pateat universis quod anno incarnationis ejusdem mcccxiii° decimo mensis Augusti duodecimâ die, pontificatûs Sanctissimi patris ac D. D. Clementis papæ quinti anno octavo, nos Johannes Sancti-Lobiensis, Philippus Sancti-Ghisleni in cellâ et Ægidius Sancti-Dyonisii in Brokeroyâ in comitatu Hanoniensi, Cameracensis diœcesis, ordinis Sancti-Benedicti monasteriorum abbates reverendi in Christo patris domini Cameracensis episcopi virtute cujusdam commissionis nobis ab ipso reverendo patre cum illâ clausulâ et *cuilibet in solidum* exhibitæ vices gerendi, transferendi seu reponendi corpus sanctum beatæ Waldetrudis Montensis de uno repositorio in quo tunc dictum sanctum corpus in dictâ ecclesiâ decenter reconditum habebatur in aliud vas seu repositorum, plenariam et specialem potestatem habentes dictum corpus beatissimæ Waldetrudis olim, ut per quasdam patentes litteras apparebat, sigillo reverendi patris domini Nicolai quondam Cameracensis episcopi de quodam repositorio in aliud in eâdem Montensi ecclesiâ honorificè translatum anno mense et die suprâdictis ad honorem Dei, ipsius nomine, auxilioque beatissimæ et gloriosissimæ virginis Mariæ sanctorumque omnium invocato populoque in dictâ Montensi ecclesiâ tunc astanti devotè ac humiliter implorante, cum reverentiâ et solempnitate, quantâ potuimus de dicto vase seu repositorio ubi tunc sanctum corpus à nobis inventum honorificè recumbebat in aliud vas seu nobile repositorium ad honorem Dei, sanctorum sanctarumque omnium ac fidei catholicæ augmentum transtulimus reverenter. Præsentibus reverendo in Christo patre ac domino dom.° de Hannoniâ Trajectensi episcopo, excellentissimo principe Guillelmo, Dei gratiâ, Hannoniæ, Hollandiæ, Zelandiæ comite ac domino Frisiæ et dictæ Montensis ecclesiæ abbate sæculari, Johannâ comitissâ ejus uxore, necnon dominis, Johanne de Hannoniâ, domino de Bellomonti; Johanne, domino de Barbenchon; Jacobo, domino de Werchin senescaldo Hannoniæ; Johanne, domino de Boussoit; Godefrido de Naste, domino de Rodes; Hugone de Barbenchon; Ægidio de Rolin militibus; Eustatio de Werchin, cathedralis ecclesiæ Cameracensis præposito et quam pluribus aliis nobilibus in dictâ Montensi ecclesiâ propter hoc specialiter congregatis. Et nos abbates commissarii prænominati has indè litteras nostris sigillis muniri jussimus in testimonium prædictorum.

Et nos Guido episcopus Trajectensis, ac Guillelmus comes, suprâdicti his præsentibus litteris sigilla nostra unâ cum sigillo suprà dictorum abbatum et quorumdam aliorum prænominatorum apponi mandavimus ad majorem veritatem.

N°. LVI. — Tome troisième, page 122.

*Tableau rimé placé dans la chapelle de Notre-Dame de Cambron, à Mons,
à la porte du Parc.*

Peuple endurcy, en regardant
A ceste, vous chy voierez las !
Comment Jésus le tout souffrant
Endure blame sans compas.

Régéneré fut le méchant
Du Saint-Esprit, mais vomiture
Semblant le chien, n'abandonnant
Retire à soy vieze nature.

Pour plus au plain bien demonstrer
Que de Marie point de visaige
Il ne veut veoir ny honorer
De son derrier luy fait hommaige.

Un carpentier loiyant percheu
Veut prendre du traistre vengeance
Mais un convers la retenu
Puis vont dire à l'abbé l'offence.

Le convers de Dieu inspiré
Requy de Rome le voyaige
Qui fut par l'abbé conferé
Pour au pape compter l'outraige.

A leur retour vont présenter
Luy et le carpentier la lettre
Que le pape veut dispenser
Au comte de Haynaut et maistre.

En l'an mil trois cent et vingt six
Advint cecy huictiesme apvril
Qui est le jour et l'an préfix
Que gens meschans font de péril.

Pour de son vice estre pugny
Qui commande de l'appréhender
Car n'appertient d'estre impugny
Sy doit soudain mort endurer.

Droit au bally fut amené
Pour du commis dire raison
A quoy ne sceut, exterminé
Par le combat fut le garson.

Pour le malade consoler
L'ange apparut advertissant
Qu'il convenoit sans plus doubter
De soy monstrer obéissant.

Par deux fois fut admonesté
La Vierge au chartrier aux Estinnes
Pour l'aller du juif la vengié
Au nom des puissances divines.

Il se leva bien rademenl
A Cambron alla veoir l'imaige
Puis vint à Mons, où franchement
Présenta au traistre son gage.

Hors la porte du Parcq
Fut le camp et spectacle,
Où le juif fut exterminé
Et vaincu par divin miracle.

Jean Le Febvre tint à merchy
Le juif qui cogneut son outraige
Mil trois cent et vingt six aussy
Receut de son service gaige.

Par le comte fut ordonné
Pour mieux recevoir son salaire
Qu'à gibet il serait trainé
Pour estre d'aultruy exemplaire.

Entre deux grands chiens affamés
Fut pendu en desseur la flamme
Sa teste en bas, pieds eslevés,
Ainsy morut le traistre infame.

Oraison à la vierge Marie en icelle chapelle.

Glorieuse vierge pucelle
Fille de Dieu, Mere et Ancelle,
Fontaine de miséricorde
Royne de paix et de concorde
Dame de consolation
En qui Dieu prind incarnation
Pour racheter humain lignaige
Vierge, Dame courtoise et saige
De douleur et de grace plaine
Dame des vierges souveraine
Et de toute joye thrésoriere
Qui donnez clarté et lumiere

A ceulx qui s'en veulent servir
Et qui se veulent repentir
De leurs péchés parfaitement
Je te requiers très humblement
Adjoinctes mains je t'en supplie
Que de moy tu prennes merchye
Que par ta sainte courtoisie
J'aye le vray et doux fruict de vie.
Tu es des saints cieulx chastelaine
Et de paradis souveraine
Et de toute joye éternelle
Doulce vierge, plaisante et belle
Plus puissante quoncques fut dame,
Vers toy commande mon corps, mon ame
Veuilles les remettre en ta garde
En la tienne sauvegarde
Affin que le faux Sathanas
Ne les puisse mettre en ses lacs
Car Dieu t'a donné la puissance
De donner la vraye cognoissance
A ceulx qui te vont requerante
Doulce vierge resplendissante
Pleine de grace et de pitié
Si j'ai meffait par mon péché
Envers ton doux et cher enfant
Soit en dormant ou en veillant
En faict, en pensée, ou en dis.
Se mon corps at esté espris
Du péché d'orgueil, ou d'envie.
D'avarice ou de gloutonerie
De péché dire ou de luxure
De paresse qui n'est qu'ordure
Ou de mes cinq sens naturels
Se je fus en outrecuidance
En couroux, ou en desplaisance
Quelque manière autre que soit
Pourquoy mon corps en péché soit
Que mon ame ne soit chargée
Je te requiers vierge Marie
Pardon et mercy humblement
Pardon et vray allégement
Pardon, grace et miséricorde
Afin que sans nulle discorde
Mon ame soit en paradis
Afin que de toy te remembre
Le bon nouvelle je puis rendre
Qu'Ange Gabriel t'apporta
En disant *Ave Maria*.

N.º LVII. — Tome troisième, page 144.

Louis de Bavière, roi des Romains, écrit au comte Guillaume pour l'engager à venir à son secours.

Ludowicus, Dei gratiâ, Romanorum rex, semper Augustus, spectabili viro Wilhelmo, comiti Hannoniæ et Hollandiæ, socero suo dilecto gratiam suam et omne bonum.

Cùm ex divinæ largitatis munificentiâ longè plures civitates et castra nobis almæ memoriæ quondam Henrico, prædecessori nostro, fidelitatis homagia prestiterint ità quod in imperiali coronatione nullus nobis possit difficultates aliquo modo procurare societatem tuam seu fidelitatem quâ nobis et imperio teneris, cujus membrum principale te cognovimus, his præsentibus obstestamur quatenùs indilatè in Longobardiam advenias cum potentiâ militari recepturus nobiscum palmas imperialis triumphi quas sinè te capere quomodolibet tæderet.

N.º LVIII. — Tome troisième, page 149.

Marguerite, femme de Louis de Bavière, couronnée impératrice à Rome.

Margareta, Dei gratiâ, Romanorum imperatrix, semper Ausgusta, nobili matronæ prælectæ genetrici suæ gratiam et omne bonum.

Cum ad ipsius tandem bonorum omnium conditor Deus, dividens singulis prout vult, his diebus statum nostrum ad culmen gratiæ singularis prærogativæ dignatus fuerit sublimare vestris maternis affectibus devotissimè declaramus quod in urbe die decimâ septimâ mensis januarii multis dignitatibus tripudiis cæremoniis et quam plurimis ornatibus ad hoc debitis et consuetis in ecclesiâ domini Petri fuimus coronatæ.

Datum Romæ.

N.° LIX. — Tome troisième, page 152.

Ordannance du comte Guillaume établissant un sceau pour le bailli.

Nous Guillame cuens de Haynau de Hollande et Zelande sire de Frise avons ordonné et accordé qu'un séau authentique soit faict de nostre baillif de Haynaut lequel nostre baillif de Haynaut quicunque le soit pour le temps portera.

Item que no baillif ne puist faire nul appaissement d'homicide pour moins de dix livres blans.

Item que nodict baillif ne laisse nulluy appaiser qui soit eskeu de nodict comté, pour mort d'home ou pour aultre faict criminel, qu'il ne se face par le sceu et conseil dou prevost, chastelain, en cui prevosté u chastelenerie ly faict ara esté au faict; u plusieurs de no conseil par quoy il soit bien informé quels ly fais y est.

Item que no baillif ne rend à nulluy no païs qui ait lui homme qui delivré ait esté, en no castiel dont il ait esté delivré.

Item que no baillif ne puis faire nul appaisement de nul excès s'il ne faict par aucuns de no conseil, et ne rend ville ny païs aux bannis si n'est par le conseil de nos presvots u castelains des lieux où en seront bannis.

Item il ara un clercq de le baillye sermenté de no baillye, que nos y mettrons qui sera avecq nodit baillif et escrivera les lettres apper= tenantes à no baillif et les signera dessoub de sa main lequel clercq et son cheval no baillif coustangera pour XL livres blans l'an et li clercq ara XX livres blans l'an pour ses wages et la parmy il recepvra tous les emoluments dudit séel et rendra à nous bon compte.

Item que nul prevost ne nul castellain ne puis faire appaisement de nulle fourfaiture et amende que par soy ne soit jugié, fors que par nodict baillif et par un ou plusieurs de no conseil.

Item que li excès qui eskerront en une prévosté et castelenerie soit de appaisement, soit de fourfaicture dont déniers eskerront, li prevost u castelain dou lieu où chou eskerra recepvra tous ces déniers et en fera bon compte à nous.

N.º LX. — Tome troisième, page 152.

*Ordonnance du comte Guillaume
autorisant un marché aux chevaux à Mons.*

Nous Guillame, cuens de Haynau, de Hollande et Zélande et sire de Frise, faisons sçavoir à tous que pour le prouffit et utilité de notre ville de Mons et de tout notre pays, avons donné et octroyé, donnons et octroyons à tousjours perpétuellement à notredite ville de Mons, tous les vendredis de l'an et que tous ceulx qui sont et seront en la prevosté de Mons qui chevaulx ont ou auront qu'ils veulent vendre, amennent leursdits chevaulx au marché à Mons trois marché en routte, en telle manière qu'ils ne puissent aller aillieurs vendre leursdits chevaulx dessi adont qu'ils les ayent amenez trois marchiez en routte. Et quiconque ne le feroit ainsi que debvisé est, il seroit escheu devers nous en LX sols blans d'amende. Et voulons, donnons et octroyons par grace spéciale que du jour Saint-Laurent l'an M. CCC. XXXI, en trois ans prochains ensuivant que pour nulle debte on ne puist arrester les chevaulx de ceulx à qui ly chevaulx seront qui au marchié amennent les auront eulx ni les leurs s'il n'est pour la cause des foires de campaigne de jeudy à noenne jusques au samedy ensuivant à soleil levant. Encor avons nous pour l'avanchement dudit marché et de ceulx qui au marché viendront, donne et octroye que tous ceulx qui chevaulx vendront et achateront audit marchié du jeudi à noenne jusques au samedy soleil levant de telle condition qu'ils soient, ne payeront point de tonlieu, et aussi par l'accord de notre dicte ville de Mons, ils ne payeront point de maltote ne de cauchiage tout le terme de trois ans devant dits, excepté hormis le fieste de le Toussains à Mons durant. Si mandons et commandons à tous nos sujets, bailly, receveur, prevost, chastelain, sergeans et tous autres justiciers de notre comté de Haynaut, que ce don et ces ordonnances devantdites tiennent et facent tenir et accomplir bien et entièrement sans aller ne faire de rien au contraire.

En tesmonaige desquelles lettres nous avons à notre ditte ville de Mons, donné ces lettres séelées de notre propre séel, faites et données l'an de grace M. CCC. XXXI, la nuicte Saint-Laurent, par un vendredy.

N.º LXI. — Tome troisième, page 155.

*Ordonnance du comte Guillaume
qui autorise la judicature de l'echevinage de Mons.*

Guillame, cuens de Haynau, de Hollande, de Zélande et sire de Frise, faisons sçavoir à tous que nous permettons et avons en convent léalement de ce jour en avant à tousjours perpétuèlement, nos esche=vins, no conseil, nos bourgeois et tous nos masnyers de notre ville de Mons sur lesquels nosdits eschevins de notredite ville de Mons, doibvent et peuvent juger, amener par loy et par le dict des eschevins de notre ville de Mons, de tous les cas qui doibvent keir ou jugement de nosdits eschevins.

Par le tesmoing de ces lettres séelées de notre propre séel qui furent faictes et données l'an de grace M. CCC. XXXIII, le mardi devant le Magdelaine.

N.º LXII. — Tome troisième, page 174.

Lettres de saufconduit pour la foire de Mons.

Guillame, cuens de Haynau, de Hollande, de Zelande et sire de Frise, sçavoir faisons à tous que nous avons donné et donnons à tous marchans et toute manière de gens, qui à ceste prochaine fieste de nostre ville de Mons viendront, sauf et seure conduite et à tous leurs biens et marchandises huict jours devant ladite fieste, ladite fieste durant, et huict jours après ladite fieste faillie, allant, venant, de=meurant et retournant, hormis les bannis de notre comté de Haynaut pour cas vilain et ceulx qui obligés se sont en franche fieste par devant l'aycuwe de notre dicte ville de Mons, et ceulx aussi qui obligés se sont ès foires de compaigne. Si mandons et commandons à notre baillif de Haynau et à tous nos justiciers et chacun d'eulx tant qu'à luy ap=pertiendra que ils ceste présente conduite tiennent et gardent ferme=ment sans venir alencontre.

Par le tesmoin de ces lettres seelées de notre seel. Donné l'an de grace mil CCC. XXXVIII, le mercredi prochain après le jour Saint-Denis.

N.° LXIII. — Tome troisième, page 185.

Licence donnée à ceux de Mons de tirer cailloux ès villages de Frameries et Quaregnon pour les fortifications de leur ville.

Guillame, cuens de Haynau, de Hollande, de Zélande et sire de Frise, faisons sçavoir à tous que c'est notre gré et notre volonté que tous les fois que mestier sera de massoner pour la fortresse de notre ville de Mons que tout ce que mestier y sera de pièces on les prendes es communautez de Frameries et de Quarignon, et ce leurs avons nous octroié et octroyons tant qu'à nous touche et peu toucher jusques à notre rapel.

Par le tesmoing de ces lettres seelées de notre scel, données à Bins le vendredy devant l'Ascension mil trois cent et quarante.

N.° LXIV. — Tome troisième, page 239.

Fondation du Béghinage de Mons.

A tous chiaus qui ces presentes veront et oront Biautris de Pons souveraine de le couvent dou Beghinage de Mons, Maroie Dierkelines, Maroie Coumine, Jehane Hubaude, Catherine Warnette, Marie dou Sar, Agnès de Masnui et les aultres aisnées de le dite court salut, sacent tous que nous pour le commun prouffit de le dit couvent avons accordet et accordons par le teneur de ces présentes à le pryère et requeste de noble dame me dame Yolent Daselot, dame de Lens et de Herchies que li maison y estre et entrepresure qui fu demiselle Maroie Patillon et demiselle Aelis Deprikiers en lequel Maroie de Maubierfontaine et Jehanne de Castiel et leurs compaingnes demeurent à présent et y ont leur viaige soit à tousjours mais à lusaige, sierviche de Begignes semblables asdites Maroie Jehanne et leurs compaingnes pouvres volentaires demandans pain pour lamour de Dieu pour elles demorer et faire leur résidensses et leur frankes volontes selonch che quil puet appertenir et loist a leur estat tant et si longement que elles garderont les usages et coustumes doudit lieu et se soumeteront et obeiront as dites souveraines et aisnées et sil avenoit que lesdites pouvres Beghines u aus= cunes delles fisoient le contraule des choses dessusdites que lesdites souveraines les puissent roster u autrement corrigier selonch ce que hon leur samlera sauf ce toutefois que le faire des coupaules ne se

largisse au prejudise des non coupaules et ou cat que paiseule resi=
densse seroit empechie indentement as dites pouvres Beghines u aul=
cunes dicelles par les dites souveraines et aisnées presentes u par celles
qui par le tamps seront est a entendre que lesdites pouvres Beghines
de leur commun assentement u de le plus grant partie de leur aisnées
puissent demander et recouvrer et la u il appertenra et u il leur plaira
a aplikier chertaine rente audit liu de Cantimpret ordonnée pour celi
cause se comme il puet appoir par chirograffe c'est assavoir dys sols à
le fabrique de léglise de Cantimpret et dys sols a le dite maison de
pouvres femmes pour le retenance vint sols a lausmosne de le dit cou=
vent lequelle rente medame de Lens devantdite acquist pour lesdites
pouvres Beghignes et leur donna pour aller en le mains devant dites et
devisées, lesquele coses dessusdittes nous li souveraines et aisnees dessus
nommees promotons et avons enconvenu a tenir sans aller encontre et
prions et requerons humelement a nobles personnes nos cheres et
ameçs demiselles le capitle del eglise medame Sainte-Waudrut de
Mons comme souveraines et haultes justicieres doudit liu de cui juri=
dition nous sommes que li markie et toutes les choses et convenienches
contenues en ces predites lettres voellen par leur decret en labsence
de nous et par leur autoritet loer corroborer et confremer et nous
constraindre se mestier est a y celles tenir warder et accomplir de
point en point et de chou leur plaise a donner lettres enfikiees et
annexees parmy ces presentes lettres et nous le loenge lapprouvanche
le confermation et tout chou que par elles sera fait des choses devant
dites avons et arons pour ferme et pour estaule sans aller encontre en
tiesmoing desquels coses nous avons mis et pendus le sayel de ledit
couvent a ces presentes lettres en temoingnage de veritet et mentmains
avons procuret chi y estre mis le sayel de le cure de Cantinpret par
plus grant evidensse et tesmoingnage.

Ce fut fait en lan de grasse mil trois cent cinquante ou mois de genvier.

Nous les personnes dou capitle de leglise me dame Sainte-Waudrut de
Mons faisons savoir a tous que comme le souveraine et les aisnées de le
court dou Beghinage de Mons aient pour commun pourfit de ledite court
accordet a le pryere de noble dame medame Yolens Daselot jadis dame
de Lens que li maisons et entrepresure qui fu demisielle Maroie Patil=
lon et demisielle Maroie de Prikiers en lequelle Jehanne de Cas=
tiaulx et ses compaingnes demeurent a present et leur elles ont leur
viage soit a tousjours a lusage et service de pouvres Beghinnes sem=
blables a elles et a leurs dites compaingnes sour telles conditions et

devises qu'il est contenu es lettres sayeles dou sayel de ledit couvent et dou curet doudit Beghinage parmy lesquelles ces nostres presentes lettres sont anexees et infihiees nous pour lamour de Dieu et a le supplication desdites pouvres Beghines avons tout chou qui es dites lettres est contenut confrime approuve et corrobore confromons approuvons et loons comme souveraines gardiennes doudit Beghinaige et volons greons et accordons que les pouvres Beghines devant dites leurs successeresses qui en ledite maison demoront et qui seront de lusage et sierviche desdites pouvres Beghines demandans pain aient hiretaulement ledite maison pour leur maison et residensse avoir sauf que se nulle nen y avoit par cas de fortune u de mort que ledite maison reunique et soit heritages a ledite court et hon entendu que se en apres aulcunes pouvres Beghines de lusage et sierviche dessusdit y voloient venir demorer que tout adies elles y puissent ravoir leur maison et leur usage et sauf adies en toutes ces coses tel justice signerie souverainte et correxion que nous avons et avoir devons sour les Beghines demorans oudit Beghinage et aussi bien sour les susdites pouvres Beghines se elle se fourfaisoient comme sour les aultres par le tiesmoing de ces lettres sayellees de no sayel qui furent faites et accordees en no capitle general lan de grasse Notre Signeur mil trois cent sissante xviii le samedy prochain après le Saint-Martin en huver.

N.° LXV. — Tome troisième, page 255.

Ordonnance de Guillaume de Bavière, comte de Hainaut, concernant les héritages tenus à cens.

Duc Guillame de Bavière, comte de Haynau, d'Hollande, de Zé=lande et sire de Frise, faisons sçavoir à tous que comme au temps passé de tel terme qu'on le vouloit tenir et tenoit pour loy et coustume in=troduicte plusieures choses si après denommées et déclarées ayent esté en notre ville de Mons usées et maintenus au domaige et préjudice du bien commun. C'est à sçavoir, que quant édifices et héritaiges en notre dicte ville et ès autres villes y venant à chef lieu estoient laissés et demeurés vagues par tel et si long terme que ce fuist, l'héritier d'iceulx ou les hoirs y revenoient et revenir pouvoient si vouloient parmy payant les arriérages des cens du terme de trois ans seulement au cas que plainctes n'en auroient esté faictes de trois en trois ans continuellement, et pour chou il advenoit que ceulx auxquels on debvoit lesdis cens traire ni oysoient, et ainsi lesdits édifices et héritaiges en alloyent à deskay et perdition, et en estoit notre dicte ville empirée et amenrie.

Item que des héritaiges tenus de nous en seigneurie fonsière ou jugement de nosdits eschevins ou ne se pouvoit ayder ne nosdits eschevins n'en pouvoient ne vouloient juger ne faire loy si on n'en avoit congé de nous par lettres selées de notre seel, laquelle chose estoit souvent au grand travail et domaige des héritiers et détriment de doiturer lesdites héritaiges.

Et aussi que chirographes dont contreparties estoient trouvées en garde au ferme des eskevins d'ayuwes ou jugeurs quelconques, tant en notre dicte ville de Mons comme ès autres villes, dont les eschevins y vont au chef lieu point ne valoient, si du moins il n'avoit des eschevins d'ayuwes ou jugeurs ens ès chirographes nommés d'eux en vie qui des convens et ordonnances ens esdits chirographes contenus se fesissent recort, et par ainsi ceulx auquels lesdites héritaiges touchoient en estoient souvent amenris et de leurs droits escheuz apparamment.

Nous ausdis inconvéniens voulans souscourre et pourveoir de certain et convenable remède et attempérance par l'accord et assent des mayeur et eschevins, conseil et communauté de notre dicte ville de Mons et à leur spéciale requeste et supplication et pour le mieux faire que laisser à la conservation du bien commun, par bonne délibération sur ce eue de notre conseil et d'autres plusieurs saiges, avons de notre souveraineté, seigneurie et puissance institué, ordonné et accordé, instituons, ordonnons et accordons que sur les choses cy dessus dénomées et déclarées soit doresnavant en notre dicte ville de Mons fait, usé, tenu et maintenu en la forme et manière que s'ensuit.

C'est à sçavoir, si aucun édifice ou héritage en notre dicte ville de Mons ou en autre lavenant à son chef lieu est laissé des héritiers et demeure vague par le terme de trois ans continuels ou plus, et que ceulx qui cens ou rentes y ont n'en ayent point esté ny puissent y estre payé dedens ce terme, nous instituons et ordonnons que ceulx auquels on est deffaute, comme dit est, en fassent plainte par loy, et que sur ce les héritiers ou héritier soient araismes si trouvez sont au jugement du lieu, et si trouvez ni sont, appellez soient par trois dimences, et s'ils ne viennent et monstrent avoir fait gré ou payement ou le facent présentement. Ceulx qui lesdits cens ou rentes y ont le puissent de là en avant donner à léal recours. Et si telles héritaiges ne venoient à si grands cens et rentes comme ils estoient auparavant, eux ou ceux auquels on debvroient lesdits cens et rentes en rabaissent chacun à la value de ce que cy devant y avoient par le conseil, assent et ordonnance des eschevins du lieu ; lesquels eschevins diauls après lesdits trois ans, sommer et faire crier le pourroient, si ceulx auxquels on doibt lesdits cens et rentes en estoient négligens ou en défaute, sauf adies la seigneurie fonsière à ceulx auquels elle estoit par ci devant. Et si lesdits cens et rentes estoient plus grans que en devant ne fuissent, ce qui seroient en deseulre soit et demeure au profit de l'héritier comme cens deu à chasser et demander ainsi que la loy de notre ditte ville donne.

Item des héritaiges tenus de nous en seigneurie fonsière ou jugement des eschevins de notre ditte ville, nous instituons, voulons et ordonnons que les héritiers s'en puissent ayder par le sceu et congé du lieutenant, notre recepveur de Haynau à présent, quiconque le soit, au nom de nous parmy deux sols d'entree et deux sols d'yssue qu'il en recevra pour nous. Et que sur ce doresenavant lesdites héritaiges soient droiturés par nos mayeur et eschevins dessusdits sans autre mandement ou lettres d'avoir de par nous.

Item des chirographes dont cy devant est faite mention, nous instituons et ordonnons de notre souveraineté, seigneurie et puissance, comme dessus, que tous chirographes et records faits doresenavant, dont contreparties seront trouvées en la garde ou ferme des eschevins, jurés, ayeuwes ou jugeurs, tant en cas de meubles, cattels et de convens, comme d'héritaiges, vaille et soit de valeur au profit de ceulx qui seront tant en notre ditte ville de Mons comme en tous autres lieux dont ils sont chef lieu, selon le contenu des chirographes, cessant quant à ce toutte déception et fraude s'il y apparoissoit, à laquelle chose nous y pourrions pourveoir de remède convenable sans mauvaise occasion.

Et encor d'abondant voulons-nous et accordons pour les demeurans et habitans de notre ditte ville de Mons oster et eschever de travaulx, procez et domaiges afforains et autres, que touttes debtes de XX sols ou en desoubs là où partie la cognoistra, on y puis faire payer à la requeste des créditeurs par le constrainte de notre mayeur ou lieutenant de justice en notre ditte ville sans plaincte faire par loy et sans de ce demander, prendre ne recevoir au nom de nous par ceste cause aucun profit.

Toutes lesquelles choses cy devant dites et chascune d'elles, nous, pour nous et pour nos hoirs et successeurs comtes de Haynau promettons et avons en convent à tenir et faire tenir, garder et accomplir de poinct en poinct à tousjour, et avec ce mandons et commandons à notre baillif de Haynau, à notre prevost de Mons, quiconques le soient pour le temps, et à tous nos autres officiers et subjetz de notre dicte comté à qui et auquels ce pourroit toucher et appertenir, et avec à nos mayeur, eschevins, jurés, jugeurs, demeurans, habitans et communauté de notre ditte ville de Mons, qu'en cest manière le facent, usent, tiennent, maintiènent doresenavant à tousjours sans enfraindre, aller ne faire de rien alencontre, nonobstant loy, usaige ou coustume en notre ditte ville, soit adies loix charger aux afforains dont ils sont chef lieu, en la manière qu'ils ont usé et usoient par cy devant, hormis l'ordonnance, tant des héritaiges par défaute de payement rendus à cens, comme des chirographes dont dessus est faite mention ; desquelles choses nous voulons que on use ainsi que dessus est dit. Et pour toutes ces choses dessus dites et chascune d'elles plus fermement estre tenues et garder, et icelles demeurer fermes et stables selon leurs teneure en perpétuité, nous avons ces présentes lettres fait seeler de notre seel en tesmonaige de vérité.

Ce fut fait, institué, ordonné et accordé en notre ditte ville de Mons l'an de grace M. IIIe LVI, le dernier jour du mois de febvrier.

Du commandement de monseigneur le comte :

Présens le bailly de Haynau, le seigneur d'Espinoit, messire Charles De Trieu, le receveur de Haynaut et Gilles de Hiellesmes.

Henry Sam, S.

Tome troisième, page 253.

Édit de ne prendre armures en gage.

Duc Guillame de Bavière, comte de Haynau, de Hollande, de Zélande et sire de Frise, à notre prevost de Mons, mayeur et eschevins d'icelle ville, tant présent comme advenir, salut. Comme par bonne délibération et certain avis sur ce eu de notre conseil, est à sçavoir pour le sauve et perpétuelle garde et défence de nous et de notre ditte comté eusmes désiré, comme raison est, que chacun sois appareillé et garny d'armes selon qu'il appartient, nous vous mandons et commandons que vous faciez accorder et crier noitoirement et obtenir perpétuellement en notre ditte ville que doresenavant nul ne soit tel ne si hardy, Lombard, Juif ne autre prester ou face prester argent ou autre chose sur armures quelconques et que nuls aussi soient taverniers ou autres les prendent en gage, si les facent ravoir et rendre à ceulx à qui se sont si requis en sont, sans de ce aucun payement faire, et quiconque les mettera ou prendra en gage, il soit escheu en XX sols blancs d'amende envers nous, tant de fois et quanteffois qu'on les engageroit et prendroit en gage. Si mandons aussi et commandons à vous prevost, mayeur et tous autres nos officiers, tant de notre ditte ville comme d'ailleurs en notre ditte comté, que pour causes de debtes ou amendes pécunières ne leur faciez ou consentiez estre prises, ostées ou levées en notre ditte ville les armures des habitans en icelle ville, car telle est notre volonté et ordonnance.

En tesmoin desquelles choses, nous avons ces présentes lettres seelées de notre seel, faites et données en notre ditte ville de Mons l'an de grace mil IIIe LVI, le dernier jour du mois de febvrier.

Du commandement monseigneur le comte :

Présens le bailly de Haynaut, le seigneur d'Espinoit, messire Thi. de Thieu, le receveur de Haynau et Gilles de Hiellesmes.

Henri SAM, S.

Tome troisième, page 253.

Chartes de répit en forme de privilége accordé à la ville de Mons.

Duc Guillame de Bavière, comte de Haynau, de Hollande, Zélande et seigneur de Frise, faisons sçavoir à tous. Que comme en nostre ville de Mons en Haynau, plusieurs griefs et inconvéniens, périls et adventures soient advenus par les hatifves contrevenances, qui en devant ce et ainçois que respits en fussent pris se faisoient asproximes et amys du linaige des faiseurs non coulpables et non sachans desdits meslées et de plus en plus au temps advenir estoient apparus de multiplier et escheir au grand domaige, préjudice et amoindrissement de nous et de notre ditte ville et du bien commun d'icelle. Et avec ce fuist en notre ditte ville usé en temps passé et tel terme qu'on le vouloit tenir et tenoit pour loy et coustume introduicte que de respis pris de meslées par nostre mayeur, présens nos eschevins en nostre ville, aucuns et plusieurs s'enhardissoient de faire et prendre controvenance en enfrain= drans cesdits respis, par ce que par la loy et coustume introduicte, comme dit est, ne membre en cely ocquison, mais estoient jugés tant seulement pour cely enfrainture à y estre à no volonté et d'avoir sauf la vie et les membres, et ainsy s'il qui n'avoient que perdre en biens temporels ne doubtoient mies tant en enkeir en cely fourfaiture, dont aussi moult de griefs et inconvéniens s'en ensuivoient et pouvoient de jour en jour ensuyvir au grand grief et admenrissement de nous et notre ditte ville, comme dit est, si par nous de notre souveraineté, remède et attempérance convenables n'y estoient mises. Nous au dessus griefz et inconveniens voulans secourir et pourveoir de certains et convenables remèdes et attempérances, par l'accord et assent des mayeur, eschevins, conseil et communauté de notre ditte ville de Mons et à leur spécialle requeste et supplication pour plus grande tranquillité de paix, amour et concorde nourrir et estre entretenu en notre ditte ville valoir, et l'honeur et profit de nous, conservation et multiplication du bien commun, avons de notre souveraineté, seigneurie et puissance institué et accordé, instituons et accordons, que sur les choses dessus dites, soit doresenavant en nostre dite ville de Mons fait, usé, tenu et maintenu en la forme et manière que s'ensuit.

C'est à sçavoir que tous débas injurieux, parlers, dissentions, rancunes, maltalens ou meslées qui en nostre ditte adviendront ou escheront, et dont doubte sera de parties qui ausdits débas et dissentions advenues faire et emprendre présens n'auroient estez comme aydans et confortans au fait, en soient et demeurent en bon, paisible et seur estat et respit par le terme de XV jours. Et si ce advenoit de nuicte, icelle seureté et respit durant le XV jours entiers et accomplis prochains ensuivans jusques à l'heure du soleil levant du XVI jour si que dit est. Et si cesdits sceurs estatz et respitz ou terme durant, et depuis si là en dedens n'estoit fait le maire de notre ditte ville, quiconque le soit ou ung de ses sergeans, ou un des jurés, le plus tost qu'il pourra, présens deux eschevins d'icelle ville, sentans que besoin de ce faire seroit et péril de le laisser prendront sur ce respit aux débatans qu'ils trouveront en notre dite ville ou à leurs proximes que trouver pourront, jusques au plus prochains des deux termes ensuivants après, est à sçavoir, du jour de l'an ou de la nativité saint Jean-Baptiste qui escherra devant et de là en avant le renoveller de terme en terme jusques à doncq que paix sera entre les parties. Et quiconque cedit respit refusera à donner en notre dite ville il sera et encherra par devers nous en XXV livres blanz d'amende sur le raport du mayeur ou son sergeant ou ung des jurés et sur le tesmonaige des eschevins qui y auroient estés tant de fois et quant fois qu'on l'aura refusé. Laquelle amende doibt et debvra estre dicte et déclarée au demandant ledit respit, par quoy on se peut en ce garder de meffaire. Et si aucuns estoient refusans une ou plusieurs fois de donner cedit respit avec l'amende, en quoy ils encherroient comme dit est, on les constrain= droit par prison et détenue de corps tant qu'en ce cas obéy auroient. Et avec ce debveroit ledit respit estre pris aux proximes après qu'on trouveroit et pourroit trouver en notre ditte ville, lesquels debvront aussi obéyr sur telle amende et paine encourrue comme dit est dessus. Et si aucuns mouvemens de débats et dissentions, telle que dit est dessus, advenoient hors nostre dite ville, ou que ce fuist entre aucunes parties, masnyers de nostre ditte ville ou d'ailleurs ayans proximes et amys de linaige en nostre ditte ville de Mons, nostre intention est et voulons quant à ce que iceulx proximes et amys de linaige, masnyers de notre ditte ville qui présens n'y auroient estez, soient et demeu= rent en bon, sceur et paisible estat contre tous en nostre ditte ville de Mons et l'ung contre l'autre, partout ailleurs le terme de XV jours accomplis et jusques au soleil levant du XVI jour depuis que advenu sera, et ces XV jours durant ou depuis, si là en dedens n'estoit fait respit, debvera estre demandé et pris entre nosditz masnyers qui ce toucheroit par la manière et sur telle paine et amende qu'il est debvisé, de demander et prendre par nosdits mayeur, son sergeant ou juré, pré= sens deux eschevins, si que dit est. Duquel respit demander et prendre et de raporter sur ce le tesmoignaige dessus dit le refus s'il escheoit, nous donnons à nosdict mayeur, son sergeant et jurés, celuy qui à ce faire présent sera ou aura esté, plain pouvoir et authorité et mandement spécial. Et si aucun afforain nient compris esdis respitz s'embattoient dedens nostre ditte ville, respit y debvra estre pris à la requeste de partie adverse masnyer et de chacune partie de luy et des siens, et de ce constrainte faite et amende engendrée si le cas si offroit par la manière devant dicte.

Et est nostre intention que ledit sceur estat n'est point engendré par dissentions ou parolles injurieuses si aucun fait n'y a, convient que sur les parlers injurieuses, rancunes et maltalens si elles y es= cheent sans fait ou avec fait, nosdit mayeur, sergeant ou un des jurés sentans que besoing seroit de ce faire, en puist et doibve prendre le respit comme dessus est dit, auquel on debvra obéyr, sur telle paine et en la manière que dit est. Et quiconques ces sceurs estatz ou respitz en ces présentes lettres ordonnés, contenus et debvisés enfraindroit, aussi bien bastards ou serfs, comme aultres, ils encherra en punition de peine corporelle, selon le général usaige, loy et coustume de notre comté de Haynau et souveraine cour de Mons sans mais ocquison, laquelle cour cognoistra la vérité de ce si question ou doubte en escheoit.

Toutes lesquelles choses devant dites et chascune d'elles, nous pour nous et pour nos hoirs et successeurs comtes de Haynau promettons et avons en convent à tenir et faire tenir, warder et accomplir de point en point à tousjour. Si mandons et commandons à notre bailly de Haynau, à nostre prevost de Mons et à tous autres officiers, justiciers et subjetz de nostre dite comté, en tant qu'à chacun d'elles pourroient toucher, rewarder et appartenir, et avec eux mayeurs et eschevins et à tous les demorans, habitans et communauté de nostre dite ville de Mons qu'en celly manière le facent, usent et maintiènent doresenavant à tousjours sans enfraindre, aller ne faire de rien aller à l'encontre, nonobstant usaige, loy ou coustume en notre ville usé, maintenu ou introduict par quelque long temps au contraire, sauf et réserve la charte faisant mention de le paix en nostre ditte comté de Haynau, car ceste charte ne voulons mies ne entendons point estre contredicte ne enfraindre pour chose qui dedens ces présentes lettres soit contenu. Lesquelles présentes lettres pour plus fermement estre tenues et warder et pour icelles demeurer fermes et stables selon leurs teneur en perpétuité, nous avons fait seeler de nostre seel en tesmoin de vérité.

Ce fut fait, institué, ordonné et accordé en nostre ditte ville de Mons l'an de grace M. III^c LVI, le dernier jour de febvrier.

Du commandement monseigneur le comte de Haynau :

Le comte d'Espinoit, monseigneur Thierry de Thieu, le receveur de Haynau et Gilles de Hielesmes.

Henry SAM, S.

N.° LXVI. — Tome troisième, page 279.

Le duc Albert de Bavière confirme ces ordonnances.

Duc Aubert de Bavière, comte palatin du Rhin, bauls gouverneur et héritier sans moyen des pays et comtez de Haynau, Hollande, Zé= lande et de la seigneurie de Frise, sçavoir faisons à tous, que comme par devers nous et nostre conseil se sont traitz les eschevins et consauls de nostre ville de Mons en Haynau, remonstrans que par privilège donné de nostre très cher et amé frère le duc Guillame, comte et sei= gneur desditz pays, apparoit que quant aucuns édifices et héritaige de nostre dicte ville de Mons et ès autres villes venans à celuy à chef-lieu, estoit laissé et demeuré vague par quelque long terme que ce fust, l'héritier d'iceulx ou leurs hoirs y revenoient et pouvoient revenir s'il vouloient, parmy payans les arriéraiges de cens du terme de trois ans, tant seulement au cas qu'à plaintes n'en auroient esté faites de trois en trois ans, et pour ce il advenoit que chil ou qui on debvoit ces dits cens faire ny ozoient, et ainsi lesdits édifices et héritaiges en alloient à dékay et perdition. Pour quoy à cely cause, nostre très cher frère, par bon et meur conseil sur ce en euist ordonné que si aucun édifice et héritaige en nodite ville de Mons ou en autre là venans à son chef lieu estoient laissez des héritaiges et demeurés vagues par l'espace de trois ans continuels ou plus, si que ceulx qui cens ou rentes y avoient n'en eussent point esté payez dedens le terme que lesditz rentiers en faissent plainctes par loy, requérans que à l'héritier fust sur ce arraisonné si trouvé estoit au jugement du lieu, et sy trouvé n'y estoit, qu'appellé fust par trois dimenches afin tele que s'il ne venoit monstrer avoir fait gré ou payement, on le feit adonc présentement que là en avant ledit rentier puist ledit héritaige vendre à loyal recours, et s'il ne venoit à si grand cens ou rente comme il estoit par devant y chilz rentiers en rabatissent chacun à la value de ce que pardevant y avoit par le conseil et ordonnances des eschevins dou lieu, par si que si lesditz rentiers estoient négligens ou en défaut du rendre que les eschevins du lieu après lesdits trois ans passez faire le puissent, sauf la seigneurie foncière à ceulx à qui elle estoit auparavant, ainsi que ces choses avec plusieurs autres apparoissent plus plainement par le dessusdit privilége qui fut fait en l'an mccclvi, le dernier jour du mois de febvrier. Et comme depuis nous ayent lesditz eschevins rémonstrez que les maisons, édifices et héritaiges estans en nottreditte ville de Mons et ès villes et lieux venans à chef-lieu en nostredicte ville, alloient à perdition pour ce que le terme de trois ans de vaquation estoit trop long et au domaige commun et que profitable et nécessaire chose, seroit que au lieu desdits trois ans n'euist qu'un an, par condition telle que l'héritier qui lesdites maisons, édifices et héritaiges laissent vagues ou qui en défaut seroit de payer ses cens ou rentes le terme d'un an ou de plus que depuis celuy an passé les rentiers qui cens ou rentes y auroient ou les eschevins du lieu si lesdits rentiers en estoient négligens puissent faire plaincte en adjournans les héritiers par trois dimenches pour venir monstrer payement ou quittance, ou pour payer en dedens les trois dimenches; et s'ilz ne venoient pour ce faire, que de là en avant lesdits rentiers ou eschevins les puissent rendre à loyal recours. Entendu que si lesdits cens ou rentes diminuoient ou croissoient, ou qu'ordonné en soit par la manière que ledit privilège contient. Et encor ont lesdits eschevins remonstré que les maisons, édifices et héritaiges de nostreditte ville de Mons et des autres venans en icelle à chef-lieu pouvoient aller à déclin et ruine par les grans kerkes de cens et rentes dont de jour en jour on les kerkoit par vendaige, par assenne ou par arrentement, et pour ce besoing seroit que de jour en avant on ne puissent par vendaige ou arrentement ne par autre voye quelconque kerkier lesdites maisons, masures, édifices ne héritaiges ou plus grans cens ne rentes que pour le présent doibvent, que li rente ou cens ou li kerke dont depuis on le kerkoit ne fust la première procédant de la dernière paye. Et aussi que si quelq'un des rentiers qui cens ont ou auroient sur lesditz héritaiges en faisoient vendaige, celuy qui héritier en seroit le puist avoir pour le fuer, sauf l'offre ou proisme du vendeur si elle y eschoit, à sçavoir est que sur la prière et supplication desditz eschevins de nostre souveraineté, seigneurie et puissance de nostre gré spécial par l'augmentation de nostreditte ville et des autres d'iceluy loy accordé et accordons que de jour en avant perpétuellement en soit fait et usé en la manière que cy après s'ensuit.

Premièrement, que au lieu dessusditz trois ans de vaqation des devantdittes héritaiges n'y ait qu'un à user par la manière devantdite. *Item*, que lesdites maisons, masures, édifices et héritaiges ont ne puist charger par vendaige, par assenne, par arrentement en nulle autre manière de plus de cens, de rentes ne de charges annuelles que elles doibvent à présent. Que li rentes, li cens ou li kerke dont depuis et dernièrement on le kerkeroit, ne fust-ce la première procédant de la deraine paye et ausi de kerke en kerke poursuivant. Et avec s'il advenoit qui les rentiers qui cens qui rentes ont ou auront sur lesdites héritaiges en faisoient vendaige, nous voulons et ordonnons que cestuy qui héritier en seroit au cas que le proisme si offre y appertenoit avoir esté le vouloit, le puist avoir s'il luy plaisoit, en décharge du lieu pour le fuer que vendu auroit esté loyalement et sans fraude en prendant le serment du vendeur et achateur, parmy payant les deniers huit jours après. Ce que ledit vendaige signifié luy aura esté à sa personne, lequel doibt tantost dire s'il le doibt avoir ou non, et si n'estoit trouvé le vendeur le doibt signifier à la maison de l'héritier, lequel ou personne de par luy en doibt respondre audit vendeur ou aux eschevins du lieu dedens tiers jours ensuivants, ou jamais n'y viendra à temps. Toutes lesquelles choses devantdittes et chacune d'elles, nous pour nous, pour noz hoirs et successeurs promettons et avons en convent léalement et en bonne foy à warandir, faire tenir et accomplir selon le jugement et ordonnance de mesditz eschevins et à tous noz autres officiers de nostre dit pays de Haynau, faisans commandement qu'ainsi en soit fait, usé et accoustumé de ce jour en avant à perpétuité et par celuy manière le facent tenir et tiennent, sans aucunement aller ne faire alencontre. Car ainsi le voulons sur encourre nostre indignation, par le tesmoing de ces lettres seelées de nostre seel, données en nostre ditte ville de Mons l'an de grace M. CCC. LXXXVI, le troisiesme jour d'octobre.

Du commandement de monseigneur le duc :

Présens de son conscil le seigneur de Gommegnies, banneret ; le seigneur d'Audregnies et le prevost des églises de Mons et Jean de le Porte, receveur de Haynaut.

N.° LXVII. — Tome troisième, page 282.

Lettres octroyées à ceux de Mons pour la conduite des eaux d'une fontaine dans leur ville.

Duc Aubert de Bavière, bauls de Haynaut, Hollande et Zélande, etc. A tous seigneurs, nobles, prélatz et justiciers auxquels cestes nostres présentes lettres s'adresseront, salut, sçavoir faisons, qu'à la prière des eschevins, jurez et conseil de nostre ville de Mons en Haynau, et pour l'amendement d'icelle, nous leur avons accordé et fait grace d'avoir et faire venir une fontaine en nostreditte ville, laquelle en icelle ne peut bonnement venir sans passer parmy les justices d'aucuns.

Si mandons et commandons à tous et à toutes en cuy mettes et justices fouir et ouvrer conviendroit pour cause de laditte fontaine, qu'à ce veulent consentir et gréer à faire parmy le domaige récompensant sans autre mandement avoir ne attendre de par nous, car ainsi le voulons par le tesmoin de ces lettres seelées de nostre seel, données à Mons en nostreditte ville le xx jour de décembre l'an M. CCC. LXXXVI.

N.º LXVIII. — Tome troisième, page 285.

*Le duc Aubert de Bavière confirme les franchises
et privilèges de la ville.*

Duc Aubert de Bavière, par la grace de Dieu, comte palatin du Rhin, de Haynau, Hollande, Zélande et de la seigneurie de Frise, faisons sçavoir à tous que nous qui drois hoirs et successeurs estiemes de nostre très cher et amé frère monseigneur le duc Guillame, à son vivant comte et seigneur desditz pays, cognoissons que quant nous veinsmes à lesdites seigneuries desditz pays devandis par le trespas et succession de nodit très cher frère, cuy Dieu pardonnist, nous ainsi qu'il estoit de coustume et apparu nous fut qu'anciènement noz ancisseurs le avoient fait en cas pareille, feisme et avons faitz serment aux eschevins de no ville de Mons en Haynau, que les bourgeois, masnyers d'icelle ville, yaulx et leurs biens nous warderons, maintenons par le loy et enseignement des eschevins d'icelle ville de tous cas dont eschevins doibvent juger, nous les maintenons par le jugement de nostre souveraine court de Mons et suivant les poincts des chartes faisans mention de la loy, des coustumes et de le paix de la comté de Haynau, et tenons et ferons tenir les querques que les eschevins de nostreditte ville de Mons quierqueront au juges dont ilz sont chef-lieu ; et si tenrons aussi et ferons tenir toutes les chartes, franchises et priviliéges que nodite ville de Mons a et peut avoir de noz ancisseurs et de nous. Et tant plus que lyditz trois pays, c'est à sçavoir Haynau, Hollande et Zélande ferons à tousjours en perpétuité tenir tout à ung sans partir ne de separer de l'un de l'autre, et ainsi sur le forme et manière que devant est dit, recognoissant par ces présentes lettres d'avoir fait à nodite ville de Mons le serment devant dit et que tel et semblable noz hoirs, successeurs faire le debvront en temps advenir, quand ilz veront à le seigneurie dudit pays de Haynaut, lequel serment nous, comme comte et héritier de laditte comté de Haynau, promettons et avons en convent, pour nous et pour noz hoirs de tenir et faire tenir bien et léalement sans en rien aller a l'encontre. Auquel serment par nous fait, juré et promis, si comme dit est dessus, furent présents :

Guillame, nostre aisné filz, comte d'Oostrevant ;
Jean de Condet, seigneur de Moriammé et Fontaine ;
Zuwerdaperde, seigneur de Gaasbeque ;
Engelbert d'Engien, seigneur de la Folie et Tubize ;
Jean de Jauche, seigneur de Gomegnies et Buvraiges ;

Oste, seigneur de Trazegnies et de Silly;
Grars d'Engien, seigneur de Havré;
Jean, seigneur de la Hamayde;
Jean de Floyon, seigneur de Ville;
Willame de Gavre, seigneur d'Estincquerke;
Bauduin de Fontaine, seigneur de Sebourg;
Thierry, seigneur de Saintzelles;
Willame de Ville, seigneur d'Audregnies, nostre baillif de Haynau;
Jean des Allemans, bastar de Haynau, nostre oncle;
Ernoul de la Hamayde, seigneur de Rebaix;
Nicolle de Pottes;
Anseau de Trazegnies, seigneur de Jeppinie;
Grars de Floyon;
Caulus, bastard de Luxembourg;
Guillame de Barras, seigneur de Sars;
Estienne, seigneur d'Ittre;
Philippe et Thierry de Wassenaire, frères;
Jean de Cronenburg;
Gilles de Villes, seigneur de Kesnoy;
Jean d'Audregnies;
Rufflart de Naast;
Sohier de Connus, prevost de Mons;
Willame de Blaregnies;
Oste de Marcq, chevalier;
Jean, seigneur de Ligne;
Jean de Housdaing;
Gérard d'Obyes, castelain d'Ath;
Jean de Floyon;
Oste d'Eschausinnes;
Daneau de le Poelle, eschuyer;
Sire Willame Post, prevost des églises de Mons;
Jeaques de Mastaing;
Sire Jean Priestraux;
Willame de Sommain, ballif des Bois;
Jean de le Porte, receveur de Haynau;
Jean de Ciply, maire de laditte ville de Mons.

Et comme eschevins de laditte ville :

Jean de Marchiennes;
Raoul as Cloquettes;

Jean le Herve dit du Parcq;
Quintin du Frasne ;
Jean de Homs le filz,
Colart de Gembloux ;
Jean Brocqs et Pierrart Marchant, leurs clercq.

Ce serment fut fait par le manière devant ditte ou marquiet de nostre ditte ville de Mons en l'an de l'incarnation Notre Seigneur M. CCC. LXXXVIII, par un samedy 3 jour du mois d'apvril, et ainsi nous le tesmoignons et approuvons par appension de nostre seel que fait mettre et appendre en avons à ces présentes lettres qui furent faites et données à la Haye en Hollande au mois de septembre de l'an 1389.

Du commandement monseigneur le duc :

Présens de son conseil le lantgrave de Luttennerghe, monseigneur Raze de Montigny, le prevost des églises de Mons, le prieur des Escoliers, Willame de Carnebourg et Jean de le Porte, receveur de Hainau.

N.º LXIX. — Tome troisième, page 287.

Extrait de la nouvelle charte ordonnée par le duc Albert pour le pays de Hainaut.

Pour le warde et bien commun de notre pays et par le consentement de notre dit pays avons concédé et concédons et voulons que touts les desbats et meslées que doresnavant se feront en notre dit pays de Haynaut de gens communs, qui point ne sont nobles, qu'il y ait mort, navrure, aucun coup ferru, ou injurieuses paroles dictes; que depuis ceste meslée faite de faict ou paroles, il en soit bon et sour estat et reprit de touts leurs proximes et amys carneulx de l'une et l'autre partie des faisans, aydans et confortans u complices, soyent bastards u autres, li terme de 15 jours après le desbat u meslée advenue, u injurieuses paroles dictes et jusques à lendemain soleil levant, u sour enkeir et paine criminelle, comme de faict en meurdre et en mauvais faict, celuy u ceulx qui aucun contrevengement en feroient, sauf que ly faiseur de le dite meslée, u paroles injurieuses dictes, de l'une partie ne de lautre ne doibvent point avoir le seur estat deseurdit. Anchois se doibvent garder et appaiser dans les quinze jours, ainzy que bon leur semble et si soit entendu en chou que les nobles de notre dit pays doibvent toujours demeurer en leurs franchises et liberté en la manière accoustumée.

Item (par autre article) que notre sergent de notre dit pays dores en avant fassent leurs sommations deuement, à sçavoir est, que s'ils prennent homme u femme pour cas de crime ou autre fourfaiture qu'ils esclarcissent les faicts et si c'est pour debte qu'ils esclarcissent véritablement la debte et par quoy s'il semble boin à seigneurs subjets ou à leurs officiers, doit detenir, que detenir les puissent pour rendre à le quinzaine.

Sur cest article dernier se trouve au registre 7, folio 40, avoir esté jugé que le seigneur de la résidence ne doibt avoir nuls meubles d'un homicide prins à Mons en chaud faict, partie appaisée ainsy que le seigneur, ores que ne fust justicié ne purgé par loy, puisqu'il avoit esté prins en chaud faict sans estre fugitif.

N.° LXX. — Tome troisième, page 296.

Ordonnance du duc Albert de Bavière réglant les rapports de Mons et de Valenciennes, pour l'administration de la justice.

Dux Aubers de Bavière, par la grace de Dieu, comte palatin du Rhin et comte de Haynaut, Hollande, Zélande et sire de Frise, et Guillame de Bavière, comte d'Oostrevant, héritier et gouverneur dudit pays de Haynau, sçavoir faisons à tous, que par devant nous et nostre conseil s'estoient traitz ly prevost, jurez, eschevins et consaulx de nostre ville de Valencenes, remonstrans que par privilège donné de auscuns noz prédécesseurs à nostre ditte ville, ils pouvoient et debvoient sur le raport et complainte de leurs bourgeois et maisniers demorans et habitans en nostre ville de Mons et génerallement par tout nostre pays de Haynau, ilz en avoient usé et accoustumé d'ainsi faire; par quoy ilz nous supplioient que leursdits privilège et franchise leur voulziesmes entretenir, ainsi que nodit anchisseur et nous leur ont et avons promis touteffois que venu sont et somes à le seigneurie de nostredit pays de Haynau, si comme ilz disoient, avec plusieurs autres remonstrances par eux faites ad ce servantes. Et comme sur ce ly eschevins, jurez et consaulx de nostre ditte ville de Mons sentans que nostre ville de

Valencenes susdicte faisoit par devers nous le dessusdit pourchat et remonstrance et avoit puis brief terme à ce volu contendre. Car pour meslée et débat qui en la ville de Saint-Gislain se feist d'un masnier de nostre ditte ville de Valencenes contre Piérart Hovet, tasneur, à son vivant bourgeois de nostre ditte ville de Mons, et depuis en celly ville d'un autre de Valencenes contre Jacqueman de le Loinge, foullon, masnier de nostre ditte ville de Mons. Ledite ville de Valencènes à le complainte de leurdit masnier susdit les feit ajourner et les juger par tant de comparoir chacun à XXIII livres, et avec ce les fouringirent ou l'un d'eulx à tousjours de nostre dite ville de Valencenes, de laquelle chose, qui estoit cas de novellité et dont oncques lesdits de Valencènes usé ne accoustumé ne avoient sur les demeurans en leditte ville de Mons, nostre dessusdite ville de Mons se tenoit grandement pour désa= pointée et agrevée. Et à celly cause lidits de Mons eschevins et consaulx se traisent aussi par devers nous, remonstrant celuy estat qui grande= ment estoit contre nostre haulteur et seigneurie et au préjudice et admeurissement de tous les demeurans et habitans de nostredite ville de Mons qui d'anciène fondation et principaulx patrimoine de tout nostredit pays de Haynau, et si est chef et ville souveraine de tout notredit pays, et leurs nodit anchisseur et nous quant venus sont et sommes nouvellement à le seigneurie de nodit pays de Haynau ont et avons fait premier sarment, et se est aussi previlégié par nosdits an= chisseurs, que Dieu pardonist, et par nous mesme que les bourgeois et masniers de no ville de Mons devant dite, yaulx et le leur de nous maintenir par le loy et jugement des eschevins d'icelle ville de tous cas dont ilz doibvent juger et de tous aultres cas accoustumez à juger par loy de no cour souveraine de Mons qui le gouvernement et resort a de tout nodit pays de Haynau, ainsi que toutes ces choses avec plusieures autres raisons servantes à cely matière, ilz nous remons= trèrent plus plainement. Et affin que par nous y fust pourveu de remede convenable, ly eschevins, jurez, consaulx de nostredite ville de Mons, nous supplièrent instament en ayde de droit et de loy que du dessusdit grief réparez fuissent et remis à estat deu, et de ce par nostre bénigne grace tele déclaration faite par le puissance et souve= raineté de nous que nodite ville de Mons ne puist pour le présent ne en temps advenir de ses libertez, privilèges, usaiges et franchises admenrie ne affiermé ne de noditte ville de Valencènes grevée ne mo= lestée. A sçavoir est que les supplications et remonstrances et sur tout entièrement que nosditz deux villes devantdites volrent proposer ne alléger l'une contre l'autre, tant de bouche comme par escrit servans à la matière dessusdicte. Nous qui en volonté somes de garder et entretenir le droit, liberté et franchise de chascune noz villes susditz et yaulx mettre en bonne unité et concorde come droit et raison est, avons de celly question, par bon et meur conseil et par grand advis et délibération sur ce eu de nous et de nostre grand conseil de Haynau et de Hollande cy dessoub nommez, sententié et déterminé, sententions et déterminons que de ce jour en avant nostreditte ville de Valencènes ly prevost ny ly jurez d'icelle ne autre à leurs cause plus ne adjournent ne puissent faire adjourner les bourgeois ne masniers de nostre dite ville de Mons, ne sur yaulx ne sur leurs biens faire jugement aucun pour cas de meslée, pour adjournement, loix, juges, ne pour autres faitz quelconques. Car lidit de Valencènes ne ont monstrés choses ne fait apparoir par privilège ne autrement servans à leurs intentions qui pour judicier puist ne doibve asdemorans ne habitans de nostre ditte ville de Mons. Si mandons et commandons à nostre ballieu de Haynau, quiconque le soit ou sera, à tous noz officiers de nostre dit pays, que cely détermination, ordonnance et sentence par nous faicte, comme dit est, facent de ce jour en avant en perpétuité entretenir et accomplir entièrement. Et aussi à nostre prevost créé de par nous appellé le prevost le comte en Valencènes, quiconque le soit ou sera comme dit est, que dores mais plus ne conjure, demande loy, ne semonce les jurez ny eschevins qui ores sont ou en temps advenir seront en le loy de nostredite de Valencènes, pour quelconques adjournemens, loix juger ne banissement faire pour les bourgeois, masniers ne habitans de nostre dite ville de Mons. Car ainsi voulons qu'il soit fait, usé et entretenu à tousjours sans aller ne faire à l'encontre sur encourre nostre indignation, et sans avoir ne attendre autre mandement ou commandement de par nous. Par le tesmoin de ces lettres seelées de noz seaux.

Donné en nostre ditte ville de Mons en l'an de l'incarnation M. CCC. IIII^{xx} XIII, le 10 jour du mois de décembre.

Du commandement de monseigneur le duc et monseigneur d'Ostrevant:

En la présence de Jean de Bavière, esleu de Liège et comte de Los, filz audit monseigneur le duc, fut ceste sentence prononcée par la bouche de Col de Haignet, receveur de Haynau.

N.º LXXI. — Tome troisième, page 524.

Acte des religieux de Saint-Antoine reconnaissant le don que fait Bertrand Remy, de sa personne, etc., à Saint-Antoine.

Nous les frères religieux et malades de l'église, maison et hospital de monsieur Anthoine lez Bailloel de Paris et de Catenoy soub Viennois, certifions à tous nobles chevaliers, seigneurs, capitaines de gens d'armes et de tant à cheval comme à pied que un nommé Bertrand Remy, demourant à Toutifault, paroche de Gognies emprès Houdeng, meu de dévotion s'est rendu et donnet et entièrement se rend et donne à tousjours, luy sa famille, varletz et maisnie avec tous ses bestiaulx, comme vaches, veaux, chevaulx, brebis, moutons, pourcheaulx et tous ces autres biens meubles et non meubles estans tant au champs come en la ville à Dieu et à monseigneur Saint-Anthoine. Et pour la grande dévotion, honeste et bonne vie dudit Bertrand Remy, nous dessusditz luy avons donné et octroyé, donnons et octroyons congiet et licence de porter la potence, signe de nostre religion, pour aller, venir, séjourner, passer et repasser franchement à tous ses labeurs et affaires, et aussi de mettre et avoir à sa maison ou porter une imaige dudit Saint sans fraulde, barat ou malengien quelconque, lesquelles choses dessus= dictes sont pour la sustentation de nostre église et de nous. Si prions, supplions et requérons très humblement à tous bons, fiaulx et léaulx chrestiens, amys de Dieu et dudit benoist Saint que audit Bertrand Remy, bestiaulx, maison et biens quelconques, en allant, séjournant, cheminant, passant et rapassant, ne donne, ne souffre estre donné aucuns des tourbiers, domaige ou empeschement en quelque manière que se soit. Et nous lesdits religieux, pauvres malades ardants prions Dieu et le benoist Saint qui vous voelle garder, préserver et défendre du très horible feu, cruelle maladie dont il est journellement requis et dépriet par tout le monde universel, et serés participants en toutes messes, prières, oraisons et biens faitz qui continuellement se font en la religion. Se serrés encor aquerrans les innumérables, graces, pardons et indulgence donnez par plusieurs saints pères, et eschiefverez les griefves excommunications et malédictions proférées sur tous ceulx faisans le contraire.

Et en tesmoigne de ce, nous dessusditz avons mis et apposé à ces présentes le seel de laditte église avec le signe d'icelle, en l'an de grace Nostre Seigneur mille quattre cent quatre ving et sept, et sey= ziesme jour du mois de septembre.

N.º LXXII. — Tome troisième, page 353.

Réglement pour les obsèques dans la ville de Mons.

Guillame de Baviere comte d'Ostrevant gouverneur dou pays de Haynaut hoirs et héritiers d'iceluy pays et des pays de Hollande, Zélande et de la seigneurie de Frise, salut en Nostre Seigneur, et cognoissance de vérité. Comme en l'année passée veinst en la cognois= sance de nostre très redoubté et honoret seigneur et père, de nous et de noz consauls que aucunes questions estoient meutes et apparens de moulteplier entre nobles et vénérables personnes les demiselles dou capite de l'église madame Sainte-Wauldru de Mons, et le doyen et capitte de l'église Saint-Germain, les curez parochiaulx et les autres personnes de l'église universelle de ledite ville de Mons, comme mem= bres de ledite église Sainte-Wauldru d'une part, et les esquevins, jurez, conseil et autres plusieurs, à cause et au nom du corps de leditte ville de Mons, d'autre part. Pour raison de ce que nostre très redoubtés et très honorés sires et père, comme cuens et seigneur, et nous comme gouverneur et héritiers (si que dit est) somes tenus de warder ledite église, les personnes et les membres d'icelle, ossy somes nous tenus de warder les esquevins, le conseil et les bonnes gens de nostre ditte ville en paix, amour et tranquillité, et touttes questions meutes ou à mouvoir entre les parties mettre en bonne pais et dont aquitter nous vourrions en toutes manières licites. A sçavoir est à tous, que pour sçavoir le vérité des questions, et ocquisons de entre les parties nous connesimes certaines personnes de nostre grand conseil, nobles et clercq, et liquel au nom de vous furent en la ville de Mons, à certaine journée a ce ordonné asdites parties pour estre pourveus de tel conseil que l'on leurs sembleroit, et à cely jour lesdites demiselles de l'église ou nom d'elles et pourtant que toucquier pooit as autres personnes d'église de leditte ville, fisent dire et remonstrer que leditte église de madame Sainte-Wauldru, et les personnes estoient en le protection et warde de nostre très redoubté seigneur le comte dou pays quiconques l'estoit et de nous comme abbés séculiers, patrons et grands advoés et homes à l'église de noble tenement, et que en ou premier et joieux avènement des princes ou seigneurs dou pays, ilz faisoient certain serment eus, ouquel estoit compris qu'il debroient warder ledite église et les persones, tenir les chartes et privilèges et les bonnes coustumes approuvées del église et sans enfraindre, avec plusieurs autres coses contenues audit serment.

Item fut dit et remonstré que ledite église de madame Sainte-Waul= dru avoit cure des ames et en estoit administrières comme curés, li doyen del église Saint-Germain de Mons, quiconques le fust ou soit pour le temps et estoient d'iceli cure parrosciens, nodit très redoubtez sire et père, Nous, li nobles dou pays, li officiers familiers, ses mais= niers, les maisniers desdites demiselles, li priestres, li clercqs et tout li estrangier et passant qui aloient de vie à trespassement en liditte ville de Mons.

Item se aucuns telz que dit sont aloit de vie à trespassement en leditte ville, on avoit accoustumé et usé paisiblement que li hoir, amit ou exéquteur faisoient faire en leditte église madame Sainte-Wauldru un obsèque pour l'ame dou trespasset et faisoient prendre un drap par accord des demiselles ou leur commis, moyennant certaine redevance ou some d'argent que on en payoit à ledite église, seloncq l'estat des persones et les draps que l'on prendroit une fois plus une fois moins et à le fois nient, et se y faisoit on luminaire au plaisir des chiaux qui s'en mesloient.

Item que li pourfit des draps n'estoit point, ne encore n'est, au singulière pourfit desdites demiselles, ains est à le fabrique de ledite église pour icelle retenir et les besoignes poursuivre ; et les offrandes et li luminaires qui se font asdits obsèques sont et appartiènent as cannones et vicaires de Saint-Germain qui font le divin office et à leur singulier pourfit.

Item que lesdits esquevins, cousauls et gens de ledite ville avec iceulx, depuis certain terme auroient ordonné et fait intimer et si= gnifier asdites demiselles et as gens d'église de ledite ville, que de là en avant li parochiens de ledite église ne li autres paroschiens des parosches de leditte ville de Mons ne feissent aucune présentation des corps à l'église par un luixiel, ne par le manière que on l'avoit ac= coustumé, et que ce on voloit avoir un drap à l'hostel dou trespassé ou à l'église, qu'il fust estendus tout plat à terre, sans faire repré= sentation du luixiel, et que pour celi drap les gens de leditte église ne des autres paroisches ne euissent ne peuissent avoir que XX sols monoye coursables ou pays, ou en dessoubs, et ossy por le luminaire d'iceulx obsèques que dix livres de chire, et que se autrement li remanans de aucuns trespassez le voloient faire, que nuz de leditte ville ne alast as obsèques et que en celi manière li esquevins, jurez et consauls l'avoient ordonnet et défendut et que autrement au moins ne la feist.

Desquelles coses lesdites demiselles, les curez et les autres per= sonnes d'église de ledite ville se tenoient à greuef et firent remonstrer que ce n'estoit point matière subgette ne de quoy cil de le ville puis= sent ne deuissent avoir cognoissance, ne faire ordenanche, meismement que point n'avoit esté ne n'estoit fait par le licence ne accort de nodit

très redoubté seigneur et père nc de nous, et que ce leur sambloit monopolles contre Dieu, contre raison, contre droit divin, droit escrit canon et civil, contre l'ordonance de l'église et contre lesdites demiselles et les gens d'église, contre nostre souveraineté et signorie, et concluoient en suppliant que lesdites ordonances fussent mises à néant et rappellées, et amende faite partout où il appertenroit, en le manière que lesdites demiselles fisent les coses deseurdites, en complaindant dire et remonstrer avec plusieurs coses à ce servans trop long à escrire, en la présence des gens de nostre conseil à ce commis. Et oultre encore que pour le représentation du luixiel que on avoit accoustumé à faire asdites églises, les gens d'église, les demiselles et autres avoient idolatret et judaizet, et les eschevins, jurez et consauls, au nom et pour les gens de leditte ville de Mons, fisent à nodit conseil dire et remonstrer comme le ville de Mons bonne, notable et de bonne renomée, comme elle avoit de noz prédécesseurs eut plusieurs libertés, comme ce estoit li clef dou pays, pour trouver conseil et loy avoir, comment en icelle ville avoit sept esquevins, vint et un jurez pour ledit ville et peuple crenler et gouverner, tant en justice et police comme en autre coses. Comme li esquevins et jurez estoient fait et restituez en leditte ville par nous ou noz officiers touteffois que mestier estoit. Comme les esquevins et jurez, après leur création, font serment solemnel de faire loy et justice et de warder nostre ville, le peuple et habitans, et d'observer les coustumes et usaiges et fran=
chises d'icelle.

Item disent que no très redoubté seigneurs et pères et prédecisseur comte de Haynaut ont fait et ont accoustumé de faire à leur joieux ad=
vènement et entrée en icelle ville certain serment de entretenir les privilèges, usaiges, coustumes, franquises et libertez anciènes.

Item firent remonstrer que pour leurs usaiges ilz avoient usé de pour=
voir à le police de leditte ville et à chou que noz subjelz d'icelle fus=
sent gouverné en pais, amour et tranquillité. Ossy de pourvoir as abus, chérémonies et exactions que les gens de l'église voloient faire, et que pour cause de ce que lesdites demiselles et les gens d'église de leditte ville de Mons, comme demandeurs et complaindans en ce cas, se effor=
çoient de prendre et avoir par constrainte, sur nosditz subjets, bour=
gois et habitans pour cause des obsèques, luminaires, portes, luixiels, représentations, terre, service et enterremens de corps et autres choses spirituelles par le manière que bon sambloit asditz gens d'église, qui samble as gens de leditte ville coses excessives et contre le bien commun. Et mesmement remonstrèrent que en ces darraines mortalités, lesquelles ont esté lamentables et piteuses, pour ce que les dessusditz

demandans, au nom d'yaulx et pour l'église, se sont efforchiet et en=
forchions non concertant les coses desseurdites de noz bourgeois et
manans excessivement, preste à payer pour cause des obsèques et
funérailles, ci comme dit est devant et plainement esclarcit, et que
aucune cose ne se pooit faire sans espécial markandise, que sembloit
estre contre droit et raison, lesditz subjetz le remonstrèrent asditz es=
quevins, jurez et conseil affin que pourveust y fust de remède convenable
et liquel esquevins, jurez, consauls comme ilz disent, l'avoient re=
monstré asditz demandeurs, mesmement asdites demiselles, et pour
raison de ce que elles et li autres leurs complice demandeur les gens
d'église obtienent leur opinions et ne veuilent incliner le remonstrance
desdits défendeurs, il peut y estre que pour y eulx acquiter et pour
pourveir au bien commun et warder noz subjetz et gens de nostreditte
ville ilz en parlèrent ensemble, et pour le mieux faire que laisser, ilz
ordonèrent aucunement, et en soustenant ces coses faisoient dire et
remonstrer plusieurs raisons lidit défendeur par devant nostre conseil
et commis, concluant les parties as fin par yeulx esluites, et répliquèrent
et triplikèrent contre les propos li une de l'autre plusieurs raisons trop
longues à réciter, tant de fait, de droit, comme de coustume. Ches
coses et remonstrances faites par le dessudites parties nos consauls
à ce commis ordonnèrent que les parties rapportassent personnes
endroit luy par escrit chou que requiet et remonstré avoient. Les=
quelles parties raportèrent par escrit ce que bon leur sambla à cer=
tain jour à ce ordonné; et pour chou que les gens de nostre conseil
à ce commis et autres plusieurs euent veu et oyt lire de mot à mot les
raisons des parties, et de leur advis fait remonstrance à nous, pour
tant qu'il y avoit très grandes escritures et propositions des parties de
droit divin et autres pour warder lesdites parties, en demandant et en
défendant, feismes porter les escritures par noz gens et conseil à Paris,
et furent monstrées et visitées par grande espasse et par plusieurs
clers, signeurs et maistres en théologie, et par plusieurs autres
docteurs et juristes en droit civiel et canon, ainsi qu'il nous apparust
depuis par le raport de noz gens qui raportèrent lesditz consauls et par
escrit signé des signes manuels des chiaux qui les conseillièrent, les=
quels escrits et consauls veuz et examinez deigement par nous et nostre
grand conseil, pour mettre appointement entre lesdites parties sans
entrer en question de procès, ordonnet pour pais et amour nourrir et
oster des frais et domaiges qui s'en pouldroient ensuivre, et par le
requeste, accort et volonté d'iaux, si comme li partie desdites demi=
selles et leurs adjoins avec elles, au nom et pour toutes les églises de
Mons, liditz esquevins, jurez et consauls pour et au nom de toutte

leditte ville et manans d'icelle, liquel si estoient raportet et raportèrent en nous et en nosdites ordonnances et pure et franke volonté, par délibération et advis de nous, présent et nodit grand conseil si après escrit feismes lire en audience nostredite ordonance dit et sententié en la présence desdites parties, et contenoit de mot à mot la forme et teneur qui s'ensuit :

Premièrement avons dit et ordonné et sententié, disons, ordonons et sententions que de ors en avant toutes haynes, rancunes et envies, se aucunes en y a, tous langaiges ossy autres qu'en boins et amiaules dou tout, cessent entres parties et que bonne amour, pais et concorde y amaigne. Secondement que tous estatus et advis qu'en fait et devisé avoient en ceste présente matière les esquevins, jurez et consauls dessusditz soient cassés, non vailliables et du tout mises au néant, et tout ce ossy qui s'en seroit ensuivy. Si défendons à tous noz subjetz, manans et habitans en leditte ville de Mons que desditz estatus ou advis aucuns ne tiènent pour cose vailliable, et ne soit homme si hardy que de yeulx user aucunement, et oultre plus que lesditz esquevins, jurez et consauls ne soient si osez que de emprendre authorité d'iaulx mesme de faire tels estatus ou pareilles constitutions sans sceu et au= thorité de nous et de noz successeurs, comme leurs seigneurs.

Item, quant au fait des obsèques ou des services pour les trespassez, si le corps est présent, on enterra par le manière qui s'ensuit. C'est à sçavoir que le corps porra estre mis en luysiel et sur hestaux al hostel dou trespassé, et sera chielz luisiels parez et hornez de draps ou de poiles bonnes et honnestes, selon l'estat et le pouvoir de le personne honnorablement, et autour dou corps porra avoir chergenes et lumi= naires tels que deviset seront cy après. Et se portera-on le corps de son hostel jusques à l'église à cant et procession, se il plait as amys ou as exécuteurs dou trespasset. Et autour dou corps dedens l'église ara lu= minaire durant le vigille et le messe. Si est à savoir tant comme au fait des luminaires, tant à l'hostel comme à l'église, soit le corps pré= sent ou non, chascuns en porra et debvra faire selon son pooir et sen francq volenté sans limitation et sans constrainte. Et pour chacun mieux adviser, il est à sçavoir que selon droit divin chacun est tenu de faire oblation, soit en luminaire ou en autre manière, selon le pooir et abon= dance du bien que Dieu luy at presté, et qui autrement le feroit pe= tittement ne se acquitteroit envers Dieu et ses proismes trespassez pour lesquels on dit prieres et office.

Item si le corps dou trespasset estoit mis en terre, on fera dedens l'église et à le messe représentation par un luiziel paré et aorné comme dessus est devisé ou par aucune autre manière plus, ou autant hono=

râblement, et autour de celle représentation ara tel luminaire comme dessus est dit et ordonnet selon l'estat de la personne, sinon touteffois que le trespasset cuist autrement ordonnet en son testament et en se daraine volenté : et par telle manière le fait on presque par tous les pays, et mesmement à Paris, où ceste cause at esté conseilliée.

Item que nuls ne soit tenus ou contrains de faire al hostel dou tres= passet représentation de corps ne de prendre pour chou luiziel ne draps, puis que le corps sera mis en terre s'il ne luy plaist, mais qui le voura faire si le fache, et à cuy ne plaira, si s'en déporte.

Item que lesdites demiselles de madame Sainte-Wauldru et les autres gens d'église ne seront tenus de livrer poiles, draps ou autres paremens luiseaulx, aussy ni pièce de terre pour enterrer en ou pourpris de leur église s'il ne leur plaist, considéré qu'il y a autres cimetières à chou ordonnées, mais bien pourront accorder les choses dessudites et octroier touteffois que bon leurs samblera et à ceulx qui leur plaira tout pour amour ou pour néant, ou moyenant aucune recompensation raisonable au pourfit de leur église, mais que ce soit sans contract et manière de marchandise avant le main devisée ou pourtraitée.

Item quant au fait des processions et obsèques des trespassez, nulz ne sera tenu de prier lesdites demiselles que elles y viégnent s'il ne ly plaits. Ossy les demiselles ne seront tenues de y aller si ce n'est bien leur grées.

Item que lesdites demiselles et autres personnes d'église pouront pour poiles, draps et luminaires ou pour faire le divin service licitement recevoir salaires compétans et raisonables sans contract de marchandise devisée et pourtraitée comme dessus.

Item que toutes ordonnances et usaiges honestes, licites et accous= tumés à faire ou services des églises de leditte ville de Mons, soit pour vivans ou pour aucuns trespassez, soient tenus et observez en leur vigueur come ilz estoient auparavant, et pourtant les obsèques des trespassez en leditte ville de Mons se feront premièrement à leurs églises parochiaulx, supposé que li corps doive alieur gésir ou en autre église avoir sépulture.

Item est nostre intention que les curez et autres gens d'église traitent tellement et amiablement le peuple commun et leurs parochiens et par espécial en l'administration des divins sacremens, sans notte de convoitise et avarice, qui est chose très détestable en chef d'église, ou autrement nous, à cause de nostre seigneurie y proverons de re= mède à nos subjetz. Ossy faisons exprès commandement que bien et loyalement fachent debvoir et bon acquit envers l'église et ministres en délivrant à yaulx diligement et à plain leurs redevances et droitures tant et sy avant qu'il y seront tenus de droit et de raison.

Item et finablement nous commandons que nostre présente ordonnance soit bien obéye, gardée et entretenue de point en point, tant de une partie comme d'aultre, sur encourrir nostre indignation. Et se ès choses devant dites avoit aucune obscurité, doubte ou question dont besoin fust d'avoir sur chou déclaration, nous, à cause de nostre seigneurie avons fait retenance pour icelles exposer et esclarchir à l'entent de nous et de no conseil, et l'outraige mauvais et plain de scandale de avoir par aucun prebtre refusé à administrer le saint sacrement sinon par manière de sçavoir, comment on auroit pour chou faire et paravant ce fait, aussy des assemblées, des estatus et des menaces et de ce que le corps de leditte ville a fait tant sur le playdoiet par leur advocat, come sur les escritures baillées au conseil et les minutieuses parolles, dites, escrites et advouées à lencontre de léglise et le honneur des demiselles ou dou clergé, si come de avoir dit que chou que elles et yaulx faisoient ce estoit idolatrie et mahomerie et autres plusieurs parolles lesquelles selon le conseil sont très mauvaises, réprouvées et non rechevables, et finablement les désobéissances à la volonté dou conseil ordonné pour le salut des trespassez, nous comme sires et princes les réservons en nous quand à présent pour en ordonner selon le cas en tamps et en lieu. Et quant as coustez et frais pour celi cause par le conseil de nos gens et commis, leditte ville en payera les deux partz et l'église le tiers, et les frais que chascune partie a soustenu tant pour leur conseil que pour leurs escritures, chascun les payera sans rien ravoir ne demander à se partie adverse.

Li sentence deseur escrite fut par nous prononcé et sententiet par lo conseil en la présence de noz amez et féauls conseilliers, si comme :

>   Grard d'Enghien, chastelain de Mons, seigneur de Havrez;
>   Oste, seigneur de Trazegnies et de Silly;
>   Bauduin, seigneur de Fontaines et Sebourg;
>   Le seigneur de Brederode;
>   Oste, seigneur de Lalaing, adoncq bailly de Haynaut, — bannerez;
>   Ansel de Trazegnies, seigneur de Hergnies;
>   Rase de Montigny, seigneur de Kenelon;
>   Fierabras de Vertaing, seigneur de Veillereille, — chevaliers;
>   Monsieur Mathieu Tienet, docteur en décret, adonc abbé de
>   monseigneur de Saint-Landelain de Crespin;
>   Monsieur Jean de Layens, maître en théologie, prevost de l'église
>   monseigneur Saint-Acquaire de Haspre;
>   Sire Bauduin de Froymont, nostre secrétaire, canoine de Cambray et de Soignies;

Colart Faignet, no recepveur des mortemains;
Monsieur Jeaques Baret et Guillaume de le Sore.

Nostre ditte sentence ditte et prononcée sur le forme et par le manière devant dite, chascune des dessusdites parties le tiènent à bonne et loyale et le promisent bien et loyalement à tenir, faire et accomplir, et à leur requeste feismes délivrer à chacune des dites parties le copie de le forme et teneur de nodite sentence, lesquelles en requirent d'avoir lettres. En tesmoing des coses deseur dites estre vrayes et que tenues fermes et stables puissent estre, nous avons ces présentes lettres fait seeler de nostre propre seel, desquelles sont toutes trois de mesme teneur, dont lesdites demiselles de Mons, au nom du vénérable capitre madame Sainte-Wauldru et pour les autres églises d'icelle ville, en arront une; li esquevins, jurez et consauls, au nom et pour leditte ville de Mons, l'autre; et li tierce sera mise en nostre thrésorerie de Haynaut.

Che fut fait, si que dit est, en leditte ville de Mons, en nostre hostel que on dit à Naste, le vendredy prochain devant le jour de le Pentecoste l'an de grace mil cccc et ung.

Esclercissement de l'ordonance susdite.

Guilliame de Bavière, comte d'Oostrevant, gouverneur dou pays de Haynaut, hoirs et héritiers d'iceluy pays et des pays de Hollande, Zélande et de la seigneurie de Frise, salut en Nostre Seigneur et cognois= sance de vérité. Comme question at esté entre nobles personnes les de= miselles dou vénérable capitre de madame Sainte-Wauldru de Mons, li doyen et capitre de Saint-Germain, les curez parochiaulx et autres personnes de l'église universelle de nostre ditte ville de Mons, comme membres de leditte église madame Saint-Wauldru, d'une part; les esquevins, jurez, conseil et autres plusieurs à cause et au nom de le= ditte ville de Mons, d'autre part, pour causes des obsèques, funérailles pour les représentations, luminaires, avoir dedens le corps et cime= tières des églises, des enteremens, tant en poiles, draps, luysiaux, comme en autre manière. Sur laquelle question lesdites parties furent oyes en leurs raisons pardevant plusieurs de nostre conseil ad ce commis, et y raportèrent par escrit, et sur les escritures nous feismes conseillier tant que par l'accord et plaisir des parties nous en détermi=

names et sententiames en la manière que toutes ces coses avec plusieurs autres à ce servans peuvent apparoir par nos lettres seelées de nostre conseil. Et pour tant qu'en nostredite sentence est expresse debvise que si en icelle avoit aucune obscurité, doubte ou question dont besoin fut d'avoir déclaration, nous, à cause de nostre seigneurie meismes en nostre retenance pour icelles exposer et esclercissement faire à intention de nous et de nostre conseil. Et soit advenut que les esquevins, jurez et consauls, ou nom de nostreditte ville de Mons, ayt par supplication remonstré à nous et à nostre conseil que les gens d'église de leditte ville avoient attenté et attentoient contre nostreditte sentence en trois parties, si comme au troisiesme et quatriesme et sixiesme articles en icelle contenus en esclercissement, le défaut et attentat des gens d'église et suppliant que en ce voulussemes pourvoir et ordonner et le intention de nous et de nostre conseil esclercir, ainsy que ces coses apparurent à nous, à nostredit conseil plus plainement pour le supplication faite de la part de ciaulx de Mons. A sçavoir est à tous que pour le raison de ce que entre les gens des églises et des esquevins, jurez, conseil et autres de leditte ville de Mons somes tenus et vourions tousjour labourer et payne mettre par touttes voyes licites que bonnement pourions affin qu'ilz demourassent en amour, pais et tranquillité, en wardant chacune partie son droit amiablement sans question ne voye de procès oyé, entendus et examinez le supplications desdites de Mons, et aussy li intention et responces que les gens d'église de leditte ville viènent dire à l'encontre en soustenant leur propos et intention. Par délibération de grand et meur conseil, sur ce eut tant de clercq comme de nobles, et à le supplication des dessusdites parties, en avons fait et faisons esclercissement sur le forme et par le manière cy-après de mot à mot escrit et devisé.

Premiers quant au troisiesme et quatriesme articles de laditte sentence où il est dit que les luiseaulx seront parés et aornés de draps ou de poiles bonnes et honestes, selon l'estat et le pouvoir de le personne honorablement, lequel cose ceulx de le ville entent que le drap ou poile doibt estre honeste au plaisir et dévotion de le personne sans y mettre pris ne limitation aucune, qu'il soit. ne doive estre, entendre à mettre drap d'or ou poiles de grands frais, mais par le manière faire et user qu'en li dessusdits articles déclaré ; ou fait des luminaires disant que chacun en poura et debvra faire selon son pooir et sen francq vouloir sans limitation et sans constraite. Et li intention de nous et de nostre conseil que lidit articles doit ainsy demorer comme il est mis et ordonné par nostre première sentence, pour le raison de ce qu'en ès paroches de leditte ville sont demorant gens de inférieurs estatz, si comme nobles gens d'église, officiers de prince, bourgois, marchans et autres communes gens, par quoy il appertient que chacune personne ayt drap selon son estat et que il ne doient point estre yembeli et ne mie cose pareille, ne cui semblable arguer pooir et voloir faire des draps et poiles comme des luminaires, car les draps et poiles sont pour honorer les corps des trespassez et en doit on faire pour iceulx représentation al église et les luminaires sont oblations.

Item là où ledit quatriesme article contient que as vigiles et à le messes des trespassez on fera représentation par un luiziel paré et aorné comme dessus est devisé ou par aucune autre manière plus ou autant honorable dont li aucuns veulent entendre par celle daraine clause qui dit ou par aucune autre manière, etc., que souffire devroit à mettre le poile ou drap estendue sur estraint simplement ou sur hétaulx s'il leurs plaist. C'est la déclaration de nous et nostre conseil que c'est entendre ces paroles de estendre à terre sur estrain, ne estaulx, n'est point tant ne si honorable qu'en li sentence autrefois dite de nous et de nostre conseil le contient.

Item pour le fait du sixiesme article faisant mention des draps et poiles que on dit mettre as obsèques sans contract et manière de marchandise avant le main et le service fait li personne qui eut l'ara en debvra faire satisfaction à sen plaisir et à se conscience. Et si poiles ou drap lidites personnes avoir ne peut asdits collèges si entent leditte ville que dou sen il en peut en mettre honeste et de la valeur que se conscience luy adoura pour demeurer au pourfit de leditte église. Est li délibération de nous et de nostre conseil que pour ce qu'en leditte ville a personnes de plusieurs estatz, comme dit est par dessus, et aussy a ès églises draps de plusieures matières, cil et celles qui désormais vouront draps ou poiles venront as commis qui les aront en garde, réquérant que les draps puissent veqir pour sçavoir lesquels ilz voront avoir, et quant veu et élen les aront lidit requérant diront quelle compensation faire vorront pour l'usance dudit drap, et si les personnes des églises ne veulent sur ce les draps livrer, li bonnes gens de le ville pourront dou leur mettre et livrer drap net et honeste selon l'estat et le pooir dou trespasset sans maise ocquison pour iceluy drap demorer à l'église. Et dismes par l'accort de nostredit conseil que les personnes desdites églises ou leurs commis soient de ce jour en avant doux et gratieux, en recevant toutte raison les personnes qui pour les coustes deseurditz se trairont vers yaulx, et en telle manière aussy que li bonnes gens de le ville soient courtois et admiaule en wardant les droitures des églises. Et que lesdites parties se veulent warder de mettre trouble sur le sentence de nous faite par nostre conseil, car correction en seroit prise sur celuy ou ciaulx par qui li trouble ou empeschement y seroit mis si trouvé estoit que ce fust à tort. Les coses deseur escrites volons estre tenues et accomplies plainement et entièrement par les dessusdites parties sans enfraindre ny aler alencontre par manière aucune, par le tesmoing de ces lettres, lesquelles nous avons fait annexer devant les lettres originelles faites pour ledite question. Et est nostre intention et plaisir que lesdites lettres et nostre sentence en foille escrite au deseur de cest présent esclercissement demeurent à tousjours fermes et estaules et sans admenrir cest présent esclercisse= ment. Et ossy qu'en tout temps demeure à nous et à noz hoirs authorité et plain pooir que se trouble ou empeschement estoit entre lesdites parties pour ledite question et sentence, que par le délibération de nous et de nostre conseil en puist et doive estre ordonné, affin que lesdites parties puissent perpétuelement demeurer en amour et pais, comme nous le désirons à faire sans maise ocquison.

Ce fut fait et esclaircit, si que dit est, en l'an de grace м. cccc. et ung, le dix neuviesme jour dou mois d'aoust.

N.º LXXIII. — Tome troisième, page 535.

Défi de Jean de Werchin à tous chevaliers, écuyers, gentilshommes de nom et d'armes, etc.

A tous chevaliers et escuyers, gentilhomes de nom et d'armes sans reproche. Je Jehans de Werchin, chevalier, seneschal de Haynault, fais assçavoir à tous que à l'ayde de Dieu et nostre Dame, de monsieur Saint-George et de ma dame, seray le premier dimenche d'aoust prochain venant à Couchi, si je n'ay loyal essoinne prest pour lendemain faire les armes que cy après sont escriptes par devant mon très redoubté seigneur monseigneur le duc d'Orléans, lequel m'a accordé la place, s'il est adoncq gentilhome que dessus est dit, en laditte ville, qui accomplir les me voeille. Et premièrement serons et le gentilhome qui accomplir me vouldra mon emprinse, montez à cheval en selle de guerre sans nulle liene. Et serons armez par noz corps comme il nous plaira, et aurons targes sans couverture ne fourure de fer ni d'achier, et aurons chascun une lance de guerre où ne pourra avoir agrappe, ne rondelle et une épée. Si assemblerons desdictes lances une fois et assix d'icelles lances, ou non assix, chascun ostera sa targe à par luy et prendra son espée sans ayde, si en ferons XX coups d'espée sans reprinse et pourrons à s'entrer à noz corps s'il nous plaist. Et je pour l'honneur de compaignie et le plaisir que le gentilhome m'aura fait d'accomplir mes armes et madicte entreprinse, le délivreray présentement à pied si je n'ay assoine de mon corps sans ce que nous prenons ne ostons luy ne moy pièce de harnois, mais aurons celuy que nous aurons porté pour les espée à cheval, sinon que chascun pourra prendre autre visière et alonger ses plactes s'il luy plaist, de tel nombre de coups d'épée et puis de dague qu'il m'aura volu deviser quant il m'aura ferme de accomplir ma dessusdicte emprinse, pour tant que ledit nombre de coups se puist fournir en la journée à telle reprinse que je luy deviseray, et pareillement de tant de coups de hache que deviser me vouldra, mais pour les haches se poura armer chacun comme il luy plaira. Et s'il advenoit ainsi qu'il ne puisse jà advenir que en faisant lesdictes armes l'un de nous deux fust bléché tant que pour la journée ne peuvent estre parfaictes les armes qui adonc seront emprises par nous deux, l'autre ne seroit en rien tenu de l'attendre pour parfaire, ainçois seroit d'icelles quitte, et quant auray accomply ce que dessus est dict ou que le jour sera passé, je, avec l'ayde de Dieu, de Nostre Dame, de monsieur Saint-George et de ma dame, me partiray de la dessusdicte ville, si je ne ay assoine de mon corps pour aller à monseigneur Saint-Jeaque en Galice. Et tous les gentilhomes de condition dessusdicte que je trouveray moy allant audit voyage et retournant jusques en la dessusdicte ville de Couchy que me vouldrons faire tant d'honneur et grace de me délivrer pareilles armes dessus dévisées à cheval, et me bailler juge raisonable m'esloingner de mon droict chemin plus de XX lieues ne moy reculer du chemin et me affermer que le plaisir dudict juge soit tel que lesdites armes soient commencées dedans cincq jours que seray venu en la ville où les armes se debront faire. Je à l'ayde de Dieu et de ma dame si je n'ay loyal essoine de mon corps quant il m'auront accomply mon emprinse, les délivreray prestement à pied par la manière cy dessus devisée de tel nombre de coups d'espée, de dague et de hache qu'il m'auront volu deviser quant il me commettront de accomplir ma dessusdictes armes et me eust donné juge comme cy devant est devisé et en allant devers li juge en trouvasse un autre qui me voulist délivrer pareillement et donner juge plus près de moy que le premier, je aroye tousditz à aller premièrement délivrer iceluy que plus près juge me donneroit, et quant je seroye quitte de luy, je retourneroy à l'autre pour luy fournir et ce que accorde aurions ensemble, si je n'avoy soigne de mon corps.

Et ainsi pareillement faire toute le voiage durant et serray quitte pour faire devant chascun juge une fois lesdictes armes. Et ne pourra un gentilhome faire qu'une fois avec moy armes le chemin durant, et aurons bastons pareils de longueur pour faire tous les armes qui se feront, laquelle longueur bailleray quant en seray requis et seront tous les coups desdictes armes qui se feront ferus depuis le bort des places dessoubz en amont. Et affin que tous gentilhomes qui auront volenté de moy délivrer puissent savoir mon chemin, j'ay intention au plaisir de Dieu de passer par le royaume de France et de là à Bordeaux, et puis au pays du comté de Foix, au royaume de Navarre ou royaume de Castille et puis à monseigneur Saint-Jeaques. Et au retour, s'il plaist à Dieu, repasseray par le royaulme de Portugal et de là ou royaulme de Valence, ou royaulme d'Arragon, en Casteloigne, en Avignon, et puis repasser par le dessusdict royaulme de France, entendu si je puis par le dessus nommez pays seurement passer sans avoir empeschement et pour toute ceste entreprise, excepté deux du royaulme de France et ceulx de la comté de Haynault.

Et affin que ceste emprinse soit tenue véritable, j'ay mis le seel de mes armes à ceste présente lettre pour accomplir ce que dessus est escrit et signé de ma main, qui fut fait l'an de l'incarnation Nostre Seigneur m. cccc. et deux, le premier jour du mois de juing.

N.° LXXIV. — Tome troisième, page 336.

Priviléges accordés par le pape Jean XXII à l'hôpital de Saint-Jacques, à Mons.

Jheans évesques, li siere des sieres de Dieu, al mémoire de le cose perpétuelle. Adonc nous par faisons dignement le offisce et le siervitude apostolique qui nous est de Dieu enjointe que nous en partons par effect les faveurs apostoliques as églises et as chacun pieus lieus affin qu'il s'esjoissent en spirituel et en temporel ès coses qui avienent désirées et que il accroisse en icelles églises et lieux, ferveur et dévotion et le salut des ames amplyet. Pour chou est il que nous inclinîmes as supplications de nos chiers fiuls noble homme, Guillame, duc de Bavière, comte de Haynaut, de Hollande et de Zélande et de tous les eskevins et habitans de le ville de Mons estant desous li seignorie temporelle d'icelly duc dou diocèse de Cambray, concédons et avoecq ce, octrions de auctorité apostolique et par le teneur des présentes lettres et ossi en perpétuel tamps avenir que messes à basse vois soient célébrées pour le tamps frankement et licitement par quelconques priestres idoines quels et quanteffois qu'il semblera expédient asdis eschevins qui seront par le tamps. C'est à sçavoir ens les hospitals des povres de Houdaing, de le Taye et de Saint-Jeaques en le rue de Nimy et ossi en ès chapielles de leditte ville de Mons, c'est à sçavoir de Nostre-Dame, à Saint-George sur le Markiet, et à Nostre-Dame en le rue de Havrecq en esquels et quelles messes ont estet jusques ad présent de le licence dou diocésain comme on dist par aucuns priestres à chou desputez par lesditz eskevins sans ce qu'il aiyt eus jusques ad présent nuls recteurs perpétuels ad che députez concédons ossi et octrions en perpétuel comme dessus que en leditte cappielle de Saint-George et oudit hospital de Saint-Jeake en leurs festivitez soient chélébrées messes et autres offices divins quelconques solemnèlement à nottes à haulte vois, et soit oussi en icelle capielle de Saint-Jeake faite yaulve benoitte et esparse chacun jour de dimence. Soit ossi célébrés uns anniversaires à nottes et à haulte voix chacun an ens oudit hospital de Saint-Jeake à tel jour que boin samblera asdis eskevins pour tous les ames de chacune d'elles des chrestiens fidels et tous chiaulx qui pour le conservation et augmentation doudit hospital de Saint-Jeake donront leurs aumosnes et y feront aydde et pour le refocillation et sustentation de tous les povres et misérables personnes qui là seront pour le tamps, nonobstant quelconques constitutions apostoliques et autres au contraire, sauve tousjours le droit de l'église parochialle et tous autres. Et ne l'oise che aucunement à personne quelconque enfraindre ces lettres de nostre concession ne y aller par outraige à l'encontre, et s'il est aucuns qui présume ce faire, il sache qu'il encourra le indignation de Dieu omnipotent et des benois apostres saint Pierre et saint Paul.

Donné à Rononc le 4 yde de may, de nostre pontificat le 4 an.

N.º LXXV. — Tome quatrième, page 5.

Serment du comte Guillaume IV à son avènement au comté de Hainaut.

C'est li ordenance que très haus et poissans prince messire li dux Guillame de Baviere contes de Haynau Hollande et Zelande a sen noble avenement est tenus de faire comme abbés seculers et grans advoes de leglise medame Saincte Waldrud.

Premiers sensuit le juremens que li dis messire li contes doit faire al eglise :

« Très chiers sires Nous li capite medame Saincte Waldrud vous rechevons a abbes a nos plus grand advoet et a signeur dou pays.

« Et si vous mettons en possession des patronnages qui à la croche appertiennent et ossi des revenues et signouries dou castiel de Mons des parries dicelle ville et dou chou qui en deskent qui a vous comme abbes et signeur et a le croche appertiennent.

« Sires chi jures sour le corps medame Saincte Waldrud comme abbes grans advoes de leglise et sires dou pays que le dicte eglise les per= sonnes et cascune par li warderez contre tous de forche et tenrez et feres tenir les cartres les privileges et les coustumes aprouvées de leglise sans enfraindre et delivres de toutes visitations procurations et gistes d'apostoles de cardinauls archevesques et evesques et de archi diaquens. »

Et adont revient li pourchessions ens al moustiers cantant le respons honor etc. et dont doit li contes y estre en orison jusques adont que le repous soit finies et que li prestre qui le pourcession maine ait dit une orison et adont vas li contes a lautel u li prestre est mis et doit le fietre baisier et lautel et offrir un drap dor.

Apries sensuit le relief en coy li dis messire li contes est tenus de faire à leglise :

Premiers tient li dis messires li contes en fief de le dicte eglise le mairie de Hal que est a redevanee de LX s. viels louvignois.

Item le tierce partie des bos de Hal a otel redevanche.

Item le mairie de Maffles eskeuwe à monsieur le ducq par trespas de monsieur De Blois cuy Dieu absoilve a otel redevanche que dit est.

Item le mairie de Mons, de Quaregnon et le mairie de Ville sour Haine sont ɪɪɪ mairies à le redevanche cascune mairie de XL s. blans cour= saults.

Item a li dis messire li contes acquestet à Jehan Turcq Lombart le tierce partie que il avoit ès dis bos de Hal yceli tenue en fief de le dicte eglise si est que rassenes doit y estre fais a ledicte eglise dun otel homage.

Item doit li dis messire li contes à cascune prouvende de leglise un lot de vin tel que li boit à se taul.

Et ossi fait-il tantes fois qui va a proucession en le dicte eglise.

N.º LXXVI. — Tome quatrième, page 10.

Relique du saint Sang du Bois-Seigneur-Isaac.

Pierre, par la misération divine, prebtre cardinal de la sainte église de Rome au tiltre de Saint-Chrysogone, vulgairement appellé cardinal de Cambray, légat du siège apostolique, ès provinces de Mayence, Couloigne, Trèves et Prague, et aussi ès cités de Cambray, de Reins et diocèses d'icelles et autres lieux de la basse Allemaigne, pour mémoire perpétuelle de la chose, l'affection de la dévotion sincère, laquelle nostre bien aymé en Jésus-Christ noble home Jean du Bois seigneur Isaac diocèse de Cambray, porte vers nostre sire le pape, vers nous et vers l'église romaine milite que nous inclinons favorable= ment, autant que pouvons avec Dieu et à ses justes petitions comme à celles que voyons procéder de ferveur et dévotion et autres choses que cognoissons estre divinement procédées de la grace du Saint-Esprit, nous y adjoutons volontiers l'asseurance de nostre confirmation, affin qu'à la louage de Dieu, lesdictes choses soient inviolablement conservées en leurs entiers et plus dévotement honorées des fidels chrestiens. Car nous ayant esté piécha exposé de la part dudit seigneur Jean que cy devant en quelque chapelle de la benoite vierge Marie dudit lieu (laquelle il asseuroit avoir esté fondée par ses devanciers et de laquelle il estoit patron). Sur l'autel d'icelle vierge at esté trouvé quelque corporal bénit, miraculeusement teint et arrousé de sang procédant de certaine partie d'hostie, et que ledit corporal estoit fort révérement reposant et gardé en icelle, vulgairement appellé en ces lieux *le sang de miracle*. Et aussi que pour la révérence et honeur de tel miracle et pour honorer ceste hostie, ce sang et ce corporal, attendu les miracles qui en estoient procédez et continuellement si faisoient par la vertu du Saint-Esprit une très grande multitude de fidels chrestiens y venoit de tous parts avec dévotion. Et davantaige nous ayant esté faicte humble requeste de la part du susdit seigneur Jean, affin d'exciter la dévotion d'iceux chrestiens et augmenter icellec le service divin, et que ladite chapelle soit plus dévotement honorée, et aussi pour avoir une perpétuelle mémoire que nous dougnassions approuver ledit corporal avec l'hostie et le sang pour vrayes et sacrées reliques. Nous doncq prenant esgard que les choses susdictes soient vrayes, et inclinans à telles supplications par l'authorité apostolique et à nous en cest endroit concédée, confir= mons, approuvons et ratifions ledit corporal avec l'hostie et sang et toute autre chose contenue en iceulx et dépendants d'iceulx, comme choses sacrées, sainctes et vrayes.

Et cela confirmons nous par le tesmonaige de ce présent escrit. Si voulons, et par les présentes ordonnons que comme vrayes et sacrées reliques, elles soient gardées, tenues et vénérées et perpétuellement estimées et de tous réputées pour telles.

Donné à Honnecourt soub nostre seel le 18 jour d'octobre an 4 du pontificat de nostre très Saint Père et seigneur en Christ, par la pro= vidence divine pape ving troisiesme de ce nom.

N.º LXXVII. — Tome quatrième, page 17.

Ordonnance du comte Guillaume constituant le conseil échevinal, portant le nombre de conseillers de sept à dix.

Guillame, par la grace de Dieu comté palatin du Rhin, duc de Bavière, comte de Haynau, Hollande, Zélande et sires de Frise, faisons sçavoir à tous que comme nous sommes tenus et de bon vouloir dé= sirons conserver les loix et coustumes estorrées et ordonnées pour le pourfit du commun peuple et aussi qu'en icelles loix ou aucunes d'elles y besoignoit aucun bien à adjouster ou augmenter nous y debvons estre enclin affin que le commun peuple en puist mieux valoir et que le droit puist y estre tousjours plus instament entretenu et gardé. Et pourtant qu'à nostre cognoissance est venu que plusieurs de nostre grand conseil, clercqs et autres qu'il seroit grand besoin et nécessité tant pour l'adresse et délivrance du bien commun et publique comme pour mieux entretenir et garder les termes de la loy de l'eschevinaige qui est un grand chef lieu qui moult de questions at à juger euist plus grand nombre de personnes qu'il ni a eus jusques ors. Car parce que on n'en y a eu pour usaige de mettre que sept, plusieurs défaultz de bons jugemens y peuvent estre escheuz et advenus tant par ce que les aucuns de ceulx qui ont esté en ladite loy ne le contendoient mie à apprendre, ou qu'ilz estoient de petite cognoissance et de rude entendement, comme parce que plusieurs en y avoit qui s'appliquoient et enseignoient plus à entendre à leurs besoigne et marchandises qu'à bien garder les termes de laditte loy et leurs serments et par ainsi périssoit et pouvoit souvent périr le droit de celuy qui avoir le debvoit. Pour quoy nous sur tout ce eu advis et certaine délibération pour pourveoir audits défaultz et amplier et fortifier ladite loy, avons de grace spéciale et de nostre authorité souveraine accordé, institué, ordonné, accordons, instituons et ordonnons, que dores en avant à tousjours perpétuèlement soient mis, créez, establis et sermentez en l'eschevinaige de nostre dite ville de Mons, dix personnes notables, habilz et tels que noz bailliz de Haynau et aucuns de nostre conseil verront qu'il appertiendra pour le plus honorable et proufitable. Auxquelz dix eschevins créez et sermentez en nostredite ville de Mons comme chef-lieu, si que dit est, et à chacun d'eux, nous avons donné plain pouvoir et mandement spécial de ottant faire dire, ordonner, juger et charger en toutes choses et en toute manière comme faire pouvoient et debvoient les sept eschevins ou les aucuns d'eulx qui paravant y avoient esté créez et sermentez. Si mandons et commandons à nostre bailly de Haynau, quiconque le soit ou sera, que de jour en avant, touteffois et quantfois qu'il appertiendra à faire, commet, crée et sermenté en eschevinaige de nostreditte ville de Mons, dix personnes honorables et habils pour estre en laditte loy et non moins, et que ce nombre soit adestenu plain s'il advenoit qu'aucuns alassent de vie à trespas, et leurs face faire les sermens accoustumez aussi bien et aussi avant l'un comme l'autre ; mandons aussi et commandons à tous noz subjetz et requérons à tous à autres que ausditz eschevins ainsi créez que dit est obéissent et entendent diligement, car tout ce que par eulx et les aucuns d'eulx sera par loy dit et ordonné, jugé chargé, nous pour nous et pour noz hoirs et successeurs contes de Haynau le promettons et avons en convent à faire tenir et avoir pour ferme et stable sans enfraindre ne aller a lencontre en manière quelconque.

Par le tesmoin de ces lettres seelées de nostre seel, données en nostre ville de Quesnoy l'an de grace mil quatre cent et six, le second jour d'octobre.

Du commandement monseigneur le duc :

Présens de son conseil, monseigneur de Saint-Ghislain, monseigneur de Crespin, monseigneur de Lignes, monseigneur de Trasignies, monseigneur de le Hamayde, monseigneur du Kaisnoit, monseigneur de Boussut, bannerez; le seigneur d'Audregnies, bailly de Haynau; messire Robert de Vendegies; le seigneur de Haynin, prevost du Kaisnoit; Collart Haignet, receveur de mortemains, et Robert Crohin, receveur de Haynau.

S. Wiars, S. *des coffres.*

N.° LXXVIII. — Tome quatrième, page 30.

Sentence ordonnée par le duc de Bourgoigne et comte de Haynau, contre les Liégeois pour leur réconciliation.

Premièrement, ilz mettent en leurs franchises, coustumes et priviliéges qu'avoient et ont les habitans de la cité de Liège, de la comté de Los, du pays de Hesbain, de Sainctron, la terre de Bouillon et des appertenances ayant privilèges, loix, franchises et coustumes. Et ordonnent que de présent les bourgeois de la cité de Liège et les autres dessus nommez apportent en la ville de Mons en Haynaut le lendemain de Saint-Martin prochain venant aux monastères des Escolliers de laditte ville toutes leurs lettres des privilèges, des loix, libertez et franchises qu'ilz ont, et icelles bailleront ès mains d'aucunes personnes qui ausdits lieu et jour seront commis par lesdits seigneurs à icelles recevoir. Et ceulx qui apporteront lesdites lettres seront tenus de jurer sur leurs ames et sur les ames d'iceulx qui les envoyeront, qu'ilz n'ont point laissez aucunes lettres de leursdits privilèges, loix, libertez, franchises frauduleusement.

Item voeillent et ordonnent lesditz seigneurs qui si aucunes desdites lettres de privilèges, loix, franchises et libertez estoient audit jour délaissées à apporter devant lesdilz commis par lesditz seigneurs des adoncques et eussent ceulx desdites citez, terres, villes et pays de Liège et des appertenances délaissé à envoyer en seront privez perdurablement.

Item ordonnent, establissent lesditz seigneurs que ès mains de leurs ditz commis au jour et lieu desusditz toutes les alliances et convenances pour eux touchant icelles villes, citez et pays seront appoinctées et baillées ausditz commis sur paine et serment semblable comme dessus est dict, en deux articles touchant iceulx privilèges et alliances.

Item voeillent qu'après la visitation desdites lettres de privilèges et de là ensuivant, celles dont sera apoincté et ordonné ne puissent donner novel privilège à iceulx, les évesques de Liège, son chapitre aux habitans desdites citez, villes et pays, ne à aucune d'icelles, que ce ne soit par le consentement d'iceulx ducs nommez ou de leur successeurs.

Item ordonnent que doresnavant en la cité, villes et pays dessusdits ne seront fais aucuns officiaulx, nommez maistres, jurez, gouverneurs et docteurs es arts et mestiers ou autres offices quelconques créés et constituées par la communauté; mais doresnavant seront tels offices annulez et les exercices d'iceulx.

Item ordonnent et establissent qu'en laditte cité et autres villes des pays dessusdits, baillifz, prevosts, mayeurs et autres noms d'offices, seront créez, instituez par leurs successeurs, l'évesque et comte de Los et des appertenances. Et aussi eschevins seront renovellez chacun an en chacune ville où il y a de coustume à avoir eschevinaige jusques à certain nombre, selon l'exigence et grandeur des villes. Ouquel eschevinaige estant en la ville notable et fermée ne seront pas mis ensemble le père et le fils, deux frères, deux serourgues, deux cousins germains, l'oncle et le nepveu, ne celuy qui at épousé la mère de l'un d'iceulx, affin d'eschever les faveurs des ordonnances qui y pourront estre. Et seront tenus les officiers et chacun d'iceulx à leur création et constitution solemnelement à maintenir et accomplir chacun selon luy tous les articles et points contenus es ordonnances faictes par iceulx devant déclarez.

Item voeillent et ordonnent que ledit évesque et seigneur de Liège chacun an en la fin de chascun eschevinaige, pourra créer et establir tels eschevins qui luy plaira pour ceulx qui auront estez eschevins en l'an précédent ou autres selon son bon plaisir, pourveu qu'ils ne soient de lignaige ou affinité, comme dit est devant. Par lesquels eschevins seront jugées les causes et déterminées aperténantes audit eschevinaige, et les lieus commis, appertenans aux villes où ils seront instituez. Et que les eschevins de laditte cité seront tenus de rendre compte en la fin de chascun an de leurs administration devant leurs seigneurs et évesque de Liège ou ses commis et députez, et devant un commis et député par le chapitre et un de par les autres églises. Et les autres villes seront tenues de rendre compte devant leur seigneur de Liège tant seulement ou devant ses commis et députez à ce.

Item ordonnent et establissent que toutes les confrairies des maistres en la cité et ville desusdicte estant, doresnavant cesseront, icelles ramenant au néant. Et si ordonnent que les bannières d'icelles confrairies et maistres, c'est à sçavoir de celles de la cité ou palais du seigneur de Liège seront baillez à ses commis à tel jour qu'ilz leur feront sçavoir. Et les bannières des maistres des autres villes seront apportées par les habitans d'icelles à certain jour et lieu que ordonneront les commis, pour à ce ordonner desditz bannières par iceulx comme il leur semblera bon et expédient.

Item ordonnent que ladicte cité et aucunes autres villes de ce mesme pays de Liège et des appertenances, aucun ne sera reputé bourgeois s'il n'at demouré sans fraude en ladicte cité et villes desquelles il vouldra avoir bourgeoisie. Et si aucun a bourgeoisie pour le présent en ladicte ville et cité ou ès autres dictes villes, ilz annulent icelle. Et touteffois posé qu'ilz fussent bourgeois des villes où ilz seront demourans, ilz ne se pouldront pas ayder par ladicte bourgeoisie de cas mouvans pour raison d'héritaiges, d'eux ou d'autres personnes, tant ès actions personnelles que des héritaiges que la cognoissance n'apertienne aux seigneurs sous lesquels icelles personnes seront demourans et lesditz héritaiges situez.

Item ordonnent que maintenant et en ce temps advenir, lesdites citez et villes de Huy et Dinant et autres villes du pays de Liège, de la comté de Los, du pays de Hesbain et autres appertenances, la seigneurie de Liège, ne soient ou facent assemblées, conseils ensemble, n'aucune ville avec l'autre ne facent aucunes congrégations et assemblées et aussi les habitans de laditte cité, les aucuns avec les autres, et pareillement de chacune des autres villes, qui ne soit de l'authorité et consentement de leurdict esleu ou évesque de Liège ou du chapitre de Liège quant le siège sera vacant.

Item ordonnent et establissent que ledict évesque ou autre du pays de Liège, de la comté de Los, du pays de Hesbain, ayant administration dudit évesché, ceulx du chapitre Saint-Lambert de Liège, ceulx de ladite cité ou aultres d'iceulx pays, dès maintenant et à tousjours, mais ensuivant, ne seront ne se porteront en armes contre le roy ou roys de France, contre iceulx ou l'un d'iceulx, contre leurs successeurs ou aucuns d'iceulx, contre les ducs ou contre les duchez ou comtez dessus nommez, ne aussi contre le comte de Namur qui pour lors est, ne contre ses successeurs comtes de Namur, ne contre leurs pays, fors pour l'empereur en leurs compaignes, et qu'iceluy mesme empereur y fut en propre personne, si n'estoit que le roý de France ou iceulx dessus nommez ou l'un d'iceulx envahissent comme enemis le pays de Liège dessusditz.

Item ordonnent et establissent pardurablement pour mémoire de ladicte victoire pardurable en signe de conqueste desditz pays faicte par iceulx seigneurs, que quant iceulx ducs ou seigneurs ou l'un d'iceulx ou de leurs successeurs vouldront passer le fleuve de Meuse par aucune partie desdits pays de Liège, de la comté de Los, l'allée ou retour sera ouvert, soit par quelconques villes fermées ou autres lieux et passaiges tels qu'ilz leurs plaira ou à l'un d'iceulx, soit qu'ilz viennent à passer à tout gens d'armes ou autres gens ou autrement, pourveu toutefois qu'ilz ne souffriront aux gens desdites villes et pas= saiges par leurs gens faire aucun grief et que vivres leurs soient admi= nistrez pour leurs argent, sans ce qu'on leurs vende plus cher qu'on at accoustumé pour la cause de ce.

Item ordonnent et establissent que ledict évesque de Liège ou autres du pays de Liège, de la comté de Los, du pays de Hesbain, ayans administration de l'évesché, ceulx du chapitre Saint-Lambert, ceulx de laditte cité ou autres dudict pays, dès maintenant et à tousjour mais en suivant, ne seront ne se porteront en armes contre le roy ou roys de France contre iceulx ou l'un d'iceulx.

Item ordonnent et establissent que leurs monoyes et l'un d'iceulx ou de leurs successeurs ducs ou comtes desdits duchez ou comtez desditz pays et seigneuries, auront leurs cours et seront alouez comme en leurs pays ou de leurs successeurs ou de l'un d'eux.

Item ordonnent et establissent où ilz obtinrent victoire, soit fondée une église et édifiée, en laquelle seront 4 chapellains et deux clers, et sera icelle garnie de casubles, calis et autres ornemens à dire et célébrer audit lieu messes et autres services divins qu'il sera advisé pardurablement pour le salut des ames de ceulx qui morurent en ladicte bataille, desquels chapellains la collation appertiendra à eux successivement par ordonance et ainsi qu'il sera advisé, et feront faire à leurs despens l'édification de ladite église, et icelle pourveoir tant seulement pour une fois de casubles, calices et autres ornemens à ce adpertenans. Et l'évesque de Liège ordonne sur les confiscations à luy revenans deux cens escus d'or de rente annuelle pour lesditz chapellains et clercs, c'est à sçavoir pour chacun chapellain XL escus, et pour chascun clerc dix escus, et pour entretenir ladicte église XX escus.

Item feront nosditz seigneurs que le xxiiii jour du mois de septembre, auquel jour fut faicte la bataille, que à tel jour pardurablemeut, une messe de la benoiste vierge Marie sera solemnèlement célébrée ou chantée par le prevost ou doyen de Saint-Lambert de Liège au chœur ou au plus grand autel, pour les ames trespassez en laditte bataille et de tous autres. Et requéreront de ce faire aux aultres églises collé= gialles et monastères de ladicte ville et cité et à tous autres colliéges et abbayes, tant d'hommes comme de femmes dudit pays, de ladite comté de Los et des appertenances.

Item requièrent nosditz seigneurs à l'évesque de Liège et son chapitre dessus nommé, que sur eux et sur toutes autres églises, ilz enjoingent par statuz, commandemens et ordonnances, lesditz services estre célébrées en chascune desditz églises collégialles et monastères comme dessus est dit pour pardurable mémoire ; et que pour icelle mémoire de victoire, toutes personnes d'église des pays dessusditz furent et sont remis en leurs lieux paisiblement.

Item ordonnent et establissent nosditz seigneurs que doresnavant l'évesque de Liège, qui maintenant est et ses successeurs évesques de Liège ou ayant l'administration de l'évesché quant le siège sera vacant, ceulx du chapitre Saint-Lambert de Liège institueront et mettront tel chastellain ou capitaine de telle nation qu'il leur plaira au chasteau de Huy, auquel aussi mettront telle garnison de gens d'armes et pro= vision de vivres comme ilz leurs semblera bon et expédient, et comme seigneur franc doibt et peult faire, et auront franchement entrée et issue vers la ville de Huy, ne ceulx dudit pays ne pouldront ne deb= vront mettre aucun empeschement qu'ilz n'ayent ladicte entrée et issue vers les champs.

Pareillement semblablement ordonnent estre fait du chasteau d'Esco= quehen et de Bouillon quant à la constitution desditz chastellains et garnison.

Item ordonnent noditz seigneurs, que au cas que aucuns quelconques qu'ilz soient serforceroient ou voudroient par voye de faict ou mo= lestation ou travail desraisonable aucunement contre les dons d'église ou autres dons d'offices qui ont accoustumez d'estre donnez à vie par ledit évesque de Liège et ses successeurs, ceulx du capitre, de la cité et des pays de Liège seront tenus à restituer et defendre de tout leurs pouvoir sans fraude aucune.

Item, et pour ce que encor sont vivans de mauvais et pervers conspi=

rateurs et fugitifz hors desditz pays de Liège et des comtez de Los, et se sont retraitz et receus ès pays voisins, ordonneront et commettront certains personnes à ce habilles et idoines par lesquels diligement il sera enqueru pour sçavoir ou telles personnes seront pour sçavoir les noms d'iceulx, et soub quels seigneurs ilz se sont transportés. Et quant ce sera sceu, les seigneurs des lieux desoub lesquels lesditz conspira= teurs seront retraictz, requis seront affin qu'ilz les prennent ou facent prendre pour bailler à la justice de l'évesque de Liège, affin qu'ilz soient punis ainsi qu'il appertiendra par raison, ou au moins qu'iceulx seigneurs chassent hors de leurs pays ou facent chasser et contraignent à issir tels conspirateurs. Et si on ne pouvoit obtenir vers iceulx sei= gneurs que lesditz conspirateurs ilz volussent faire justice, tant voul= droit mieux à ce que tous tels conspirateurs, comme contraires et rebelles à leurs seigneur et esmouveurs et commoveurs de peuple soient bannis hors du pays de Liège, comté de Los et des appertenances. Et en oultre sera crié par tous les pays de Liège, comté de Los et des appertenans que aucuns ne reçoient lesditz conspirateurs ou aucuns d'iceulx; mais si aucun est qui sache qu'ilz soient esditz pays, il sera tenu iceulx prendre et amener à la plus prochaine justice en requérant ayde de par le seigneur s'il est besoing; et au cas qu'il ne pouldroit iceulx prendre, il sera tenu de le dénoncer à la justice du seigneur le plus tost qu'il pouldra sur paine d'estre punis de semblable punition en corps et en bien comme seroient et debvroient estre tels conspirateurs punis. Et au cas qu'en faisans leurs debvoir ou voeillans faire dont mort s'en pouldroit ensuivre, pour ceste cause rien ne leur en sera demandé de tout en tout.

Item ordonnent que les murs du chasteau de Thuin, les portes et les tours seront abatues et destruictes, tant en la ville comme en la montaigne, et les fossez remplis.

Item pareillement sera fait de la ville de Fosse, de la ville et chas= teau de Couvin, tous les murs et portes seront abbatues et destruictes, tant en la ville comme en la montaigne, et les fossez remplis; et ne sera icelle ville plus réparée et aussi tous les murs des autres garni= sons et défences estans sur la rivière de Sambre. Tous les fossez seront remplis et plus ne seront villes ou chasteaux ne autres deffences ou retraictz aux habitans desdites villes ne autres quelconques par quelque manière, ne temps advenir ne seront plus fortressées ni les fossez reffaitz.

Item que les portes de Dinant, les murs et toutes les tours soient destruictes et abbattues, tant oultre le fleuve de Meuse comme dedens laditte ville, et que par les habitans de laditte ville ou paravant quelconques ne pouldront pardurablement estre rédifiez par quelque manière.

Item que ceulx desdites villes de Thuin, de Fosse, Couvin et Dinant ne autres quelconques des autres villes, citez et pays, dès maintenant pardurablement ne pouldront estre rédifficz par eux ni par autre refaire et réédifier les villes fermées ou deffences et garnisons en montant de Namur et Haynaut, entre les deux fleuves de Meuse et Sambre.

Item sera abbatue et destruicte une des portes de la ville de Tongres, c'est à sçavoir celle qui regarde vers la ville de Maistreck avec quarante pieds de murs de chacun costé de ladicte porte, sans ce que jamais ce peult estre rédifié. Et avec ce ceulx de la ville de Tongres seront tenus de remplir à leurs despens leurs fossez par eux faits devant laditte ville en laquelle ilz assiégèrent leursditz seigneurs.

Item pour ce que à moult grands despens, cousts et mises ilz ont subjuguez et mis en leurs obéissance le pays de Liège dessusdit, et avec ce ont eu en leurs pays grandes pertes pour la cause de faire ladicte subjection, comme il est assé notoire, ilz veulent que les habitans de ladicte cité, de villes et pays dessus nommez, il sera imposé, cueilly et levé une ayde de la somme de deux cents vingt milles escus d'or, à lever icelle le plus tost que faire se pouldra, eue premièrement considération sur la faculté et richesse d'un chascun desditz habitans.

Item pour ce que plusieurs ostaiges soient baillez en leurs mains à tenir leurs ordonnances faictes et à faire, ilz ordonnent que si aucuns desdites ostaiges trespassoient devant ce que les choses dessusdicts seroient accomplies et ordonnées, en ce cas ceulx de la ville ou villes de laquelle ou desquelles estoient les dessusdicts ostaiges morts, ilz seront tenus de renvoyer et remettre personnes en tel nombre et telle sousficance que celuy ou ceulx qui sont morts auroient estez.

Item ordonnent que quant les lettres seront ordonnées, l'évesque de Liège, son chapitre et les habitans qui sont soubmis, venront consentir et promettre et octroyer pour eux et pour les autresdicts pays, que au cas que les choses ordonnées pour le temps advenir ou aucunes d'icelles ne seront pas gardées, ains violées et trespassées, que les susditz évesques de Liège, ses successeurs évesques ou esleuz de Liège, chapitre dessus nommé ou ceulx desditz villes, citez et pays, autant de fois encherront, et pour chacune fois que ce feront en la paine de deux cens mille escus d'or du coing et forge du roy de France ou d'autres florins d'or de France à la valeur dessusdicts escus; c'est à sçavoir 50 mille escus à l'empereur ou roy Romain qui sera pour le temps; au roy de France, 50 mille, et chacun desditz ducs ou à leurs successeurs ducs et comtes dessus nommez 50 mille, à prendre et lever lesdites sommes sur lesdits Liègeois par appréhension de leurs biens et de leurs corps en quelques lieux qu'ilz pouldroient estre trouvez. Et avec ce consentiront, vouldront et octroyeront ceulx des pays de Liège dessusditz, que s'il avenoit qu'on allast au contraire desdites ordonnances ou d'aucunes d'icelles, comme dessus est dit, que dès maintenant et adoncques l'évesque ou l'esleu de Liège, l'archevesque de Couloigne, qui sont pour le présent ou seront pour le temps et chacun d'iceulx, puissent mettre interdict généralement esditz citez, villes et pays de Liège et des appertenances. En oultre, aussi tost que sera en la sainte église de Dieu un vray non doubteux pape que semblablement par iceluy puissent estre mis en interdit, lequel ne devra estre osté ne réparé que ainçois ne réparé ce qui aura esté fait au contraire des ordonnances susdictes, et que lesdictes paines pécunières ne soient ainçois payées, comme dit est dessus. Et s'il advenoit qu'aucune partie des dessus nommez, aucunes villes ou aucuns particuliers d'iceulx pays feissent au contraire desdites ordonnances ou d'aucunes d'icelles, et après que par iceulx ducs ou par l'un d'iceulx ou par leurs successeurs, l'évesque de Liège dessus nommé ou son successeur évesque de Liège ou esleu ou son vicaire en son lieu, ceulx de capitre et les bourgeois de laditte cité, pour eulx et pour tous les autres habitans desditz pays, auront esté requis et sommés de faire contraindre lesditz empescheurs et allans au contraire desdites ordonnances ou d'aucunes d'icelle, à réparer ce qu'ilz auront fourfaitz dedans un mois prochain ensuivant. Et que iceulx ne désistoient ne réparoient le forfait dedans ledit mois passé après ladicte sommation, les dessus nommez encourroient ès paines des amendes et des entredicts par dessus déclarez. Et neantemoins seront réparez et remis au premier estat et de ce qu'ilz auront faitz au contraire après l'intention de nosditz seigneurs. Et ainsi ordonnent et establissent que doresnavant leurs sentences et ordonnances seroient faictes et seelées de leurs seaux et baillées au seigneur évesque de Liège ou à son chapitre, unes; à la cité de Liège pareillement unes, à chascune desdites villes, unes. Lesquels dessusditz seigneurs et son chapitre, ceulx desdictes citez et villes bailleront lettres chacune d'icelles, ainsi qu'il appertient auditz ducs. C'est à sçavoir, ledit évesque et chapitre soub leurs grands seaulx d'avoir eu et receu agréablement lesdites ordonnances, par lesquelles ilz approuvent et promettent à tenir lesdites ordonnances. Et ceulx desdites citez et villes pareillement bailleront leurs lettres seelées de grans seaux de ladicte cité et de chascune desdites villes en eux obligeant à iceulx ducs en sommes contenues esdictes ordonnances.

Item pour ce que plusieurs tant ecclésiastiques que séculiers personnes nobles et non nobles ont baillez plusieures requestes et supplications contenantes que pour l'occasion desdites rebellions lesquelles sont advenues auditz pays, ilz ont eu plusieurs domaiges déclarez en leurs dictes supplications. Et pour ce que nosditz seigneurs n'ont point encor peu y entendre pour le présent, ilz adviseront ou feront adviser sur les choses contenues en leurs dictes supplications le plus tost qu'ilz pouldront.

Toutes ces choses dessus déclarées et mises par escript furent prononcées par le commandement desditz ducs, et en leurs présences, à Lisle en la grande salle le xxiiii jour du mois d'octobre l'an de grace m. cccc. viii.

N.º LXXIX. — Tome quatrième, page 43.

Accord entre la ville de Mons et le chapitre de Saint-Germain concernant l'affranchissement du paiement des dîmes.

A tous ceulx qui ces présentes lettres voyeront ou oyrront, Doyen et chapitre de l'église monseigneur Saint-Germain de Mons en la diocèse de Cambray, et les maire, eschevins, jurez, consaulx et toute la communauté de ladite ville de Mons, salut. Comme plais, questions de matière de procez rigoreux soient et ayent de pièça apparens de mouvoir entre nous lesditz doyen et chapitre d'une part, et nous lesditz mayeur, eschevins et communauté, d'aultre, pour cause de menues dismes deue en ladite ville ou territoire et jugement d'icelle, lesquelles nous lesditz du chapitre entendons à debvoir avoir franchement et paisiblement sans aucune réservation sur en tout ce qu'on a d'usage et de coustume en ladite diocèse de Cambray de demander et avoir menue disme comme chose à nous appertenante, tant par certain don qui anciènement nous en avoit esté fait par ceulx qui le droit y avoient, comme par ce que le droit commun icelles menues dismes estoient deues et par l'ancienne possession que nous en avions. Et nous lesditz maire, eschevins, jurez, consaulx et communauté entendions qu'en icelles menues dismes payer n'estions aucunement tenuz pour plusieures causes qui à ce nous mouvoient et par espécial en tant de parties que lesditz du chapitre les demandions, car nous entendions que de droit commun ledit chapitre n'avoient point pour eulx que ladite ville de Mons estoit et est un francq alleu, et que plusieures bonnes villes fermées du pays de Haynaut et d'ailleurs estoient franches desdites redevances de menues dismes payer et ainsi leurs droit commun soustenir ne se pouvoit. Et quant à la possession, ilz n'en avoient point au moins de temps et terme compétent ne allencontre de nous généralement.

Pour lequel différent mettre en bon appoinctement et conclusion, et affin que toute rigueur cesse pour ladite cause et pour tout ce qui dépendre en pouvoit et bon amour et parfaicte unité s'entretienne entre nous lesdites parties et noz successeurs, hault et noble messire Gérard d'Enghien, sire de Havré et chastelain de Mons, se fuist entremis de labourer et faire ledit appoinctement comme grandement bien veuillant à nous lesdites parties en remonstrant à chacun de nous plusieurs choses et raisons justes, véritables et loysibles qui grandement mouvoir nous debvoient audit appoinctement faire. Et comme chascune de nous parties se fuist prise à conseiller en dedens lequel terme, nous lesditz mayeur, eschevins, jurez, consaulx et communauté de laditte ville de Mons eussions faict transporter aucuns de nous eschevins et conseil par devant très hault et très puissant prince nostre très cher et très redoubté seigneur monseigneur le duc Guillame de Bavière, comte de Haynau et de Hollande, qui pour lors estoit en son chasteau au Quesnoy, auquel présens de son conseil le cas avant dict cuist esté au loing remonstré en prendant conclusion que lesdictz traitez qui sont en ce cas touchans à l'héritaige de sadite ville de Mons, nous ne voudrions sans son sceu et conseil passer ne accorder pour sadite ville charger héritablement, supplians que son bon plaisir il vouldroit sur ce faire déclarer. Sur laquelle requeste, supplication et remonstrance nostre dit très redoubté sires, après ce que print eut certaine délibération, dict, concéda et commanda ledit appoinctement estre faict selon les traicts et convenances encommencées dudit monseigneur de Havré, et qu'à iceulx faire et passer fuissent présens ledit messire de Havré, messire de Haynnin, bailly de Haynau, Jean Sewars et Jean de Vins, conseillers de nostredict très redoubté seigneur, et que sur eulx fuist d'icelly différent et entretenant par lesdites parties ce qu'ilz en pro= nonceroient.

Après lesquelles choses ainsi faictes, nous lesdites parties et chascune de nous, de noz bonnes et franches volontez sans constraindre, nous transportasmes au jour de la datte de ces présentes lettres en l'hostel dudit monsieur le bailly de Haynau en laditte ville de Mons par devant et en la présence des dessus nommez monseigneur de Havré, mon= sieur le bailly de Haynau et Jean Sewars, et là en droit en l'ab= sence dudit Jean de Vins, qui pour lors estoit hors dudit pays pour les affaires de nostredit très redoubté seigneur, il fut traitié et accordé et sententié pour cause de la question et différent devant dit touchant lesdites menues dismes et toutes les appendances, appertenances et cir= constances qui naistre ou venir en pourroient par telle manière que ce fuist ou puist estre par ledit monseigneur de Havré, monsieur le bailly et Jean Sewars d'accortz ensemble tel dict sentence appoincte= ment et ordonnance que cy après en ces présentes lettres est et sera dict, contenu et debvisé. A sçavoir est que depuis le jour de la date de ces présentes lettres à tousjours héritablement et perpétuèlement, les manans, bourgeois et habitans faisans résidence en ladittc ville de Mons en dedens la closure et circuit des murs, ès faubourgs et entour partout dedens le terroir et paroisses d'icelle ville en quelle place que ce soit et leurs successeurs après eulx sont, seront et debvront estre et demeureront franchement et entièrement quicts et paisibles de toutes et quelconques menues dismes payer à nous lesditz doyen et capitre, à nos successeurs, à personne de par nous ne à autruy, tant de pomes, de poires, d'aultre fruitz venans sur arbres et sur terre, d'aulx, d'oignons, de naveaux, poireaux, de pois, de febvres, de kalaine, de houblon, de semailles, navette de lin, de frèses, de noix, de raisin, d'auwes, d'oison, d'anette, de pourceletz, de laine d'agneaulx, de toute poulliage et quelconques autres parties, coment que on les puist ou sceust nommer dont on pourroit ou sçauroit quant que ce fuist demander à avoir aucun droit de menue disme, aincois tout ce entière= ment que eschera ou escheyr pourra de telle chose que dit est en quel= conque lieu ou place que ce soit en terre ou courtiliages, en pretz, en maisons ou en autres lieux dedens ladittc closure et circuit de murs de laditte ville ès faubourgs ou terroir et paroisses, ne si avant que le juge= ment de ladittc ville de Mons s'estend, nous lesditz doyen et chapitre n'avons droit, cause ne action de rien ne aucune chose avoir, clamer ne demander, mais en debvons tenir et faire tenir et porter paisibles lesdits mayeur, eschevins, jurez, conseil et communauté de laditte ville et leurs successeurs à tousjours héréditablement et perpétuèle= ment, si que dit est, sauf et réserve que s'il estoit ainsi que sur aucunes terres ahanables ou sur pretz si on les chaunoit qui fuissent aux champs ou au dehors de ladite prochaineté, fauxbourgs et courtiliages de Mons estoient labourez, pois, febvres, kalenes ou semailles, la disme en debvroit estre payée audit du capitre, comme chose appertenante à grosse disme, sans ce que par ce présent accord ce fuist ne soit en rien affranchy.

Aussi fut-il dit et accordé que ès courtiliages de laditte ville de Mons, des fauxbourgs et prochaineté dessusditz, on y semoit febvres avec avoine, lesdites febvres iroient à le grosse disme avec icelle avoine à nous lesditz du capitre, auxquels lesdites grosses dismes appertiènent. Et si est debvisé et accordé ne si aucuns afforains ou manans de dehors ladite ville, circuit et fauxbourgs par voix cauteleuse et en forme de fraulde faisoit viestir à laan ou autre hercenge en ladite mete pour oster le droit de menue disme à ladite église, ce ne leur debvroit valoir ne nous lesditz maire, eschevins, jurez, consaulx et communauté, n'en debvrons de rien faire ayde ne confort à celuy ou ceulx qui ainsi en feroient. Encoire est-il en cedit traité appointé et accordé, et par les dessusditz sententié et ordonné que si en temps advenir, quant que ce fuist, aucunes troubles, empeschemens, calenges, demandes et poursuites estoient fais ou mis par quelconque personne que ce fuist, ecclésiastique ou séculière, à ce que nous lesditz maire, eschevins, jurez et consaulx et communauté ne puissons franchement demeurer quiets et en paix des menues dismes devant dictes, mais y vouldroient aucun autre demander droit, nous lesditz doyen et chapitre debvons par la teneur de ce présent traité de ce deffendre et garandir ladite ville de Mons et de tous les bourgeois et manans en icelle franchement et à noz frais et despens, si est par telle manière qu'ilz en demeurent francqz et quiets si que dit est, et ce faire si tost que nous le sçaurons et que sommez en seront par aucune personne qui soit eschevin ou du conseil de laditte ville, ou que soit par arrière d'icelluy, et tout sans niaise ocquison, et parmy tout ce que dit est en laditte ville, bourgeois masniers d'icelle affranchis par la manière devant dicte ordonné est et appoincté par lesditz seigneurs, que en nom de recompensation desdites menues dismes et redevances teles que dictes sont, nous lesditz mayeur, eschevins, jurez, consaulx et communauté de ladite ville de Mons et noz successeurs après nous debvons et debvrons rendre et payer ou faire payer doresenavant à tousjours perpétuèlement et héritable= ment ausditz doyen et capitre de Saint-Germain, à leurs successeurs à personne de par eulx en laditte ville de Mons la somme de quarante livres tournois monnoye coursable en Haynau aux jours des payemens en chasque et à deux termes et payemens en l'an, c'est à sçavoir la moictié au jour de la Nativité Saint-Jean-Baptiste, et l'autre moictié au jour du Noël, dont le premier payement, montant vingt livres telle monnoye que dit est, eschera à payer audit jour de la Nativité Saint-Jean-Baptiste prochainement venant l'an M. CCCC et XII, et le second paye= ment montant à otelle somme, audit jour du Noël après ensuyvant en iceluy an et ainsi delà en avant d'an en an et de terme en terme à tous- jours perpétuellement si que dit est. Et de ce ladite ville et les posses- sions et revenus d'icelle sont et seront chargées en perpétuité et en héritaige. Sainsi n'est que laditte rente de 40 liv. devant dicte ne soit ailleurs reassignée comme nous lesditz maire, eschevins, jurez, consaulx et communauté faire pouvons et pourrons quant il nous plaira et semblera bon, car par motz exprès et par espéciale debvise est traicté et appoincté, et par lesditz seigneurs ordonné et sententié, que s'il nous plaisoit nous pouvons et pourrons en tous nos bons poinctz et à nostre aise et volonté et à une fois ou à deux acquerré héritaiges, c'est à sçavoir fiefz, alleu ou main fermes gisans au pays et comté de Haynaut lesquels par juste et loyale prisée debvront monter à la somme de soixante livres, telle monnoye que dit est, de revenu par an héritablement payée et livrée par laditte ville de Mons, et de ce faire lesditz du capitre ou personne de par eux adhériter comme d'héritaige amorty, pour sur iceulx héritaiges comme leurs spéciale assenne et contrepan prendre chacun an héritablement et perpétuèlement les quarante livres devant dictes, et le surplus et rammanant de ce que lesditz héritaiges vauldroient au deseulre desdites 40 livres, debvra estre, demeurer et appertenir au droit de laditte ville de Mons et ledit contrepan faict par la manière et en tel valeur que devant est dit. Nous lesditz mayeur, eschevins, jurez, consaulx et communauté, noz successeurs, la ville de Mons et les revenus d'icelle, seront et debvront estre quictz et deschargez de ladite rente, et ainsi nous lesditz doyen et capitre en debvons estre contens sur telle forme que si ledit contrepan admeurissoit quant que ce fuist si que ne puist valoir lesditz soixante livres ne la prez, ce ne doit point estre entendu à nostre préjudice ne domaige, mais debvons avoir lesditz 40 livres plaines si ledit contrepan vault tant. Entendu que touteffois qu'il plaira à laditte ville de Mons, elle peut laisser aller ledit contrepan, lequel adoncq nous debvrons prendre et avoir comme chose du tout à nous appertenante pour faire nostre proufit, plaisir et volonté sans rien rendre à laditte ville de Mons ne à autruy s'il ne vailloit aucunement mieux desdits 40 livres, et pareillement si moins valoit desditz 40 livres quant ledit contrepan seroit laissé aller, ce que dit est, sinon debvons nous lesditz doyen et capitre rien ne aucune chose ravoir pour parfaire ladite somme par forme de restor de remunération ne autrement et laditte ville aux bourgeois et manans d'icelle ne à leurs successeurs ne pour ce, ce présent accord et traité ne peut de rien estre diminué ne admeury, en tant que touche, compète et regarde l'affranchissement desdites menues dismes. Tous lesquels traictez, accordz, appoinctemens, ordonnances et sentences devant dictes, ainsi et par la manière qu'en ces présentes lettres est escrit, contenu et debvisé de point en point ou ne en quelque manière que ce soit, toutes fraudes, déceptions et mauvaises ocquisons ostées et arrière mises de bonne foy et sans malengie ; nous lesdites parties, c'est à sçavoir lesditz doyen et capitre de tant que touche, compète et appertient à nous, à nostre dicte église et à noz successeurs, et nous lesditz maire, eschevins, jurez, consaulx et communauté de ladite ville, de tant que touche, compète et appertient, ou pouldroit toucher et compéter à ladite ville et aux revenus d'icelle, à nous et à noz successeurs, promettons et avons en convent loyalement par noz foys et sermens de faire tenir, payer, interiner et accomplir bien et entièrement sans de rien aller ne faire aller allencontre, par nous, par nul de nous, ne par autruy, par telle voye ou manière que ce soit ou puist estre. Et quant à tout ce que dit est faire, tenir et accomplir par la manière devant dicte, nous lesditz doyen et capitre en avons obligé et obligeons par devers lesditz mayeur, eschevins, jurez, consaulx et communauté de ladite ville de Mons et le porteur de ces lettres, nous mesmes et noz successeurs et tous noz biens, et par espécial les biens appertenans à nostre dicte église, présens et advenir, par tout ou qu'ilz soient ou pouldront estre trouvé. Et nous lesditz maire, eschevins, jurez, consaulx et communauté de ladite ville de Mons, quant à ce que dessus est dict, contenu et debvisé, tenir et accomplir ce que dit est, en avons obligé et obligeons par devers lesditz du capitre, leurs successeurs et le porteur de cestes, nous, noz successeurs, noz remannans et tous noz biens par tout où qu'ilz soient et spécialement les biens, possessions et revenus de ladite ville de Mons. Encore nous avons lesdites parties et chacune de nous renoncé et renonçons et généralement à toutes les choses et à tout ce entière= ment qui ayder ou valoir pourroient à nous ou à l'une de nous, pour aller ne faire en tout ne en partie contre les traictés, accordz et conve- nances devant dictes ou aucunes d'icelles, pour l'autre partie grever ou nuire, et spécialement au droit reprochant générale renonciation. Et si en temps advenir aucuns troubles se mouvoient entre nous lesdites parties ou noz successeurs pour les choses cy dessus escriptes ou aucune d'elles à cause de ce qu'elles fuissent en ces présentes petitement et obscurement esclaircies, ou que nous lesdites parties ou l'une de nous ne les sceust ou voulust bien entendre, nous lesdites parties avons accordé et accordons que toutes quantfois que ce adviendroit et que mestier soit, nostredict très redoubté sire le comte de Haynau, pour luy ou ses commis au nom de luy tels qu'il luy plaira en puist et doibve ordonner ainsi qu'il voyera que de raison appertiendra, sans ce que nous en puissions ne doyons traire à autre seigneur ne juge quel= conque que luy s'il ne nous en est refusant, car ce qu'il en ordonnera, esclaircira et fera ordonner et esclaircir par la manière dicte, nous le debvons et seront tenus d'accomplir et tenir fermement à tousjours.

En tesmoin desquelles choses et chacune d'elles estre bien et parfaitement tenus, nous lesditz doyen et capitre avons ces présentes lettres seelées du seel de nostre capitre.

Et nous lesditz maire, eschevins, jurez, consaulx et communauté du grand seel de ladite ville de Mons en certification de plus grande vérité, et si prions et requérons aux dessus nommez monseigneur de Havré, monseigneur de Hainin, bailly de Haynau, et Jean Sewars, que pourtant que par nostre gré, prière et requeste, et aussi au command de nostredit très-redoubté seigneur, ilz firent et prononcèrent les traitez, accordz, appoinctemens et sentence du différent devant dit, ainsi et par la manière que si devant appert, ilz leur plaise mettre et appendre leurs seaulx à ces présentes lettres avec les nostres en approbation et mémoire de plus grande vérité.

Et nous Gérars d'Enghien sires de Havré et chastelain de Mons, Pierre dit Brougnars sire de Hainin, bailly de Haynau, et Jean Sewars, pour ce que nous, à la prière desdites parties et de chascune d'elles et à leur faveur et contemplation avons labouré à intention du bien, honneur et profitz d'elles à ce que ledit traité et appointement vinst, et que au command de nostredit très redoubté seigneur l'avons fait, traité, sententié et prononcé tout ainsi et par la manière que par ci devant escript, contenu et debvisé, en avons à ces présentes lettres mis et appendu noz propres seaulx avec les seaulx desdites parties, et à leurs requeste en certification de vérité, desquelles lettres sont faictes deux en mesme teneur, dont chascune de nous parties en debvons avoir unes pour nous en ayder si mestier en avons et le cas si offre, et sont ces présentes celles qu'avons maire, eschevins, jurez, consaulx et communauté pour ladite ville de Mons.

Ce fut fait, appoincté, traité, accordé, sententié, convenencé et obligé en l'hostel dudit monseigneur le bailly de Haynau, à Mons l'an m. cccc. et xi, le mercredy xiiii jour du mois de febvrier.

N.° LXXX. — Tome quatrième, page 49.

Consécration de l'église de Saint-Julien à Ath.

1415.

Le septiesme de jullet mil quatre cent et quinze
Pour dédier ce lieu la journée en fut prinse,
Le jour de sainct dimanche ayant Jean Séjourné
Pour ce digne subject de ses biens ordonné
Monseigneur Jean de Lens de saincte vie et pure
Evesque de Cambray en print la charge et cure
Y estant avec luy deux abbés très-prudents
A sçavoir de Crespin et de Cambron présents.
Celuy-là de Crespin fut dom Jean Labourie
Qui naissant dedans Ath y prit humaine vie
Et l'abbé de Cambron dom Nicaise Miné
Très-devot fut aussy en la Hamayde né.
Leurs riches vestements brilloient comme lumières
Qu'on void paroistre aux cieulx aux saisons printannières.
Lorsque par dessus la grand' force du vent
A dissipé la nue et l'ombre decevant.
L'évesque, les prélats et leur suite honorable
Fut assistée aussy du curé vénérable
Que sire Nicolas Brassart on appeloit,
De Gilles Du Thillœul qui chapelain estoit
Et de Pierre Nourry grand clercq de cette église
Des confrères aussy et d'autre suite admise
Le noble chastelain gouverneur s'y trouva
Qui sa dévotion et son devoir prouva
Qui messire Oste estoit de tige d'Escaussines
Fidèle envers l'autheur des puissances divines
Estant accompagné de plusieurs nobles gens
Rendoit à ce debvoir plusieurs cœurs diligents
Entre lesquels estoit monsieur Thomas de Germes
Recogneu dans l'honneur des courages plus fermes
Estant de messire Oste en ce temps lieutenant
Chéri pour sa valeur et son cœur vigilant
L'homme de qualité que l'on prise et contemple
Pour ses nobles vertus est un très-digne exemple
Le magistrat aussy pour preuve de sa foy
Y parut assisté de plusieurs gens de loy
Bref le peuple y estoit plain d'extresme liesse
Y louant le vray Dieu d'affection sans cesse.
Avant ce jour morut M.ʳ Jean Séjourné
Qui pour ceste œuvre avoit de ses biens ordonné
Sa charité si franche et son cœur si aimable
Donne lieu à son nom d'un lot toujours durable

Dieu retira son ame hors d'un val terrien,
Pour le faire jouyr du perdurable bien
Son corps estant gardé en la paroisse antique
Fut apporté ce jour en ce lieu sainctifique
Estant accompaigné de plusieurs gens d'honneur
Et de ceux sur lesquels vivant il fut seigneur
Ce corps fut inhumé près de la thrésorie
Là où Dieu est servy pour l'éternelle vie
Et là où Dieu se plait de veoir journellement
Que plusieurs vont son nom louer ensemblement.
Voilà comme l'église où nous sommes fut faicte
Où Dieu pour notre bien y a pris sa retraicte
Là où l'on trouvera en tout temps et saison
Salut en y faisant très-devote oraison
J'entends ceste oraison tant sainte et accomplie
Qui dans la charité s'adjoint se plonge et lie
Et qui ne s'entretient qu'avec la charité
Pour plaire incessamment à la divinité
Car nul ne peut jouyr de l'heur toujours durable
Si avec l'oraison le cœur n'est charitable.

N.° LXXXI. — Tome quatrième, page 71.

Érection de la confrérie des Canonniers en la ville de Mons.

Nous li maire et li eschevins de la ville de Mons en Haynau, sçavoir faisons à tous que pour l'affection et bon désir que nous avons en la garde et défence de laditte ville et fortresse, comme droit est, avons de nouveau fait et ordonné faisons et ordonons présentement une compaignie de canoniers. C'est à entendre hommes qui doresnavant se mesleront et ensoigneront touteffois que besoin sera de jetter canon pour la garde et défence de ladite ville à tel fin et à la manière que cy-après s'ensuit. C'est à sçavoir que la compaignie desditz canoniers y aura nombre qui de leur serment seront jusques à 24 compaignons parmy leurs maistre, conestable ou plus s'il plaisoit audits eschevins, lesquels ne poulront y estre receus au serment ny entrer en celli compaignie ne aussi en issir, si ce n'est par le conseil et volonté des eschevins de laditte ville qui pour le temps le seront affin qu'ilz ayent cognoissance de ceulx qui entrer y vouldront, soient à ce idoines et habiles de savoir eux entremettre de traire desditz canons, et à leur entrée prometteront et auront en convent par leurs foy de faire à leurs pouvoir bien et loyallement icelluy office et y estre appellé au command et scemonde de leurs maistre, conestable touteffois que mestier sera et que scemons et requis en seront, et la parmy, nous leurs avons accordé et accordons de grace spéciale qu'ilz soient quict de trois solz par an pour les feuwaiges.

Item qu'ilz soient quict de waitier de nuit pour le péril de feu et de lanternes mettre à leurs huys par le fieste de Toussaint.

Item leur promettons de prier aux officiers du conseil de très haut et très puissante princesse, nostre très redoublée dame la comtesse de Haynau et Hollande qu'ilz puissent lever armures, et cousteaux porter.

Item qu'en ayde de leur caprons ou cottes si avoir le veullent, il auront à ladite ville chacun dix solz t. l'an, et leurs maistres conestables le double.

Item que si ainsi estoit qu'ilz fussent ensoignez de labourer, en assir canons ou abloquemens faire au tour de la ville au commandement ou requeste de leurdit maistre conestable, du massart ou maistre de l'ar= tillerie, avoir debvront pour leurs salaires chacun cincq solz pour le jour; mais au cas qu'ilz soient ensoignez de traire canons pour la garde de la ville contre les enemis et malveillans à icelle, ainsi que les autres bourgeois et masniers seroient ensoignez à la deffence, ilz ne debvront avoir nule journée ne salaire. Et sainsi estoit que ladite ville les volut mener ou envoyer hors pour cas touchant ladite ville, aller y debvront pour ledit fuer, c'est à chacun d'iaulx cincq solz le jour; mais si aucuns d'iaulx estoient requis pour quelconque seigneur ou autre d'aller hors et on fut d'accord eulx prester, ceulx qui avoir les vouldrons en doibvent et debvront faire gré et payement à eux sans que laditte ville ayt fraix ne domaige.

Item que doresnavant ilz puissent vendre et achepter toutes manières de denrées sans payer l'entrée de la conestablie, sauf que du mestier ou marchandise dont ilz se mesleront le plus, et en tiendront fenestre ouverte et estaulie, payer le debvront; et aussi que si yssir vouloient d'aucunes conestablies où ilz fuissent, yssir en puissent sans fraix.

Item leurs accordons qu'ilz ayent en chacun an jusques à quatre ou cincq libres de pouldre pour d'icelle yaulx essayer et introduire, en apprendre à traire canons, et avec ce leurs permettons à ordonner l'un des eschevins qui pour le temps le seront ou home du conseil de ladite ville et sans fraix, auquel ilz pouldront retraire pour les besoignes touchantes leurdicte compaignie, et pour avoir conseil de qui ilz feront conestable ou disnier.

Item est ordonné que de tous différens et estrifz qui doresnavant mouvoir se pourroient entre lesditz compaignons puisqu'il n'y auroit main mise et sauf adiez les droix et loix de la souveraineté de nostre dit très redoubtée dame la comtesse. Il en soit du tout sur nostre conestable et disniers s'ilz y estoient pour ce meffait faire amender celuy ou ceulx qui tort auroient par le bon conseil que prendre debvrons à nous eschevins susditz. Et toutes ces choses leur permettons et avons en convent à tenir jusques à nostre rappel. Ce entendu que si aucun trouble ou obscurité avoit es franchises et redevances devant dites qui fust ou puist y estre en préjudice de nostre dit très redoubtée dame ou de sadite ville de Mons, nous retenons puissance de les muer, changer, croistre ou ameurir et de ce faire l'escarcissement, selon nostre discrétion et par bon conseil sans malenghien.

Par le tesmoin de ces lettres seelées du seel aux cause de laditte ville.

Données en l'an mil quatre cent et dix-sept, le vingt deusiesme jour du mois de juillet.

N.º LXXXII. — Tome quatrième, page 94.

Lettre du duc de Clocestre au duc de Bourgogne.

Hault et puissant prince très-cher et très-amé cousin, nouvelles me sont venues qu'en vos terres et seigneuries par de ça, on a publié et fait cry de par vous que tous gens disposez aux armes soient prests pour aller en la compaignie de messire Jean de Luxembourg et autres au services de mon cousin de Brabant, à l'encontre de moy, mes amys, bienvaillans et subjetz en donnant à entendre contre vérité plusieures choses ; au tant ou plus en ay apperceu par une coppie de certaines lettres qui se disent de votre part escriptes en votre ville de Dijon le xx⁰ jour de décembre, lesquelles publications et lettres, comme je croy, viennent de vostre sceu et ordonnance, pourtant que assé sçavés ce que le temps passé ay fait à vostre prière et comptemplation et requeste. Et par quant fois soub mon beau-frère le régent et à vous me suis soubmis pour cuider et appaiser le différent et discord dont en icelles lettres est fait mention, ce qui est entre mondict cousin de Brabant et moy ; quantes journées en ay acceptées et que les offres en mon préjudice en feit faire, ausquelles, comme vous sçavés, ceulx de la partie du duc de Brabant ne volurent oncques condescendre ne prendre aucun traicté, supposé qu'icelles lettres soient coulourées au contraire, ainsi que par la coppie d'icelles (si vous la voulés visiter) apparoit vous pouldra. Et je scay aussi que ce que fait en ay n'est esloigné de vostre bonne mémoire. Et si schavés que si proximité de lignaige vouloit vous mouvoir d'aucune chose faire, plustost debvriés estre enclin d'ayder ma partie que l'autre, veu que ma compaigne et espouse est deux fois vostre cousine germaine, et que mondict cousin de Brabant de tant ne vous appertient. Et encores oultres y estés par le traicté de la paix par vous et moy solemnellement juré, ce que oncques ne jura le duc de Brabant, mais (comme vous sçavés) a fait alliances contraires qui contre luy vous debvroient mouvoir, lequel traicté n'a esté par moy enfrainct ne ja ne sera, ains de l'avoir pensé ce me seroit moult grief et me sembleroit si fait l'avoye, que depuis ne me pourroit bien venir ainsi qu'il ne feroit. Et aussi me tiens-je certain qu'en vostre vie ne ferés le contraire. Et d'aultre part n'avés encors peu appercevoir que avant ne depuis que je suis par deça n'aye toujour esté désirant de complaire à vous et aux vostres; ne que j'aye fait, procuré ne porté ne souffert procurer à vous ne à voz subjects aucuns griefz ou domaiges, mais lesditz subjects ay traicté et eu aussi pour recommandez comme les miens propres comme de vos dicts subjects vous peuvent donner cognoissance. Avecques ce sçavés comment pièça vous ay escript que vray que par deça ne me suis entremis de demander autre chose, ains suis content d'avoir ce qui m'appertient à cause de madicte compaigne vostre cousine. Et se aucune chose me a convenu et convient faire contre mondict cousin, comme vous sçavés, n'en suis en coulpe, mais par contraincte par ses emprinses pour mon honneur garder et mon pays défendre, le m'a convenu faire selon que sçavoir le pouvés. Quant à la vérité (comme je tiens) vous la sçavez desjà qui sont assez notifiantes choses par lesquelles je ne puis croire, que oncques lesdites publications et lettres précédentes de vostre sceu ou certaines cognoissances ayent esté faictes. Pour ce, hault et puissant prince, mon très-cher et très-amé cousin je vous prie très à certes que ce que dessus est dict vous voeillés bien considérer. C'est à sçavoir, ce que j'ay fait à vostre contemplation et requeste, le refus de l'autre partie, la prochaineté de lignaige, le traicté de paix que n'ay fait alencontre d'aucune chose du vostre, et lesdites entreprinses de mes adversaires. Et je croy que supposé ores, quant ainsi seroit, qu'on m'a donné à cognoistre que ne puis encor croisre, si bien y pensés, prendrés autre conseil et serés d'opinion contraire. Quant autrement faire le vouldrés, Dieu, à qui on ne peut rien céler, gardera mon bon droict et le serment qu'avés je y appelle. Hault et puissant prince, très-cher et très-aimé cousin, par ce porteur me faictes sçavoir de vostre intention, avec s'il est aucune chose que pour vous faire puisse, je m'y employeray de bon cœur, nostre seigneur le scet qui soit gardé de vous.

Escript en ma ville de Mons soub mon signé le xii jour de janvier.

Hault et puissant prince, mon très-cher et très-aimé cousin, je vous envoye en ces présentes lettres encloses la semblable coppie d'icelles lettres ainsi signée: *de Croy*, desquelles lettres la superscription estoit: *A Hault et puissant prince*. Et l'ifrascription: *Votre cousin le duc de Clocestre, comte de Haynaut, Hollande, Zélande, de Pennebourg et seigneur de Frise.* Lesquelles dessus déclarées et recues du duc de Bourgoigne, les visita en grande déclaration de conseil, et après rescrivit par la manière cy après déclarées audit duc de Clocestre.

N.º LXXXIII. — Tome quatrième, page 94.

Lettre du duc de Bourgogne au duc de Clocestre.

Hault et puissant prince Honfroy, duc de Clocestre. Je Philippe, duc de Bourgoigne, comte de Flandres et d'Arthois, ay receu voz lettres à moy adressans, escriptes à Mons en Haynaut soub votre signe le xii jour de janvier passé, contenans plusieures choses et entre les autres, qu'avés ouy nouvelles qu'en mes terres et seigneuries par delà on a fait publier et crier de par moy que toutes gens disposez aux armes fussent presls pour aller en la compaignie de nostre très-cher et très-aimé cousin le duc de Brabant alencontre de vous et de vos bienveillans et subjects, en donnant à entendre plusieures choses contre vérité, comme portent vosdictes lettres. Et que autant ou plus que avés apperceu par la copie qu'envoyée m'avés de certaines lettres qui se disent de ma part escriptes en ma ville de Dijon le xxe jour de décembre. Sur ce hault et puissant prince, de la plus grande partie d'icelles voz lettres, je me passe de faire récitation et responce, car guerres ou riens ne m'en est, fors de ce qui touche à mon honneur que je ne vœil ou dois souffrir, blasmer ne charger contre droit et raison, et pourtant vous escrit et signifie que les lettres et publications d'icelles sont semblables en substance à laditte coppie que m'avés envoyés, procédans de mon sceu, et les ay ordonnées, mandées et commandées d'estre faictes. A quoy ay esté meu du reffus par vous faict de obtempérer aux articles et poincts dernièrement par beau-frère le régent et moy à grande délibé=ration du conseil à Paris advisées, et depuis à vous présentées pour l'appaisement du contends et discord entre très-cher et très-aimé cousin le duc de Brabant d'une part (pour Dieu mettre de son costé et comp=plaire audit beau-frère et moy) avoit octroyées et accordées; mais ce nonobstant vous, après vostre dit reffus et sans vouloir attendre la fin du procés pendant en la court de Rome sur ledict contends, estiés à puissance d'arme et de guerre entré au pays de Haynaut, vous enforçant d'en débouter mondit cousin de Brabant et de luy en oster sa possession. Et desdictes choses sont mesdictes lettres causées qui sont certaines et véritables, si comme vous pouvés sçavoir et ne le pouvés ignorer ou nyer. Si n'ay en ce rien donné à entendre contre vérité, comme mensongièrement et à tort me mettés sus et voulés charger, comme il me semble par voz lettres susdictes, lesquelles je garde par devers moy pour enseigner quant temps sera. Assez voy et trop mest deshonneur que fait avés et efforcés faire à mondit cousin de Brabant sans vouloir charger mon honneur et renommée que endurer ne vouldroy ne vueil de vous ne de nuls autres. Aussi croy-je que ceux à qui j'attiens et qui maintiènent de sang, lignaige et affinité, et mes loyaulx, feaulx, vassaulx et subjects qui si grandement et loyalement ont servy messei=gneurs mes prédécesseurs et moy ne le vouldroient pas ainsy passer ne souffrir. Pour ce est-il que je vous somme et requiers par ces lettres que vous rapelez et desdictes ce que m'avés escript que j'ay donné chose à entendre contre vérité, comme dit est, et selon que contiènent vos dictes lettres, es escripts patens. Et si faire ne le voulés et que vueillez maintenir la devant dicte parolle qui peut charger mon honneur et renommée, je suis et seray prest de me deffendre de mon corps contre le vostre et de vous combattre à l'ayde de Dieu et de nostre Dame et prenant jour raisonable et compétent par devant très-hault, très=excellent et très-puissant prince l'empereur, mon très-cher seigneur et cousin. Et affin que vous et tout le monde voye que je vueil abréger ceste chose et garder mon honneur estroictement, si mieux vous plaist je suis content que nous prenons à juge mon très-cher et aymé cousin, et aussi vostre beau-frère le régent duc de Bethfort, lequel par raison ne debvrés refuser; car il est tel prince que je sçay qu'à vous et à moy et à tous aultres il vouldroit estre droicturier juge. Et pour l'honneur et révérence de Dieu, et pour éviter effusion de sang chres=

tien et la destruction du peuple dont en mon cœur ay compassion, il doibt à vous et à moy qui sommes chevaliers adolescens estre plus convenable (au cas que les paroles dessusdictes vouldriés parmaintenir), car mon corps sans plus ceste querelle mener à fin sans y aller par voye de guerre, dont il conviendroit maints gentilhomes et autres, tant de vostre ost comme du mien, finer leurs jours piteusement, laquelle chose me desplairoit, sainsi le failloit faire. Et aussi devroit-il faire à vous, veu que la guerre des chrestiens doibt desplaire à tous princes catholiques; et à moy et elle despleust et desplaist sautrement se pou= voit faire. Hault et puissant prince, sur le contenu de cestes ou pour autres le plus brief que faire se pourra sans proroger ceste chose par escriptures ou autrement; car j'ay désir besoigne preigné briefve conclusion pour mon honneur, et ne doy laisser ne laisseray quelque demeure en ce poinct. Et sur ceste matière, après la réception de voz lettres dessusdictes, vous eusse plustost fait responce et rescrit, n'eut esté plusieures grandes occupations qui depuis me sont survenues et m'ont retardé. Et affin qu'il vous appaire que ce vient de mon sceu et propre mouvement, j'ay escrit mon nom en ces présentes et à icelles fait mettre mon signe.

Escrit le troisiesme jour de mars l'an 1424; selon nostre computation, 1425. Lesquelles lettres furent de par ledit duc de Clocestres leues et assez les visita tout au long avec son conseil, et sur icelles rescriva de de recef au duc de Bourgoigne.

N.o LXXXIV. — Tome quatrième, page 95.

Cartel du duc de Clocestre au prince Philippe de Bourgogne.

Hault et puissant prince Philippe, duc de Bourgoigne, comte de Flandre, comte d'Artois et de Bourgogne. Je Monfroy, fils, frère et oncle des roys d'Angleterre, duc de Clocestre, comte de Haynaut, de Hollande, de Zélande et de Penneburg, seigneur de Frise et grand cambellan du roy d'Angleterre; ay receu voz lettres en forme de pla= quart à moy adressans, escrits le troisiesme jour de ce mois, lesquelles affin qu'ilz m'appaire que le contenu vient de vostre sceu et propre mouvement, assez signé et escrit vostre nom et à icelles fait mettre vostre scel. Desquelles pour la greigneur partie réciter m'est aussi peu ou moins qu'il a vous des miennes à vous adressées escriptes en ma bonne ville de Mons en ma comté de Haynaut, soub mon signe, le douxiesme jour de janvier dernier passé. Si n'est en tant qu'elles font mention du reffus que vous dites par moy estre faict pour non vouloir appaiser le discord qui est entre mon cousin le duc de Brabant, d'une part, et moy d'autre part, qui est moins que vérité, car mon très-cher et très-aimé frère le regent, duc de Bethfort, et tout le conseil de France, schavent ce que j'ay fait et aussi faictes vous, s'ignorer le voulés ne pouvés. Et que dictes que mensongèrement et à tort vous ay mis sus aucune chose par mesdictes lettres, et vous semble qu'assez trop du deshonneur et oultrage vous estoit que m'imposés avoir fait à mondit cousin de Brabant sans vouloir changer vostre honneur et renommée. Pourquoy me sommés et requerés par vosdictes lettres de rapeller et desdire ce par les miennes escrit vous ay, ou sinon vous estes prest de deffendre vostre corps contre le mien et de moy combattre. Vous laisse sçavoir que le contenu de mesdictes lettres, je dis et tient estre vray et dencostre d'iceluy vueil demourer et déjà est approuvé par ce que voz gens et vostre mandement ont fait et perpétré en madicte comté; ne pour vous ne pour autre ne sera par moy rapellé, ainsà l'ayde de Dieu et de nostre Dame et de monseigneur saint George le contenu en mesdictes lettres vous feray de mon corps cognoistre contre le vostre et jehir estre vérité par devant quelques des juges qu'avés esleus, car tous deux me sont indifférens. Et pour ce que désirés la chose estre briefve, comme je fais pareillement, parce que mondit beau frère est plus prest, je suis content de parfaire la chose par devant luy et l'accepte pour juge. Et le jour que meistes en mon élection, je vous assigne le jour monseigneur Saint-George prochain venant ou autre à la discrétion de mondict frère, auquel, au plaisir de Dieu, je seroy prest et ne faudray. Et en cas que mondict frère ne vouldra emprendre la chose, je suis content que ce soit devant très-hault et puissant prince l'empereur; et pareillement si l'empereur ne le veult, beau-frère Oldeberth ou autre juge indifférent. Mais pour ce que je ne sçay si vous vouldrés demourer d'encontre vostre signet, je vous somme et requier que par le porteur de cestes m'envoyés autres lettres qui soient seelées de vostre scel, pareillement que du mien sont ces présentes. Et quant audit de Brabant si voulés ou osés dire qu'il ait meilleur droit que moy en ceste présente querelle, je suis prest de vous le faire jehir mon corps contre le vostre au jour et devant ceulx que dessus est dict, que j'ay meilleur droict et auray à la grace de Dieu, nostre Dame et Saint-George.

Et affin qu'il vous appaire ce que dessus est dit et vueil entretenir, faire et accomplir, j'ay escrit mon nom en ces présentes et à icelles fait mettre mon seel.

Escrit en ma ville de Soignies le xvi jour de mars l'an 1424 (selon nostre computation 1425.)

N.° LXXXV. — Tome quatrième, page 95.

Réponse du duc de Bourgogne.

Hault et puissant prince Honfroy, duc de Clocestre. Je Philippe, duc de Bourgoigne, comte de Flandres et d'Artois, ay aujourd'huy receu voz lettres patentes escriptes et signées de vostre main respondant aux miennes que dernièrement vous envoyai escrites le xiii jour de ce présent mois (de mars), lesquelles faisoient mention que vous avez refusé le traicté par grande délibération, advisé par le beau-frère régent et moy, sur le discord estant entre beau-cousin de Brabant et moy, et vous y respondés que c'est moins que vérité, mondit beau-frère le régent et tout le conseil de France sçavent bien que fait en avez, et aussi fais-je je ne le vueil ignorer, et s'ignorer le vouloye, si ne puis-je si comme vos dictes lettres le contiènent. Sur ce vous fais assçavoir que sur ce seray trouvé véritable et vous non, comme apparoir pourra par le rapport des ambassadeurs envoyez envers vous à tout la cédulle de l'accord advisé par le dessusdict beau-frère, moy et ledict conseil, lequel avés refusé et contre la teneur d'icelle de fait entré au pays de Haynaut, combien que beau-cousin de Brabant l'eut plainement accordée. Et à ce qu'avoye escrit que mensongèrement et à tort m'avés mis sus aucunes choses, et qu'assez n'estoit du deshonneur et outraige qu'aviés fait audit beau-cousin de Brabant et moy sans vouloir charger mon honneur et renommée. Par quoy vous sommoye et révoquoye de rappeller et desdire ce que par voz lettres avés escrit que j'avoy contre vérité plusieures choses donné à entendre, ou si ce non j'estoy prest de me deffendre et le mien corps contre le vostre devant l'empereur ou beau-frère régent, me laissez sçavoir que le contenu de vosdictes lettres tenez estre vray, et d'encosté icelles voulés demourer et que desja est approuvé par ce que mes gens ont perpetré au pays de Haynaut que pour moy et autre ne rappellerez. Ainçois le contenu en icelles voz lettres me ferés de vostre corps contre le mien recognoistre et rejehir estre vérité par devant quelque des deux juges devant nommez. Et pour ce que désirés la chose estre briefve, pareillement comme je faits, et que ledit beau-frère régent est plus près, vous estes contens de faire la chose devant luy et l'acceptés juge et assignant la journée le jour Saint=George ou autre à la discrétion dudit beau-frère. Je respons que du jour ou du juge, je suis très bien content, à l'ayde de Dieu, de Nostre Dame, me deffenderay et maintiendray le contraire par mon corps contre le vostre en faisant à tous apparoistre que mensongièrement et à tort m'avés mis sur les choses dessusdictes, et y garderay ma loyauté et mon honneur. Et quant à ce que mes gens ont faits au pays de Haynaut, s'ils avoient aucune chose qui fut au bien et à l'honneur de beau cousin de Brabant, j'en seroy bien joyeux et bien lié. Et pour ce que vous faitz doubte si ledit beau-frère acceptera ceste besoigne, j'envoyerai premièrement devers luy mes ambassadeurs notables le prier chière=ment; et s'accepter ne le veult, je suis content de l'empereur, ainsi que par mesdictes lettres vous ay escrit. Et à ce que m'escrivés que si je vueil nose dire que mondit beau cousin de Brabant ay meilleur droict que vous, vous me ferés jehir de vostre corps contre le mien au jour, et devant ceulx que dessus le contraire. Je vous respons que par la sentence de nostre Saint-Père le pape (devant qui ceste cause est pendant) pourra ce clèrement apparoir qui aura droit du tort, à la puissance et authorité duquel ne vouldroy pour rien desroguer ne désobéir. Aussi n'est-il point en nous deux d'ordonner ne déterminer à qui le droit en appertient. Et si ay espérance en Nostre Seigneur Jésus=Christ et en sa glorieuse vierge Mère, qu'avons que nous départons de la journée par vous ainsi entreprinse de tellement deffendre ma bonne querelle qu'il ne vous sera ja besoigné d'autre nouvelleté mettre en avant. Et quant à ce que me requérés que soub mon scel je vueille envoyer la coppie de mes lettres qu'envoyées vous ay soub mon signe, je vous les envoye ainsi que requis me l'avés. Et ce que j'ay escrit vueil franchement tenir et accomplir.

N.° LXXXVI. — Tome quatrième, page 99.

Lettre du pape Martin V au duc Jean de Brabant.

Martin, évesque, serviteur des serviteurs de Dieu. A chier fils noble homme Jean, duc de Brabant, salut et bénédiction apostolique.

Naguerres par relation d'aucuns dignes de foy est venu à nostre cognoissance (dont nous desplait grandement) qu'aucuns cédulles ont esté divulguées et leues publiquement en certaines lettres sur nostre nom et bulles démonstrées au peuple ès pays de Haynaut et ès évescez d'Utrecht, de Liège et de Cambray, esquelles (si comme on nous afferme entre les autres choses) estoit contenu que nous avions confirmé le mariage contracté par chier fils noble homme Honfroy, duc de Clocestre, avec chière fille en Jésus-Christ Jaquelinne, noble femme, duchesse de Bavière, et que le mariage ainsi contracté par soy avec laditte duchesse nous avions reprouvé et jugé de nule valeur. Et combien que telles choses qui n'issent point de nous aucunement sont publiées esdictes parties en nostre scandal et contre tout honneur qui voulons la cause dudit mariage estre terminé selon la disposition et forme du droit commun. Et à toy notifions par ces présentes pour les choses dessusdictes que tu ne preignes aucune rancune ou tristesse en ta pensée, mais tiens fermement que lesdites lettres et autres choses qui ont esté dictes et publiées esdites parties par les hommes plains de scandalle ne viennent point de nous, mais d'autres qui n'ont point Dieu devant les yeux, et quièrent nouvelletez, mouvemens, scandale, dissentions et faussetez. Si voulons que les trouvers de tels scandales et faulsetez, pour l'honneur de nous et du Saint-Siège apostolique, soient debument punis, selon l'aggresse et grandeur du péché commis. Et pour escrivons à noz vénérables frères les évesques d'Utrecht, de Liége et de Cambray et à chacun d'eux, et mandons par escrits apos= toliques pour oster ce scandale et fauseté que noz lettres et le contenu d'icelles fassent publier en leurs église et sermons publiques au peuple, et ayent pour excommunie celuy qui telles lettres fait publier ou lire en leur puissance, et le sachant tenir en nostre prison jusques à tant qu'ilz auront receu autre mandement de nous.

Donné à Rome, aux Saints-Apostres, ès ides de febvrier l'an 8.° de nostre papalité.

N.º LXXXVII. — Tome quatrième, page 101.

Lettre de la comtesse Jacqueline de Hainaut au duc de Clocestre.

Mon très-douté seigneur et père, que j'escrits maintenant à vostre glorieuse domination comme la plus dolente femme, la plus perdue, la plus faussement trahie qui vive; car mon très-doubté seigneur le dimenche xiii jour de ce présent mois de juin, les depputez de vostre ville de Mons retournèrent et apportèrent un traité faict et accordé par beau-cousin de Bourgoigne et beau-cousin de Brabant, lequel traité fut fait en l'absence de madame ma mère et sans sa cognoissance, comme elle mesmes m'a signifié et certifié par maistre Gérard le Grand, son chapellain. Par quoy, mon très-doubté seigneur, madame ma mère m'a escrit ses lettres faisans mention dudit traicté, sur lequel elle ne scet et n'ose moy conseiller, car elle mesme ne sçavoit que faire, mais me prioit que je voulisse prier mes bonnes gens de ceste ville pour sçavoir quelle consolation et ayde il me vouldroient faire; sur laquelle chose, mon très-doux seigneur et père, il vous plaise sçavoir que le lendemain j'allay à la maison de la ville, et leur feit remonstrer comment à leur requeste et leur prière vous avoit pleu à moy laisser en leur protection et sauvegarde, comme à ceulx qui vous avoient faits serment d'estre voz vrays et loyaulx subjects et qu'ilz feissent de moy bonne garde pour vous en rendre bon compte; lequel serment ilz firent devant le sacrement de l'autel et sur les Saintes Evangiles. Sur quoy, mon très-honorez seigneur et père, ilz respondirent tout à plain qu'ilz n'estoient point assez forts dedens la ville pour moy garder, et en ce faisant de fait à pensée s'esmeurent en disant que mes gens les vouloient meurtrir. Et tant, mon très-redoubté seigneur, qu'en mon despit ilz prindrent un de voz subjects, sergent nommé Maquart, et présente= ment luy firent prestement coupper la teste, et firent prendre tous ceulx qui vous aymes et tiennent vostre party, comme Bardoul de la Porte, Collart son frère, Gillet de la Porte, Jean du Bois, Guillame de Leur, Sansan vostre sergent, Pierre, Baron, Sandrart, Daudre et plusieurs autres jusques au nombre de 250 de vostre party. Et de recef vouloient prendre sire Bauduin trésorier, sire Louys de Montfort, Maulnere, Jean Fresne et Etienne d'Estre, lesquels ilz n'ont point encor prins, ne je ne sçay ce qu'ilz feront. Aussi, mon très-doubté seigneur, ilz me dirent tout à plain que si je ne faisoy traicté, ilz me livreroient ès mains de beau-cousin de Brabant, et n'ay plus de dilation à demeurer en ceste ville que huit jours que ne soy contraincte d'aller en Flandres, qui m'est doloreuse chose et dure, car je doubte que tant que je vivray, plus ne vous verray, s'il ne vous plaist en haste moy ayder. Hélas! mon très-doubté seigneur père, toute ma vraye espérance et toute ma consolation est en vostre domination, veu, mon très-doubté seigneur, et ma seule et souveraine liesse, que tout ce que je souffre est pour l'amour de vous. Dont très-humblement je vous supplie tant et si chère=ment que je puis en ce monde pour l'amour de Dieu qu'il vous plaise avoir compassion de moy et de mes besoignes, et à moy vostre dolente créature venir tout en haste en ayde, si ne me voulés perdre perdura=blement. J'ai espoir que si ferés, car, mon très-doubté seigneur et père, je ne deservis oncques par devers vous ne jà, ne feray tant que je vivray aucune chose qui vous deust desplaire, ainçois suis toute preste à recevoir mort pour l'amour de vous et de vostre noble personne. Par ma foy, mon très-redoubté seigneur et prince, toute ma vraye consola=tion et espérance, il vous plaise pour l'amour de Dieu et de monsieur saint George considérer tant en haste comme faire vouldrés, mon très doloreux affaire, qu'encors n'avés-vous point fait, car il me semble qu'entièrement m'avés mis en oubly. Autre chose ne vous sçay pour le présent que escrire, fors, mon très-redoubté seigneur et père, que j'ay moult tost envoyé par devers vous messire Louys de Montfort, car il ne peut plus estre avec moy, nonobstant qu'il m'a accompaigné quant tous les autres m'ont failly, qui vous dira tout à plain que je ne vous sçauroye escrire. Pour ce vous supplie, mon très-chier seigneur et père, qu'il vous plaist luy estre bon seigneur et à moy mander et commander voz bons plaisirs, lesquels je feray de tout mon cœur. Ce scet le benoist fils de Dieu qui vous donne bonne vie et longue et grace que je vous voye à très-grand joye.

Escrit en la faulse et traistre ville de Mons de très-douloureux cœur, le sixièsme jour de juin.

L'infrascription estoit :

> Votre dolente et très-yamée fille, souffrant très-grant
> doleur pour vostre commandement, vostre fille,
>
> DE QUIENEBOURG.

N.° LXXXVIII.

Idem.

Très-cher et aymé cousin, je me recommande à vous, et vous plaise sçavoir qu'à l'heure que ces présentes furent escriptes, j'estoy très-dolente en cœur comme faulsement et loyaument trahie, et si vous voulés sçavoir aucune chose de nouvel, mon très-chier et aymé cousin, sachés qu'encors pour le présent ne vous sçauroy que rescrire; mais vueillés demander à nostre très-cher et redoubté seigneur qui vous en dira plus que n'en vouldrés ouyr. Autre chose ne vous en sçauroye que rescrire, excepté que vous tenés la main à ce que vous sçavés, affin que mon redoubté seigneur vueille venir ou autrement, ne luy ne vous jamais me verrés. Et quant à ce que vous m'avés escrit de venir de ça la mer, c'est trop tard, mais hastés-vous avec si grande puissance que vous me puissiés délivrer des mains des Flamens où je seray dedens huict jours.

Très-cher et bien aymé cousin, je prie à Dieu qu'il vous donne bonne vie et longue.

Escrites en la faulse et traistre ville de Mons le sixiesme jour de juing.

JAQUELINNE DE QUIENEBOURG.

LXXXIX. — Tome quatrième, page 108.

Bulle d'érection de l'université de Louvain par Martin V.

Martinus, episcopus, servus servorum Dei, ad perpetuam rei memoriam.

Sapientiæ immarcessibilis cujus inextinguibile irradiat lumen, cujusque infinitus est thesaurus omnem habens vigorem et virtutis altissimi dispensator, omniumque charismatum elargitor ipse Deus ad hoc suæ miserationis dignatu, licet nobis immeritis suæ sponsæ universalis ecclesiæ regimen piâ dispensatione commisit, et nostræ debilitatis oculo jugum imposuit apostolico servitutis, et in Petri speculà positi, tanquam de supremo vertice ad infima mundi prothoplasticique, posteris qui non nativitatis fructus deposcunt sed intelligentiæ spiritu

eadem cujus initium, verissima est disciplinæ concupiscentia per=
stringendi sapientiam divinis educantur eloquiis reflectentes intuitum,
quid pro indisciplinatis errantium curandum mentibus, pro hujus
modi illustrandâ ecclesiâ ad fidei propagationem conferat orthodoxæ,
quid statui conveniat fidelium quorumlibet prospiciamus attentiùs et
qualiter à fidelibus ipis profugatis ignorantiæ tenebris illi post supe=
reminentissimam summi opificis notionem, per ejusdem sapientiæ
donum in viam mandatorum directi veri luminis pertingant claritatem
solertiâ intendentes et ad quærendum ipsius alimenta literarum
studia per que divini numinis et ejusdem fidei cultus prodentitur
ecclesiæ militantis respubl. in spiritualibus et temporalibus cum
animarum salute geritur, pax et tranquillitas ubilibet solidantur
omnisque conditionis humanæ dilatetur prosperitas nostræ provisionis,
sollicitudinis ope, apostolocisque favoribus propensiùs excitemus.
Sanè pro parte dilectorum filiorum nobilis viri Joannis Brabantiæ
ducis, ac præpositi decani, scholastici et capituli ecclesiæ Sancti-Petri
necnon Burgi-magistrorum, scabinorum et communitatis oppidi Lova=
niensis, Leodiensis diœcesis, nuper exhibita petitio continebat. Quod
licet in ducatum Brabantiæ et aliis dominiis ipsius ducis, necnon
etiam in Leodiensi, Cameracensi, Trajectensi, Morinensi et Tornacensi
diocesibus, cæterisque ibidem circumvicinis partibus et dominiis
multa famosa et insignia loca populo Christiano et rerum copia ad=
modum opulenta existat, nullus tamen in illis locus esse noscitur in
quo saltem generale vigeat studium literarum undé partium illarum
plerique commodo et usu literarum carentes vel husjusmodi litterarum
imperitiæ subjacent vel in remotis partibus agere habent, scientiæ
hujusmodi in eis sectantes incrementum. Verum oppidum prefatum
quod de temporali dominio ipsius ducis existat, adeò rerum copia, aeris
temperie multitudinis capacitate atque domorum ac aliarum rerum
necessariarum commoditate per Dei gratiam est refertum quod ad hujus=
modi receptandum fovendumque studium aptum plurimùm idoneum
existere perhibetur. Qua propter ipsi dux prepositus et decanus,
scholasticus, capitulum, Burgi-magistri scabini et communitas conside=
rantes attentiùs quod inter cætera virtutum operaque tanquam accepta
summo rerum auctori sacrificia quæ per manus offerantur humanas
illa divinæ majestati grata plurimùm nullatenùs ambigentur per
quæ ad suscipiendum singulare virtutum diadema illis qui scientiarum
earumdem sitiunt acquirere Margaretam opportunis remediis et auxi=
liaribus commodis subventionis præsidium efficaciter impartitur generale
litterarum studium in eodem oppido ordinari desiderant ut inibi
disciplinæ atquè sapientiæ studiis se exercentes sibi et aliis meliores

effici valeant et partium illarum prosperitatis auctori Domino incrementum sequantur. Et nihilominùs dux ipse una cum Burgi-magistris, scabinis et communitate hujusmodi domos aptas et loca convenientia illic cum scamnis et aliis necessariis officinis pro magistris doctoribus et scholaribus ac aliis pro tempore legentibus, docentibus, disputantibus et audientibus deputare necnon eisdem competenti singulis annis vel alia de benificiis ecclesiasticis provider. Necnon quod rector universitatis studii hujusmodi pro tempore existens super omnia membra universitatis ejusdem et illorum servitores tam in civilibus quam criminalibus et aliis quibuslibet causis negotiis et excessibus, sivè impedimentis quibusvis juridictionem coercitionem emendationem dictis duci proposito decano, scolastico, capitulo, Burgi-magistris, scabinis et communitati communiter vel divisim in eodem oppido quomodolibet competentes exercere valeat concedere et jurisdictionem, coercitionem et emendationem hujusmodi à se penitùs abdicare et in rectoribus magistris et scholaribus, causâ studii, ad ipsum oppidum accedentibus, vel de illo recedentibus pro tempore quæcunque suas res et bona secum opportandi, et eaque pro suæ voluntatis ilibito reportandi sive ibidem vendendi libertatem tribuere intendunt pariter et proponunt. Quarè pro parte dictorum ducis præpositi, decani, scholastici, capituli, Burgi-magistrorum, scabinorum et communitatis desiderantium etiam quod magistris doctores et scholares supradicti pro potiori studii incremento condignis privilegiis se munitos sentiant quibuslibet privilegiis immunitatibus et exemptionibus aliorum generalium studiorum quantùm in ipsis duce præposito decano, scholastico, capitulo, Burgi-magistris, scabinis et communitate et aliis ipsius ducis subditis fuerit gaudeant et utantur nobis fuit humiliter supplicatum ut in dicto oppido generale litterarum studium in qualibet licitâ facultate erigere et ordinare de benignitate apostolicâ dignaremur. Nos igitur qui relationem fidelem post informationes diligentes super habilitate loci et aliis circumstantiis præmissis de mandato nostro receptam, ipsum oppidum aeris temperie politum, singulariumque rerum humano usui necessariarum ubertate refertum, et aliàs pro hujusmodi studio locum aptum dedicimus, meritorumque eorumdem ducis, præpositi, decani, scholastici, Burgi-magistrorum, scabinorum et communitatis pium desiderium, per quod scientiarum fons, ex quo ad Dei laudem et gloriam haurire possint singuli viri consilii maturitate perspicui, virtutum et dogmatum ornatibus redimiti succedant plurimùm commendantes hujusmodi supplicationibus inclinati aucthoritate apostolicâ præsentium serie statuimus et ordinamus. Quod à modo in dicto oppido generale in facultate quâlibet præterquam in theologiâ sit studium illudque perpetiùs futuris temporibus ibidem vigeat et observetur. Quodque omnes et singuli doctores magistri et scholares inibi omnibus et singulis libertatibus, immunitatibus et indulgentiis quibus vis doctoribus, magistris et scholaribus Coloniæ, Viennæ, Lipsensis, Pataviensis et Merseburgensis diocesium oppidis, studii causâ, commorantibus per sedem apostolicam vel aliàs qualitercumque concessis gaudeant pariter et utantur. Singuli vero qui cursu feliciter consummato in eâ facultate quâ hujusmodi inhæsêre studio bravium obtinere meruerint sibique etiam pro aliorum erudimento docendi litterarum ac doctoratùs sive magisterii honorem petierint elargiri per ipsorum inibi doctores sivè magistros, præposito quem cancellarium studii in oppido hujusmodi esse perpetuo volumus si illic præsens fuerit, alioquin decano dictæ ecclesiæ pro tempore existentibus, sivè aliis ab eis deputandis præsententur, ut ab illis si conservatis consuetudine et modis super talibus in dictis studiis generalibus observari solitis ad hoc extiterint idonei, sufficienterque reperti, licentiam et honorem sortiantur antè dictos et qui quidem præsentati quàm primùm illos adepti fuerunt ubsque ulterioribus ab eis habendis examine et approbatione in ipsâ facultate quâ licentiam et honorem attigerint in eisdem legere et docere liberè et licitè ubique possint et valeant. Rursùs quoque omnium et singulorum causarum et negotiorum cognitio atque decisio doctorum, magistrorum scholarum, memborum atque servitorum eorumdem, sivè clerici, sivè laïci fuerint et etiam de quibuscunque criminibus excessibus correctio et punitio ac omnimoda super illis jurisdictio ad rectorem studii in eodem oppido, quæ dictum scholasticum per dictum quinquennium esse, et ex tunc annis singulis inibi juxta consuetudinem studiorum hujusmodi eligi volumus et non ad ducem seu ejus successores duces Brabantiæ præpositum, decanum, scholasticum, capitulum, Burgi-magistros, scabinos et communitatem præfatos, aut aliquem ex eis ipsorumve officiales pertinere omnimode dinoscuntur, præfatique duci successoribus, præposito, decano, scholastico, capitulo, Burgi-magistris, scabinis, communitati et officialibus et aliis quibuscunque de causis et negociis hujusmodi vel ex eis aliquem pro criminibus et excessibus eisdem aut quomodolibet corrigendi vel puniendi seu aliquam in eis superioritatem vel jurisdictionem exercendi facultate et authoritate penitùs interdictis non obstantibus constitutionibus et ordinationibus apostolicis contrariis quibuscunque.

Volumus autem quod nisi à datâ præsentium in frà annum computandum dux et præpositus, decanus, scholasticus, capitulum ac Burgi-magistri, scabini et communitas supradicti prout eos communiter ac divisum contingere censetur privilegia ac libertates concesserint aut jurisdictionem ad se abdicarint ac eam in rectorem ac universitatem prædictos transtulerint antèdicta realiter et cum affectu præsentes litteræ et quæcunque indè sequta, nullius existant roboris vel momenti. Nulli ergo omninò hominum liceat hanc paginam nostræ constitutionis ordinationis et voluntatis infringere vel ei ausu temerario contraire. Si quis autem hoc attemptare presumpserit indignationem omnipotentis Dei et beati Petri et Pauli apostolorum ejus, se noverit incursurum.

Datum Rome apud Sanctos-Apostolos, 5 idus decembris, pontificatus nostri anno 9.

N.º XC. — Tome quatrième, page 112.

Description du char d'or de Mons.

Fama deaurati ne sit tibi fabula currûs
    Hic est Montani gloria vera soli
Hæc sacra ferratis servatur machina valvis
    Quam foret infandum contemerare nefas.
Unius et trini redeunt cum festa tonantis
    Atquè Ceres vernum florida tempus agit,
Accelerant puerique manu contingere gaudent
    Et leve sacratum pondus ab æde rotant,
Evectum patrià longè spatiatur ab urbe.
    Turba sequta pias fundit ad astra preces
Quadrupedans rutilas capitis levat ungula plumas
    Splendet ad extremos, quæ phalerata, pedes
Discernit bicolor visus auriga tuentes,
    Tibia mirificis quem præit alta sonis.
In medio, circùm sunt tintinnabula, curru
    Aligerique pares bis duo plectra movent.
Hos super ossa Deæ sunt Waldetrudis, habetque
    Presbyteri manibus fulta columna caput.
Prosequitur custos sociarum candidus ordo
    Belgarum castæ nobilitatis opes.
Non similes duxit phaeton cœlestis habenas
    Atque triumphales Roma superba rotas.

N.º XCI. — Tome quatrième, page 121.

Charte contenant divers priviléges accordés à la ville de Mons.

Philippe, duc de Bourgoigne, comte de Flandres et Artois, etc., sçavoir faisons à tous présents et advenir que nous avons receu l'humble suplication de noz biens amez les eschevins, conseil, bourgeois et habitans de la ville de Mons en Haynau, contenant que ladite ville, qui est de grande ancienneté et chef ville de tout le pays de Haynaut, est assise et située en seiche marche sans rivière portant navire, petitement fondée en fait de marchandises et pau peuplée selon la grandeur d'icelle. Et que pour défault que lesditz eschevins ne peuvent exercer justice ne juger de cas criminels et civilz, ne aussi cognoistre de debtes, marchandises et autres affaires par dépositions de tesmoins comme besoin seroit, plusieurs dangiers, domaiges et inconveniens sont advenus et adviènent par chacun jour aux bourgeois, marchans et repairans en icelle. Et avec qu'en ladite ville sont, repairent et conversent plusieurs malfaiteurs, coulpables et soubçonnez de plusieurs délictz, excez et maléfices, dont motions et inconvéniens y sont par ci devant advenuz, et encors pourront estre double que n'adviènent. Par lesquelles choses ladite ville est grandement amenrie et amenrit chacun jour, requérants pour le bien de ladite ville qu'il nous pleust leur octroyer aucuns priviléges, par vertu desquels icelle ville puist estre augmentée et soutenue en bonne justice.

Pour quoy nous ces choses considérées, désirant le bien, honneur et augmentation de ladite ville, icelle estre repeuplée et justice et marchandises y avoir cours, et affin qu'elle puist estre mise et soutenue en bon estat de nostre certaine science au dessus nommez eschevins, jurez, conseil, bourgeois et habitans de ladite ville de Mons, pour eux et leurs successeurs, avons pour nous, noz ayans cause et les comtes et comtesses de Haynau, octroyé et donné de grace spécialle, octroyons et donnons par ces présentes en points de privilèges, à toujours et perpétuelement les points et articles qui s'ensuivent.

C'est à sçavoir que iceulx eschevins, lesquelles sont et seront créez de par nous et les comtes et comtesses de Haynau, qui pour lors seront à nostre bon plaisir et au leur, avons avec la cognoissance et police que de présent ont en laditte ville de Mons, gouvernement et authorité d'exercer justice et pouvoir de cognoistre et juger par semonce, audition faisant si le cas le requiert, de tous cas criminelz et civilz sur tous les bourgeois, manans en nostre dite ville et autres estant en le fermeté et jugement d'icelle, réserve pour nous et noz hoirs comtes et comtesses de Haynau, que des officiers, conseilliers de nostre dit pays et de leurs seigneurs en cas de leur office, et aussi des gens et officiers de nostre hostel et des hostels de noz hoirs comtes et comtesses estant audit pays de Haynau, des serviteurs d'iceulx, gens et officiers, lesditz eschevins ne cognoistront ne jugeront aucunement, sauf aussi et réserve les modérations et exceptions cy après spécifiées et déclarées, que nous avons retenu, retenons et réservons à la cognoissance de nostre souveraine court de Mons.

Item, et pour ce que au temps passé des causes et actions civiles menés par devant noz ditz eschevins, tant le demandeur comme le deffendeur y estoient oyz par serment dont souventeffois advenoit que l'un d'iceulx estoit perjure qui estoit escandale à le loy de nostre dite ville de Mons. Nous pour le bien de justice et pour obvier à ce que telles choses n'adviennent, qui sont contre consciences reprochables et de maise exemple, avons consenty et accordé, et par ces présentes voulons, consentons et accordons que lesditz eschevins ayent pouvoir de cognoistre, juger et appointer par dépositions de tesmoins et autre= ment debuement de toutes poursuites, debtes, marchandises et autres affaires d'entre lesditz bourgeois et autres estant en la fermeté et juge= ment d'icelle, excepté de ce dont il auroit obligation faicte et passée par devant noz homes de fiefz, dont la cognoissance demeurera et appertiendra et debvra demeurer et appertenir à nostre dite cour à Mons ou au bailly de Hainau ou au prevost de nostre dite ville de Mons, auxquels d'eulx que les parties se vouldront traire en ensuivant les termes de la loy générale de nostre dit pays. Et réserve aussy nos officiers et conseilliers d'iceluy pays et les gens de nostre hostel et de nos hoirs comtes et comtesses de Haynau.

Item, avons-nous consenty et accordé, consentons et accordons que lesditz eschevins pourront doresnavant pour le bien, utilité et profit de nostre dite ville, en entretenant les choses contenues en ces pré= sentes touteffois que le cas le requerra et que bon et expédient leur semblera par l'advis et consentement de nostre bailly de Haynau et prevost de Mons, faire bans, éditz et statutz, lesquels debvront estre observez et entretenuz en leurs termes comme loy, tant et si longue= ment, que par l'advis et consentement des dessusditz, mutation et modération y sera faicte.

Item, n'est point nostre intention et volonté que de purgation d'ho= micides, fouriures, rapportz de sergeans pour fait de recoussement ou de main-mise, cognoissance de fiefz ou d'alloetz, dismes, terraiges, héritaiges amortiz ne de quelconques actions touchant personnes d'église ne leurs biens de testamens ne d'obligations faictes par devant noz homes, des nobles, de tenures brisées, des meubles de nous et de noz hoirs comtes et comtesses de nostre pays de Haynau, ne de quelconques autres choses dont nostre cour de Mons seulement a usé de juger, lesditz eschevins se entremettent ou cognoissent en aucune manière. Ançois l'avons réservé et réservons à nostre dicte cour de Mons, excepté ce que par ces présentes avons octroyé et consenty auditz eschevins. Voulons en oultre et nous plait que de toutes amendes civiles jugées et tauxées par lesditz eschevins, nous et noz hoirs, qui pour le temps seront, ayons les deux parts en nostre dite ville, et le tiers pour employer en la réparation d'icelle.

Item, avons-nous consenty et accordé, consentons et accordons que si nosditz officiers et de noz hoirs comtes et comtesses ou autres seigneurs et officiers de nostre dit pays de Haynau vouloient lesditz bourgeois et manans de nostre dite ville de Mons, ou leurs biens occuper ou empescher pour quelque cas que ce fuist ou soit, excepté ceulx qui par nostre dite cour de Mons sont cy dessus réservez. Iceulx seigneurs et officiers seront tenus de les renvoyer par devant lesditz eschevins ou les mettre ou délivrer sans frais desditz bourgeois et sans fraulde ny malengien, incontinent que par les eschevins de nostredite ville de Mons ou par leurs sergeans requis en seront pour devant eaulx estre oyz et addressez en raison, adez le dekeant payant les fraix, entendu et pourveu en ce que de leurs héritaiges ilz sortiront par devant les juges ès lieux où leurs héritaiges seront gisans.

Et s'il advenoit que lesditz seigneurs, officiers et subjetz fussent reffusans ou deffaillans de les ainsy renvoyer ou mettre en délivrance, comme dit est, nosditz eschevins pourront juger le déffaillant à XXXVI l., monnoye de nostre dit pays, d'amende à départir comme dessus. C'est à sçavoir, les deux pars à nous et à noz hoirs, et le tierce à nostre dite ville, pour la réparation et fortification d'icelle, de laquelle amende nostre dit prevost de Mons, pour ce que il fera et en debvra faire venir, en debvra compter de nostre part.

Item, nous plait et voulons que nosditz eschevins puissent faire et créer 4 sergeans, preud'homes et idoines, à ce qu'ilz seront tenuz de présenter à nostre bailly de Haynau, pour en ses mains faire serment de non exploiter ne eulx entremettre des choses touchant les personnes et cas cy dessus, et ledit serment faict auront lesditz sergeans pouvoir d'exploiter en tous cas dont à nosdis eschevins appertiendra la cognoissance. Et seront lesditz sergeans en nostre protection et sauvegarde. Et ainsi de noz hoirs comtes et comtesses et creus au fait d'iceluy office comme nos propres sergeans. Et quiconque leur meffera en celuy office faisant, il enchera en ottele amende et pugnition que ceulx qui mefferont à aultres noz sergeans, selon la loy générale de nostredit pays, ou en desoubz à la modération et jugement de nosditz eschevins.

Item, voulons et ordonnons que nostre prevost et mayeur de Mons, et leurs lieutenans en leur absence, soient tenus de scemondre nosdits eschevins touteffois qu'il appertiendra et que requis en seront. C'est à sçavoir chacun d'eulx selon ce que à son office appertient en cas dont debvront avoir la cognoissance, et de tous les jugemens et ordonnances d'iceulx eschevins exécuter, faire et accomplir. Et pareillement que nosditz eschevins soient tenus de juger et dire loy touteffois que requis en seront par nosditz prevost, mayeur ou leur lieutenant et chacun d'eulx. Et si iceulx prevost, mayeur, lieutenant ou eschevins estoient défaillans de ce faire, nous voulons et ordonnons que les défaillans ou défaillant ou reffusant eschèrent en pareille amende de XXXVI liv., monnoye de nostre dit pays, à départir comme dessus, dont il sera ou seront constraintz par nostre bailly de Haynau, qui de nostre part compter debvra. Et nous plait et voulons qu'en cas de défaut de ladite scemonce après sommation faicte à nos ditz prevost, mayeur ou leurs lieutenans en leurs absence, l'un de nos ditz eschevins puist faire ladite scemonce, et à icelle nos autres eschevins juger ladite amende, touteffois que le cas escherra.

Item, nous plait et voulons que nos ditz bourgeois et manans de nostre dite ville de Mons puissent mouldre aux moulins qu'avons en nostre dite ville pour huit deniers la razière, monoye de nostre dit pays de Haynau.

Item, sur la considération qu'avons eue et avons que les enfans orphelins ou reniez sans père ou mère en nostre dite ville et jugement de Mons ont fait par ci-devant vendaige et aliénation de leurs biens, héritaiges et meubles et à ce subtilement attraitz, dont ilz sont demeurez pauvres et désers de chevauce avant que venuz soient en aage et cognoissance raisonable. Nous pour à ce pourveoir et le bien commun exaucer, avons accordé et ordonnons, accordons et ordonnons que doresenavant tous enfans orphenes estant en nostre dite ville et jugement d'icelle ou sans père ou mère soient mis en la mambourgnie de trois ou quatre leurs proximes ou amys ou d'autres à ce ordonnez par nos ditz eschevins. Et que sans le gré d'iceulx, ilz ne puissent faire obligation ne vendaige vaillable, jusques à ce qu'ilz ayent XXV ans passez, s'il n'y avoit cause raisonable à l'appaisement desditz eschevins, pourveu qu'iceulx noz eschevins seront tousjours pleisges et respondans avec lesditz proximes et amys de ce qu'appertiendra auditz orphenes.

Et avons consenty et accordé, consentons et accordons que doresnavant nul ne nuls ne puist ne doibve, pourra ne debvra ses héritaiges gisans au jugement et furmeté de nostre dite ville de Mons charger de rentes héritables, que les héritiers d'iceulx héritaiges ne les puissent rachepter, touteffois qu'il leur plaira, et que ceulx ou celles à qui elles appertiendront seront en estat de pouvoir faire bon convent par loy parmy payant à iceulx racatz faire le prix et valeur de XXIIII den. chacun denier les meilleurs, avec le service des seigneurs et les autres en dessoubz, à la tauxation et discrétion raisonable de nostre dite loy de Mons.

Si donnons en mandement à nostre bailly de Haynau et à tous les autres seigneurs justiciers et officiers de nostre dit pays et comté de Haynau, leurs lieutenans, présens et advenir, et à chacun d'eulx, si comme à luy appertiendra, que de nostre présente grace, octroye et don de privilège, ainsi et par la manière que dit est, laissent, facent et souffrent perpétuèlement et à tousjours lesditz supplians noz subjetz jouyr et user plainement, et les points et articles de nostre dit privilège leur entretièment et gardent, et facent entretenir et garder bien entièrement de point en point, selon et par la manière que cy dessus ilz sont escripz, spécifiez et déclarez, sans leur donner, faire ou mettre, ne souffrir estre mis, fais et donné ors ni pour le temps advenir aucun empeschement ny desturbier ou contre. Ainçois se fait estoit le ostent et lèvent, ou facent oster, lever et mettre sans délay à plaine délivrance. Et si ès ou sur les choses devant dites ou aucunes d'icelles aucune difficulté ou obscurité sourdoit on sourvenoit quand que fuist, nous avons réservé et réservons, à nous et à noz hoirs comtes et comtesses de Haynau, l'interprétation et déclaration d'icelle. Et affin que ce soit ferme chose et stable à tousjours, nous, en tesmoin de ce, avons fait mettre nostre seel à ces présentes, sauf en autres choses nostre droit et l'autry en toutes choses.

Donnée en nostre ville de Lille le xvii jour du mois d'octobre de l'an de grace m. cccc. xxviii.

Par monseigneur le duc en son conseil,

SEGUINART.

N.º XCII. — Tome quatrième, page 142.

Institution de l'Ordre de la Toison d'Or.

Philippus, Dei gratiâ, dux Burgundiæ, Lothricii, Brabantiæ, Lemburgi; comes Flandriæ, Artesiæ, Burgundiæ; palatinus Hannoniæ, Hollandiæ, Zelandiæ et de Namur; marchisius Sancti-Imperii, dominus Salinarum et Mechliniæ.

Notum facimus omnibus præsentibus et futuris quod propter magnum et perfectum amorem quem habemus erga nobilem statum et ordinem dignitatis equestris; cujus honorem ardenti et singulari affectu ex optamus augere; per quem ordinem vera fides catholica, status nostræ sanctæ matris ecclesiæ et tranquillitas prosperitasque Reipublicæ sit (ut esse potest) defensa, custodita et conservata. Nos ad laudem et gloriam omnipotentis creatoris et Redemptoris nostri, ad reverentiam matris ejus gloriosæ virginis et ad honorem Domini nostri sancti Andreæ gloriosi apostoli et martyris ad exaltationem fidei et sanctæ ecclesiæ, et excitationem virtutum et bonorum morum, decimo die mensis januarii, anno Domini nostri 1429 (secundum nos 1430), qui erat dies solemnizationis matrimonii inter nos et nostram charissimam et amantissimam conjugem Elizabeth in oppido nostro Brugensi accepimus, creavimus et ordinavimus et per has præsentes accipimus creamus et ordinamus ordinem et fraternitatem dignitatis equestris et amicabilis societatis, certi numeri equitum quem volumus appellari *Ordinem Velleris Aurei* sub formâ, constitutionibus, statutis, modis, articulis qui sequentur. Primo ordinamus ut in ordine antedicto sint unus et triginta equites viri nobiles, nomine et armis, sine reprehensione quorum nos tempore nostro erimus caput et supremus et post nos successores nostri duces Burgundie, etc.

Datum in oppido nostro Insulensi 27 novemb. 1431.

Quant aux autres articles, qui sont au nombre de 94, nous les laissons en arrière, pour cause de brièveté. (*Vide* Miæus, *Dipl. Belgica*, t. 1, pag. 230.)

N.° XCIII. — Tome quatrième, page 157.

Acquisition de la terre du Rœulx par la maison de Croy.

Jeaques, par la grace de Dieu, ducesse de Bavière, comtesse de Haynau, de Hollande, Zélande, de Ponthieu et dame de Frise. A tous ceulx qui ces présentes lettres veuront, salut et dilection, sçavoir faisons que pour et en conservation des bons, grands, notables, parfaits et agréables services, comment entièrement et suffisament apperchevons, que nostre très-cher, féal et amé cousin messire Anthoine, seigneur de Croy et Renty, d'Arscot, du Rœulx et de Chierves, chevalier conseillier et premier ..... de nostre très-cher et amé frère le duc de Bourgoigne, a fait de longtemps et fait chacun jour en persévérant incessamment à grande paine et diligence à nostre dict très-cher frère, à nos aussi, et espérons encor plus fera en temps avenir. Nous, tant pour icelle considération, comme pour autres causes justes et raisonables ad ce mouvans, désidérans de bon cœur le bien et advancement dudit nostre cousin, luy, ses hoirs et successeurs, advons aujourd'hui de bon vouloir et par le meur délibération de nostre conseil, donné, octroyé et accordé, et par ces présentes donnons, octroyons et accordons, de nostre grace spéciale, à tenir héréditablement et à tousjour en feaulté et homaige, de nous et de noz hoirs et successeurs comtes et comtesses de nostredict pays de Haynaut, toute la terre, ville, justice, seigneurie, pays appertenants et appendans que on dit du *Rœulx*, en iceluy nostredit pays de Haynaut, si avant que elle se estent et peult comprendre, soit en bois, hays, buissons, prestz, pastures, terres hannables et aultrement, en cauwez, estancques, rivières, viviers, moulins, cens, rentes, revenus, mortemains, maltautes, tonnelieux et winaiges, droitz signauriaulx, fourfaitures, amendes, homes féodaulx, serwaige de personnes, profitz et émolumens ou en quelque autre partie que ce puisse estre, pour d'icelle terre et ville parye du Rœulx et de tous les membres qui en dépendent, compétent et appertiennent. Aussi en haulte justice et seigneurie, comme en viscomtés, plaix généraulx et en toute aultre manière avec le droit, cognoissance de toute france vérité en tous cas qui escheront en laditte ville, terre et seigneurie du Rœulx, et sur tous les bourgeois, manans et habitans en icelle, eut à jouyr, avoir user et possesser héréditablement à tousjours, par le dessusdit nostre cousin, ses hoirs, successeurs, comme dit est, comme de leurs propres biens, en telle manière, forme et condition que de noble mémoire noz très-doubté seigneur monseigneur le duc Aubiers, nostre tayon, et monseigneur le duc Guillame, nostre père, que Dieu pardonist, le avoient et on' jouy et possedez en leurs temps et nous ou nostre jusques ores san: rien ne aucunes choses excepter ne mettre dehors, réserve la souveraineté et homaige tant seulement cy dessus récitez.

Et pour ce que laditte terre et ville a dès longtemps esté moult foullée, admerie et grevée, tant par repaire et exploitement de sergeans autres que d'icelle ville qui se souloient advancer de eux y enbattre indebucment, et par les emprinses aussi d'aucuns qui soub umbre de grands discords et dissentions d'amis ont en icelle eslevé exécution, mellées, et par ce commis homicide, criesmes et autres exactions en plusieures manières. Nous pareillement désirant le bien et augmentation d'icelle ville et terre, et affin d'éviter et remedier à tous tels inconvéniens et autres plus grands qui pouldroient souldre, advenir, avons ordonné, consentons, advouons que nuls des autres sergeans de nostre pays de Haynaut, quels que soient, fors que tant seulement ceulx d'icelle ville puissent doresenavant exploiter ne sergenter en laditte ville et terres, ne ès appertenances d'icelle. Et pour tant défendons à tous les autres sergeans et officiers de nostre dit pays de Haynau, présens et advenir qu'ils si cessent et deportent doresnavant de habiter, communiquer et converser aucunement en laditte ville et terre du Rœulx pour y exploiter ou sergenter communément qui ce soit.

Voulons en oultre et de nostre grace spéciale, ordonnons, octroyons et accordons audit seigneur de Croy, à ses hoirs et successeurs, pour tous les bourgeois, subjetz, manans et habitants en icelle ville et terre du Rœulx, présens et futurs, et que iceulx bourgeois et habitans, en tous cas, amendes, criesmes, homicides, débas et autres questions et affaires quelques soient ou poellent estre illec mieulx ou à mouvoir, perpétrez ou à perpétrer, soient et seront doresenavant aussi frans et libres, comme sont bourgeois et habitans de nostre ville de Mons, sans pour quelconque cause, fourfaiteures ou amendes sortir ou obéir, à quelque autre court, justice, fors tant seulement à la loy et justice d'icelle ville du Rœulx, laquelle entièrement en aura la cognoissance et jugement. Et les avons pour plus grande seureté, pour noz hoirs et successeurs comtes et comtesses de nostre dit pays de Haynau, institué et ordonné, instituons et ordonnons, par ces dictes présentes patentes, de nostre authorité et grace spécialle, en belle, pareille et semblable franchise et liberté, honneur et prérogatifve, en tant qu'il touche leur moult jurisdiction dépendante, comme sont les bourgeois, manans et habitans d'icelle nostre ville de Mons. Pour toutes lesquelles choses ainsi données, octroyées et accordées par nous à nostre dit cousin, le seigneur de Croy, pour luy, ses hoirs et ses successeurs, est devenu nostre homme feudal, et l'en advons de nous mesme et en noz mains receu en fealte et homaige, comme de fief ample, bien et suffisament, ainsi et par la manière que les loix et coustumes de nostre dit pays et comté de Haynaut le demandent et requièrent, sans rien ne aucunes choses retenir, pour nous et nosdicts hoirs et successeurs, fors ladite souveraineté seulement. Si donnons en mandement aux souverains baillifs et receveur de nostre dit pays de Haynau, et à tous noz autres justiciers, officiers et leurs lieutenans présens et futurs, et à tous noz subjets et chacun d'eulx, si comme à luy appertenans, que de nostre présent don, octroye et grace. Ainsi par nous faicte desdites ville, terre, payrie, justice et seigneuries dudit Rœulx, ensemble de tous les fruicts, profits, terres, censes, rentes, revenus, taux, servaiges de personnes appertenans et appendans d'icelle. En toutes les parties, membres et les manières dessus dictes et déclarées, facent, souffrent et leissent doresnavant ledit seigneur de Croy, nostre cousin, sesditz hoirs et successeurs, jouyr et user paisiblement.

Mandons aussi et commandons à tous les hommes, tant serfs comme libres, manans, bourgeois et habitans de laditte ville et terre et à tous les subjetz d'icelle, que audit seigneur de Croy, sesditz hoirs et successeurs après luy et à tous ses officiers, qu'au mandement, comme aussi au contenu de ces présentes, obéissent et entendent doresnavant diligemment sans faire, attempter, emprendre, aller ou procurer aucunement alencontre. Car ainsi nous plaist-il, et le voulons, nonobstant quelconques, privilèges, coustumes, deffences ou mandemens donnés et à donner alencontre. Et à ceste cause promettons audit seigneur de Croy nostre cousin, et à sesditz hoirs, successeurs, nostre présent don garantir et faire garantir par nosditz hoirs et successeurs comtes et comtesses de Haynau, ausquels requérons que ainsi le facent.

En tesmoigne de quoy nous avons fait mettre nostre grand seel à ces présentes.

Donnée en nostre hostel en Le Haye en Hollande, le 1 jour du mois d'apvril, l'an de grace M. IIII° XXXII avant Pasques (selon nostre computation l'an 1433).

Ainsi signé par madame la ducesse et son conseil.

N.° XCIV. — Tome quatrième, page 148.

Éclaircissement sur le privilége accordé à la ville de Mons.

(Voir plus haut n.° xci.)

A tous qui ces présentes lettres orront ou verront. Guillame de Lalain, seigneur de Bugnicourt et de Fressain, conseiller et chambellan de mon très-redoubté seigneur monseigneur le duc de Bourgoigne et son bailly de Haynau, salut.

Comme il at pleu à mondit très redoubté seigneur le duc et ma très redoubtée dame madame la ducesse de Bavière, allors comtesse de Haynau, Hollande et Zélande et heritière d'iceulx pays, de donner et concéder aux eschevins, conseil et communauté de la bonne ville de Mons, certains privilèges apparans par leurs lettres patentes qui sont en datte de l'an 1428, esquels privilèges pouvoit avoir aucunes choses à esclaircir et interpréter, si qu'il sambloit à messieurs du conseil de mondit seigneur le duc et à nous, et desquels eussions par plusieurs fois fait remonstrance à mondit seigneur le duc et à messieurs de son conseil résidens emprès luy qui nous eussent conseillez et chargez d'en appointer avec la loy d'icelle ville de Mons. Asscavoir est que affin que nous et ly officiers de mondit seigneur le duc résidens en ladite ville de Mons et tous autres se puissent et sachent ordonner et appointer sans débat et question avec la loy de ladite ville de Mons, et ladite loy avec eux et tous différens appaiser. Avons sur ce, par l'advis et délibération d'aucuns du conseil de mondit seigneur le duc, sans pouvoir entre autres choses porter préjudices à leurs ditz privilèges accordez, faisons et accordons les interprétations, escharcissemens et ordonnances qui s'ensuivent.

Du faict des eschevins pouvoir excercer justice.

Premier, sur le premier article dudit privilège contenant lesditz eschevins pouvoir faire et exercer justice, soit entendu que si aucuns estoient renommez et occupez pour cas de meurtre, de bouter feux ou larcin, que lesditz eschevins de Mons les puissent approcher et examiner à leur appaisement et après qu'ilz auront cogneu leur meffait, présent le prevost de laditte ville, si estre y veult, ou son lieutenant, en ordonner par jugement, ainsi que les eschevins verront au cas appertenir. Et debvra ledit prevost ou lieutenant ces jugemens et ordonnances exécuter et accomplir. Et pareillement tous autres jugemens faiciz à la semonce deluy, ledit prevost ou son lieutenant; et s'ilz estoient de ce refusans, lesditz eschevins en pourront ottel faire que ledit prevost ou son lieutenant dedens un jour entier, après ce que lesditz eschevins en auroient faictz sommation audit prevost ou son lieutenant ou à leur mansion sans maise ocquison.

De pouvoir bannir et composer par les eschevins.

Item, si lesditz eschevins n'avoient conscience des délinquans juger à mort ou à membre perdre, ilz les pourront bannir de laditte ville et jugement de Mons ; et si bannir ne les veulent, les pourront-ilz à leur requeste composer et appointer à pecune d'argent, moyenant que de cas de larcin, nous ledit bailly aurons la moitié d'icelle composition, au profit de nostredit très-redoubté seigneur, et en bailleront aux compose noz lettres de pardon et warand ; et lesditz eschevins en auront l'autre moitié pour la convertir en la réparation de ladite ville.

De aux bannis pouvoir rendre la ville par le bailly de Haynau.

Item, pourrons-nous au nom et de par nodit très-redoubté seigneur rendre à certains bannis de ladite ville de Mons, s'il nous plait, présens deux eschevins, au boult de l'an après qu'ilz auront estez bannis et non devant, ne soit par l'accord desditz eschevins de Mons et avec tous les juges à mort par lesditz eschevins, reservez meurtres, boutteurs de feux, robeurs de chemins et de l'église, ravisseurs et violeurs de femmes, briseurs de maisons et de trefves, et aussi afforins qui occis auroient aucuns des manans de laditte ville, si cilz afforains n'avoient paix en partie pourront, s'il nous plait, respiter les vies au nom de nostredit très-redoubté seigneur, si le requerrons de nostre personne ou par noz lettres avant l'exécution faicte, parmy contentant partie, en faisant payer les despens raisonablement ; mais iceulx ainsi respiter ne pouldront ny debvront de là en avant venir ny demeurer en laditte ville de Mons sans l'accord et gré desditz eschevins sur enchéir en telle punition que audit jugement appertiendra, et si prendions en ce aucun profit au nom de nostre dit très-redoubté seigneur, laditte ville en debvra avoir la moitié pour convertir comme dessus.

Des bourgeois pouvoir poursuivre ses amendes pour navrures par devant autres juges que lesditz eschevins.

Item, si aucun afforin comet par ire et voye de fait navrure ou injure en la personne d'un bourgeois ou manant de laditte ville, et qu'icelluy bourgeois ou manant se veuille traire à nous ou au prevost pour avoir ses amendes, faire le pourra, et si ainsy le fait, il debvra tenir et accomplir la sentence de nous ou dudit prevost contre sa partie adverse, et ledit office sera tenu de luy faire avoir ses amendes et ses despens à la taxation desditz offices.

Des eschevins cognoistre des afforains qui occiront bourgeois ou briseront trèves.

Item, si lesditz afforains occiroient bourgeois ou manant de ladite ville ou briseroient trèves, lesditz eschevins, si par eux ou leurs sergeans ou officiers sont pris, en pouldront et debvront cognoistre et faire justice à leur discrétion, s'ils n'ont fait paix à partie; car s'il y avoit paix, nous ledit bailly leurs pouldrons respiter vie, comme dessus est dit. Et d'autres injures, navrures ou affolures pourront lesditz eschevins ordonner et tauxer l'amende selon le cas.

Des eschevins non cognoistre des nobles et aultres.

Mais lesditz eschevins n'auront point la cognoissance des nobles du dit pays, joyssant de franchise de noblesse, selon la loy d'iceluy, des actions des personnes d'église s'ilz ne trayent à eux, des officiers, conseillers dudit pays et de leurs sergeans en cas de leur office. Aussy des gens, officiers d'hostel de nostre très-redoubté seigneur luy estant audit pays, des serviteurs d'iceulx gens et officiers ny d'autres réservations contenues audit privilège, ne de ceulx qui seront mandez aux journées de trois estatz ou d'autres particuliers mandez par lettres de nous ledit bailly de Haynau sans maise ocquison, pourveu que lesditz mandez ne veuillent faire ne facent auditz bourgeois et manans de Mons injure et contre leurs corps ny à leurs biens, et sauf aussy que des debtes et marchandises non obligées, acreutes et non payées par lesdits officiers, conseillers et leurs gens, lesditz eschevins en debvront avoir la cognoissance, si on s'en trait à eux. Et à toutes ces choses ilz debvront estre attraitz et poursuivis par devant nous et lesditz prevost de Mons ou en laditte cour.

Des marchandises du prince que les bourgeois prendent.

Item, si aucuns des bourgeois et manans de laditte ville de Mons prendent les marchandises de nostredit très-redoubté seigneur, chil principal marchans ferons constraindre pour icelles payer et accomplir par le recepveur de Haynaut, ou son lieutenant en la ville de Mons, sans ce que pour lesdites marchandises, l'on soit tenus se traire auditz eschevins de Mons s'ilz ne leur plaist; mais si lesditz marchans y veulent faire aucune opposition, ilz y debvront estre receuz par devant nous pour en ordonner selon la loy du pays, et le déchéant payer les despens et des autres debtes qui des marchandises de nostredit très= redoublé seigneur pourront estre dues auditz principaux marchans par les bourgeois et manans de ladite ville, auquels elle auront estés rendues et livrées ou vendues sans obligation, ledit principal marchant debvra de ce faire poursuite par devant lesditz eschevins.

Des eschevins pouvoir exploiter ès halles et moulins.

Item, pour le bien de justice, lesdits eschevins pourront exploiter ès halles du bled et des draps de laditte et ès moulins et huisines de nostredit très-redoublé seigneur, comme ilz ont fait cy devant, tant en afforer bled, ordonner priseurs, justifie mesures et aulnes le briser, y faire bans et juger loix, comme autrement en fait de justice. Et si les sergeans dudit receveur de Haynau ou autres sergeans des offices de nous et dudit prevost et des eschevins y callengent et raportent quelqu'un en meffait, lesditz eschevins debvront, au raport d'eaulx lesdits sergeans, juger selon telle loix et amendes qu'ilz verront apper= tenir au cas, pour les deux parts d'icelles loix appertenir au droit de nostredit très-redoublé seigneur, et le tiers à laditte ville; et sy poul= dront ainsy lesditz eschevins ou leurs sergeans ou officiers exploiter ès hostelz de nostredit très-redoublé seigneur, luy estant absent.

Des bourgeois non domager les bois sinon pour les cas déclarez.

Item, si aucuns des bourgeois ou manans de laditte ville de Mons coulpoient bois ès forestz et bois de nostredit très-redoublé seigneur, ne soit pour processions, pour enfans d'eschole ou pour anciens usaiges, lesditz eschevins, à la requeste du bailly des bois ou de son lieutenant ou au raport et serment de leurs sergeans faitz auditz eschevins, deb= vront juger iceulx délinquans en telles loix et amendes que la coustume dudit pays de Haynau donne, asçavoir pour bois de cesne à LX solz blans, et pour blans bois XXII solz VI d. Et en ce soit entendu boi= soyé, ny carpenté qui seroit larcin, et dont lesdits eschevins debvront user comme de cas touchant crime, dont est cy dessus parlé.

Des bourgeois ne pouvoir chasser ès bois.

Item, lesditz bourgeois et manans ne pouront chasser ès ditz bois ou forestz comme ilz ne faisoient paravant leurdit privilège. Et s'il ad= venoit qu'ilz prinsent aucunes bestes, ilz debvront estre quittes pour payer d'amende, si comme pour un cherf C solz, pour une biche LX solz, un viel de biche XX solz, pour un pourcel LX solz et un commun X solz, lesquelles parties prises, si aucunes en avoient, le délinquant sera tenu nuncer aux officiers ou sergeans desditz bois, et sur enchéir si deffaillans en estoient en C solz d'amende, à départir comme dit est ; lesquelles amendes lesditz eschevins debvront juger sur le raport et serment desditz sergeans des bois, à la requeste dudit bailly des bois ou son lieutenant. Et pareillement debvront-ilz juger de toutes autres fourfaitures qui escheront, et pourront eschéir ès ditz bois par lesditz bourgeois et manans.

De pouvoir recroire par les eschevins les bourgeois calengez par les officiers du prince.

Item, si lesditz bourgeois ou manans de Mons sont calengez ou occupez par les officiers de nostredit très-redoubté seigneur, ilz debvront estre menez en la prison de ladite ville, et non ailleurs, lesquels prisonniers lesditz eschevins pourront, s'il leur plaist, recroire et délibrer de ladite prison par certain terme, parmy donant au sergeant de l'exploit bonne fin et caution du cas (réservez ceulx qui pris seroient pour fait d'homicide, pour paix ou respit avoir enfraint, ou pour larcin). Et si par aventure lesditz bourgeois et manans estoient mennez prisonniers au chastel, ilz debvront, à la requeste desditz eschevins ou de leurs sergeans, estre renduz incontinent ladite requeste faite et sans fraix ; et si le prendeur n'estoit trouvé, le tourieur dudit chastel les debvra ainsy rendre ; et si ce ilz estoient refusans, ilz encheroient en l'amende de dix livres blans à départir comme dit est. Entendu que si pris estoient pour chose dont la cour à Mons doibt cognoistre, que tost après la plainte est faicte en icelle cour, ilz debvront y estre ramenez en ladite cour, pour là en droit attendre loy.

Des bourgeois ou leurs biens calengez par les seigneurs subjetz estre renduz aux eschevins.

Item, si aucuns hault justiciers dudit pays ou leurs officiers prendent ou occupent en leurs terres et seigneuries aucuns desditz bourgeois et manans de ladite ville de Mons ou leurs biens, pour quelque cas que ce soit s'ilz ne sont obligez, qu'ilz ne les puissent travailler ni astraindre à leurs corps depuis qu'ilz seront requis auditz seigneurs leurs officiers, bailly, mayeur ou sergeant ou l'un d'eux, ou à sa maison, par lesditz

eschevins ou par l'un de leurs quatre sergeans qui creus en seront, mais en debvront y estre demenez par loy et par jugement pour avoir telle amende qu'au cas appertiendra, et s'ilz sont requis avant qu'ilz soient mis en loy et plainte faicte, ilz debvront incontinent estre mis en délivrance et sans frais et mis en loy au jour mesme que requis en seront, sur enchéir à l'amende de XXXVI livres blans, et ainsi dé=
partir qu'audit privilège est dit. Entendu que si à ladite délivrance faire, ledit seigneur ou officier disoient qu'ilz les vouldroient pour=
suivre par devant lesditz eschevins, que receuz y soient par telle justice et amende faire que jugé leurs sera.

Ottel debvoir faire par les officiers du prince.

Item, pareillement si les dis manans ou leurs biens sont occupez par les officiers de nostre dit très-redoubté seigneur en ladite ville de Mons ou dehors, ilz ne les puissent approcher de leurs corps, mais soient tenus de les renvoyer auxdits eschevins citost que par eux ou l'un de leursdits quatre sergeans requis en seront ou leurs lieutenant ou clerq; et si poursuivre les veulent, qu'ilz le facent par devant lesdits esche=
vins dedens tiers jour après le renvoye fait à péril de despens ou qu'ilz soient mis au délivre sans frais et sur ottel amende quant et privilège est dit. Et les empeschez et occupez des cas dont ladite cour de Mons doibt avoir la cognoissance, qui audit privilège sont réservez, soient par les empeschemens poursuiviz en ladite cour aux prochains plaides ensuivant leur calenges et sur les poursuitz et raportz desdits sergeans et excuses des occupez receuz et jugez à bonne vérité, et les des=
chéans payer les despens ou ilz soient mis au délivre sur otelle amende que dit est.

Des quatre sergeans pouvoir exploiter de tout cas,
et comment ilz si doibvent conduire.

Item, les quatre sergeans à verge de laditte ville de Mons porront exploiter en icelle ville de tous cas, moyennant que des exploitz qu'ilz feront, dont lesditz eschevins ne pouldront cognoistre, ilz seront tenus de les remettre en la main de l'officier du prince, qui du cas debvra cognoistre. Et si lesditz eschevins emprendoient chose qui ne fut à eulx à cognoistre, ilz le debvront remettre en la main de l'officier qui cognoistre en debvra citost qui ces choses viendront à leur cognois=
sance sans maise ocquison.

*De l'amendre d'empescher les bourgeois ou leurs biens pour deptes
à cognoistre, sinon par-devant les eschevins.*

Item, aucun manan ne afforain de ladite ville de Mons ne pourra lesditz bourgeois ou manans ou leurs biens faire arester empescher ny attraire pour debtes ny autres actions personnelles non obligées par devant aucun juge, fors lesditz eschevins qui en doibvent avoir la cognoissance, sauf et réserve les choses cy devant touchées sur enchéir ledit bourgeois ou forain qui autrement en feroit au cas que lesditz empeschans ne mettroient en délire et sans fraix, si requis en sont; XXXVI livres blans d'amende, pour l'ainsy départir comme cy devant est dit.

*Des quatre sergeans exploiter par tout Haynaut pour faire venir
la portion de la ville ès loix qu'eschevins jugent.*

Item, pouldront lesdits quattre sergeans à verge de ladite ville de Mons exploiter partout le pays de Haynau pour faire venir eus au prouffit de ladite ville la portion à elle appertenant des loix et amendes que lesdits eschevins jugeront à leur jugement et ordonnances faire et accomplir au cas que lesditz prevost ou lieutenant seroient refusans de le faire, si requis en estoient.

Des fraix des exécutions de justice.

Item, tous frais de ceulx qui seront exéqutez par justice se debvront payer en la manière que les amendes se départent et que audit privilège est contenu; mais les fraix de l'exécution ne debvront monter chacune fois que cent solz.

Du privilège des couteliers estre entretenu.

Item debvra estre entretenu le privilège des couteliers de ladite ville de Mons, ainsi qu'il se contient, et seront tenus les eschevins d'icelle, au raport des maistres dudit mestier, juger les loix telles qu'il appertiendra selon le contenu dudit privilège, et pourront icelles loix estre prises et levées par un sergeant de la cour, et ainsy départir et distribuer que ledit privilège des coutteliers contient.

Et affin que les choses devant dites soient tenues et entretenues de point en point, par la manière cy-dessus contenue, en avant nous le bailly de Haynau devant nommé ces présentes lettres seelées du seel du bailliage de Haynau en tesmonaige de vérité, lesquelles furent faites et données en ladite ville de Mons le dixiesme jour du mois de juing, l'an de grace de Nostre Seigneur M. CCCC. XXXIII.

N.º XCV. — Tome quatrième, page 176.

Translation des reliques de sainte Aldegonde.

Solet vetustas delere de memoriâ hominum opera etiam magnifica nisi historiis vel et annalibus annotentur. Igitur ut que gesta sunt his diebus de translatione corporis beatæ virginis Aldegondis et reservatione pretiosi capitis ejus extrà novam capsam sunt omnibus præsentibus et futuris fidelibus in generationes sæculorum, nec de eorum cordibus unquam deleat oblivio, scriptis præsentibus duximus commitendum. Gratias agamus universi divinæ pietati quæ in mediis angustiis hujus terestris habitationis, nequam multis, nos solatur remediis sicut antè nos propheta commemorat, cum, inquit, secundùm multitudinem dolorum meorum in corde meo consolationes tuæ lætificaverunt animam meam. Fidelis quippè Deus in promissis se ipsum negare non potest, qui pollicitus est esse cum servis suis in tribulatione et eripere et glorificare eos. Dudum scilicet anno verbi incarnati millesimo centesimo sexagesimo primo, placuit omnium bonorum largitori magnificare sanctam suam electam Aldegondem. Et transferri corpus ejus de Locello veteri in novum prætiosum satis : eo tempore quo navicula Petri id est ecclesia militans magnis agitabatur fluctibus et quo inconsutilem tunicam Christi quam Judeorum impietas disrumpere non præsumpsit, duo de Papatu contendentes, quantùm in se est lacerabant. Quo in tempore misertus ecclesiæ Malbodiensis Deus gaudia de translatione illâ conferens sub tanto calamitatum pondere respirare concessit. Sic semper immensæ Clementiæ placuit adversis componere prospera bona malis, jocondaque tristibus. Plena sunt hujus veritatis utriusque testamenti divina volumina, quod videre est in populo Dei, quem sæpè liberavit de manibus inimicorum suorum et in apostolis et martyribus atquè electis Christi quos de periculis et angustiis et mortibus et tyrannis ne absorberentur eripuit. Reverà hoc habet omnis qui colit

Deum quòd vita ejus si in probatione fuerit coronabitur, si in tribula=
tione liberalitur, si in correptione fuerit ad misericordiam licebit
pervevire. Corripiebat nempè diebus istis Deus habitatores regionis
hujus sicut propinquas et exteras nationes nunc fame, nunc peste,
aliquando gladio, malaque multiplicabat in eis. Inter quæ hoc unum
fuit gravissimum quod inter concilium generale (scilicet à principio)
legitimè congregatum et summum pontificem de auctoritate conci=
liorum generalium erat non parva dissensio quibus in fluctuationibus
consolatus est ecclesiam Cameracensem dominus, in partibus Hannoniæ,
specialiter in regione Malbodiensium, et ostendit eisdem misericordiam
ad quam gratià suà datum est ei pervenire, quandò thesaurum
pretiosum corporis beatæ virginis Aldegondis diù in locello veteri
reconditum, in vas nobile, subtili artificio nimiàque ambitione, et auro
et argento fabricatum, transferri disposuit. Antè siquidem lapsis multis
annorum curriculis fuerat hoc insigne vasculum, sed malitià temporum
præpediente jam primo consummatum est. Cumque Dominæ abbatissæ
et toti collegio Domicellarum virgini memoratæ devotè famulantium
præsentaretur aspectibus quarum sumptibus pro magnà parte fuerat
constructum laudavêre pariter omnes immensam Dei sapientiam quæ
tam industrios suæ famulæ prepararit artifices.

Ad reverendum in Christo patrem dominum Joannem presulem
Cameracensis ecclesiæ nuntios mittunt pro translatione corporis sacri de
veteri in hoc novum Mausoleum faciendà. Quarum precibus pius patere
præbet assensum. Tamen variis intervenientibus curis pastoralis officii,
morte præventus concessa implere non potuit. Ne tamen tam sanctum
propositum præfatarum beatæ Aldegondis ancillarum et totius patriæ
iret in vacuum ad capitulum predictæ Cameracensis ecclesiæ viri
probati destinantur pro ipsà translatione causam acturi : quos gratè
suscipit et lætà mente remittit exauditos. Disponens reverendum in
Christo patrem Dominum Hugonem Dagnensem episcopum vicarium
in pontificalibus sedis vacantis et venerabiles viros Paulum Beye,
archidiaconum majorem in ecclesià Cameracensi, et Egidium Calerii,
sacræ theologiæ professorem decanum, ejusdem ecclesiæ vicarios in
spiritualibus et temporalibus ipsius sedis. Omnia quæ ad hoc sacrum
mysterium spectant, opportuno tempore, facturos. Cumque statutum
tempus advenisset præfati venerabiles viri jussa complentes Malbodium
adeunt cum honore et gaudio ab abatissà et toto domicillarum capitulo
suscepti. Ex quà horà letitia ingens in toto oppido monstrata est : tim=
pana jubilare plausibiliter nocte totà non cessarunt. Et dum orto sole
læta dies quam fecit dominus accessisset, ingredientibus templum
Dominis reverendo patre, episcopo, et venarabilibus archidiacono et

decano memoratis. Adsunt ad hoc grande spectaculum venerabiles patres abbates Sancti-Gisleni, d'Aumont, Sancti-Dionisii in Broqueroyâ, de Liessies, de Maricolis, Bonæ Spei et de Tenellis. Decanus et canonici Sancti-Quintini in ecclesiâ Sanctæ-Aldegondis Malbodiensis, decanus Cristianitatis ejusdem loci, decanis ecclesiarum Sonegiensis, Sancti-Germani Montensis et de Binchio. Abatissâ cum toto collegio domicillarum Sanctæ-Aldegondis Malbodiensis. Nonnullæ etiàm domicillæ ecclesiæ Sanctæ-Waldetrudis Montensis, rector parochialis ecclesiæ Sancti-Germani Montensis vir famosus, ac multi ecclesiastici spectabiles quorum nomina nobis incognita sed Deo cognita precamur scripta sui in libro vitæ. Adsunt his rebus agendis nobiles et inclyti Domini dominus Joannes, de Jeumont et de Castello in Ardennâ. Joannes primogenitus domini de Ligne, dominus Michael de Ligne, dominus de Barbençon, dominus Joannes, dominus de Bossut, et de Ganmerache, Egidius dominus de Berlaymont et de Pierewiers, pincerna Hannoniæ, dominus Simon de Lalaing, dominus Samso de Lalaing, frater ejus, Anselmus dominus de Trasegnies et dé Silly, dominus Adrianus, dominus de Trelon, dominus Evrardus dominus de Hayà et de Ghoy, dominus Pinchardus de Ghavre, dominus de Fresin, Geraldus dominus de Ville; dominus Geraldus dominus de Boussut et de Serfontaines, Jacobus dominus de Harchies, frater ejus præpositus Villemontensis; Joannes dictus Broyant de Sars pater; Joannes dictus Broyant de Sars, filius scutiferi. Et plures dominæ scilicet Domina abatissa de le Thure, domina Maria de Melun, domina de Hordaing, domina de Barbençon, domina de Ligne, domina de Lens, domicella uxor dicti domini de Berlaymont. Quibus et innumerosæ multitudini quam capere potuit ecclesia factus est per præfatum decanum sermo in eâdem ad gloriam Dei, ad laudem beatæ virginis Aldegondis et salutem circumstantis populi. Quamvis erectum fuisset foris tabernaculum præeminens, vulgò Hourt nominatum, eidem ecclesiæ contignum ut ibi sermo fieret et cætera mysteria temporis tamen dispositio non sinebat populum esse sub dio ipsâ horâ sermonis. Post quam ad solatium incredibilis multitudinis, Deo volente, imbres pelluntur et aura satis grata redditur.

Tunc venerabilis episcopus cum archidiacono et decano prælatis et ecclesiasticis viris et mulieribus in spiritu humilitatis et animo contrito de templo ad tabernaculum progrediuntur, ut spectare valeat cunctus populus translationem optatam, in ipso jam delatis feretris novo et veteri. Sed dum incedit processio à collegio Domicillarum psalmi pænitentiales decantantur flebiliter. Existentibus autem in tabernaculo Rudelpho episcopi archidiacono, decano cum prælatis ecclesiasticis et

nobilibus antè corpus sanctum inveteri Mausoleo orationes cum la=
chrymis, flexis genibus, manibus junctis, fiunt. A singulis de hinc lita=
niarum officia cum aptis orationibus subsequuntur. Post hæc episcopus
surgens ab oratione illud vas nobile mirificumque feretrum, mox
futurum sepulchrum corporis sacri consecrat reverenter. Quo officiosè
peracto ad vetus accedit, trepidus, archidiacono et decano ei famulan=
tibus, studiosè, qui jubet illud discooperiri et per industrios viros
reserari signacula. Quibus solutis priùsquam loculus in quo jacet corpus
sanctum de capsà trahatur præsul venerabilis cum suis archidiacono et
decano collegis, in oratione prosternuntur. Similiter prælati eccle=
siastici et nobiles astantes culpas et indignitates proprias confitentes.
Fiducià tamen, de Dei misericordià et clementià virginis sanctæ cujus
mysteria geruntur, acceptà, accedit propiùs sepulchrum, seu loculum
ipsum de capsà illa veteri deponit. Quod cùm esset firmiter clausum
jubet firmacula resolvi et elevans superiorem tabulam notas facit do=
minus latentes in eo virtutes nam ut dignissimum corpus cæpit videri.
Suavissimus odor omnes replevit astantes mirabiliter, prodeunt gaudia
foris : et jam se continere non valentes in voces prorumpunt exulta=
tionis et laudis, manus devotas tollunt in cælum glorificantes Dei poten=
tiam quæ famulam su^{a}m beatam Aldegondem tantis cumulat honoribus
ut non modo anima à potestatibus Angelicis in cælis sed et corpus tam
reverenter veneretur à mortalibus in terris. Nobilium et totius populi
miro modo exultat spiritus, et clamor magnus in ramà id est, in excelso
auditus est. Quidam ab imo suspiria trahunt præ gaudio, alii tundunt
pectora, decorem sanctissimi corporis videntes et suam infirmitatem
scientes : reliqui in cælum manus extendunt famulam Dei mirantes et
omnes ipsam advocatam post matrem Dei et patronam adorantes. Non
fuit de memorià hominum tam læta dies, tam gratià plena, dum rarò
visa patriæ patrona cernitur, tam diù desiderata videri conspicitur.
Elevat enim ipsum corpus dignissimum de sepulchro et omnibus os=
tendit præsul venerabilis ad juvantibus illum archidiacono et decano
prefatis. Illud autem obvolutum erat corio cervino foris, firmà clausum
ligaturà, prout posuerunt patres nostri, tempore prioris translationis in
monumento. Verùm adeò erant tam firma omnia ac si recenter posita
fuissent, ità ut labor esset ista solvere cultro. Aperitur itàque, licet
difficulter, à parte capitis et ipsum indè extrahunt, ut separatum in
reliquiario condentes venerentur. Hoc autem factum, ex communi
reverendi Austistitis, archidiaconi, decani, abatissæ, collegii domicil=
larum, decani canonicorum ejusdem loci consensu ut multiplicatis ho=
noribus cumulatiùs virgo colatur dum corpus mirabilis pulchritudinis
feretro, et caput in reliquiario preparando à supplicibus et devotis ado=

rabitur. Quibus sic peractis præsul ipse venerabilis caput sacratissi=
mum virginis manibus gestans spectanti multitudini nudum ostendit,
cui reverenter omnes adgeniculantes cum lachrymis exultatione
spiritùs manibusque junctis, misericordiam Dei, per intercessionem
virginis efflagitant. Stupent autem ad miraculum dum in illo cernunt
cutem et capillos satis multos adesse et aliquot dentes cum migravit
ad Christum evolutis circiter octingentis novem annis. Nec aliud, aut
parùm sit, immutatum à tempore prioris translationis, quo circiter
ducenti septuaginta octo anni fluxisse creduntur. Sed hoc est, quod
dictum est a domino, qui sanctos suos ità glorificat : *Capillus de capite
vestro non peribit.* Profectò jam arrhà in corruptibilitatis sponsæ suæ
dominus corpus ornat, cum ipsum à resolutione tanto nobis tempore
servat, insinuans quàm magna est gloria domùs ipsius et habitantium
in eà. Quanta suavitas, quanta claritas, dum humilis virginis Alde=
gondis corpori tantos largitur honores. Ipsà horà, ut creditur, omnium
calamitatum, pressurarum, angustiarum omnes immemores, tantùm
venerationi prætiosi capitis intendebant, meliora in futurum ex visione
hujusmodi sperantes. Cumque per tabernaculi longitudinem venerabilis
præsul ipsum honorabile caput ostendendo morosè girasset, ad locum
veteris sepulchri reversus et ipso prætiosis linteaminibus involuto seor=
sùm reposito, translationi corporis intendit devotissimè. Assumpto illo
ac de locello in quo tam diù jacuerat elevato, auxiliantibus archi=
diacono et decano sæpiùs memoratis, omni spectanti populo patenter
ostendit. In mediis lachrymis gaudia prodeunt, modulatam consonan=
tiam procul emittunt. Aliquandiù igitur corpore virginis sublevato in
novum sepulchrum novo feretro aptatum chrismate ac aliis sanctifica=
tionibus consecratum præsul reponit. Jubet illud clavis firmari et suo
annulo multis in locis signat. Sicque compositum ad feretrum mirificum
crismate multisque cæremonialibus ritibus sanctificatum, ipsi, præsul
archidiaconus et decanus deferunt et intùs submittunt. Venerabilibus
patribus abbatibus, dominà abatissà et collegio Ancillarum Christi et
virginis Aldegondis nobilibus, et toto populo cuncto cernentibus. Fere=
trum ipsum habens in se nobilem thesaurum corporis sancti capite foris
reservato clauditur firmissimè, seratur repagulis clavis aliisque ferri
armamentis.

His omnibus ità gestis adsunt quattuor aut sex majores natu in nobi=
libus qui cum non nullis viris ecclesiasticis ipsum nobile feretrum hoc
pretiosum, manna corporis virginis beatæ Aldegondis habens, assu=
munt in humeros, ad ecclesiam de tabernaculo domicillarum et cano=
nicarum altissone canentium hymnum angelicum *Te Deum laudamus*,
cum quibus astat venerabilis archidiaconus manibus tenens prætiosum

virginis caput reverenter, quem feretrum deferentes sequuntur, quos prælati ad ultimum reverendus episcopus et juxtà eum decanus, omnibus concinentibus devotè et gaudenter hymnum memoratum. Cum ad medium ecclesiæ ventum est feretrum sistitur luminaribus et pannis sericis omni parte circùm positis completo autem hymno antistes præfatus has laudes versiculo et oratione concludens, versùs altare majùs progeditur, præcedentibus prælatis, archidiacono caput ipsum deferente, et decano et dum pontifex sacris vestibus induitur ad celebranda divina, venerabilis archidiaconus humiliter reverenterque caput beatæ virginis super altare reclinat in quo manet quamdiù missa celebratur. Interim populus catervatim ad feretrum fert munera unusquisque secundùm suam facultatem. Interim resonant organa laudis : canonicorum jubilat, domicillarum collegium psallit Domino, mente psallit et spiritu. Præsul devotus gratias agendo et orando sacrificia complet. His ad finem usquè deductis quidam quorum Deus tetigit corda dona offerunt ad prætiosum caput in altari ut reliquiario fabricando decenter claudatur. Quibus venerabilis archidiaconus sæpè memoratus viam parat et primus largiter tribuit. Post hæc rediens de sanctuario episcopus illud refert, collocansque inter reliquias, pannis mundissimis circumvolvit; et ne quispiam præsumat ad nudum illud contingere, aut aliquid mali per petrare, diligenter ipse, suo signo, et præfati archidiaconus et decanus sigillo Camaracensis sedis vacantis communivit. Et sic omnes Deum glorificantes redeunt ad propria. Qui vidit et omnibus interfuit scripsit hæc perhibens de his testimonium et scimus quià verum est testimonium ejus.

Acta fuerunt hæc anno incarnationis Dominicæ m. cccc. xxxix, indictione 2.ª, ferià 3.ª, in festis Pentecostes quæ tunc fuit xxvi mensis maii.

Presidente in ecclesià domino Eugenio papà 4.º, Alberto rege Rom. et duce Austriæ, Karolo vii.º christianissimo rege Francorum, Philippo duce Burgundiæ, illustri domino Hannoniæ.

Sede ipsà Cameracensi vacante à quà statutum ea hujusmodi translationis solemnia celebrari, in memoriale perenne ferià tertià in festis Penthecostes, quocumque tempore evenerit. Præsentibus reverendo episcopo, archidiacono, decano, abbatibus, dominabus, domicellis, ecclesiasticis et nobilibus suprà memoratis cum incredibili multitudine populorum.

N.° XCVI. — Tome quatrième, page 202.

Appointement du duc Philippe de Bourgogne touchant plusieurs difficultés entre le bailli du Hainaut et ceux de Valenciennes.

Philippes, par la grace de Dieu duc de Bourgoigne, de Lotringe, de Brabant, de Luxembourg, comte de Flandres, d'Arthois, de Bourgoigne, palatin du Haynau, Hollande, de Zélande et de Namur, marquis du Saint-Empire, seigneur de Frise, de Salines et de Malines, sçavoir faisons à tous présens et advenir, que comme plusieurs procès, questions et différens fuissent meuz et encommencez, et autres apparans de mouvoir entre nostre bailly de Haynau et aussy nostre procureur, pour et au nom de nous, d'une parte; et noz chiers et bien amez les prevost, jurez, eschevins et conseil de nostre ville de Valencenes, pour et au nom du corps et communauté d'icelle ville, d'autre parte, tant à cause des ayawes de nostreditte ville, des vinaiges et chaussiage des portes d'argiers. Aussy en ce que ceulx de nostredite ville de Valencenes disoient que les bourgeois et bourgeoises, masnuyers, masnuyères d'icelle ne leurs biens ne debvoient estre arestez ne empechez s'ils ne sont obligez. Et sur le matière de traiter les bourgeois et bourgeoises, masnuyers et masnuyères d'icelle ville s'ilz estoient prins pour cas criminelz hors de ladite ville, à cause des adjours dont on use en nostredite ville de Valencènes sur le fait des bastards, aubains et des mortemains, des serfz de nostredite comté de Haynau qui viendroient demorer et prendre habitation ou franchise de nostredite ville, comme aultres points et articles, en quoy nosditz officiers pour et au nom de nous soustenoient et maintenoient que lesditz de nostredite ville de Valencenes usoient par autre manière et plus avant que faire ne debvoient en emprendant sur nostredite seigneurie de nostredite comté. Et les devant ditz de nostre ville de Valencenes maintenoient le contraire et qu'icelle ville estoit et est seule et singulière seigneurie et ville franche donnée et privilégiée par noz prédécesseurs de bonne mémoire de plusieurs beaux et grands notables privilèges, franchises et libertez, et que des choses dessusdites et autres, en quoy nosdits officiers et autres le vouloient troubler et empecher, ilz avoient par eux et par lesditz prédécesseurs et loy de Valencenes joy et usé paisiblement de tel et si long temps qu'il n'estoit et est mémoire d'home du contraire, et qu'à tort et sans cause nosditz officiers les y troubloient, inquiétoient et empechoient, et se deuilloient lesditz de nostre ville de Valencene de certain banissement fait et prononcé contre ceulx de la loy d'icelle ville de l'an 1443 par nostre dit bailly de Haynau, et requéroient icelluy estre rapelé et du tout mis à néant. Après plusieurs parleries et communications sur ce eues et tenues entre nosditz officiers et nostredite comté de Haynau et aucuns des gens de nostre grand conseil à ce par nous ordonnez et députez d'un costé et aucuns de la loy et députez de nostredite ville de Valen= cenes d'autre parte, finablement sur tous lesditz procès, questions, différens et autrement. Et après ce que lesditz de Valencènes nous fut et esté remonstré bien et au loing nostre seigneurie qu'avons en nostredite ville, et la loy, franchise, coustume et usaige d'icelle pour bien et paix, et affin de mettre jus tous lesditz procez, questions et différens, par meur advis et délibération de conseil, a esté et est ap= poincté, traité et accordé en la manière cy-après déclarée.

Premièrement, sur le point de ayauwes de nostredite ville de Valen= cènes appointé et accordé est que lesdites ayauwes et aussi celles des autres villes venans à chef-lieu audit Valencènes doibvent procéder et procèdent les obligations faites et cogneues par devant homes de fiefz, et aussy toutes autres obligations, tant et sy avant que la charte de feu Albert de ce fait mention le contient.

Item, touchant les vinaiges et chaussiage dont ceulx de nostredite ville de Valencènes se disoient estre francqs et exempts par chartes de si long-temps qu'il n'estoit mémoire de contraire, apointé est que nous leur y mettrons nul empeschement par où ly point de la charte ne soit entretenu selon la teneur.

Item, au regard du port des armes, appointé et accordé est que les bourgeois et masnyers de nostredite ville de Valencènes pourront aller par tout le pays de Haynau, paisiblement armez et embastonez selon le point de leur charte de ce faisant mention sans malengien.

Item touchant le point auquel ceulx de nostredite ville de Valencènes maintenoient que les bourgeois et bourgeoises, masnuyers et masnuyères d'icelle, ne leurs biens, ne doibvent estre empeschez ne arrestez s'ilz ne sont obligez; appointé est que lesditz bourgeois et bourgeoises, masnuyers, ne masnuyères ne peuvent ne doibvent estre arestez pour debtes s'ilz ne sont obligez en leur privé nom ou s'ilz ne prendent succession de biens et héritaiges de gens obligez et tenus de payer debtes, selon la coustume des lieux où lesdites héritaiges sont situez et gisans, ou qu'ilz ne prendent femme qui soit obligée, ou ses biens et héritaiges selon la loy du pays, sauf tant touteffois qu'au regard des= ditz bourgeois et masnuyers de Valencènes prendans succession des gens obligez, ilz ne pourront estre arrestez ne empechez de leurs corps pour obligations venans de la succession, s'ilz ne sont obligez en leur propre nom; mais de leurs biens, héritaiges, tant propres que de la succession au dehors de ladite ville et banlieue, ilz pourront estre exécutez et empeschez et leurs en sera faite raison par les loix des lieux. Et au regard de ceux qui auront espousé au dehors de Valencènes, femmes obligées ou femmes bourgeoises ou masnuyères de Valencènes qui prendrent homes au dehors de ladite ville pareillement obligez, ilz ne pourront estre arrestez de leurs corps ne de leurs biens propres quelz part ilz seront, s'ilz n'y sont obligez en leur privé nom. Mais au regard de celuy ou celle qui la bourgeoisie ou masnuyerie ou bourgeois ou masnuyer de Valencènes prendent en mariage au dehors ladite ville de Valencènes, leursditz biens, tant meubles qu'héritaiges, peuvent estre exécutez et empeschez selon les loix des lieux. Et si le mari ou la femme, bourgeois ou bourgeoise, masnuyer ou masnuyère de Valencènes, avoient vendu, aliéné ou appliqué les biens qui seroient au dehors de ladite ville ou banlieu de Valencènes seroit tenu de respondre des debtes et en faire payement au créanciers jusques à la valeur d'iceulx biens sans malengien.

Item, est encore appointé et accordé que si les bourgeois ou bourgeoises, masnuyers ou masnuyères de Valencènes estoient pris pour cas criminels suffisamment apparutz hors de nostreditte ville et banlieu de Valencènes, les officiers ou justiciers qui pris les auroient en pouldroient et debvroient user en bonne justice et à l'appaisement de leur conscience pourvu que si requis en estoient par ceulx de la loy de Valencènes, ilz seroient tenus de leur signifier et donner à cognoistre le cas criminel pour le cas ilz détiendroient leurdit bourgeois ou bourgeoise, masnuyer ou masnuyère.

Item, quant aux adjours dont l'on a usé en laditte ville de Valencènes, ordonné et appointé que lesditz adjours s'entretiendront généralement, réserve contre ceulx de nostre ville de Mons contre lesquelz faire ne le pourront, mais sera avoir regard de ce point la sentence sur ce par nous donnée et prononcée l'année précédente м. cccc. xlvi, gardée, observée et entretenue selon sa teneur. Et aussy ne pourront lesditz de Valencènes, user de nulz adjours contre noz officiers pour cas touchant leurs offices et exploitz tant seulement. Pour lequel cas le prevost et loy de Valencènes se pouldront et debvront traire ou escrire à nostre bailly de Haynau, lequel sera tenu de prestement leur faire raison, selon leurs chartes et privilèges et sans plaid.

Item, touchant les biens des bastards, aubains et des mortemains est accordé et appointé que les biens desditz aubains de dehors et de dedens, seront et demeureront francqs, et que tous doibvent et debvront raller à lestre, et les biens des bastards qui trespasseront sans hoirs légitimes de leurs corps, pareillement demeureront francqs dedens la ville et banlieu ; mais quant aux héritaiges et biens meubles desditz bastars situez au dehors d'icelle ville et banlieu, ilz seront et apper= tiendront au prince et haults seigneurs haults justiciers soubz qui les biens seront situez, au cas touteffois que lesditz bastars n'auront en leur vivant fait transport ou vendition suffisante de leurs héritaiges par devant les loix des lieux où ilz sont gisants et des meubles pareil= lement. Et pourveu qu'au regard du prince et seigneur haut justicier soub qui lesditz héritaiges ou biens meubles des bastars seront situez ou de bastardise appliquez à eux lesditz biens seront tenus si requis en sont, à la requeste de ceulx qui se vouldront dire et porter héritiers d'iceulx bastards, et monstrer et faire apparoire suffisament dedens an et jour que iceluy à qui appertenoient lesditz biens estoit illégitime bastard. Et quant aux mortemains, les bourgeois et manans de nostre= dite ville de Valencènes en demeurent et demeureront quictes où que trespassent comme de tous temps ilz ont estez.

Item, touchant les serfz est aussy appointé et accordé que lesditz serfz peuvent et pourront bien licitement estre receuz en nostredite ville de Valencènes et à la bourgeoisie d'icelle, sans ce que les prevost et jurez d'icelle ville soient tenus de les interroger de leurs estat et condition ; mais si les seigneurs desditz serfz ou officiers d'iceulx seigneurs les requièrent dedens an et jour après leurs venue et demeure audit Valencènes à les ravoir, lesditz prevost et jurez seront tenus de les rendre et mettre hors de ladite ville de Valencènes, pourveu que le requis denie estre de ladite condition serve, que ledit seigneur requé= rant sera tenu d'enseigner et monstrer qu'il soit tel. C'est à sçavoir enfans de serve condition, sauf et réserve touteffois que si lesditz serfz ainsy requis en dedens an et jour par leursditz seigneurs ou offi= ciers d'iceulx avoient pris la franchise de ladite ville de Valencènes pour cas de crime, en ce cas ilz pouldroient demeurer seurement au regard de leurs personnes, sans estre constraintz à partir hors de la ville. Mais au surplus touchant leurs biens, ou qu'ilz soient en la ville ou dehors, lesditz seigneurs en pourront user, tant au vivant desditz serfz comme après leurs trespas, tant ainsy et par la manière que s'ilz estoient demeurans soubz lesditz seigneurs, et en ce cas seront tenuz lesditz de la loy de Valencènes de faire délivrance desditz biens auditz seigneurs ou à leurs officiers, si requis en sont.

Item, est au surplus appointé et ordonné que les bourgeois et manans de nostredite ville de Valencènes doibvent estre et seront traitez et

demennez par la loy de ladite ville de Valencènes de tous cas, réserve
ce que dessus est dit, et aussy qu'en cas de ressort ilz seront tenus à
la requeste des complaignans de sortir et sortiront jurisdiction par
devant nous en ensuivant la charte du ressort.

Item, pour ce qu'en nostredite ville de Valencènes l'on a par cy
devant usé et accoustumé, jaçoit ce que par charte n'en apparut
aucunement que le fils d'un bourgeois de Valencènes, ayant commis et
perpétré homicide assés légièrement et à petite occasion faisoient mander
le fait par ung cocquin ou autre home de néant qui n'avoit point esté
audit homicide qui est chose damnable, déshonnorable et contre
bonne justice, nous avons ordonné et appoincté, ordonnons et appoinc=
tons pour honneur de nous et de nostredite ville et le bien d'icelle,
aussy à l'exaltation de la justice que ledit usaige sera modéré, et en
sera doresnavant usé en la manière que s'ensuit. C'est à sçavoir, que
nulz fils de Valencènes ne pourra faire mander nuls faitz d'homicide,
beaux ny laids, si celuy par qui on l'aura fait mander n'aura esté pré=
sent et complice audit homicide faire; et au regard des autres com=
plices, après ce qu'ilz auront en la loy de la ville comme il est
accoustumé, les parents et amys du mort pourront poursuivre et
demander par devant lesditz prevost et jurez amende raisonnable de
leurs parens occis, s'il leur plaist, et à ce seront receuz.

Item, parce qu'en ladite ville de Valencènes avoit un autre mauvais
usaige non apparant par charte. C'est à sçavoir que souventeffois plu=
sieures navrures et mutilations se faisoient en nostredite ville sans que
la partie navrée ou mutilée en puist avoir ne demander amende par
les trefves que les malfaiteurs faisoient prendre ou leurs parens et amys
pour estre asseurez des navrez, dont nostredite ville et les habitans
d'icelle ont estez fort blasmez au dehors; car selon Dieu et raison,
tous offenseurs doibvent faire amende et réparation de leurs meffaitz.
Avons ordonné et appoincté, ordonnons et appoinctons que d'icy en
avant, tous injuriez pourront demander et poursuivre leurs amendes
par devant les prevost et jurez de Valencènes, qui seront tenus de
chacune partie ouyr en leurs raisons, et de auditz injuriez ordonner
et taxer amendes pécunières et aussi voyages, selon ce qu'il leur
apparera des cas et à leur bonne discrétion.

Item, et moyennant les pointz et articles, modérations et autres choses
cy dessus déclarées, ainsy ordonnées et accordées et appointées en
nous et lesditz de nostredite ville de Valencènes, tous lesditz procez,
questions et différens meuz et commencez entre nostredit bailly de
Haynau, nostre receveur des mortemains, nostre procureur et autres

officiers, pour nous et en nostre nom, d'une part, et lesditz de nostredite ville de Valencènes d'autre, et des fraix et despens sur ce ensuivis de nostre part et de noz officiers, et aussy les peines et amendes dont les actions et poursuites estoient réservées à nostredit procureur, tant par les sentences sur ce données et prononcées qu'autrement, demeurent nuls et de nul effect, comme choses non advenues. Et encore d'abondant les abolissons et mettons au néant du tout par ce présent accord, appointement et traité, et en spécial abolissons et mettons au néant le ban et banissement piéça fait et prononcé contre ceulx qui furent en ladite ville de Valencènes audit an mil iiii° et trois par nostredit bailly de Haynau, et pourront ainsi ceulx qui furent bannis aller de ce jour en avant par tout nostredit pays de Haynau aussy franchement et paysiblement comme ilz faisoient et faire pouvoient auparavant ledit banissement advenu, sauf et réserve le contenu en la sentence par nous donnée au profit de nostredite ville de Mons, demeure et demeurera en sa force et vertu.

Toutes lesquelles choses cy dessus ainsy ordonnées et accordées et appoinctées, nous voulons et entendons estre faictes sans en autres choses muer ou changer aucunement les chartes, privilèges, loix, usances, franchises et liberté de nostredite ville de Valencènes, fors tant seulement en tant que touche les modérations et ordonnances cy devant déclarées. Tous lesquels pointz, articles, déclarations, modérations, anichilations de procez et de toutes quelconques ly autres choses cy dessus spécifiées et déclarées par nous ainsy appoinctées et accordées par voye de traité amiable, avec aucuns de la loy et autres députez de nostreditte ville de Valencènes, pour et au nom du corps et communauté d'icelle, ayant pour agréables eu sur tout, comme dit est, grand et meur advis et délibération de conseil, avons de nostre certaine science, et par la teneur d'icelluy, auditz de nostreditte ville de Valencènes, promis et promettons de bonne foy en parolle de prince, pour nous et noz hoirs successeurs comtes et comtesses de Haynau et seigneurs de Valencènes, tenir, garder, observer, interiner et accomplir de point en point, inviolablement et à tousjours, sans aller, faire ne souffrir au contraire aller en aucune manière.

Si donnons en mandement à nostre grand bailly, à nostre thrésorier et receveur des mortemains de Haynau, à nostre prevost le comte de Valencènes et à tous noz autres officiers et justiciers de nostredit pays et comté de Haynau et ville de Valencènes, présens et advenir, par tout leurs lieutenans et chacun d'eulx en droit soy et si comme à luy apper=

tiendra, que ledit présent accord et appointement et tous et quelconques les pointz et articles contenus et déclarez en la présente, et chacun d'iceulx ilz tiènent, gardent, interinent, observent et accomplissent, et facent tenir, garder, interiner, observer et accomplir inviolablement à tousjours sans faire ou aller ny souffrir estre fait ou allé ors, ny en temps advenir au contraire en quelque manière que ce soit. Car ainsy le voulons et nous plaist estre fait.

Et affin que ce soit ferme chose et stable à tousjours, nous avons fait mettre nostre seel à ces présentes, sauf en autres choses nostre droit et l'autruy en toutes.

Donné en nostre ville d'Anvers le VII jour du mois de juin l'an de grace M. IIIIe quarante sept.

Par monseigneur le duc :

Dupp.^{ta} visa,

D<small>MOLESMES</small>.

N.° XCVII. — Tome quatrième, page 205.

Privilége accordé aux états de Hainaut touchant le droit de morte-main, etc.

Philippes, par la grace de Dieu, duc de Bourgoigne, de Lothier, de Brabant, de Limbourg, comte de Flandres, d'Arthois, de Bourgoigne, palatin de Haynnau, de Hollande, Zélande, Namur, marquis du Saint-Empire, seigneur de Frise, de Salmes et Malines. A tous ceux qui ces présentes lettres veront, salut. Comme les gens des trois estatz de nostredit pays de Haynnau nous ayent fait remonstrer que par les sergeans et commis de l'office de nostre cour des mortemains d'iceluy nostredit pays de Haynnau, se sont de piéça faitz et multiplient de jour plusieurs empeschemens volontaires ès biens des personnes allées de vie à trespas par vouloir dire que ceulx auxquels lesditz biens avoient appertenu fuissent bastards, aubains ou partables si leurs hoirs ou ayans cause ne faisoient apparoir qu'ilz fuissent légitimes, aussy natifz de lieu non tenu à debvoir payer aubanité ou de condition telle et si francq que point ne fuist tenu partable, trayant en conséquence que si de telles choses faire apparoir, lesditz hoirs et ayans cause estoient défaillans, iceulx biens debvoir appertenir à nostre droit. Et donc aucuneffois est advenu qu'après les parties oyes grans domaiges en advenoient auditz hoirs et ayans cause et au bien publique. D'autre part, aussy nous ayent fait remonstrer que plusieurs de nostredit pays de Haynnau, nostre receveur de ladite cour des mortemains, aussy nostre receveur général de Haynnau, comme autres et leurs sergeans, faisoient légèrement plusieurs empeschemens, calenges, impositions, emprises et poursuites pour cas criminelz, réelz et civilz, en nom et de par nous, dont les aucuns procez et enquestes s'en ensuivoient à grans despens et domaige de nostredit pays, pose ors que lesditz empeschemens fuissent faitz sans cause et que les empeschez fuissent innocens sans coulpe des cas et emises à eux faitz et imposez et conséquament trouvez en leurs droit, en nous suppliant de la part desdits trois estatz que pour le bien et relièvement de nosditz subjetz, il nous plaise sur ce cesditz choses remettre et donner provision convenable. Sçavoir faisons que nous voulons pour le bien de nosditz subjetz pourveoir et remédier aux choses dessusdites, eu sur ce bon et meur advis et délibération de conseil avec nostre grand bailly et ceulx de nostredit conseil en nostredit pays de Haynau. Avons ordonné et ordonnons par ces présentes que doresenavant quand nostredit receveur de ladite cour des mortemains présent ou advenir ou ses sergeans ainsy commis feront calenger impositions, emises, enquestes ou empeschemens ès biens d'autruy allé de vie à trespas par vouloir dire que le trespassé, auquel iceulx biens appertenoient, fuist bastard, aubain ou partable, et par conséquent ses biens debvoir appertenir à nostre droit et profit. Iceluy recepveur des mortemains, ses sergeans et commis seront tenuz de prouver et monstrer suffisament que le trespassé fuist bastard, aubain ou partable. Et aussi voulons et ordonnons qu'ilz ne puissent faire telles calenges, impositions, emises et empeschemens que ce ne soit à péril de despens, et semblablement tous autres empeschemens que lesditz sergeans de mortemains feront à cause de leurs offices, ilz les doibvent prouver à péril de despens. C'est à sçavoir que si iceluy empeschant estoit défaillant de son cas et emises approuver suffisament comme il appertient de faire en tel cas, il demeure ès despens que pour ladite cause il aura soustenu sans touteffois rendre nulz despens à sa partie adverse de ceulx qu'il auroit faits et soustenus. Et s'il advenoit que ledit empeschant vienne à son intention et gaigne sa cause en principal, il aura tous ses despens raisonables et rendables. Touteffois nous entendons et voulons que ceulx qui se voudront opposer allencontre des sergeans et empeschans et dire que les trespassez ayant biens soient à eux appertenans, comme leurs hoirs ou ayant cause, ils demeureront joyssans d'iceulx biens jusques en difinitif parmy donnant caution raisonable jusques à la valeur d'iceulx biens, et audit cas le sergeant n'aura quelque salaire pour cause dudit arrest ou empeschement jusques en difinitif. Et s'il ne vient à son intention, et si n'aura ne avoir debvra nulz taux ne salaires de journées, de monstrances que pouldra tenir sa partie adverse, fors tant seulement ottelz fraix et journées q'un tesmoin doibt avoir, et à l'ordonnance et taxation des commis et clerc d'icelle enqueste avecq son sallaire de l'adjournement des temoins de partie adverse, au cas qu'il seroit présent audites journées, et qu'il feroit debvoir desditz tesmoins adjourner et non autrement. En oultre voulons et ordonnons comme dessus que nostredit bailly de Haynau par ses sergeans ne puist doresenavant faire impositions, emises ne enquestes à quelque personne, sinon à péril de despens, par la manière que dit est cy devant, sur le fait de la cour desdis mortemains; mais s'il advient que le sergeant dudit baillage de Haynnau obtienne èsdits emises sur ceulx qu'ilz callengera d'aucuns cas ou pugnition criminelle appertiendra si comme de punir de réelle coulpe de bannissemens publiques ou de mort, en ce cas il en sera fait selon l'usaige anciènement accoustumé de faire en tel cas en nostredit pays de Haynnau. Touteffois nous n'entendons point estre en ce compris robeurs, meurdriers, violeurs d'églises et de femmes, ni personne qui soit renommée d'estre escheu en tels ou semblables mauvais cas, lesquels seront et voulons estre pugnis et corrigez à la discrétion et conscience de nostredit bailly de Haynnau et des autres noz officiers de justice d'iceluy païs. Et au surplus voulons et ordonnons aussy que doresenavant nostre recepveur général de Haynau et tous noz officiers d'iceluy pays de Haynnau, ne leurs sergeans, ne puissent faire empeschemens, calenges, impositions, emises et procez pour cas criminelz, reelz, civilz, à quelque personne ny pour quelque occasion, couleur et cause que ce soit, ne soit du sceu et consentement de nostredit bailly de Haynnau, et à péril de despens que debvra payer le deschéant, à la tauxation et ordonnance d'iceluy bailly. Si donnons en commandement par la teneur de ces lettres à nostredit bailly de Haynnau, à nostre recepveur de nostredite cour des mortemains, à nostre recepveur général de Haynnau et tous noz autres justiciers présens et à venir, leurs lieutenans et à chacun d'eulx, en droit soy et si comme à luy appertiendra, que ces présentes et tout le contenu en icelles ilz entretiènent, gardent et observent et facent entretenir, garder et observer par tous ceulx qu'ilz apperticndra inviolablement, selon leur teneur, sans doresenavant aller ne souffrir aller pour qui que ce soit au contraire en aucune manière.

En tesmoin, nous avons fait mettre nostre seel à ces présentes. Donné en nostre ville de Mons le second jour de febvrier l'an de grace mil cccc. xlvii, selon nostre calcul xlviii.

N.° XCVIII. — Tome quatrième, page 203.

Ordonnance touchant la juridiction spirituelle de l'évêque de Cambray.

Philippe, par la grace de Dieu, duc de Bourgoigne, de Lotringe, Brabant, de Lembourg, comte de Flandre, d'Artois, de Bourgoigne, palatin de Haynnau, de Hollande, de Zélande et de Namur, marquis du Saint-Empire, seigneur de Frise, de Salmes et de Malines, etc. A nostre grand bailly de Haynnau, salut et dilection. Comme les gens des trois estatz de nostre pays de Haynnau nous ayent humblement suppliez que pour l'entretenement de nostre haulteur et seigneurie et le bien publique des subjetz d'iceluy nostredit pays de Haynnau, nous ne voulussions souffrir, comme fait n'at esté par noz prédécesseurs comtes et seigneur de nostredit pays de Haynaut, que les prebtres, clercs ne autres, au nom de la justice spirituelle, ne puissent faire citer ne bailler quelque empechement à quelconque personne demeurante en nostredit pays de Haynnau, ès éveschez et diocèses de Cambray, Liège et Arras en iceluy nostredit pays, pour quelque cause, couleur ne occasion que ce soit, sinon pour cause touchant la foy et le sacrement de mariage, au regard de la profession ou consommation et séparation de mariage, attendu que de obligations, de dismes, de testamens, aussy de promesses de mariage réelles et personnelles et de debtes, nostre cour de Mons en at eu tousjours la cognoissance comme cour sans rapel. En nous remonstrant que pour ce que par aucuns temps et en aucuns lieux, on a délaissé d'ainsy en user, grandes charges, foules et domaiges en sont advenuz à noz subjetz de nostredit pays de Haynnau. Et seroit encor plus au temps advenir, si par nous n'estoit sur ce pourveu de remède convenable.

Sçavoir faisons qu'eu sur ce advis et meure délibération de conseil avec vous par les gens de nostre conseil en nostredit pays de Haynnau, voulons nostre haulteur et seigneurie entièrement garder et préserver noz subjetz de charges, fraix et domaiges qu'ilz pourroient avoir et soustenir à cause des grandes inviolations de procez, en quoy ilz pour= roient cheyr par devant les juges des cours spirituèles à l'occasion de plusieurs cas dont nous et noz justiciers pouvons cognoistre.

Vous mandons et expressement commandons en commettant par ces présentes, que par toutes les villes et lieux de nostredit comté de Haynau accoustumez d'y faire cris et publications, vous faciés cryer et publier de par nous que nul de quel estat qu'il soit, au nom et de par la justice spirituelle esditz évescez et diocèses de Cambray, Liège et Arras ne puist quelque personne demeurant en nostredit pays faire citer ny bailler ou faire bailler quelque empechement pour quelque cause, couleur ny occasion que ce soit, sinon pour chose touchant la foy et le sacrement de mariage, au regard de la perfection et consom= mation du divorce et séparation de mariage, sur paine d'encourir envers nous ou ceulx qui fera ou feront au contraire en teles paines, loix et amendes que par vous et les gens de nostre conseil d'iceluy nostredit pays de Haynaut seront pour ce advisées et ordonnées.

Touteffois nostre intention n'est pas d'empecher que les prebtres et clercs non mariez, constituez ès saints ordres, demeurant en iceluy nostredit pays de Haynau, ne soient ny puissent estre citez et pour= suivis esdites cours spirituelles en occasions personnelles, tant civiles que criminelles, et aussi les clercs non mariez et non constituez ès saints ordres en matière beneficielle sur le pétitoire et droit des béné= fices, nous estant de collation laye, ou en patronaige laye et d'autre part, lesditz prebtres, clers non mariez, constituez ès saints ordres pourront aussi estre astraints et poursuivis en nostre cour à Mons par devant noz officiers et juges de nostredit pays de Haynau, èsdites actions personnelles, civiles et criminelles ès cas dont icelle nostredite cour de Mons et autres noz officiers et juges peuvent et ont accoustumez de cognoistre.

Et voulons que ainsy soit crié et publié de par nous, et au cas que pour l'accomplissement et entretenement de ce que dit est, fuist expé= dient de ce sur ce faire plus ample ordonnance ou déclaration des paines, nous en ce cas voulons et ordonnons que vous et iceulx gens de nostre conseil faciés de par nous tellement et ainsy qu'il appertiendra et trou= verez estre nécessaire pour le bien et conservation de nostre haulteur, seigneurie et relièvement de noz subjetz.

Si vous mandons et expressement commandons, que ces présentes et tout le contenu en icelles, vous entretenez, gardez et observez et faictes observer inviolablement selon leur teneur, sans aller ni souffrir aller au contraire en aucune manière. Car ainsy nous plaist-il et le voulons estre fait.

Donné en nostre ville de Mons le second jour de febvrier l'an de grace mil quatre cent quarante sept (selon nostre computation quarante huit.)

Par monseigneur le duc,
J. Gros.

N.º XCIX. — Tome quatrième, page 204.

Concordat entre les juridictions spirituelles et temporelles du Hainaut.

Primo, en tant que touche les ces, est advisé que quand par vertu des statutz et ordonnances de l'église de Cambray, ces debvra estre mis, non mie pour cause ou coulpe des officiers de la justice temporèle du lieu; mais pour fait de personne privée, comme pour morte ou batture énorme advenue en la personne d'aucun prebtre ou autre home d'église estant ès saints ordres et porteur de lettres de la cour dudit Cambray ou des commissaires d'icelle, ou pour avoir empeché l'exécution desdites lettres ou commissions enfraint l'immunité de l'église ou commis autre cas semblables ou plus grands, ledit ces ne se mettra qu'en la paroisse ou sera ledit délict perpétré, ne fuist que ledit ces fuist advenu en la paroisse de la mère église, laquelle cessante, les autres cesseront. Et sera entendu la paroisse par la maison plus prochaine au lieu du délict, mais si ledit ces se debvroit mettre pour cause commise par les officiers de la justice temporèle, lors seroit ces par toutes les églises de la ville où ladite faulte seroit faite.

Item, quant le ces seroit mis par la manière dicte pour fait des personnes privées, mondit seigneur de Cambray peut, par son doyen du lieu ou autres officiers en dedans douze heures après ledit ces relaxer, iceluy ces jusques à huit heures ensuivant incluz, pendant lequel temps les officiers temporels du lieu où ledit délict seroit commis feront diligence de prendre le délinquant si faire se peut, pour le rendre et mettre en la main de mondit seigneur de Cambray, s'il est clerc, doyant joyr des privilèges de clercq, et de par luy estre punis, et sinon pour le punir par les officiers temporels selon l'exigence du cas, et au cas que appréhender ne le pourroient, le bannir dudit pays de Haynau, duquel ban ledit délinquant ne porra estre délivré que préalablement mondit seigneur de Cambray ne soit content, et lors que les officiers auront rendu à mondit seigneur de Cambray le délinquant, s'il est clercq, comme dit est, ou le auront puny quand à eux, la cognoissance appertiendra ou fait ledit bannissement et de ce fait foy audit doyen du lieu, ledit ces sera osté et du tout mis jus sans quelque despens.

Item, touteffois que le ces seroit mis en quelque lieu, pour les causes dictes ou semblables, si la justice du lieu ou autre quelque personne à qui ce peut toucher vouloit maintenir ledit ces avoir esté mis à tort et de ce escer à droit par devant l'official de mondit seigneur de Cambray ledit ces sera, le procès pendant, relaxé jusques en définitif.

Item, au regard des adultères en tant que touche les femmes, la cour spirituelle n'en fera poursuite aucune contre elles, sinon qu'elles soient séparées par l'église ou autrement de leur mary publiquement se mes faisans. Et quant aux homes pareillement, et aussy si eux en leurs maisons avec leurs femmes ou ailleurs tenoient notoirement et en appert dont il fut escandre, ce entendu touteffois que les officiers de la justice temporelle demeureront entiers à prendre, exiger et lever pour ledit cas telles loix et amendes qu'ilz sont accoustumez.

Item, quant aux sortilèges, la cour spirituelle cognoistra de tous sortilèges qui se font par invoquation des mauvais espritz ou en abusant des saints sacremens, et des autres sortilèges les officiers de la justice temporelle en cognoistront, ainsy qu'ilz ont accoustumez.

Item, en tant qu'il touche les dismes, la cour spirituelle cognoistra de toutes dismes grosses et menues qui seront deues et cogneues quand la question sera, si mal on les paye, ou moins qu'il n'appertient; mais si question est si les héritaiges doibvent dismes ou non, de quelle part et portion elle est, ladite cour spirituelle n'en prendra point de cognoissance.

Item, quant aux sépultures que à le fois on denie aux trespassez à cause de testamens non fais ou pour ce que lesditz trespassez n'on point esté à l'heure de leur mort, appointé est que à toute personne qui trepasse en sa paroisse, on ne doibt aucunement denier terre sainte, s'il n'apert premier que icelle personne soit en sentence d'excommuni=cation, ou qu'elle eut esté plus d'un an entier avant son trespas sans estre confessée n'y accommuniée, si n'est que ladite communion il se soit abstenu par le conseil du curé. Aussy ne debvra point sepulture sainte estre déniée et refusée à ceulx de Haynau que dehors de leur paroisse yront de vie à trespas en iceluy pays, pourveu que semblablement il n'apert qu'en sentence d'excommunication ilz soyent ou ayent commis cas pourquoy sépulture sainte leur doibve estre déniée. Et aussy que par leur curé ou chapellain de leur paroisse, il soit tesmoigné de bonne foy qu'ilz soient filz et enfans de sainte église, et ayent esté puis un an auparavant confessez et communiez, si ce n'est que ladite communion ilz seroient abstenus par le conseil de leur curé. Mais au regard d'autres estrangiers de dehors le pays qui dedens iceluy pays de Haynau pourroient aller de vie à trespas sans avoir sur et avec eux la lettre de leur curé on pourra bien différer de bailler et administrer terre sainte jusques à ce qu'on aura prins appaisement de leur estat, vie et conservation.

Item, quant au fait de testamens, codicilles et derrennes volontez des prebtres, curez et gens d'église bénéficiez, officiers et portant habit et clers de paroisse tonsurés et habiles de ce faire et passer par devant notaires et tesmoins ou par autre forme, selon l'ordonnance de l'église, la cognoissance sera et appertiendra à la justice spirituelle seulement, et auroient iceulx testamens, codicilles et darennes volontez plaine exécution audit pays de Haynau, sans préjudice touteffois de ceulx qui sont exemps de la jurisdiction de mondit seigneur de Cambray, qui demoreront par devant leur juge, et des autres testamens la cognoissance en demorera à la justice temporelle, comme il est accoustumé.

Item, quant au fait de promoteur, est advisé que ledit promoteur ne courira nulz despens quand la partie par luy traitée en cause ira quitte et absolvée de sa demande, soit par juge et autrement.

Item, quant aux cas civiles, est advisé que de toutes debtes dont il n'apparera par lettres passées par devant homes de loy ou soub les sceaux ou saings manuelz des débiteurs que debvront toutes gens d'église tant prebtres, clercqz constituez ès saints ordres, comme tous autres portant habitz d'église bénéficiez ou non, la cognoissance appertiendra à la justice spirituelle, sans touteffois les exemptz qui demoreront par devant leurs juges, mais des debtes apparant par lettres desdites loix par seaux ou saings des debteurs, les juges temporels en cognoistront, ainsy qu'ilz ont accoustumez, et les mettront à exéqution comme on at fait par cy devant. Et aussi pour ce que lesditz prebtres et clercqs debvront et pourront debvoir à mondit seigneur le duc, à cause et pour raison de son domaine et de ses aydes et autrement, il en sera exploité par les officiers de mondit seigneur, ainsy que par cy devant at esté accoustumé.

Quant aux cas criminelz, commis et perpétrez en Haynaut, de l'usance de laquelle la déclaration a esté monstrée en la présence des dessusditz et leue au loing en at esté moult parlé; mais pour les grans débatz et différens qui estoient sur ce entre les deux jurisdictions ny a peu estre trouvé appointement, ains tout est demeuré en l'estat de paravant, sans estre prinse quelque conclusion, entendu par monsieur le chan=celier et monsieur le bailly qu'il en doibt estre usé en temps advenir, comme a esté accoustumé.

S'ensuit ladite déclaration de l'usance ci-devant au pays de Haynnau sur lesdis cas criminelz.

Cas criminels commis par prebtres, gens d'église, clers ordonnez ès saints ordres et autres gens tonsurez, sont de telle nature et condition au pays de Haynnau, que tous prebtres et clercqz constituez ès saints ordres qui commettent homicide audit pays de Haynnau, confisquent leurs biens meubles et le revenu de leurs héritaiges un an au profit des seigneurs hauts justiciers dessoub lesquelz ilz sont demeurans, se ilz ne s'en purgent en la cour à Mons. Aussi sont semblablement tous autres clers tonsurez et ne les en peult préserver ny auditz seigneurs haults justiciers oster leurs droit de confiscation purger qu'ilz en puissent faire faire à Cambray, Arras, Liège, n'y ailleurs.

Item, que si prebtres et clers constituez ès saints ordres se purgent pour cas d'homicide en laditte cour à Mons, et ilz en fussent par icelle cour attrains ou convaincuz du cas, ilz seront lors rendus à leur or=dinaire, se requis estoit, pour en faire ce que bonne justice appertient. Mais les clers tonsurez seulement soient mariez ou à marier qui seroient par jugement condamnez sur leur purge en la dessusdite cour, point ne seroient renduz à leur ordinaire, ains exécuteroit on sur eux leur jugement, s'ilz n'avoient rémission du prince et paix à partie, comme autres gens lays, et ainsy en a esté tousjours usé et accoustumé de faire.

Item, ne sont point aussy à rendre à leur ordinaire clers tonsurez mariez ou à marier non constituez ès saints ordres qui seroient prins par les officiers de justice et attraints de cas meurdriers, espieurs, agaiteurs de chemins, violeurs et efforceurs de femmes, infracteurs de trefves et seurtez de paix, ceulx qui auront offensé les officiers du prince et serviteurs de justice, a accoustumé d'en faire exécution selon l'exigence des maléfices, mais prebtres et clers tonsurez constituez ès saints ordres seront rendus à leur ordinaire, si requis estoit.

Et aussy seroient tous clers tonsurez qui auroient commis larcin et auroient esté prins en habit de clercs et avec tonsure au cas que la justice laye exécuter les vouldroit à mort, et ilz fussent requis par leur ordinaire; mais si mettre on les vouloit à composition, point ne feroient ne font à rendre à leur ordinaire.

N.º C. — Tome quatrième, page 269.

Lettres du pape Pie II au duc de Bourgogne, lui demandant secours contre le Turc.

Pius 2, servus servorum, Dei dilecto filio et nobili duci Burgundiæ salutem et apostolicam salutem.

Scripseramus charissimo filio nostro Frederico, imperio Augusto, quatenùs defensionem ecclesiæ Moguntinæ vellet amplecti et operam dare liberationi venerabilis fratris nostri Georgii episcopi Methensis, ac dilectorum filiorum Caroli marchionis Badensis et Ulrici comitis Wirtembergensis, qui rebus adversis bello, superiori anno, capti fuerunt à Frederico comite palatino. Rescripsit super hoc nobis animum paratum idem imp. et adjecit eundem comitem accensum non solùm contra honorem sedis apostolicæ sed etiam post inducias Nurembergiæ initas eum astu et dolo cum aliis principibus imperialem dignitatem damnabilissimâ dominandi libidine pessumdare velle. Quapropter ipse imp. suadet obviandum tantæ iniquitati ad conservationem utriusque dignitatis: et ut communi nomine cum ipso imp. tibi ac filio tuo Carolo licentiam concedamus arma sumendi contrà palatinum et Dietherum de Ysenberck ac comitem Catssenelleboghe ejusque complices et adhærentes. Sed quià nescimus quæsit hac in re tue voluntatis intentio deliberavimus prius ad te scribere ut nobis rescribas quid intendas. Nam si noverimus hanc rem tibi cordi esse, et capitaneatum ut censet imp. tibi deferemus et nobis gratum esse suprà modum ut nobilitas tua et filius tuus onus ipsum assumant, hortamurque et affectuosè requirimus dum propter hoc non deseras religionem quin contrà Turcos (sicut sæpè pollicitus es) oportuna præstes auxilia. Erit igitur prudentiæ tuæ examinatis rebus id consilii capere quod dignum est tanto principe et quod tibi ac domui tuæ gloriam et laudem afferat. Cæterùm ex ipsis imperatoris litteris accepimus nostrâ contem=platione regalem tibi concedere investituram et non solùm hoc deli=berasse sæpiùs sed etiam affinitatem tecum contrahere velle ratione filiæ nati tui Caroli cum filio ejus, et vicariatum imperii in terris Gallicanis ultrà Rhenum concedere quod profectò nobis est gratissimum idque serenitati suæ, tuæque generositati prosperum et felix esse optamus ad augmentum pacis et perpetuæ consolationis.

Datum Romæ apud Sanctum-Petrum, xiii kalend. februarii, anno Domini m. cccc. lxii, pontificatûs nostri anno quinto.

N.º CI. — Tome quatrième, page 289.

Lettres du comte de Charolois aux bonnes villes et principaux de la noblesse.

Très-chiers et bien amez. Vous sçavez comment (graces à Dieu) mon très-redoubté seigneur et père a longuement, hautement et grande=ment regy ses seigneuries, tellement que par le moyen des grandes et louables vertus qui sont en sa personne, il a mis et eslevé ceste maison de Bourgoigne (de laquelle il est le chef très-noble) en plus haut degré qu'elle ne fut onc de la mémoire des homes. Et combien que de présent, à cause de son ancien aage, il soit foible de sa personne et travaillé de maladie, touteffois si at il tousjours (comme le cognoissons) vouloir et intention, comme aussy il a des bons et grands moyens de continuer l'augmentation de ses seigneuries et estatz, et de maintenir ses subjetz de mieux en mieux en justice, paix et tranquillité, et ny voyant ny appercevant chose aucune qui a ce donne empeschement, sauf la fraude et damnable déception du seigneur de Croy et de siens qui, par ambition et extrême convoitise, et pour leur singulier profit, veulent embrasser et avoir tout le gouvernement des pays et seigneuries de mondit seigneur et père tant qu'il vivra : comme ingrats les amener à une totale ruine et perdition pour la hayne qu'ilz nous portoient. Que maintenant parvenus à l'aage de cognoissance et de discrétion, ilz ont de tout leur pouvoir travaillé et rendu toutes paines à eux pos=sibles par faux raports de nous mettre en l'indignation de nostredit seigneur et père, comme vous et les estatz de sesditz pays avez de par nous esté et estes assez advertys et bien informez; mais eux sentant que par ce moyen ilz ne pourroient encor plainement parvenir à leurs fins et intentions ont cherchez autres voyes, non seulement pour nous nuire, mais pour du tout nous destruire, s'il eut esté en leur puissance. Car monseigneur le roy estant par deça encor daulphin, ilz s'efforcèrent de mettre la main sur nous et de nous constituer prisonnier, ainsy que ledit seigneur roy, depuis son couronnement, nous a de sa grace certifié de sa bouche. Dont et de la singulière amour qu'il nous demonstra, nous nous tenons et tiendrons à jamais obligé à luy. Et depuis ledit couronnement, pour le grand desplaisir qu'ilz avoient de ce que ledit seigneur roy nous tenoit en bons termes et nous avoit en sa grace, ilz n'ont jamais cessé jusques à ce qu'ilz ont trouvé moyen de nous en mettre hors et du tout esloigner d'icelle, voires qu'à leurs instinct, ses ambassadeurs en la présence de monseigneur et père, luy estant naguères en sa ville de Lille, nous ont publiquement imposé grandes charges, comme vous avez bien peu sçavoir. Et ont ledit de Croy et les siens promis audit seigneur roy de le servir à l'encontre de nous après le décez de nostredit seigneur et père, si avant qu'il nous volut faire la guerre; ce que nous pourrions croire que faire il vouldroit, car nous n'avons fait ny ferons, si Dieu plait, chose qui le doive mouvoir de ce faire. Mesmes ilz se sont vantez de nous faire la guerre par les places et fortresses de Bouloigne, Namur, Luxembourg et autres qu'ilz tenoient en leurs mains, ou de les mettre en la puissance d'autre que mondit seigneur et père et de nous. D'autre part, lesditz de Croy ont par faulx et mauvais rapports à nostre charge meu et incité ledit seigneur roy à rachetter les terres royalles que mondit seigneur et père tenoit en engagement. Et pour autant que mondit seigneur et père y faisoit difficulté et n'estoit pas enclin d'y entendre, d'autant que le roy demandoit quittance de certaine grande somme de deniers qui se debvoit payer en faisant ledit rachapt, ledit de Croy luy dit et feit dire que ledit seigneur roy luy laisseroit lesdites terres et qu'il en jouyroit sa vie durant nonobstant icelny rachat, dont touteffois ledit de Croy sçavoit bien le contraire. Et pour encor par autre voye grever et endomager les pays et seigneuries de mondit seigneur et père, lesditz de Croy ont de tout leur pouvoir aydé et favorisé allencontre de nous le comte de Nevers nostre cousin, encor qu'ilz fussent bien advertis de ce qu'avoit esté emprins contre nostre personne, et comment ledit de Nevers s'estoit vanté que ledit seigneur roy luy avoit promis de bailler quatre cens lances à l'ayde des Liégeois pour entrer au pays de Brabant et s'en faire seigneur après le trespas de mondit seigneur et père, et par ainsy nous en débouter et déshériter. Et pour luy donner plus de puissance de nous pouvoir nuire, et au pays et seigneuries de mondit seigneur et père et nostres, iceluy seigneur de Croy luy avoit fait avoir le don de capitaine général et lieutenant des places rachettées dudit seigneur roy; lequel office en besoignant audit désengaigement, il s'estoit fait donner à soy-mesme qui depuis l'a résigné à nostredit cousin de Nevers, qui pour ce luy a transporté la baronnie de Bozay en Rhetelois. Et dit-on publiquement que luy et les siens sont alliez ensemble soub scaux et promesses authentiques alencontre de nous.

Et combien que depuis naguères quelques serviteurs de mondit seigneur et père désirant le redressement dudit seigneur de Croy envers nous et nostre appaisement envers luy et les siens ayant esté à ceste fin par devers nous. Et pour l'honneur et révérence de Dieu nostre créateur, autheur de paix, et de mondit seigneur et père, sans avoir esgard aux grandes injures, perséqutions, desplaisirs et domaige à nous faitz par iceluy seigneur de Croy et les siens, nous fuissions condes= cendus à octroyer et de fait expédier certaine cédulle signée de nostre main contenant en effect que quand ledit seigneur de Croy nous feroit aucuns services, nous l'aurions et tiendrons pour agréable et ne serions pas ingrats envers luy, en ce cas le porterions et soustien= drions contre et envers tous si avant que par raison faire pourrions et debvrions. Touteffois iceluy Croy ne tint onc compte du contenu de ladite cedulle, ains a depuis tousjours persévéré de mal en pis à l'en= contre de nous, et quand on luy a remonstré qu'il se debvoit mettre envers nous en ses debvoirs autrement qu'il n'avoit fait par cy devant et que les places qu'il tenoit de mondit seigneur et père n'estoit point son héritaige, il a plainement respondu que mondit seigneur et père les luy avoit donnés la vie de luy et de ses enfans, et qu'il avoit bien intention que ses enfans en jouyroient après luy, notament de celle de Namur, Bouloigne et Luxembourg.

Aussi est-il vray qu'il s'est par cy devant efforcé d'avoir en don de mondit seigneur et père la propriété et seigneurie desdites places; lequel don il eut lors obtenu si mondit seigneur et père y eut esté enclin et si aucuns de ses conseillers notables n'y eussent obviez par bonnes et louables remonstrances. Et oultre, pour mieux cuider et brouiller et mettre en trouble les pays de mondit seigneur et père, ledit de Croy a depuis naguerres en la ville de Namur, en laquelle ensamble au chasteau d'icelle il a taché de mettre grand nombre de gensdarmes, feignant et prenant couleur que c'estoit contre les Liégeois. A quoy, Dieu mercy, il a failly, car les bonnes gens de ladite ville, sachant et cognoissant la fin où il tendoit, ne l'ont point volu souffrir.

Ce qu'ayant veu, il s'en partit et alla à Beaumont en Haynau, auquel lieu et au chasteau, il l'a pareillement volu mettre des soldats niais, ceulx de la ville ne les ont aussy pas volu recevoir. D'autre costé, il a depuis peu de temps en ça fait venir devant la ville de Luxembourg le duc Louys de Bavière et le comte de Valence son gendre, avec grand nombre de gens, qu'il a taché mettre en ladite ville et chasteau de Luxembourg, ce qu'il eut fait si ordre n'y eut esté mis devant sa venue. Finablement ledit seigneur de Croy et tous les siens, par toutes voyes et moyens qu'il leur ont esté et sont possibles, mescognoissans, comme gens ingrats, les grands biens, honneurs qu'ilz ont receus de mondit seigneur et père, leur seigneur et prince naturel, ont contendu et contendent journellement de mettre en totale ruine, du moins en péril de gueres et de grands inconvéniens, les pays et seigneuries de mondit seigneur et père et le bon peuple qui y habite. Toutes lesquelles choses par nous considérées ayant pitié de la pauvre commune, désirant de tout nostre cœur (sans plus user de dissimulation) pourveoir et remédier à ce que par le moyen et à cause dudit seigneur de Croy et des siens aucun esclandre, inconvénient ou danger n'advient aux pays et subjectz de mondit seigneur et père, faisons garder soigneusement et seurement lesdits chasteaux de Namur, de Luxembourg et de Bouloigne pour en servir mondit seigneur et père et tenir ses pays et seureté, tant seulement et non à autre fin. Aussy depuis quelques jours en ça avons supplié en toute humilité mondit seigneur et père que son plaisir fut nous donner audience et moyen de parler librement à luy, affin de luy pouvoir remonstrer et déclarer les choses susdites, auquel effect n'avons encor sceu parvenir ny avoir ladite audience. Par quoy nous avons depuis fait assembler auprès de nous ceulx de son sang avec tous les chevaliers, escuyers et plus notables gens du conseil, de son hostel et du nostre, estant présentement en ceste ville; auquel avons bien au loing remonstré et donné à cognoistre tout ce que dessus; et comme nous étions délibérez et résolus de, moyenant l'ayde de Dieu, pourveoir aux inconvéniens et dangers apparens, affin que mondit seigneur et père demeure en son entier par toutes ses seigneuries, et nous après luy. Pour lesquelles conserver et maintenir, nous voulons exposer corps et biens, et demourer cependant son très-humble et très-obéissant fils, sans appeter ny entreprendre aucun gouvernement plus avant que son bon plaisir sera de nous ordonner, en leur déclarant pour nous mieux employer à le servir et luy obéir comme un bon et obéissant fils est tenu de faire, nostre intention est de continuellement nous tenir doresenavant auprès de luy et en son hostel, sans souffrir à nostre pouvoir que ledit de Croy ny les siens, lesquels nous tenons et réputons pour noz enemys, ayent plus aucun gouvernement auprès de sa personne en son hostel ny en ses pays, comme ilz ont eu par le passé et jusques à présent. Leur déclarant aussy qu'au regard des autres bons et loyaulx officiers, conseilliers, serviteurs et subjets de mondit seigneur et père, nous les tenons et réputons tous noz bons amys, et les aimons et chérissons comme les nostres propres, les priant que si le temps passé ilz ont bien et loyallement servi, ilz veu= lent continuer et persévérer de bien en mieux, au bien de luy et de sesditz pays. Et de nostre part entendons libéralement, soigneusement et de bon cœur, à faire et exécuter tout ce qu'il luy plaira par bons advis et meurs conseils nous commander et ordonner pour le bien, seureté et deffence de sesditz pays et seigneuries, en leurs requérant que tous voussissent avoir esgard et considération à nostre bon, loyal et entier vouloir, sans d'icy en avant porter, armer, soustenir ny favo= riser ledit de Croy ny les siens, lesquels, comme dit est, nous tenons et réputons pour noz enemis. Ains nous aydent et confortent en tout ce que pourrions avoir affaire pour la garde, deffence et conservation desditz pays de nostredit seigneur et père. Laquelle requeste nostre, tous les assistens à ladite assemblée ont librement accordé et consenty. Depuis ces choses, le seigneur de Quievraing, nepveu dudit seigneur de Croy, s'est party de ceste ville, dont mondit seigneur et père a esté malcontent et s'est à cause aucunement meu et troublé allencontre de nous; mais au plaisir de ce bon Dieu et à l'ayde de bonnes remons= trances de ses bons et loyaux conseillers, nous espérons tellement faire qu'il se contentera et appaisera. De toutes lesquelles choses, très-chers et bien aymez, vous advertissons par ces présentes comme nos bons et loyaux amys, ausquels nous voulons et désirons plainement ouvrir et manifester les secretz et pensées. Et affin que vous sachiez et cognoissiez la pure vérité des choses ainsy qu'elles sont advenues, vous priant et requérant très à certes, très-affectueusement et de bon cœur, que vous ne veuilliez recevoir doresenavant ny donner faveur ausditz de Croy ny à leurs alliez tenans ny qui tiendront leur party, aincois en faites comme des enemys de nous et de mondit seigneur et père, et que ne vueilliez adjouster foy aux rapports, lettres ny escritures que l'on vous pourroit faire au contraire des choses susdites; car nous voulons et désirons de tout nostre cœur servir, honnorer et obéir à mondit seigneur et père en toutes façons et manières à nous possible, comme y sommes obligez et avons fait jusques ores, et si Dieu plait jamais ne ferons chose aucune dont par raison il ayt ny doive avoir cause d'estre malcontent de nous. Ains sans rien appeter ny entreprendre sur sa personne, grandeur, seigneuries ou gouvernemens, nous employerons de tout nostre pouvoir en corps et en biens à la bonne garde et seurté et préservations de sesditz pays et subjects, et envers contre tous ceulx qui se vouldroient efforcer ou advancer de les envahir, grever, fouler ou endomaiger en quelque manière que ce soit. A quoy vous prions et requérons aussy très cordialement nous vouloir servir, ayder et asister tout au mieux que possible vous sera si mestier en avons, comme de ce nous avons parfaite confiance. Très-chiers et bien aymez, le Saint-Esprit vous ayt en sa bonne garde.

De Bruxelles ce xxii jour de mars 1464 (selon nostre computation 1465).

Ainsy signé :

CHARLES,

comte de Charolois, seigneur de Chasteau, Bellain et de Bethune.

N.° CII. — Tome quatrième, page 353.

Particularités concernant l'administration de la cure de Saint-Germain.

Prædictam rectoriam (Sancti-Germani) cum omnibus juribus et pertinentiis suis auctoritate apostolicâ, præsentium tenore, mensæ capitulari præfatæ in perpetuum unimus, annectimus et incorporamus. Ità quod liceat eidem capitulo per se vel per alium seu alios ejusdem rectoriæ sic unitæ corporalem possessionem propriâ authoritate liberè apprehendere, illiusque fructus, redditus et proventus hujusmodi in mensæ et rectoriæ prædictarum usus et utilitatem convertere ac perpetuo retinere diœcesani loci et cujusvis alterius licentiâ minimè requisitâ, necnon per vicarium temporalem, aut unum ex canonicis ejusdem ecclesiæ vel in eâ curam ejusdem rectoriæ exerceri facere, nonobstantibus, voluntate nostrâ prædictâ, ac aliis constitutionibus et ordinationibus apostolicis, necnon dictæ ecclesiæ juramento, constitutione apostolicâ vel quâvis firmitate aliâ roboratis.

Serment des pasteurs de Saint-Germain.

Ego N... per venerabiles decanum et capitulum Sancti - Germani Montensis ad administrationem rectoriæ parochialis præfati Sancti=Germani et de corumdem placito et voluntate admissus et receptus pro=mitto præfatis Dominis meis fidelitatem et obedientiam reverentiam et honorem, jura quoque, libertates, fructus redditus et emolumenta dictæ ecclesiæ spectantia et pertinentia, laudabilesque consuetudines præfatæ ecclesiæ et rectoriæ observare ipsi que ecclesiæ parochiali, veluti hactenùs consuetum est, laudabiliter in divinis deservire, parochianisque præfatæ rectoriæ toties quoties eis apportunum fuerit sancta ecclesiastica ministrare curamque animarum à R.^{dmo} episcopo recipere et jura episcopalia consueta subire et in processionibus gene=ralibus cum dominis meis de capitulo, verùm etiam in processionibus apud beatam Waldetrudem, velut hactenùs per curatos Sancti-Germani fieri consuetum est, comparebo et de bonis fructibus et emolumentis præfatæ rectoriæ per me receptis et in posterùm recipiendis præfatis meis Dominis meis aut ab eis deputato, seu deputatis jutum, legale et fidele computum promitto facere et reddere. Ità juro ad sancta Dei Evangelia et in verbo sacerdotii.

N.º CIII. — Tome quatrième, page 596.

Lettre du roi de France, concernant le projet de mariage de son fils avec Marie de Bourgogne.

Seigneur comte, mon grand amy, j'ay reçu voz lettres qui moult m'ont esté très-agréables et très-joyeuses. Il est temps qu'employez tous voz espritz et procuriez si bien par vostre prudence que les duché et comté de Bourgoigne se soubmettent volontairement à mon obéis=sance, car j'ay projetté un traité de mariage que je désire estre accomply le plus tost qui ce pouldra faire entre mon fils Charles et ma cousine Marie. Cependant, seigneur comte, garde-toy bien de n'entrer à main forte en lesdites duché et comté, si n'estes du tout certain de la mort du duc Charles.

De Plessis, ce 9 janvier 1477.

N.° CIV. — Tome quatrième, page 398.

Établissement du grand conseil des Pays-Bas.

Marie, par la grace de Dieu, ducesse de Bourgoigne, Lothier, de Brabant, de Limbourg, de Luxembourg et de Gueldres, comtesse de Flandres, d'Artois, de Bourgoigne, palatine de Haynau, de Hollande, Zélande, de Namur et de Zutphen, marquise du Saint-Empire, dame de Frise, de Salins et de Malines. Sçavoir faisons à tous présens et advenir, comme après le trespas de défunct de bonne mémoire nostre cher seigneur et père le duc Charles, en son vivant seigneur des avantdis pays et seigneuries les députez et commis des deux estatz, de la spiritualité et temporalité de noz pays de par deça, à nostre prière et requeste se sont trouvez par devers nous en ceste ville de Gand; auxquels, en la présence de puissant seigneur monseigneur Louys de Bourbon, évesque de Liège, duc de Bouillon et comte de Dinant, nostre sire oncle, et messire Adolphe de Clèves et de la Mark, seigneur de Ravestain, lieutenant général et gouverneur de noz pays susditz, nostre très cher cousin, qui nous sont les plus prochains du sang, et par l'advis et conseil d'eux, avons fait déclarer et ouvrir les grandes et pesantes charges et affaires où de long temps ont esté nosditz pays et qui encors journallièrement leurs surviennent au moyen des oultraiges et empeschemens qu'aucuns d'estranges nations surgent et advancent de faire alencontre de nous et de noz pays susdits, en prendant et gaignant diverses villes et chasteaux et places à nous appertenants, en les réduisant en leurs obéissance contre droit et raison, réquérant par le moyen du confort adsistence et grand espoir qui à nous, au bonsgens noz subjetz que en ce nous veullent venir secourir par advis et de fait, afin qu'eulx et nosditz pays puis estre gardez et préservez de domaige et charges. Sur quoy les prénommez commis de noz pays devantdis declarans et monstrans le bon vouloir et grande amitié qu'ilz avoient à nous comme noz féaulx et fidels subjetz, nous ont présenté faire toute adresse avec leurs force, puissance et secours. Et à raison de ce que ceulx de noz pays avantdis nous ont remonstrez les domaiges in-suportables, fraix et interestz qu'ilz ont eu et supporté en tous leurs meubles au moyen des guerres que nostre avantdit cher seigneur et père a poursuivy jusques à la fin de sa vie en telle manière que les subjetz de nosditz pays sont fort appauvriz, endommagez et admeuriz, et qui plus les droits, privilèges, coustumes et usaiges de nozditz pays et bonnes villes ont esté révoquez, ostez, et en diverses manières rappellez, sans desquels estre de rechef pourveu et restitué, noz avantditz pays en leursditz droits, privilèges, coustumes et usaiges à la conservation de la justice ne pourroient demeurer ny estre régis et gouvernez. Les dessusditz commis et députez des estats ont délivré en noz mains certains pointz et articles servant au bien, utilité et profit généralement de tous noz avantdis pays, nous requérant humblement que comme ducesse, princesse des dessusditz pays voeillons consentir et octroyer de nostre grace spéciale les avantdis pointz et articles, pour nous, noz hoirs et successeurs ducqs et ducesses, princes et princesses desditz pays. Lesquels pointz, par l'advis de nosditz oncle et cousin, aussy par nostre conseil, avons trouvé grandement servans, nécessaires et profitables pour nous, noz hoirs, noz pays et inhabitans en iceulx. Et pour ce avons de nostre certaine science et spéciale grace, puissance et auctorité, et par l'advis et conseil que dessus, consenty, accordé et octroyé, consentons, accordons et octroyons à noz avantdis pays, pour nous, nos hoirs et successeurs, à eulx, leurs hoirs et successeurs, généralement et particulièrement à chacun desdits pays par soy, les pointz cy-après déclarez, pour d'iceulx en jouir et les garder et observer à tousjours sans y contravenir.

Premier, que nous constituons et ordonnons un parlement ou grand conseil des persones et de conditions comme cy après s'ensuit, lesquels tiendront leurs résidence es lieux où que nous serons en nosdis pays, dont l'un d'eulx sera seul chief et chancelier, sçachant le latin, françois et flamen, tel qu'il nous plaira. Et à ceste fin nous commettrons et ordonnerons hors de noz pays où l'on use de langue françoise quattre seigneurs et bons personnaiges, de nostre pays de Bourgoigne deux, deux de nostre pays d'Arthois et Pircardie, deux de nostre pays de Haynau, et ung de Namur. Et hors de noz pays où l'on use de langue thioise, asçavoir quattre hors de nostre pays de Brabant, quattre de nostre pays de Flandre, quattre de noz pays de Hollande et Zélande, deux de nostre pays de Luxembourg, et deux de nostre pays de Lim=bourg et d'Outre-Meuse, et chacun desditz pays de plus notables et non plus. Dont la moitié d'iceulx seront tousjours nobles et l'autre moitié clercqs de droit, et l'un de nostre pays de Namur tel qu'il nous plaira, selon la manière dicte. Et audit conseil les princes et seigneurs de nostre sang estant nez nous pourrons comparoir et venir quand il nous plaira, et à eux pour solliciter et besoigner en noz affaires. Les=quels de noz conseil ne pourront prétendre cognoissance de quelconque matière, fors tant seulement de celles desquelles noz consaulx ou chambre de noz pays et loix d'iceulx ne peuvent cognoistre selon leurs privilèges, droits, coustumes et usaige.

Item, que noz secrétaires servans en nostredit conseil seront en nombre compétent, comme il nous plaira et de noz pays sachant du moins les deux langues françoise et thioise.

Item, que les avantdis de nostre grand conseil, et pareillement ceulx de noz chambres particulieres en chacun de noz pays susditz, seront tenuz de jurer et promettre qu'ilz observeront et intertrindront inviolablement ès droits, privilèges vieux et nouveaux et aussy les coustumes et usaiges de chacun de noz pays et villes, particulièrement en tous cas dont ilz auront cognoissance et judicature.

Item, que les causes et matières qui se démèneront en nostredit grand conseil venant d'aucuns de noz pays avantdis, seront demenez et playdoiez entre ceulx à qui ce touche en tel langaige que l'on parle coustumièrement où les deffendeurs seront demeurant.

Item, que tout ce qu'en nosditz pays oultre et au contraire des avantdis privilèges, droits, coustumes et usaiges a esté dérogé ou pourra cy après estre dérogé et estre fait au contraire, sera dès maintenant comme alors anéanty sans force et de nulle valeur.

Item, que toutes les patentes et choses que l'on envoyera hors de nostredit grand conseil ou chambres particulieres seront en tel langaige dont l'on use ès lieux où elles s'envoyeront. Et le cas contraire advenant, l'on ne sera subject d'y obéyr ès lieux où elles seront envoyées, ny les insinuez à comparoir.

Item, que les consistoires des parlemens et autres à Malines, puis naguères instituez, cesseront et dès maintenant seront aboliz et desmoreront désuniz, sans que l'on instituera en temps futur aucunes semblables cours et chambres.

Item, que toutes les causes et matières qui sont venues et pendent au parlement susdit par évocation, et qui pendent encor indécises avecq tous actes et escritures y servant ès lieux, ès loix et par devant telz juges desquels auroient esté évocquées et lesdis juges esté grevez, pour et affin de procéder èsdites matières au surplus, comme selon droit et coustume appertiendra.

Item, que toutes les matières par appellations interjectées et encors pendantes au parlement desusdit, esquelles la court et justice seroit parvenue là où par ordre et degré debvroient en premier lieu avoir sorty, seront en pareille avec tous les actes et escritures à ce servant renvoyées par devant les cours et justice ainsy prévenuz ou anticipées, comme dessus est dit et déclaré.

Item, que nous ny noz successeurs princes ou princesses des pays avantdis ne pourront mouvoir aucune guerre comme aggresseurs ou deffendeurs que préallablement nous ou eulx auront escrit aux estatz de nos avantdis pays, et en ce faire par une commune délibération et conclusion. Et si nous ou noz successeurs mouvoient ou emprenoient autrement aucune guerre, qu'en ce cas noz fiebvez ou noz subjetz ne seront tenuz nous servir ny à noz successeurs. Aussy que les seigneurs des pays contre leurs pays et terre et subjetz ne seront entendus ny reputez enemis de noz seigneuries; mais tout ce nonobstant, ilz pourront converser et hanter en personne et avec leurs biens et marchandises en nos avantdis pays, sans estre empeschez ny molestez.

Item, s'il advenoit que par délibération de tous nosditz pays aucune guerre se concluoit, que l'on en fera la publication en toutes noz bonnes villes de noz pays susditz, et après la publication de laditte guerre, les personnes tenans partie contraire estans au jour de la publication en nosditz pays, auront bon et seur sauf conduit le terme de 40 jours, pour eux en leurs personnes et avec leurs biens se pouvoir retirer, sans que personne en aucune manière les puisse arrester, retenir ou empescher ledit temps et terme durant.

Item, touteffois qu'aucune guerre se conclura et se mettra sus en la manière prédicte, en ce cas noz vassaulx et homes de fiefz tenant fiefz subjetz à servir d'ancien temps, pour cause de leursditz fiefz seront tenus de servir ou faire servir sur les frontières des pays où leurs fiefz seront assis et scituez, et non plus avant, n'est qu'ilz leur plairoit. Et que selon l'ancienne coustume, quand nosditz vassaulx et fiefvez se monteront, ilz auront lors du seigneur desoub qui ilz serviront leurs gaiges et soldées tant et si longuement qu'ilz seront audit service. Et parmittant les arrière-fiefvez tenant fiefz subjetz pareillement au service d'armes, seront tenus de secourir les vassaux selon l'ordonnance des estatz de chacun de nosditz pays.

Item que toutes les autres ordonnances ès puis naguerres ou auparavant mises sus regardant le service des avantdis fiefz, seront cassez, destruitz et annichillez.

Item, que les estatz de nos avantdis pays, pour les causes, utilité et profit de noz pays généralement et parcillement les estatz particulièrement de chacun nosditz pays regardant aucunes affaires touchant à chacun pays, se pourront assembler et convenir au lieu où il leur plaira, et à ce pourront escrire et rappeller l'un l'autre toutes et quantesfois bon leur semblera sans estre tenuz impétrer nostre grace ou consentement ny de noz hoirs et successeurs, sans pour ceste cause escheoir en aucune indignation ny d'estre aucunement reprins ny redargué.

Item, s'il advenoit que de par nous ou noz hoirs et successeurs ou par noz grans consaulx ou particuliers estoient envoyées aucunes ordonnances, mandemens ou deffences estant directement contre les privilèges généraulx ou particuliers de noz pays, qu'icelles ordonnances, mandemens et deffences ne tiendront aucun lieu, ains seront de nulle valeur et n'astraindront et obligeront ceulx qui en pourroient estre grevez.

Item, que noz subjetz de nos avantdis pays particuliers sortiront jurisdiction et le bancq de leur ordinaire et juges et justices immédiatz desoubz lesquels selon les droits, privilèges, coustumes et usaiges, ilz ont de tous temps anciens resortiz sans estre attraitz plus oultre ou allieurs en prime justice.

Item, que l'on ne assensira aucuns officiers de justice de nos avantdis pays.

Item, que l'on ostera ou deffendra le cours de la marchandise ayant cours en nosditz pays par deffence expresse ou restriction ou autre= ment en manière que ce soit.

Item, que l'on ne permettra d'icy en avant donner aucunement en nos avantdis pays en commande nulles abbayes, prélatures ou dignitez.

Item, que l'on ne pourra mettre sus de nouveau nulles choses ny gardes desdites tholes, et que toutes les tholes ou thonnieux nouvelle= ment mises sus sans le consentement de noz pays seront mis jus et annichillez.

Tous lesquels points et articles et chacun par soy nous avons promis, et par ces lettres promettons de bonne foy, pour nous, noz hoirs et successeurs, à nosditz pays et subjetz d'iceulx et leurs successeurs, et à chacun d'eulx particulièrement et les tenir fermes et estables à tousjours sans les rapeller et sans y contrevenir ny faire ou faire faire ny aussy souffrir estre fait en aucune manière. Pro= mettons au surplus, pour nous, noz hoirs et successeurs que nous n'alléguerons ny mettrons en avant à nul journais, et ne souffrirons estre allégué que nous leur avons donné spécialement les avantdis pointz et articles, et que partant ne serions tenus les entretenir, ny aussy qu'au temps dudit octroy et consentement n'aurions attaint aage compétent, ou aucuns autres moyens ou raisons qui contre ce que dessus nous pourroient ayder, et à nos avantdis pays et subjetz nuire et préjudicier ; ains confessons que nous leurs avons consenty et octroyé seulement de nostre certaine science, comme dessus est dit. Et s'il advenoit que nous, noz hoirs et successeurs y contrevenoient, alloyent ou faisoient par nous mesmes ou par aucuns autres, en tout ou en partie, comment et en manière que ce fuist, oudit cas nous consentons et accordons à nosditz pays et aux subjetz d'iceulx et à leurs succes= seurs et à chacun d'eulx particulièrement et par soy, qu'ilz ne seront ny donneront jamais à nous ny à noz successeurs, nul ne quelconque service, et qu'ilz ne seront en aucune manière inculpez de désobéis= sance dont pourrions avoir à faire ou de quoy les pourrions requérir ou faire demande jusques au temps que nous les aurions plainement dé= portez. Et à cest fin, nous voulons, décernons et déclarons que tout ce qu'au contraire de ce sera fait et attenté, soit du tout aboly et tenu de nul valeur en temps advenir, renunçant en oultre quant à ce, pour nous, noz hoirs et successeurs à toutes autres exceptions, cavillations, subtilitez de droit ou de fait, qui nous ou à noz hoirs et successeurs pourroient profiter et nuire et préjudicier en aucune manière à nos avantdits pays et subjets ou à aucuns d'eulx, et spécialement au droit disant la générale renonciation non voloir ni la spéciale ne procède. En tesmoin desquelles choses et de perpétuelle stabilité, nous avons à ces présentes fait mettre nostre seel, et plus prié nostre très-chier oncle prénommé qu'en plus grande seureté, corroboration et aucthorisation des choses susdites, qu'ilz veulent appendre leurs seaulx avec le nostre à cesdites presentes lettres. Ce que nous Louys de Bourbon, par la permission divine évesque de Liège, duc de Bouillon et comte de Dinant; et Adolphe de Clèves et de la Marck, seigneur de Ravestain, etc., dessus nomez, à la requeste de nostre avantdite cousine et ducesse, libéralement avons fait.

Donné en nostre ville de Gand, l'onziesme jour de febvrier en l'an Nostre Seigneur quatre cent soixante seize.

Sur el ply de ladite lettre estoit escrit : *Par mademoiselle la ducesse.* Et signé plus bas : De Halewin.

N.° CV. — Tome cinquième, page 3.

Serment de l'archiduc Maximilien à sa joyeuse entrée à Mons.

Maximilien, par la grace de Dieu, duc de Bourgoigne, de Brabant, de Lembourg, de Luxembourg et de Gueldres; comte de Flandres, d'Arthois, de Bourgoigne; palatin de Haynaut, de Hollande, de Zélande, de Namur et Zutphen; marquis du Saint-Empire; seigneur de Frise, Salines et de Malines. A tous ceulx qui ces présentes verront salut.

Sçavoir faisons que ce dimenche, jour de feste madame sainte Wau= dru, second jour de novembre mil iiii° LXXVII. Après qu'en la présence du révérend père en Dieu, notre très-cher et très-amez cousins l'évesque de Mets et messire Jean, aisné fils de Clèves, et aussy de révérend père en Dieu nos amez et féaulx conseillers l'abbé de Saint= Ghislain, l'abbé de Liessies, l'abbé de Crespin, l'abbé de Cambron, l'abbé de Bonne Espérance, le prieur des Escolliers de Mons; et de nos amez et féaulx le comte de Chimay, notre premier chambelan, comte de Joigny, noz cousins, monseigneur Jean de la Bonnerie, chef de notre grand conseil; messire Louys de la Gruthuis, premier cheva= lier d'honneur; le seigneur Olivier de la Marche; le seigneur d'Ayme= ries, grand bailly de notre pays de Haynaut; le seigneur de Boussy, bailly des bois d'iceluy pays; le seigneur de Wieges, le seigneur de Mingoval, le seigneur de Fresin, le seigneur de Haubourdin, le sei= gneur de Hennin, messire Etienne de Montigny, chevalier, et Philippe du Chasteler, seigneur de Moulembaix, escuyer. Nous, comme marit, bail et advoé de notre très-cheire et très-amez compaigne Marie, par la grace de Dieu ducesse de Bourgoigne, de Brabant, etc.; comtesse de Flandres, Arthois, Bourgoigne, de Haynaut, Hollande, Zélande, etc.; vraye propriétresse et héritière desditz comtez de Haynaut, Hollande, Zélande, avons esté receu et mis en possession de cedit pays de Hay= naut au nom que dessus, et ainsy en tel cas est accoustumé et apper= tient, nous fismes serment et promismes sur Dieu, notre créateur, sur les saints évangiles et sur le prétieux corps saint de madame sainte Wauldru, présent le chef et affique dudit corps saint, pour ce trans= porté sur le Marché de ceste ville de Mons, et encor le faisons et pro= mettons par ceste, comme marit, bail et advoé de notredite compaigne, propriétresse et vraye héritière et comtesse de ce pays de Haynaut. Que les franchises, privilèges et usaiges des églises, nobles et bonnes villes et généralement de tout notredit pays et comté de Haynaut, nous entretiendrons et ferons plainement entretenir. Aussy que les pers et home de la haulte et souveraine court de Mons et tous ceulx du pays de Haynaut, nous, comme marit, bail et advoé, si que dit est, garderons et défendrons et si les maintenrons par le fray et jugement des pers et homes de ladite court par les points contenus ès chartes, faisant mention de la loy et de le paix dudit pays en tous cas accoustumez à juger par loy. Et aussy nous jurons que tous tiendrons ladite court de Mons ouverte à un chacun qui venir y vouldra, à faire avoir raison et justice selon les loix et coustumes de ladite cour, et ferons tenir ce que par lesditz pers et hommes sera querquie en icelle court. Et si jurons que jamais les seigneuries et pays de Haynaut, Hollande et Zélande ne despartirons ny desunirons les ungs des autres promettant en oultre en parolle de prince que au plus tost de notredicte compaigne, vraye héritière de cedit pays de Haynaut, la possession d'iceluy et faire le serment et les solemnitez requises à la possession, prendre tant de cedit pays de Haynaut, de cettedicte ville de Mons, déclarant par cestes qu'au moyen de serment cy-dessus déclaré de la possession qu'avons aujourd'hui prinse dudit pays et comté de Haynaut non y avoir autre droit sinon tel que comme marit, bail et advoé d'icelle notredite compaigne. Et que si eussions prins la possession après qu'icelle notre compaigne, comme propriétaire et héritière, eust esté receue et prinse en la possession dessusdicte. Et aussy n'entendons qu'icelle possession prinse puisse ou doibve préjudicier ou déroger aux vrays héritiers de notre dite compaigne en manière aucune; mais que nonobstant ladite possession ainsy prinse ladite comté de Haynaut doibt et debvra succéder à lesdits vrays héritiers, tout ainsy que nous n'eussions pris ladite possession. En témoin de ce nous avons fait mettre notre seel à ces présentes.

Donné en notre ville de Mons le jour et an dessusdits.

N.° CVI. — Tome cinquième, page 63.

Établissement des Sœurs Noires à Mons.

Sur les escrits baillies oultre de part de ma très-redoubtée dame madame la ducesse de Bourgoingne douagiere, pour les noires sœurs de Mons et ceux des damoiselles dudit Mons a madicte dame prins sa resolution pour un final appointement d'entre lesdictes damoiselles et noires sœurs tels qu'il s'ensuit sans plus de reponse ne de renvoy.

Premiers renoncheront les noires sœurs à leurs appellations interjectées tant des sentences rendues à Tournay comme à Louvain et à toutes procédures quelles ont à lencontre desdites damoiselles et leur église et recongnoistront en tant que en eux est et il leur touche les droits et privileges de leglise estre assavoir que mesdemoiselles damoiselles ont privilege espécial dont elles ont joy et cest de tout temps contenant que nul en quelque estat quel soit en toute la ville de Mons et porchaint d'icelle ne peut estorer ou ediffyer de nouvel couvent ne monastere, eglise, capelle ne oratoire ne les anciennes croistre ou muer ne aucune chose faire ne introduire de nouvel ès divins offices ne faire procession ne assemblée de clergie sans le gré et consentement desdites damoiselles ne peut aussy eglise ou couvent acquerir en ledicte ville de Mons maison, tiere, possession ou héritage, soit par achat, change, aulmosne ou aultrement sans le gré de ladicte eglise ne les amortir; quant aux aultres privileges les recongnoistront lesdites noires sœurs en termes généraulx, recongnoistront aussy les sentences rendues au prouffil desdites damoiselles estre executoires sur lesdites sœurs en deffaut d'accomplir ce présent appoinctement et promettont de jamais venir à l'encontre elles et leurs successerisses et s'en submettront à toute justice ecclesiastique congnoistront aussi que à tort elles ont travaillé ladite eglise ses privileges et damoiselles ès instances sur ce intentées, dont lesdites sentences ont été rendues et seloncq le contenu d'icelles et pour ce, se la maistresse et quatre aisnées sœurs garnyes de procure des autres comparoistront en personne en capitle desdites damoiselles, pareillement le feront en la court à Mons au jour de plais et par leur procureur comparoistront pardevant le conservateur de leglise l'officîal à Tournay et consistoire aussi à Tournay pardevant maistre Conrard qui a rendu la derniere sentence dont les sœurs ont appelé.

Item, quelles sont tenues de partir de leur lieu en dedens quatre mois commenchant au jour d'acte de cestes que lesdites noires sœurs ont fait ladite recongnoissance ou capilte desdites damoiselles à Mons sans ce quelles en puissent emporter transmeur ne aliener chose quelconcque soient meubles, ustencilles, aornements d'églises, calices, sanctuaires, ou aultres biens de ceulx qui y estoient au jour quelles firent la mutation de leur abit et paravant mais de ceulx quelles y ont conquis et apporté depuis ladite mutation elles les pourront emporter et se ne pouront lesdites noires sœurs démolir ne transporter nul des edifices qui sont audit lieu.

Item après toutes ces choses accorderont mesdites damoiselles aux dites noires sœurs lieu ailleurs dedens ledit ou elles nayent seignourie, cens ne rentes senon l'auctoritet et superiorité générale que lesdites damoiselles ont par toute la ville de Mons pour y ediffyer une capelle de la grandeur de la capelle des grises sœurs aussi faire clochier et cloche de pareille quantité et aultres ediffices convenables à elles selonca leur estat et vocation ainsi que l'on a fait auxdites grises sœurs et à telle recongnoissance que ont fait pardevant les escoliers pour leur lieu et ceulx de la ville de Mons et aultres conditions et quant aux despens lesdites damoiselles en quittent lesdites noires sœurs pour lhonneur de madame . . . .

Ce present traitié a este recongneu audit capilte de mesdemoiselles par la maistresse et cincq desdites noires sœurs tel qu'il est cy dessus escript le VIII jour de march lan mil III^c IIII^{xx} seize. Presens monseigneur de Sainctri, monseigneur de Fresin, monseigneur de Fresnoy, les officiers desdites damoiselles et aultres.

Cet acte fut fait par Conrard Desart maîtres-ès-ars licencié en droit canonique, chanoine de leglise de Liège, abbé de leglise collegiale de Nostre-Dame à Namur, commissaire apostolique, accompagné de maistre Guillaume Barat curé de Castres, notaire apostolique, témoins Godefroy de Couillieres, Michel de Lespes et Jacques Lecarlier. Abbé du parc diocèse de Liège Jehan de la porte chase de Liège. Catherine Prunier, Jehenne Anneau, saincte Adam, Adrienne de le Rapaille, Margeritte Delattre, Jehenne de Persy.

Nous Anthonne Peiruhain, Joachin Piotte et George Piotte savoir faisons a tous que pardevant nous qui pour ce spécialement y fumes appelés comme hommes de fief à la comté de Haynau et court de Mons et aussi en la présence et au tesmoing de vénérable et discret maistre

Martin Marphalize, p.bre , ad ce appelé comme notaire apostolique et impérial, se comparurent personnellement Bauduin de la Cathoire et Jehanne Colinne maistresse d'icelle maison ; sœre Appollon du Allart et sœre Marguerite de le Brayere residentes et les plus anchiennes d'icelle maison et la endroit de leurs bonnes voluntés sans nulle constrainte disent et cogneulrent que par grace et à leur très instante pryere et requeste nobles et venerables personnes du chapitre de madame Saint-Waldrud d'icelle ville dise, au darrain sabmedy du mois doctobre en ce présent an mil cinq cens et quinze comme jour capitulaire leur avoient accordet de pooir en icelle maison erigier et ediffyer une chapelle pour célébrer messe, celle chapelle en longhesse de trente syx pieds, vingt quatre de large ou environ dedens œuvre ayant cul lampe et syx verrieres aussi en dessus louvraige y pooir asseoir un petit clochier, pour y pendre une cloche, et en ladite chapelle y faire un autel pour aller autour d'iceluy autel à condition telle que pour cestes grace ledit chappitre doibt et debvra sour icelle maison et pourpris con dit de la Magdelaine avoir à tousjours deux sols tournois par an eschéant au jour Sainct-Remy et le premier paiement pour la premiere année debvoir faire au jour Sainct-Remy prochain venant qui sera l'an mil cinq cens et seize et ainsi de la en avant d'an en an à perpetuité.

En tesmoing desquelles choses devandites nous lesdits hommes de fief en avons ces présentes lettres avec le signe et subscription dudit notaire en dessoubs pourtraict seellées de nos séaulx et desquelles lettres furent requises et accordées faire deux d'une pareille teneur.

Ce fu fait en ladite ville de Mons, lan mil cinq cens et quinze, le treizyesme jour du mois de febvrier.

N.º CVII. — Tome cinquième, page 69.

Lettre du roi de France Charles aux Gantois.

Charles, par la grace de Dieu roy de France. Très-chers et grans amys, nous avons esté piécha advertis des questions et différents et débatz qui se sont meus entre nostre chier et très-amé père et cousin le duc d'Austrice, et nostre très-cher et très-amé frère le duc Philippe, comte de Flandre, et les trois membres d'iceluy pays, dont de tout nostre cœur nous a despleut et desplay. Et à ceste cause avons piécha envoyé plusieurs noz ambassades, tant devers nostre dit père que devers nostre dict frère et lesditz trois membres pour essayer par tous les moyens qui nous ont esté possibles à y trouver quelque bon appointement, lequel ont fait de par nous à nostre dit frère et cousin plusieurs offres pour y mettre fin, mesmement que sur ce nostre dit frère et les trois membres ont tousjours esté contens sur ledict différent eux soubmettre à nous comme leur souverain seigneur, et aux seigneurs de nostre sang ou à nostre court de parlement, ce que nostre dit père n'a volu accepter, mais est entré à puissance audit pays de Flandres et très-souvent s'est efforcé y porter domaige et fouler et dommager ledit pays, pour laquelle cause et que pour rien ne vouldrions souffrir nos subjetz estre ainsy oppressez et endommagiez, ne telle entreprinse et hostilité estre faite par personne que ce soit en aucunes terres ou seigneurie de nostre royaulme. Nous qui comme souverain seigneur dudit pays de Flandres, et aussy qui à cause de nostre très-chière et très-amée compaigne le royne y avons grand intérest, sommes tenus persévérer et garder lesditz pays desdites forces et violences, vous envoye nostre amé et féal conseiller et chambellan le seigneur Desquerdes, mareschal de France, nostre lieutenant-général en tous noz pays de Picardie et Artois, avec aucuns des gens de nostre conseil et de noz gensdarmes en bon nombre, auquel nostre dit conseiller et chambellan nous avons encore chargé mettre et trouver quelque appointement ès ditz différens, et s'employer à l'appaisement d'iceulx. Mais nous avons esté advertis que nostre dit père et cousin n'y a voulut ne voeult entendre, dont nous sommes très desplaisans. Et pour ce que nous avons sceu que vous et ceulx des pays de Brabant et Haynaut secouriez à nostre dit père et cousin de gens, argent, vivres et autres choses à luy nécessaires pour faire la guerre à nostre dit frère et à ceulx du pays de Flandre, nous avons conclud et délibéré envoyer et mettre ès ditz pays de Haynau et Brabant une grosse armée pour ayder et deffendre notre dit frère et cousin. Ce que n'avons encor voulu faire sans vous en advertir et sçavoir si serez délibérés de continuer. Par quoy vous pryons et requérons que voeillez déporter de plus favoriser et ne donner aucune ayde, secours, confort à nostre dit père et cousin le duc d'Austrice, de gens, argent, vivres ne quelconques autres choses de nostre dit frère et subjetz d'iceluy pays de Flandres, et de ce nous envoyer voz lettres seelées. Et ce faisant et obéissant à nostre dit frère comme à vostre seigneur estes tenus, nous vous soustiendrons, supporterons et deffenrons en faveur de luy comme ferons noz propres subjetz. Autrement, quant vous donnerez audit duc d'Austrice secours contre nostre dit père et cousin desdits de Flandre, nous y pourvoierons comme il appertiendra. Et protestons devant Dieu et les homes que si aucun inconvénient ou domaige en advient à vous ou ausditz pays, ce sera par vostre faulte et coulpe et en serez cause.

Donné à Rouen le xxvii jour de mai 1485.

Ainsi signé :
CHARLES.

Le Secrétaire,
Petit.

N.° CVIII. — Tome cinquième, page 77.

Érection du comté de Chimay en principauté.

Maximilianus, divinâ favente clementiâ, Romanorum Rex, ac Hungariæ, Dalmatiæ, Croacitæ, archidux Austriæ, dux Burgundiæ, Lotaringiæ, Brabantiæ, Styriæ, Carinthiæ, Carniolæ, Lymburgi, Luxemburgi et Gueldriæ, comes Flandriæ, Haspurgi, Tirolis, Ferretis, Kiburgi, Arthesiæ et Burgundiæ; palatinatûs Hannoniæ, Hollandiæ, Zelandiæ, Namurci et Zutphanniæ; margravius sacri Romani Imperii et Burgoviæ, lantgravius Alsatiæ; dominus Frisiæ, Sclavonicæ, Portûs Mahonis, Palmarum et Mechliniæ, etc. Nobili Carolo, comiti de Chimay, ex illustribus de Croy, descendentibus ex verâ et legitimâ progenie seu origine Regum Hungariæ nostro et Imperii sacri dilecto gratiam regiam et omne bonum.

Illustris fidelis dilecte etsi regalis sublimitas necnon ejus circumspecta benignitas universorum exaltationi studiosè consueverit intendere et ea que rei publicæ conductibilia esse crediderit perpendere ad illorum sublimationem procurandam promovi et singulari quodam fervore inclinatur uberiùs quos firma constantia et inseparatæ fidei diuturintas evidentibus testimoniis in conspectu regiæ majestatis non mediocriter commendant. Sanè consideratis multiplicibus et studiosis tuis et progenitorum tuorum obsequiis et nobilium tuarum virtutum industriis quibus tu et progenitores tui solidà et integrà probitate curà pervigili nobis et sacro Romano Imperio indefessè claruisse et complacuisse dignoscuntur et in anteà ferventius clarere et complacere poteris et debes quantò majoribus honorum prerogativis largà nostrà manu regia te senties frugaliùs retectum atquè consolatum ideòque regalis nostræ majestatis oculos singulari quadam ferventià in te gratiosiùs dirigentes te tuosque utriusque sexùs hæredes ac eorumdem successores legitimos qui de lumbis tuis aut suis descenderunt. In veros principes illustres principatus de Chimay, principum sacri Imperii accedente consilio animo deliberato auctoritate nostrà regali, motu proprio, et excertà scientià ac de plenitudine potestatis in nomine Dei salvatoris nostri à quo omnis honor et potestas prodire dinoscitur, elevavimus, ereximus, sublivavimus atque creavimus prout elevamus, erigimus, sublevamus et creamus auctoritate et potestate prædictis decernentes et hoc regali nostro edicto quod tu et hæredes tui ac eorumdem successores legitimi singuli utriusque sexùs è lumbis tuis et suis nati et nascituri, ex nunc et in anteà perpetuis temporibus quandocunque et quotiescunque casus se obtulerint titulo principis illustris principatùs de Chimay frui, nominari et appellari possitis ac in dandis ac recipiendis juribus et in conferendis seu suscipiendis fendis ac in omnibus aliis conditionem et statum principum illustrium concernentibus teneri ac honorari et ubique ab omnibus reputari atque privilegio honore, gratià, dignitate et immunitate frui possitis ac debeatis quibus alii sacri imperii principes illustres hactenùs jure vel consuetudine freti sunt, nostris tamen et sacri imperii juribus auctoritate ac superioritate in præmissis semper salvis. Mandamus igitur omnibus et singulis principibus ecclesiasticis et sæcularibus, ducibus, marchionibus, comitibus, baronibus, militibus, clientibus, officialibus, quibuscumque capitaneis, Burgraviis potestatibus ancianis, gubernatoribus præsidibus, judicibus, regibus armorum, haraldis, personandis civitatum, oppidorum, villarum et locorum communitatibus cæterisque nostris et Imperii Sacri, fidelibus dilectis cujuscumque statûs, gradûs seu conditionis existant tam in imperio sacro quàm alibi ubi libet constitutis. Quatenùs te et hæredes tuos ac successores suos, utriusque sexùs, legitimos præfatos illustres principes nominent, intitulent et revereantur, vosque dignis honoribus persequantur, cunctis futuris temporibus ad evitandam nostram et sacri Romani Imperii indignationem gravissimam et quadraginta marcarum auri puri pænas, quas contrafacientes, toties quoties contra= factum fuerit, ipso facto noverint se irremissibiliter incursuros quarum medietatem regalis fisci seu ærarii, residuam verò partem injuriam passorum usibus decernimus applicandas.

Datum in civitate nostrà imperiali Aquisgrani sub regalis nostri sigilli appensione et testimonio litterarum ipso die coronationis nostræ Aquisgrani habità, anno Domini millesimo quadringentesimo octuage= simo sexto, regni nostri Romani primo.

N.° CIX. — Tome cinquième, page 89.

Lettre de l'empereur Fréderic aux États du Hainaut, concernant la captivité du roi des Romains à Bruges.

Honorables, magnifiques, nobles chevaliers feaulx. Certain cas lamen= table à présent nous est insinué à sçavoir que nostre très-chier fils roy des Romains est escheu ès mains cruelles d'aucuns bourgeois et habitans de Bruges, tellement qu'en somme toute sa vie et mort est en leur arbitre et volonté, et que à présent il est près en chemin que luy, ensemble nostre chier nepveu Philippe, archiduc d'Austrice son fils soient délivrés aux François qui de très-exécrable hayne vous poursuivent et la maison de Bourgoigne, de plus que leurs subjetz ne soient constrains de servir à leurs volontez et plaisir enflambez de raige. Où sera la noble gloire et honneur de la noble comté de Haynau affranchy tant de présent que de tout temps de la servitude des Fran= çois ? Ceste sédition des Brugelins n'est pas seulement esmeue contre le roy des Romains et son fils nostre nepveu, mais aussi au certain contre vous, au moyen de quoy ilz espèrent par une impétuosité livrer et mettre leur prince avec ses subjetz en perpétuelle servitude. Toutes lesquelles choses et chacune d'elles si considéré par meure délibération qu'elles concernent le bien publique, désiré vivre soub le gouvernement de nostre nepveu et n'adjouter foy aux fauses sugestions des Brugelins, ne doubtons aucunement que espargnerez labeur ou chevauce quel= conque pour la délivrance dudit roy et entretenement de voz libertez. Comme doncq en ceste matière il nous importe sur touts princes du monde que nostre sang et seul fils soit sain et sauf et d'autant que nous avons cogneu que du temps de son gouvernement vous luy avez esté très-feaulx, comme aussy bien affectionez à nous et au Saint-Empire, partant requérons et exhortons que usant de mesme foy, constance et serment qui vous obligent envers mon fils tant de droit naturel et divin, voeilliez à vous emploir avec les autres fidels subjetz de toutte vostre puissance si ne pouvez par aimable voyez retirer mon fils le roy des mains de ses enemis et le remettre en son premier estat et gouvernement. Lesquelles choses faisant vous ne mettrez pas seulement ledit roy, mais aussy sondit fils et vous mesmes en liberté. Et si présentement, le père qui a tant de fois mis et exposé sa teste contre les François pour maintenir son droit, celuy de son fils et de toute la maison de Bourgoigne, ensemble pour garder la liberté de la comté de Flandres, est de telle sorte manié et perséquté, sans doubte iceluy Philippe son fils aura à souffrir en son temps, comme ont experimentez cy devant son grand père et prédécesseurs. Et affin qu'entrepreniez ces choses plus hardiment et que le couraige ne vous défaille, bien tost partiront de nous et de nostre authorité princes de l'Empire qui par droit de sang et principauté prendent autant en vergoigne les torts fait à mon fils que nous. A raison de quoy, ilz viènent de présent à s'eslever plus ardemment à la vengeance des Brugelins, dont par l'authorité et puissance d'iceulx, la desloyauté pouldra estre facilement déprimée et extirpée. Si ne craindez que le droit du roy ny de son fils, ny la domination de la noble maison de Bourgoigne ne sera jamais osté, ny mesme serez soub la servitude des François. Et si ce que (Dieu ne veuille) vostre bienveillance et léautez n'estoient de présent telles que ne puissiez résister à leur fureur, et que s'il advenoit à nosditz fils et nepveu quelque moleste, amoindrissement ou de seigneurie ou chose pire, nous ne cesserons tant que vivrons de venger l'inocence de vostre prince et notre sang, quant tout l'Empire se debvroit mouvoir jusques à une condigne punition et correction. Et par ainsy, très-féaulx et très-chiers, audit roy nous vous exhortons et admonestons une fois et deux que vueilliez penser la grandeur de la chose présente et de quel péril elle est apparente à vous et à toute la communauté de Haynaut. Et en tant que le feu se peut encore estaindre, vueillez retirer l'estat et honneur du roy et vostre prince hors de leurs laez. Nous cependant ne tarderons point de traiter et faire avec les princes ce qui appertiendra pour l'entretenement de son honneur, de sorte que avec nostre puissance et authorité seront présens à vostre feaulté.

Donné en la ville de Ansprug le vi de mars l'an mil iiiie iiii^{xx} viii, et de nostre Empire xxxvi.

Et dessus : Au mandement de nostre seigneur et empereur en conseil.

Et au dos de la lettre : A honorables, bien affectionez, magnifiques, chiers et féaulx à nous, et au Saint-Empire, prélatz, barons, nobles et communautés des trois Estats de Haynau.

Et à la superscription : FRÉDÉRIC, par la faveur de la divine clé= mence, empereur des Romains.

N.° CX. — Tome cinquième, page 91.

Lettre de l'archevêque de Cologne aux États de Hainaut, sur le même sujet.

Venerables et prudens de nous bien amez, salut. Nous ne vollons celer nostre Saint-Père le pape avoir envoyé un monitoire pénal avec très griefves censures, formidables peines contre les Brugelins, Gantois, les 3 membres de Flandres et les partisans du délict perpétré; avoir aussy constitué commissaire de Sa Saincteté pour exécuter ledit monitoire, ainsy comme par la teneur des lettres plus à plain coin= gnoistrez. Lesquelles choses et autres prémises estudierons diligement à mettre en exécution comme elles nous sont commises, si basti= vement ne sommes certifiés que le très noble prince et nostre seigneur le roy des Romains tousjours auguste avec tous ses détenus n'est totale= ment restitué en sa liberté. Et vous voullons bien donner à cognoistre que l'impérialle majesté sera ici en dedens peu de jours avec aucuns princes pour aller enquérir et venger l'injure faicte et irrigée à la royalle majesté sera.

Escrite en nostre cité de Couloigne le vııı jour du mois d'april l'an mil ıııı^c ıııı^{xx} vııı.

La soubscription estoit : Herman, par la grace de Dieu, archevêque de Couloige, prince et électeur et duc de Westfalle, etc.

Et au dos de la lettre : A vénérables, nobles, respectables et pru= dens abbez, barons, recteurs, comtes, palatins en Hennegow, à Mons en Haynau, ès pays ou villes de Valencienes conjunctement et diverse= ment nos amez charitablement et principalement.

N.° CXI. — Tome cinquième, page 159.

Concordat entre le curé de Saint-Nicolas en Havré et le magistrat de la ville de Mons, concernant l'église dite Saint-Nicolas.

A tous ceux qui ces présentes verront ou orront. Nicol Delgrange bacelier en décret chanoine de l'église Saint-Germain de la ville de Mons et curet de l'église parochialle Saint-Nicolas en la rue que l'on dit de Havrech dudit Mons; et nous les mayeur, eschevins et jurez et conseil d'icelle ville, salut, sçavoir faisons, que pour le grand désir et affection que advons ad ce que ladicte église parochialle de Saint-Nicolas soit et se puist de tant plus augmenter le saint service divin servant tant pour l'office ordinaire de ladite cure comme des heures canoniables et cotidiennes que depuis aucun temps encha s'estoient par les aumosnes et dévotion de plusieurs bonnes gens encommenchées faire chanter et desservir en laditte église, se puist tant mieux continuer et exalter al honneur et reverence de nostre seigneur Dieu le créateur et sauveur et de toute la court céleste de Paradis; par meur advis et communication amiable que en advons prins, heus et tenus ensemble, affin d'éviter toutes rigueur et controversies que sourdre en poudroient en tant que touchier pouvoit et debvoit à moy curet et successeurs d'une part, et à nous lesdits mayeur, eschevins, jurez et conseil au nom de laditte ville, d'autre part, en présence de vénérable et discret personne sire Pierre Le Sergent, prebtre, curet d'Esthieu, et à ce jour vice-régent de laditte église Saint-Nicolas, ad ce instament requis et appellé comme notaire publique, avons de commun assent et accord délibéré, traité et consenty, et par ces présentes consentons et accordons, chacun en droit soy, pour nous et noz successeurs tous et singuliers, les choses, articles, statutz et debvises qui estoient et sont cy-après plainement spécifiez et déclarez.

C'est à sçavoir que pour nous lesditz eschevins, à cause de noz offices et noz successeurs quiconque le soient, doibvent et debvront estre suivant que de tout temps cy devant avoit esté et estoit accoustumé, pourveuz, ordonnez et instituez trois personnes honestes et resseans de laditte paroiche de Saint-Nicolas pour estre mambours et gliseurs d'icelle église, régir et gouverner diligement et ordinairement soub noz regard et intendence tous les biens du temporel, rentes, revenus appertenans à laditte église. Aussy viendront et venir debvront comment que soit pour iceulx biens convertir et employer léalement à l'utilité et profit des cherges et affaires de ladite église et fabricq en faisant et exerçant diligement toutes et singulières choses appertenantes et requises.

Entendu aussy que le regard et intendence de la distribution ou muta=
tion de et sur lesditz mambours en appertiendra, demorera et debvra
demorer à nous eschevins et successeurs affin de y prouvoir selon et
ainsy que le cas le réquérera.

Item, et pourtant mieux et seurement tenir, garder les joiaulx, aor=
nemens, argent, lettriages, escrits et autres biens quelconques à
ladille église appertenant et dont lesditz mambours auront et avoir
debvront la charge et administration, il doit et debvra prestement estre
fait un bon et seur coffre et escring ayant trois bonnes serures et trois
clefz suffisantes et diverses, de quoy chacun desdits mambours en
debvroit avoir et garder l'une vers luy et oudit coffre debvra estre mis
enclos et gardez soigneusement tous lesditz biens, aornemens, joyaulx
et autres quelconques parties à ladite église appertenantes et sans
pouvoir aller ne ouvrir ledit coffre que du moins les deux desditz
mambours n'y fuissent présens et par le sceu du troisiesme leurs
compagnons se aucun par ensoing ny pouvoit estre présent.

Item, que lesditz mambours ainsy ordonnez et commis doibvent et
seront tenus de en chacun an faire et rendre juste et léal compte,
payement et renseignement de tout le gouvernement et entremise de
leur office et mamburnie en laditte église Saint-Nicolas mesme en
prendant pour ce ainsy debvoir faire jour compétent par devers nous
eschevins, lequel jour ainsy prins ils debvront de temps et heurs
compétent advertir et dire à moy curet et en mon absence à mon vice=
régent, réquérant que ledit jour fuist et soit annonché et déclaré
publiquement le dimenche devant faisant les commandes ordinaires à
la grande messe de la paroiche et autres puissent venir et estre présens
selon leur plaisir à la reddition desditz comptes pour veoir l'estat et
gouvernement d'iceulx mambours et aussy, s'il plaist à moy ledit curé
ou mondit vice-régent ad ce estre présent debvra estre dénommé et
intitulé en la closture desditz comptes avec les persones de luy et
autres bonnes gens qui présens pouldront estre.

Item, à cause qu'il avoit et a semblé bien expédient qu'en ladite
église et paroisse Saint-Nicolas que puis aucun temps estoit augmentée,
il y heuist deux clercs marliers, par quoy fuist tant mieux servio,
estoit et est accordé que l'un desdits clercs se pouldra pourvoir, insti=
tuer et commettre de personne à ce idoine et sçachant par moy ledit
curet et successeurs en ce cas et l'autre clerc instituer et pourvoir
aussy de personne idoine par lesditz mambours au nom de nous esche=
vins, lequel clerc ainsy pourveu debvra moy ledit curé estre présenté
par lesdits mambours sans le debvoir refuser et débouter s'il estoit

ad ce idoine. Et pareillement nous eschevins ou mambours debvrons estre adverty d'iceluy desditz clercs qui sera par moy ledit curet pourveu, sans aussy par nous eschevins ou mambours le refuser se ad ce sachant faire service et idoine estoit, sans malengien, en prendant, levant et recepvant par chacun desdits clercs les droitz, profits et émolumens y appertenans et accoustumez et sans les excéder. Et parmitant aussy chacun desditz clercs doibt et sera tenu baillier et livrer par devers nous eschevins ou mambours fin et caution suffisante, selon et ainsy qu'en tel cas appertiendra.

Item, s'il advenoit que lesdits clercs ainsy pourveus estoient ou fussent par après trouvez négligens et défaillans à faire déservir et exercer leur susdit office chacun en son regard selon ainsy que de raison se doibt et debvra, ou ne se contenissent et réglassent ordinairement et gratieusement comme à leur estat appertiendra. En cas de ces défaultes ou l'une d'elles advenante s'il escheoit, que ce fuist par celuy desdits clercs que nous eschevins ou mambours y averons pourveu, moy curet et vice régent en pouldroy et debvroy faire advertence à nous eschevins ou mambours affin de sur lesditz défaultes prendre appaisement et sans délay y pourveoir pour bien et honneur du service de leditte église, ainsy que raison donnera. Et semblablement si défault avoit ou estoit trouvé en celuy desditz clercs pourveu par moy curet lesditz mambours me debvront ou en mon abcence mon vice régent affin que de autelement et sans délay y pourveoir de la part de moy curet sans y faire ny pourquerre aucune dissimulation.

Item, que toutes les fondations et obys par cy devant acquis et arentez en laditte église Saint-Nicolas, tels que peussent estre ordonnez doibvent et debvront demorer estre faitz, entretenus et en tel estat que sont de présent; mais cy après aucunes acquestes ou fondations se y faisoient par persones singulières de leurs biens ce se debvroit faire par le sceu et accord de moy curet et successeurs et aussy desditz mambours pour s'en ordonner et régler selon l'intention et bon plaisir d'iceluy ou ceulx qui ainsy faire le vouldront et déclarant telle rétribution que pour moy curet et clerc s'en debvra, et aussy de ce que en appertiendra et viendra au profit de laditte église sans ce que lesdits mambours puissent ne doibvent différer prendre et recevoir la charge desdits obys pourveu que soient bien assignez et que laditte église y ait rétribution de cincq à six sols de moins pour chacun desdits obys, solliciter, recevoir et payer, quand le cas escheura, que faire ce debvra.

Item, et affin que tous lesdits obys, tant pour ceulx cy devant acquis comme de ceulx que cy après acquérir se poldront en laditte église se soient tant mieux entretenus et réglez sans aucune obmission, il estoit et est par nous parties d'accord ensemble délibéré de faire et former un livre en manière de martrologe où tous lesdits obys seront et debvront estre contenus, déclarez et escrit, sur quoy et comment chacun estat fondé et assis, et combien aussy à chacun en son regart en debvroit appertenir, duquel livre, tel que dit est, debvra estre fait deux de semblable teneur, l'un d'iceulx pour moy curet et successeur, et l'autre pour nous eschevins et mambours, lesquels se debvront faire, composer et escrire au plustost que bonnement faire se poldra à commune despence de nous parties par le clercq des bonnes maisons dudit Mons.

Item, que les sept vicairies, comme et ainsy que sont dénommées et de piécha estoient et sont acquises et ordonnées en laditte église de Saint-Nicolas, si comme les quatre par feu Gérard De le Loge et par demiselle Maigne Clauwel qui fut son espouse; la cincquiesme par feu Jean De le Croix qui fut receveur des aydes de Haynaut; *item*, le sixiesme par feue demoiselle Jenne Pikart vefve de feu Piérart Dufour, et le septiesme par feu demoiselle Jenne Cannibustin vefve de Philippe de le Val, à intention tant pour ayder, assister et faire le service divin en laditte église Saint-Nicolas, comme aussy faire chanter ordinairement par chacun jour de l'an les heures cannoniales et cotidiennes en laditte église. Icelles ordonnées vicairies doibvent et debvront demorer et estre entretenues en tel estat que y a piécha ont esté et sont faites, maintenues et déservies en laditte église par les persones d'église, prebtres, chapellains ou vicaires qui y ont estez, sont et doibent estre pourveuz, admis et instituez par les mambours de laditte église soub nous, lesdits eschevins, lesdits chapellains ou vicaires faisant ordinairement leur debvoir pertinent et requis selon que la cherge leurs en estoit baillée. Et se aucune provision ou mutation desdits vicaires y échéoit à faire ou baillier cy après, quant et pour quelque cas ou accident que ce fuist, ce se poldra et debvra faire par nous eschevins ou mambours, de nostre sceu, toutes fois que le cas eschera et besoing sera de y pourveoir de nouveaux vicaires ou chapellains pour le déserte du service et office susdits, il debvra estre présenté à moy curet et successeur ou en mon absence au vice régent d'icelle église, quiconque le soit, lequel ou lesquels ainsy présentez l'on ne debvra refuser se ainsy estoit qui fussent ydoines et sachans ledit service faire déservir et que en eux ne fust trouvé ou sceu empechement canonique par quoy ne y debvissent estre admis ne receus, ce que lors se debvra dire et advertir pour y pourveoir par nous eschevins, ainsy que de raison appertiendra. Et s'il advenoit cy après que aucuns dons ou acquestes se feissent pour ordonnance ou fondation de plus grand nombre desditz vicaires en ladilte église, par quy, quant et comment que fust, ce debvra estre par le sceu et consentement de moy curet et successeur pour s'en régler en tous cas comme il estoit dit des autres vicaires susdicts.

Item, des confrairies et compaignies ès noms des saints et saintes qui sont et ont de piécha esté consenties instituées en laditte église Saint-Nicolas par sceu de nous eschevins et prédécesseurs, elles y debvront demorer et estre entretenues selon que cy devant l'on avoit accoustumé, entendu que se après aucunes autres nouvelles confrairies se faisoient ou ordonnoient par congiet de nous eschevins, ce debvra estre aussy par le sceu et consentement de moy curet ou autre qui le soit, pour par moy bailler tel ordre et riègle que raison donnera, regardant le fait et office de laditte église.

Item, en tant que des sonneries que se pouldront et debvront faire en laditte église pour les messes parochialles, aussy premier et second coup de vespres que moy curet estoy tenu ordinairement faire déservir, ce se doibt et debvra faire et continuer d'heure compétente et décente selon l'oportunité du temps et comme l'on faisoit communément ès autres églises parochialles. Et au regard des autres communes son= neries qui escheront à faire comment que soit, elles se poldront aussy faire ainsy que cy devant l'on avoit accoustumé sans malengien.

Item, quant il escheira que moy curet ou autre quiconque le soit debvra faire dire ou chanter aucune messe soit de confrairie ou obsèque ou votives, il en sera fait en la manière accoustumée.

Item, et affin que ledit service et office divin en laditte église fust et soit tant plus révèrement fait, célébré et chanté à l'honneur et louange de nostre seigneur Dieu le créateur, et lesdits vicaires tant plus diligens à ce faire, estoit et est statué et ordonné de commun accord que chacun desdits vicaires touteffois que ils ou l'un d'eux défaudra de estre à venir aux matines en laditte église et ne sera entré au chœur d'icelle, ayant son habit vestu avant la première psaulme encommencée, ilz et chacun d'eulx perdera pour chacune fois quatre deniers tournois, et pareillement aux messes, vespres et obys s'ilz n'estoient entrez audit chœur, quant aux messes, avant le pre= mier *Kirie eleison* encommencé, et auxdits vespres et obys avant le premier psalme toute chantée perdera-il pour chacune fois quatre deniers tournois, et pour chacune des autres heures, si comme de prime, tierce, sexte, nonne acomplie s'ilz n'estoient entrez audit chœur avant que le *Gloria* de la première psalme de chacune desdites heures fuist chantée, perdera aussy chacun défaillant deux deniers tournois. Et soit aussy bien entendu que lesdits vicaires et officiers qui gaigner voudront debvront estre et demorer chacune desdites heures et service tant que soient faitz et accomplis, autrement ainsy perderont-ilz sauf en tout léal ensoing si aucuneffois leurs survenoit et dont l'on puist estre aucunement appaissiet et se pouldront bien reiglement aller pour leurs nécessité chauffer ou autrement ou revestière de laditte église pourveu qu'en n'en euist non plus que deux à une fois sans s'y s'arester désordonnément tandis que le service divin se fera et sans en tout y pourquerre aucune fraude ni malengien.

Item, lesquels défaults susdits se debvra notter et recueillier en chacune sepmaine par celuy desdits vicaires qui advera estre sepmainier et choriste en la sepmaine prochaine en devant, et ainsi de l'un en l'autre chacun à se tour et debvera avoir de salaire chacun qui se fera en la sepmaine pour ses diligences 12 deniers tournois qui se prendront tout premier sur lesditz défaulx. Et quant viendra au derniers jours de chacun mois, lesditz défaulx encourus et escheuz en ce terme se rassembleront et compteront ensemble présens les aucuns desditz mambours et aucuns desditz vicaires se y voeillent estre présents, et ce par celuy qui en aura heu la charge lors pour chacun estre fait et baillet billet pour les défaulx advenus en son terme et sepmaine qui debvra estre délaissié ès mains desditz mambours pour selon ce en défalquier et rabattre sur le deu et payement de celuy ou ceulx qui fourfais les auront, demorant le tout desditz défaulx, oultre lesditz 12 deniers de salaire en chacune sepmaine au profit de laditte église et dont lesditz mambours debvront tenir compte. Et s'il advenoit qu'aucuneffois lesditz rassemblemens de défaultz faire ou tenir ne se pooit esditz jours de samedy, ce debvra estre fait en autre prochain jour competent.

Item, mais aussy pour soulagement desditz vicaires ou officiers de laditte église leurs estoit et est permis et accordé que chacun d'eulx poldront et debvront avoir en chacun an 24 jours pour entendre et vaquer à ses affaires ou récréations et sans rien perdre de leurs salaires ordinaires et prendrent lesditz jours soit à une fois ou plusieurs parlans à moy curet ou à mon vice régent en mon absence en disant je prends jour demain pour tel terme qu'on debvra lors déclarer, en advertissant aussy de ce les mambours ou l'un d'eulx affin qu'il soit mémoriet, par quoy ledit nombre de 24 jours à chascun desditz vicaires par an ne soit excédé à tel estat et entendre que nous pouldrons et debvrons que deux desditz vicaires à une fois absents et prendans lesditz jours et que les premiers en réquérans debvront devant obtenir et les autres ensuivant chacun à son tour diligement sans malengien. Entendu touteffois que les jours de mercredy, jeudy, vendredy et samedy de le peneuse sepmaine, le jour de la grande Pasques, le lundy, mardy et mercredy prochain ensuivant le jour de l'Ascension, la nuit et jour de Pentecoste, les trois prochains ensuivans, la nuit et jour de la Trinité du Saint= Sacrement, de la Nativité de Saint - Jean - Baptiste, les jours de Tous= saints et des ames, la nuit et jour de Noël ne les trois festes prochains ensuivans, le jour de la Circoncision ne des Roys, ne en toutes les nuictes et festes de Nostre Dame, ne les nuites et jours du patron de laditte église, ne la nuit et jour de la dédicasse d'icelle, ne poldront ne debvront lesdits jours pour absence estre prins ne bailliez ains s'il advenoit que èsdites nuites, jours et solemnitez de festes dessus dé= clarées lesdits vicaires estoient défaillans de venir et servir en laditte église et à chacune des heures ordinaires comme ilz estoient et sont tenus, ilz perdront le double plus à l'advenant et pour chacune fois que faire ne debvront en autres jours de festes feriaulx, le tout sans maise ocquison.

Item, estoit-il aussy traité, appointé et accordé que moy ledit curet et successeur ou vice régent en laditte église puis et polray au darain samedy en chacun mois de l'an faire assembler à heure compétente en laditte église Saint-Nicolas, à heure convenable, tous les dessusdits vicaires, lesquels et chacun d'eux, s'il n'ont léal ensoing, se y debvront chacune fois trouver puis que de par moy ou mon vice régent, qui= conques le soit, ilz en auront estez insinuez ou advertis comment que ensi soit et la leurs pouldra et debvra par moy curet ou mondit vice régent en mon absence estre remonstré et charitablement admonesté des défaultes ou négligences se aucunes estoient en eulx ou les aucuns d'eulx, venues ou trouvées regardant le service ou office de laditte église et autrement, pour par chacun d'eulx en son regard y entendre, aquiescer et pourveoir en son cas, ainsy que raison donnera et tellement que ne fuist besoing de autrement y pourveoir de remède convenable, et se laditte assemblée tenir ou faire ne se pouvoit par aucun empeche= ment ou solemnité de festes que fuist en laditte église audit darain samedy du mois, ce se polra faire en autre prochain jour plus conve= nable que par moy curet ou vice régent seroit advisé, fuist devant ou après ledit jour de samedy.

Et s'il advenoit cy-après que aucunes personnes voulissent mectre ou faire mectre, enchasser ou asseoir aucuns tableaux ès murs de laditte église ou en icelle faire aucune roulture coment que fuist, se doibt et debvra estre par le sceu et gré de moy curet et de mes mambours d'icelle d'acort ensamble.

Tout lequel traité, accord et appoinctement devant dit et déclaré, moy ledit Nicolle de la Grange, curet de laditte église Saint-Nicolas, et nous mayeur, eschevins, jurez et conseil de laditte ville de Mons, et chacun de nous de tant que touchier l'en peult et polra, pour nous et noz successeurs, promettons et advouons enconvent léalement et de bonne foy, de le entretenir, faire et accomplir bien entièrement de point en points à tousjours, sans faire ne aller au contraire en quelconque manière, pourveu et debviset que se il advenoit que ès choses susdictes ou ès dépendances survenist quand que fuist aucune trouble ou difficulté par faute de esclercissement ou autrement, comment et par qui que fuist, l'interprétation que s'en polra et debvra faire par entre nous curet et eschevins d'acors ensemble se bonnement faire ce pooit, et sinon chacun de sa part debvra avoir, prendre et choisir quelque homme de bien à son appaisement, sachant et cognoissant en tel cas et qui fuist demorant en laditte ville de Mons, lesquels ensemble polront desdites difficultez ou différens qui surviendront, fuist pour une fois ou plusieurs, ordonner et appoincter de bonne foy, selon que le cas le requérera, pour le bien de la chose, honneur et proffit de laditte église, sans fraude ne malengien quelconque.

Et affin que toutes choses susdictes et chacune d'elles soient et demeurent fermes et stables à tousjours, moy ledit curet de Saint-Nicolas en ay à ces présentes lettres faict mectre et apendre le propre seel d'icelle cure, et nous lesditz mayeur, eschevins, jurez et conseil y avons aussy faict mectre et appendre le seel de laditte ville de Mons, en approbation de vérité avec le saing et subscription du devantdit notaire qui a toutes ces choses ainsy que dessus estoient et sont spécifiées et déclarées, accorder et passer avoit esté présent et par nous instament requis pour certification de vérité, desquelles lettres sont deux faictes de semblable teneur pour chacun de nous curet et eschevins en droit soy en avoir une pardevers luy et s'en ayder se besoing estoit.

Ce fut fait, traité et accordé et passé le 14 jour du mois de janvier l'an mil quatre cent quatre ving dix nœuf, selon le stile de le court de Cambray.

Icelles lettres sont signées de Petrus Clientis, notaire, et seelées en keuves pendantes de seaulx tant d'iceluy monsieur Nicolle de le Grange comme de laditte ville.

Il y a autre traité qui fut fait en l'an 1540, le ix jour du mois d'apvril, entre M.ʳ Nicolle Gosseau, curé de laditte église, d'une part, et les eschevins, d'autre, lequel traité ou accord est tel :

Pour amiablement traiter et appointer du différent et doléances de M.ʳ Nicolle Gosseau, chanoine de Saint-Germain et curet propriétaire de l'église Saint-Nicolas de Mons et des mambours d'icelle église messieurs eschevins de laditte ville de Mons, supérieurs desdits mambours, affin d'éviter procès et question, sachant que ledit curet s'estoit plaint à révérend seigneur monsieur Bauduin Dongnies, prothonotaire du Saint-Siège apostolique, prevost des églises de Mons et Nivelle, etc., et remonstré son prétendu. Ont aussy remonstrez de leurs costé ce qu'ilz avoient entendu et sceu desdites doléances et différent et requis avec lesdits mambours ledit prothonotaire vouloir ouyr et entendre le différent desdites parties et estre cause et le moyen que le saint et ordinaire service de laditte église Saint-Nicolas ne fuist discontinué ou délaissé et que par amiable communication le tout fuist bien entendu et appoincté à l'honneur de Dieu, continuation et augmentation dudit ordinaire et divin service et édification bonne de tous gens de bien et parochiens d'icelle église. Ce que ledit prothonotaire disant ausditz seigneurs eschevins et mambours estre aussy requis de la part dudit curet faire le semblable, a déclaré volontiers faire son mieux à l'adresse, pacification et union desdites parties, moyenant communication amiable, autrement ne s'en vouloir charger ou entremettre. Pour à quoy parvenir se sont veuz les concordatz faites par messieurs du chapitre de Saint-Germain avec les eschevins de laditte ville, et ung autre particulier fait par un prédécesseur curet propriétaire dudit Saint-Nicolas avec aussy les mayeur et eschevins seellet des seaulx de laditte cure et ville de Mons, duquel la teneur s'ensuit de mot après aultres. (C'est celi que j'ay cy dessus escrit.) Lequel concordat ainsy leu par ledit prothonotaire ausditz seigneurs eschevins, présens les mambours de laditte église, et aussy à part audit sieur curet, lesdites parties respectivement ont dict et déclaré vouloir ensuivre ledit concordat et que davantaige fuist advisé donner de si bonne ordre et police et par tout que n'y eust plus de insolence, scandale ou tumulte, ains toutte bonne union et concorde entre les curet, vice régens, eschevins et mambours, tant pour le présent que l'advenir, ce que s'est fait par amiable communication tenue par ledit prothonotaire avec lesdites parties.

A sçavoir pour la conduitte et observation de la riègle et ordre que les vicaires d'icelle église doibvent et debvront tenir et observer faisant

leur ordinaire et divin service et que ilz ne puissent prétendre igno=
rance, aussy que lesditz curet, vice régent et mambours prendre bonne
garde à laditte observation, a esté advisé que soit et sera fait ung
extraict hors dudit concordat en ce que touche et regarde lesdits
vicaires et mis en un tableau au revestiaire ou thrésorie d'icelle église,
et que l'un des clercs marliers de laditte église sera et soit commis à
faire notte et tenir registre des fautes et obmissions d'iceulx vicaires,
sans délay ou dissimulation, lequel en fin de chacun mois de l'un en
advertira lesditz curet, vice régent et mambours, lesquels remonstre-
ront et repréhenderont lesdits vicaires de leurs fautes, négligences et
obmissions par eux faites en et durant le service de laditte église. Pour
lesquels fautes leurs sera rabattu et défalquiet tels deniers que ledit
concordat audit cas contient, et que en iceluy est spécifiiet et déclaret.
Et quant à la réception, présentation et destitution desdits vicaires
et clercs marliers, en sera fait et usé selon ledit concordat, sans aller
au contraire que ledit clercq ainsy commis auera à son proffit pour sa
paine et sollicitude le tierce de la somme qui se défalquera et rabattera
ausditz vicaires ou autre tel traitement que l'on verra convenir et estre
raisonable. Plus que lesdits clercqs marliers receus et présentés comme
il appertient ensuivant ledit concordat seront tenus eulx représenter
par chacun an la nuict Saint-Nicolas en may ausditz curet ou vice
régent avec les conseilliers ou mambours, ainsy que par le passet
s'est fait et observet sans néantemoins déroger à l'usance desditz clercs
marliers qui se doibvent présenter comme autres officiers ausditz
seigneurs eschevins la nuict Saint-Jean-Baptiste à l'après disner, en
remettant leurs clefz au bureau pour raison des biens de laditte église
qu'ilz ont en cherge.

Que la messe des trespassez s'entretiendra et sera chantée en la
manière accoustumée précisément en tout temps à sept heures du
matin par chacun lundy de l'an, la première après matine, comme l'on
fait en laditte église Saint-Germain.

Et quant aux droits et taux de palle servant aux obsèques et nonobs=
tant et sans avoir regard au concordat desditz de chapitre de Saint=
Germain et eschevins, at esté debvisé que pour le grand estat l'on payera
cincquante sols tournois, pour le moyen estat que vingt sols, et pour le
petit dix sols, et pour la personne du tout pauvre riens, et si sera bailliet
palle *pro Deo*, lesquels palles seront en la garde de l'un ou des deux
clercs marliers et le profit en procédant d'iceulx palles partir par
moictiet auxditz curet et vice régent et fabrique de laditte église sans
fraude et d'icelle moictiet appertenant à la fabrique lesdits mam=
bours seront tenus annuellement, à la rendittion de leurs comptes,

en compter particulièrement coucher en rechept par un chapitre à part. Et lesquels comptes de mambours, tant en présentation, intitulation que autrement, s'adresseront ausditz curet et vice régent, mayeur et eschevins et parochiens de laditte église Saint-Nicolas.

At esté aussy debvisé et dit que pour ceulx des conestablies ayans au présent leurs palles suivant ledit accord de Saint-Germain, s'il veullent avoir présentement les palles de ladite église, seront servis selon les troix tax cy dessus spécifiez et le pauvre *pro Deo*, et pareillement quand leurdites palles, que ne peut renoveller, seront usez et délaissez. Que pour tout ce que dit est et corroboration dudit premier concordat cy dessus inséré, sera faite requeste à monseigneur révérendissime l'évesque et duc de Cambray de y apposer son décret, ratifiant et approuvant lesditz appointemens et concordatz ainsy amiablement faitz, et lesditz curet, seigneurs eschevins, tant pour eux que lesdits mambours, apposeront et appendront les seels de laditte cure et ville de Mons.

Et pour ce que nous M.r Nicolle Gosseau, curet de laditte église, et mayeur, eschevins, jurez et conscil de laditte ville de Mons, supérieurs desdits mambours, désirons faire et furnir ce que dessus est dit et avoir la corroboration dudit concordat que advons promis entretenir, supplions à monseigneur révérendissime monseigneur l'évesque et duc de Cambray que son plaisir soit y apposer son décret et ratifier et approuver lesdits appointemens et concordatz ainsy amiablement fais et par nous cogneuz en la présence de maistre Jean Fabri Dyen, maistre Jean Du Marchiet, sire Nicolle Latomy, maistre Pierre Ernault, chanoine de Saint-Germain audit Mons, sire Jean Bruay, prebtre; sire maistre Jeaques Vivien, pensionnaire; maistre Claude Franeau, greffier; Jean de Heripont, comme tesmoins, et sire Jean Mortreau, ad ce requis et appellez comme notaire apostolique.

En tesmoing et pour approbation de ce, nous lesdits curet et mayeur, eschevins, jurez, conseil et communauté de laditte ville de Mons, avons à ces présentes avec la subscription dudit sire Jean Mortreau, comme notaire apostolique, mis et appendu nos seaulx, si comme le seel de moy ledit curet Saint-Nicolas et le seel perpétuel de laditte ville de Mons, l'an mil cincq cents quarante le noeufiesme jour du mois d'apvril puis Pasques, desquelles lettres en sont faites deux d'une tenure, l'unes pour ledit curet et l'autre pour ladite ville de Mons. Plus bas estoit escrit:

« Et ego Joannes Mortreau, presbiter Cameracensis diœcesis, sacrà apostolicà authoritate notarius publicus necnon à judice provinciali juxta edictum cæsareæ majestatis admissus. Quia præmissis omnibus et singulis dum sic ut præscribitur fierent et agerentur unà cum prænominatis testibus præsens interfui eaque omnia et singula sic fieri vidi scivi et audivi. Idcircò hiis præsentibus litteris manu alterius fideliter scriptis præfatorumque curati et oppidi sigillis munitis nomen cognomen ac signum mea solita apposui in fidem et testimonium omnium et sigulorum præmissorum rogatus et requisitus. »

N.° CXII. — Tome cinquième, page 224.

Établissement de quatre vicaires en l'église de Sainte-Élisabeth, à Mons.

A tous ceux qui ces présentes lettres verront ou oyront. Jean Lefebvre licentié ès droits et loix, maistre ès arts, chanoine de l'église Saint-Germain de Mons et premier curé de l'église parochialle Sainte-Élizabeth en la rue de Nimy dudit Mons, diocèse de Cambray, sçavoir faisons que pour le grand désir et affection que avons à ce que laditte église et paroisse de Sainte-Élizabeth, puis naguerre érigée, se puist augmenter, ensemble le saint service divin servant tant pour l'office ordinaire de laditte cure, comme des heures canonialles et quotidiènes, que puis naguerre s'estoient encommencées faire chanter et déservir en laditte église, se puissent tant mieux continuer et exalter à l'honneur et révérence de nostre seigneur Dieu créateur et sauveur de toute la cour céleste de paradis, par meur advis et communication amiable qu'avons eu et tenu par ensemble, et aussy par le moyen des honnorables personnes Leurent Bulté, premier greffier du bailliage de Haynaut, et de Nicolas OEdon, recepveur de Mons, oncle dudit curé, affin de concorde, paix et union estre et demeurer en perpétuité, s'estoient entretenuz et employez de tant que toucher pouvoit et debvoit à moy curé et mes successeurs d'une part, et à nous lesditz eschevins et conseil au nom de laditte ville d'autre, en la présence de vénérable et discrete personne M.ʳ Anthoine Beku, prebtre comme notaire apostolique, aussy de Collart Desquennes et Piérart Gosset, comme tesmoins à ce instament requis et appellez, avons de commun assent et accord, délibéré, traicté et consenty et accordé, et par ces présentes consentons, traitons et accordons, chacun de nous en droit soy, pour nous et nos successeurs tous et singuliers, lesdites choses, articles, statutz et devises qui est et sont cy après pleinement spécifiées et déclarées.

C'est à sçavoir que par nous lesditz eschevins et conseil admettons et consentons que le curé de laditte église de Sainte-Élizabeth, quiconque le soit, ou son chapellain en son absence tiendront lieu de cy en avant comme l'un des quatre vicaires ordonnez par laditte ville, auquel curé et sondit chapellain faisant et représentant en ce cas une personne, nous eschevins et conseil ferons payer et distribuer chacun an sans malengien pour eulx deux ensemble autant que l'on payera à l'un desditz quatre vicaires ordonnez par laditte ville. Et parmy mon ledit curé de prendre et non gaigner comme ainsy que ne feroit l'un desdits vicaires qui seroit défaillant ausdites heures, et ainsy faisant seroit cause de tous desbatz apaiser parce que ledit curé se trouvera et sera tousjour présent ausdites heures ou sondit chapellain.

Item, d'abondant pouldra ledit curé encore avoir avec sondit chapellain un autre personaige de l'église qui sera son coadjuteur pour assister luy et son dit chapellain en tout ce qui touchera faits parochiaulx tant confessions que aux souffrages sans malengien, car autrement sans ledit assistent ledit curé disoit difficilement pouvoir fournir aux affaires parochiaulx qui sourviendroient en temps de peste et autrement.

Item, parmitant moy ledit curé accorde et consent que lesdits quatre vicaires ordonnez par lesdits eschevins en laditte église et ceux qui cy après y pouldront encore estre mis, ordonnez et présentés à moy ledit curé, comme dit est, seront participans à toutes les distributions que escheront de cy en avant pour tous services des trespassez, vespres et messes, dévotion des confrères et autrement, à l'encontre de mondit chapellain qui tiendra lieu de vicaire, et aussy de l'aultre dit seigneur de l'église qui sera mis par moy curé comme mon coadjeuteur en ce cas chacun à égalle portion, sans malengien.

Item, pour recevoir lesdits droitz parochiaulx qui viendront en distribution à ceulx dessusditz est concordé que lesdits vicaires qui sont ordonnez et que cy après se pourront ordonner par laditte ville avec le chapellain dudit curé, aussy l'autre dit seigneur de l'église qui sera mis par ledit curé pour se adviter en ce cas esliront par ensemble l'un d'eulx alternativement pour recevoir lesditz droitz et en faire distribution chacun pour sa part sans malengien.

Item, que les comptes que les mambours de laditte église rendront s'adresseront aussy bien à moy curé et à mes successeurs que ausditz eschevins, et se trouvera ledit curé ou son chapellain en son absence à la rendition d'iceulx sur les difficultez qu'ilz pourroient survenir sur iceulx avoir sa voix et bailler advis comme les autres.

Item, affin que les parochiens puissent estre advertis et de la ren= dition desdits comptes en l'église dudit lieu, moy ledit curé ou mon chapellain en ferons advertence en faisans les commandes le dimenche en devant le jour de la rendition, mais si moy ou mon chapellain, après que moy ou luy aurons fait laditte advertence du jour prins pour rendre lesdits comptes ne nous puismes trouver à laditte journée y a pourtant ne debvra demeurer qu'il ne soit procédé à laditte au= dition.

Item, quant l'on fera faire quelque ouvrage pour laditte église, moy ledit curé debvra estre adverty comme nous lesditz eschevins pour y avoir ma voix et en dire mon advis.

Item, en oultre ledit curé ou son chapellain ensuivant ce que y a ont accoustumez feront debvoir de déclarer en faisans les commandes de l'église les dons et ausmones qui seront donnez à laditte église, recommandans les donnateurs aux prières du peuple et induisant les autres d'ainsy faire selon que par les billetz les mambours leur feront ramentevoir quant il eschera avec lesdites commandes pour tousjour augmenter le service divin.

Item, et s'il advenoit ou advient que par cy-après aucuns perso= naiges veulent faire aucun admortissement de messes ou autres choses perpétuelles où ledit curé aura charge d'aucun service faire, la chose debvra estre communiquée audit curé avant le concluer par nous les= ditz eschevins et mambours pour par après se régler du tout selon le bon plaisir de celuy ou ceulx qui voudront faire iceulx amortissemens ou autres choses perpétuelles.

Tous lesquels traitiet et accord et appointement devant dit, moy ledit Jean Fabri, curé de laditte église Sainte-Élizabeth, et nous esche= vins tant en nostre nom que pour le conseil de laditte ville de Mons, et chacun de nous tous de tant que toucher le peult et pouldra pour nous et nos successeurs, promettons et avons en convent léalement et de bonne foy le entretenir, faire et accomplir bien entièrement de point en point à tousjour, sans faire ni aller au contraire en quelque manière, et d'iceluy traitiet accordé appointement faire confirmer par le diocésin du lieu ou ses vicaires. Et affin que toutes les choses susdites et chacunes d'elles soient fermes et estables à tousjour, moy ledit curé de l'église Sainte-Elizabet en ay à ces présentes lettres fait mettre et appendre le seel d'icelle cure, et nous lesdits eschevins tant en nostre nom que pour le conseil de laditte ville de Mons, y avons aussy fait mettre et appendre le seel d'icelle ville en approbation de vérité, avec le signe et subscription de devantdit notaire qui a toutes ces choses, ainsy que dessus estoient et sont spécifiées et déclarées, accorder et passer avoit esté présent, et par nous instament requis pour certification de vérité, desquelles lettres pour faire deux de semblable teneur pour chacun de nous curé et eschevins en droit soy en avoir une par devers luy et s'en ayder si besoin en estoit.

Ce fut fait, traité, accordé et passet le x jour du mois d'octobre l'an 1519.

Et ego Anthonius Beku, præsbiter Cameracensis diœcesis in artibus magister necnon sacris apostolicâ et imperiali authoritatibus notarius ac tabellio publicus ejus præmissi tractatûs, conventioni, compositioni, concordationi et præmissioni ceterisque omnibus et singulis prædictis, dum ut pernarratur, dicerentur et fierent, agerentur per superscriptos unà cum prænominatis testibus interfui ea quoque omnia et singula sic dici fieri et agi vidi et audivi. Idcirco has litteras præsentes super his confectas et manu alienâ fideliter scriptas meis nomine et sigillo consuetis simul cum prædictorum appensione sigillorum signavi in majorem comprobationem et certificationem veritatis omnium et singulorum præmissorum ad hoc vocatis specialiterque rogatis.

Les pasteur de laditte église et paroisse :

Mr Jean Lefebvre, chanoine de Saint-Germain ;
Mr Ambroise Lenglé ;
Mr Jean Einseine ;
Mr Franche Dassonville ;
Mr Jean de la Rue ;
Mr Bernard Plicette.

N.° CXIII. — Tome cinquième, page 253.

Appointement entre le chapitre de Saint - Germain et la ville de Mons, touchant la réédification et l'entretien du chœur de cette église.

A tous ceulx qui ces présentes lettres verront ou oyeront, Doyen, chanoines et chapitre de l'église collégialle de Saint-Germain de la ville de Mons, d'une part; et mayeur, eschevins, jurez et conseil de laditte ville, comme ayant la superintendance, garde et gouvernement de la mambourgnie de laditte église de Saint-Germain, d'autre part, salut et dilection. Comme par fortune de feu advenu en icelle ville de Mons le 5 septembre 1548, laditte église et le chœur d'icelle ayent esté ruinez, ardez et bruslez; à cause de quoy procès se fust mené en la noble et souveraine cour à Mons pour la réparation dudit chœur. Auquel procès avoit esté si avant procédé par nous lesdites parties qu'aurions esté admis à vérifier les fais proposez et escritures servies de part et d'autre, et par lesditz du chapitre fait plusieures productions et vérifications. Pour lesquelles appaiser plusieurs communications s'estoient faites par ensemble, de manière que par l'intervention de plusieurs bons person= naiges, signament de messire Charles de Lalaing, chevalier de l'ordre de l'empereur et grand bailly de Haynaut, qui de son pouvoir s'estoit efforcé et tasché nous pacifier, avoyent esté advisez plusieurs bons et louables moyens d'un costé et d'autre, et iceulx meurement et par chacune partie arguez et débatus, tellement que l'on s'estoit trouvé uniz et d'accord, selon un escrit duquel de mot après autres la teneur s'ensuit. Les pointz et articles advisez pour pacifier le différent entre les doyen et chapitre de l'église collégialle de Saint - Germain de la ville de Mons, et les mayeur, eschevins, jurez et conseil d'icelle, comme ayant la superintendance, administration et gouvernement de la mambourgnie d'icelle, pour le rédification du chœur de laditte église.

C'est que ceulx de la ville de Mons seront tenus des deniers de la mambourgnie faire refaire et réparer en sa grandeur, retenir et entre= tenir à perpétuité le chœur de laditte église Saint-Germain de pières, pavement, couvertures, d'escailles et de voerrières, comme il est requis et nécessaire, affin que le saint service divin y soit célébré. Et si ledit chœur tomboit de recef en ruine par tonnoire, feu fortuit, guerres ou autrement, comme que fuist laditte mambourgnie seroit tenue le refaire, retenir et entretenir, comme dessus est dit, et le remettre en estat deu pour y faire honorablement ledit saint service, nonobstant quelques chartes, droits et coustumes faites et à faire à ce contrevenant. En

oultre seront tenus au despens de laditte mambourgnie faire audit
chœur bancqs d'asseille et d'huissières, d'estapleaux grands et petits
autant qu'il sera besoing et de faire mettre le grand autel en estat
pour y pouvoir célébrer messes. Et quant aux autres ouvraiges audit
chœur, si comme formes, chayers sacerdotates, candeliers, table
d'autel et autres semblables pour décoration dudit chœur, laditte
mambourgnie les aura en charge, sans touteffois estre subjetz d'inconti=
nent entrer èsditz ouvraiges, ains seulement quand elle pourra, et de
ce faire aura opportunité, commodité et faculté. Et de la part desdites
personnes de chapitre, iceulx consentent et accordent à laditte mambour=
gnie de Saint-Germain à perpétuité la moitié du profflict des droitz venant
des draps funéraulx qui de maintenant leur appertient et cy après
pouldront appertenir en retenant par lesditz du chapitre l'autre moictié
à leur prouffit, lesquels droitz seront telz d'icy en avant. Asçavoir,
pour le grand estat cinquante gros, pour le moyen trente-six gros,
pour le petit quinze gros. Pour cestuy où l'on n'y chante vigiles et se
célèbre une seule messe et le luiseau n'est à la charge de l'aumosne de
la ville, six gros. Pour l'appareil et le luysceau soit à la charge de ladite
aumosne, rien, et pour la messe des petits enfans, deux gros. Entendu
neantemoins que pour faire lesditz estatz, petitz, grands ou moyens,
le tout demeurera à la discrétion et volonté des parens, amys ou exé=
quteurs des testamens des trespassez. Et si aucuns parens ou exéquteurs
des testamens demandoient avoir la représentation au chœur de laditte
église sera payée pour le drap dix livres de vingt gros de la livre ; pour
les draps qui se mettent dessus les fosses ou sépultures en ladite église,
vingt quatre gros ; pour les draps des tentrelz qui s'estendent par terre,
XV gros, et généralement tous salaires de draps pour les trespassez
qui se payeront ou seront donnez pour service, tant au chœur comme
en la nef de ladite église appertiendront par moictié comme dessus,
sauf et réserve les draps des obsèques, sépultures, tentrelz et obitz des
prevost, doyen et chanoines d'icelle église, présens et futurs, que
lesditz du chapitre retiènent à leur prouffit. Tous lesquels draps se
feront et entertiendront par commune despence desditz du chapitre et
mambourgnie, pour commencer à prendre et lever le prouffit d'iceulx
incontinent la confirmation de ce présent traité, et que la recognoissance
de commun accord sera faite en la cour à Mons que lors se commettront
pour iceulx draps recevoir un receveur par main commune, qui sera
tenu et debvra rendre compte ausditz du chapitre et de la ville et aux
députez d'iceulx. Entendu touteffois que les draps estant présentement
encor en estat appertenant singulièrement aux connestables debvront
demorer tant et si longuement que durer pourront sans en pouvoir

faire aucuns nouveaux que pour après que seront usez et terminez en prouffiter par lesditz chapitre et mambourgnie chacun par moictié à perpétuité comme dessus. Consentant oultre par lesditz du chapitre si avant que leur peult et pourra toucher que la mambourgnie des autres paroisses faites ou à faire en leur collation debvront prouffiter de la moictié des draps funéraulx, comme dit est. Aussy a esté debvisé que les draps des hospitaulx et bonnes maisons demeureront à perpétuité exempts de rien payer, et avec ce seront tenus lesditz du chapitre en advancement de la réparation et entretenement dudit chœur, de satis= faire et payer la somme de douze cent livres, de vingt gros la livre. Asçavoir les six cent livres incontinent ce present traité et condemnation d'iceluy faite en laditte cour de Mons.

Item, autre quattre cent livres quand iceluy chœur sera pavé, accoustré d'autres voeirières, estapleaux, bancqs, huissières et en estat d'y pouvoir chanter et faire le service divin, demorant le surplus des devises et traité fait en l'an mil quatre cent soixante quatorze (lesquelles par appointement ne seront abolies ny changées) en leur vertu et force, aussy chacune partie en ses despens, le tout sans fraulde et malengien. Tout lequel traité et appointement, nous lesditz doyen et chapitre d'une parte, et nous lesditz mayeur, eschevins, jurez et conseil, au tiltre et en qualité que dessus, promettons léalement et de bonne foy l'ung envers l'autre entretenir et accomplir selon son contenu, sans faire ny aller au contraire. Et pour plus grande sceureté d'iceluy, tant conjoinctement que divisement, avons fait, commis, constitué et establiy, et par ces présentes lettres commettons, consti= tuons et establissons nos procureurs généraulx et spéciaulx, si comme du costé de nous lesditz du chapitre Sévérin François, et du costé de nous lesdits de la ville Guillame Le Bèghe, pour en ladite souveraine cour à Mons recognoistre ledit traité et appointement par la forme que dessus. Avec ce requerre que chacun en son endroit soit condamné à l'entretenement d'iceluy. Promettant chacun de nous avoir pour agréable, ferme et stable à tousjours tout ce que par nosdits procureurs sera à cest effect fait et besoigné, avec ce d'accomplir le jugé si mestier est, soub et par obligation de nous lesditz doyen et chapitres, noz suc= cesseurs, tous noz biens et les biens d'iceulx, meubles et immeubles, présens et futurs. Et aussy de nous lesdits mayeur, eschevins, jurez et conseil en généralité que dessus, aussy des biens de laditte mam= bourgnie, présens et futurs.

En tesmoin desquelles choses prédites, nous avons fait mettre et ap= pendre à ces présentes lettres (dont sont faites deux d'une teneur) nos seaulx, l'an de grace 1552, le 23 febvrier, stile de Cambray.

Ausquelles lettres reposant en la thrésorie de ladittc ville seelées comme dessus estoient et sont affixées au derière celles de ladittc recognoissance et condamnation volontaire desdites deux parties en la cour à Mons en date du 2 d'apvril 1554.

N.º CXIV. — Tome cinquième, page 235.

Indulgences accordées à la chapelle de Notre-Dame de Cambron, à la porte du Parc, à Mons.

Reginaldus, miseratione divinâ tituli Sanctæ Mariæ in Cosmedin, sanctæ romanæ ecclesiæ, diaconus cardinalis Polus nuncupatus, sanctissimi Domini nostri papæ et sedis apostolicæ de latere legatus universis et singulis præsentes litteras inspecturis salutem in Domino sempiternam.
Ineffabilia gloriosæ virginis Dei genetricis Mariæ meritorum insignia, devotâ considerationis indagine, perscrutantes, et intrà nostræ mentis arcana revolventes quod ipsa castissimo ejus utero, prout nostri statûs exigebat necessitas, humanæ salutis auctorem protulit, et apud eum quem maternis lactavit uberibus sedulas pro nostræ fragilitatis expia= tione preces effudit dignum quin potiùs debitum reputamus, ut in ho= norem sui nominis dedicatas ecclesias et capellas ac alia loca gloriosis remissionum prosequamur impendiis et indulgentiarum muneribus decoremus. Cupientes igitur ut capella sita et erecta in suburbio ac propè et juxtà portam vulgariter *du Parcq* nuncupatam oppidi Mon= tensis, Cameracensis diœcesis, in honorem dictæ gloriosissimæ virginis Mariæ *de Camberon* à Christi fidelibus congruis frequentetur honoribus, ac jugiter veneretur ipsique Christi fideles eò lubentiùs, devotionis causâ, ad eam confluant, quo ex hoc ibidem dono cælestis gratiæ uberiùs conspexerint se refectos; auctoritate apostolicâ quâ fungimur ex hâc parte, tenore præsentium omnibus et singulis utriusque sexûs Christi fidelibus verè contritis et confessis qui dictam capellam in omnibus et singulis commemorationum dictæ beatæ Virginis, festivita= tum earumdem visitaverint perpetuis temporibus, septem annos et totidem quadragenas de injunctis eis pænitentiis misericorditer in Domino relaxamus, præsentibus perpetuis et futuris temporibus dura= turis, nonobstantibus constitutionibus et ordinationibus apostolicis, cæterisque in contrarium facientibus quibuscunque.

Datum Bruxellæ, Cameracensis diœcesis, anno à nativitate Domini millesimo quingentesimo quinquagesimo quarto, septimo, kal. junii, pontificatûs sanctissimi in Christo patris Domini nostri Domini julii divinâ providentiâ, PP. tertii anno quinto.

Reg. Car.^{lis} Polus, leg.

N.º CXV. — Tome cinquième, page 261.

Privilége du roi Philippe en faveur des natifs du Hainaut, pour collation d'offices.

Comme les trois Estatz du pays et comté de Haynau ayant présentement fait remonstrer au roy nostre sire, qu'iceluy pays a eu de toute ancienneté plusieurs privilièges et franchises à eux donnés et octroyés par ses prédécesseurs comtes et comtesses de Haynau; lesquels ont tousjours tenus ledict pays autant et plus que nul autre en singulière liberté et prérogative. Et pour ce que ledict pays est frontière de plusieurs costez et endroitz joignans et marcissans au royaulme de France par où les affaires et secretz d'iceluy debvroient plus tots estre cognuz et manifestez à ceulx qui en sont naturelz et natifz pour la singulière affection qu'ilz ont et doibvent avoir au bien d'iceluy pays. Et affin que les affaires puissent estre tant plus couvertes et tenues secretes et aussy dressées et menées d'une meilleure diligence avec bon zèle et affection naturelle, ilz ont très humblement supplié et requis audit seigneur roy, qu'en confirmation de leurs dicts privilèges, il pleust à Sa Majesté leur octroyer et accorder que doresnavant personne non native dudict pays de Haynau pourra obtenir ou déservir aucun estat et office audict pays, soit en gouvernement, administration de conseil, ou autrement, Sa Majesté ayant ouy le raport de la requeste desditz Estatz de Haynau leur a, en considération de leurs tous et loyaulx services, par meure délibération de conseil, octroyé, consenty et accordé de grace spéciale par cestes, que nuls estant natifz des pays esquels lesditz de Haynau sont exclus de pouvoir desservir aucun offices, seront doresnavant receuz ou admis à desservir aucun office audit pays de Haynau, pourveu touteffois qu'en ceste déclaration ne seront comprins les gouverneurs et chevaliers de la Thoison d'Or et que ceulx qui y sont présentement en office ors que par ceste déclaration ilz en pourroient estre excluz, seront continuez èsditz offices et les pouldront desservir jusques au rapel de Sa Majesté.

Et affin que ceste présente grace, octroy et déclaration soit fermement et inviolablement entretenue et observée, Sadicte Majesté royale a accordé aussy ausditz Estatz de Haynau ce présent acte, et iceluy signé de son nom.

Fait à Bruxelles le second jour du mois d'octobre 1555.

En dessoub étoit écrit et signé : PHILIPPE.

Et plus bas, par ordonnance de Sa Majesté était signé : *Douerlope*, secrétaire.

N.° CXVI. — Tome cinquième, page 299.

(Cette pièce a été insérée dans le texte.)

N.° CXVII. — Tome cinquième, page 314.

Érection de la chapelle de l'école dominicale de Mons.

A tous ceulx qui ces présentes lettres verront ou oyront. Nous mayeur, eschevins, jurés, conseil et communaulté de la ville de Mons en Haynau salut. Comme nous avons fait resmontrer par maistre François Gaultier notre confrere et pensionnaire dicelle ville a nobles et venerables demoiselles mesdemoiselles Margueritte de Rombergh, Ysabeau de Ligne, Marie de Dunenbrordre et Ysabeau de Hierchies, chanoinesses de l'église madame Sainte-Waudru de Mons representans le corps du chapitre dicelle eglise adsistées daulcuns conseillers et officiers auxquels auroit esté dit et remonstré que nous estions deliberes (pour le bien de la communaulté dicelle ville) eriger une escolle en la halle aux draps dicelle ville pour y frequanter les enfants de manans et habitants de ceste dicte es jours de dimences pour illec a leur apprendre le catechisme et instruire en notre sainte foy catholicque et romaine à l'effet de quoy avons fait construire une chapelle en ladite halle pour y celebrer si besoing y estoit ce que bonnement faire ne povions ne debvions sans avoir préalablement obtenu le congé et licence dudit chapitre. Et pourquoi iceluy François Gaultier au nom de Mons auroit requis mesdites demoiselles que pour une œuvre tant pieuse elle volsissent interposer et donner (de grace especial) leur consentement à l'érection dicelle chapelle. Ce que lesdites demoiselles auroient liberalement accordé pourveu et moyenant que pour recoignoissance seroient tenus donner pour une fois une medaille dargent en valeur de 4 livres tournois sur laquelle y auroit gravé et escript pour la grace et congé de lerection de ladite chapelle.

De quoy sommes condescendus et promis de y furnir pour approbation desqueles choses predites nous a ces presentes mis et appendu le seel perpetuel dicelle ville lan mil cinq cens soixante seize le vingt deuxiesme jour du mois de febvrier.

N.° CXVIII. — Tome cinquième, page 357.

Parades diverses qui se sont faites parmy les lieux où passèrent les archiducs Albert et Isabelle quand ils feirent leur entrée solemnelle en la ville de Mons le 25 febvrier 1600.

Près de la porte de Nimy y avoit un théâtre sur lequel estoient un *Janus* et *Mercurius* qui proferoient ces mots :

>Chéris enfants du ciel race des plus grands roys,
>Que découvre Phœbus depuis le bord indois,
>Jusqu'au plus froid gelon du ciel, votre héritaige,
>Leger ambassadeur je vous porte messaige
>Des célestes faveurs que la troupe des Dieux
>Veut espancher sur vous chacun à qui mieux, mieux.
>Entrez donc seurement en Haynaut, la province
>Joyeuse d'embrasser la princesse et son prince.

Autre par Boschius.

>Grata Deo soboles magnorum maxima regum
>Progenies quà Phœbus equos emittis eois,
>Carceribus gelidum radiis quà circuit axem
>Nuntius astrifero venio demissus olympo.
>Dona parant superi vobis amplissima cuncti
>Certatim : vos Hannonios accedite fines,
>Intrate et lætas ducibus feliciter urbes.

Janus habillé d'une longue robbe de couleur disoit ce qui s'ensuit :

> Si le temps préterit et si le futur age
> Recogneu de Janus donnent quelque présaige,
> Race des races Roys, monarchiques Sions,
> J'augure à voz haulteurs des biens par millions.
> D'autant qu'où l'alme paix est longtemps arrestée,
> Elle fait féconder cent cornes d'Amalthée
> Comblées de bonheur. Et ceste heureuse paix,
> Promect des Pays-Bas, ne s'absenter jamais,
> S'elle n'admect à plain : Jo donc ô victoire !
> Enfleurez-vous d'honneur, de richesse et de gloire.
>
> Conscia præteriti, si mens præsaga futuri
> Temporis, ut Jano quondam regnante per obem
> Est mihi, magnorum gens Augustissima regum
> Auguror ingentem vobis instare bonorum,
> Pace initâ cumulum, quæ cum radicibus hærent.
> Fixa suis felix opulentia cornua centum
> Implet Amaltheæ, nec Belgas deserat unquam
> Si semel admissa est : Victoria floreat ergò
> Vestraque se geminis attollat gloria pennis.

Près la chaine chantoient à vIII voix des enfans avec un écho qui résonoit à l'opposite en tels vers :

> Ut vos Archiduces votis et pectore. E. et ore
> Excipimus cupide vobis gens dedita. E. itâ omnes
> Offermius nostros animos. E. imos, Isabellæ.
> E. bellæ, ac Austrio. E. io comites ad amamus. E. amamus
> Quos natura tulit dominos. E. imos, Isabellam.
> E. Bellam. ac Austrum. E. eum gestu dictâque salute
> Cernui honoramus. E. oramus ut omnia primis
> Auspiciis recreent quæ sunt malè perditâ marte
> E. arte. itâ successu Christus beet. E. is beet usque.

Au devant de la maison de Saint-Chrestienne joignant Saint-Jeaques estoit un théatre de xx pieds long où estoit représentée en fille le Haynaut ayant aisles aux bras droit ; le senestre estoit opressé d'un poid pesant. Il disoit ce qui s'ensuit :

> Je veux et ne veux pas, j'ay le vouloir très-hault,
> Mais hélas ! au besoing le pouvoir me défaut ;
> Un faix insuportable à ma gauche s'attache,
> Qui m'accraventera si tost on ne le lache.
>
> Quod peto diffugio, cum sit mihi celsa voluntas
> Me grave mergit onus quo si non liberor illud
> Obruet et fundo miseram me deprimet imo.

Allant plus oultre y avoit un théatre de 80 pieds sur lequel le triumphe de la paix accompaigné de l'alliance nuptialle, de la concorde et prudence, lesquels tiroient après soy les enemis de la paix, lesquels parloient l'un après l'autre en ces termes :

Alliance.

Voyez, voyez, héros, alliance je suis,
Que soub vos aspects ces esclaves conduis
En trophée à la paix.

Auspiciis vestris domitos in vincula servos
Ducimus et victo nos ponimus hoste triumphum.

Impétuosité.

Je pose icy ma raige.
Car princes vous domtez par elle le couraige
D'impétuosité.

Hic rabiem pono indomitam nam fœdere vestro
Vincitis heroes, cessatque hic impetus omnis.

Boutefeu.

Mesme à moy, boutefeu,
Le flambeau brule tout, est esteint peu à peu.

Et mihi fax extincta perit quæ splenduit olim.

Homicide.

De notre auctorité la gouvernante bride,
Serre la main trop prompte, au cruel homicide.

Imperio cædes vestro frænatur et irâ.

Injure.

A l'injure voyez qu'on lie les bras et mains
Pour ne molester plus de querelles humains.

Vincitur manibus pedibusque injuria, ne plùs
Illa nocere queat.

Dispersion de biens.

On me serre les mains, on m'interdict l'opresse,
Captive je ne puis disperser la richesse.

Constringor posthàc valeam ne vivere rapto.

Ruine.

Princes, à vostre object la ruine se perd
Le Belgois a par moy mille encombres souffert.

Quondam mille meis oppressus Belga ruinis
Robora, nunc fultus, contemnit nostra, minasque.

Espie.

Fière engeance de Mars l'on m'entraine captive,
Bien que par espier mainte victoire arrive.

Assecla sum Martis sed nunc captivus id unum
Solamen pœnæ est per me victoria constat.

Menace.

Menace qui vouldra, le courroux est trop vain
A cil qui comme moy sent le collier certain.
   D'un plus fort enemy.

Quid mihi nunc vanæ prosunt sivè viribus iro
Cum mea prævalidâ stringantur colla catenâ.

Fureur.

  La fureur est donc vaine
Qui me sens accabler de cadance certaine.

Scilicet in rigidis rabies est irrita vinclis.

Trahison.

Bien que derrière icy, si fay-je touteffois,
Veiller sans volonté le monarque et le roy,
Tous pour moy sont alerts encore ay-je espérance
M'affranchir par trahison des biens d'alliance.

Ultima sum, vigili cogo sed pectore reges
Insidias vitare meas, nexuque solutam
Me fore confido solitæ mihi si foret artis.

La prudence et les esclaves tirés par elle parloient en ceste sorte :

Prudence.

Je tire prisonniers ces géans forgerons,
Digne proye et loyer de cent mille Acherons.

Hos ego captivos Numani mole gigantes
Adduco prædas Acherontis gurgite dignas.

Vulcan.

Bon Mars, secoure-moy, Mars compaignon de couche,
Je veux pour ne te veoir des deux yeux estre louche,
Soit tienne ma Venus, je t'en quitte ma part,
Maint d'un si grand que toy seroit cognu pour art.

Mars fer opem gemino fingam me lumine cæcum
Et tua sit Chiterea meam tibi cedere partem
Fert animus quam quisque sibi vice conjugis optet.

Brontes.

Traine, emeine prudence, aussy bien n'ay-je envie
D'alonger d'un moment la traine de ma vie;
Puisque Mars m'abandonne et que nos nerveux bras
Chomeront sans forger les outils de combats.

Quo tibi cunque lubet ducas prudentia tecum,
Nam neque momento miseram producere vitam
Mens avet, à bello cum Mars vocat otia, fratres
Ducimus Etnei nec martia cudimus arma.

Pyragmon.

Mars fera dont l'amour à la belle Ericine
Pendant que toy Volcan tu frappes ta poictrine,
Au lieu de ton enclume et que tous les subjects
    Croisons les bras vaincus.

Natus Acidaliæ Mavors potietur amore
Dum pectus Vulcane feris, qui tondere ferrum,
Ante soles rutilos versans incudibus ignes,
Dum manibus victi astamus post terga revinctis.

Prométhée.

    O les tristes objets !
Que me faut-il, hélas ! que le brave Aersonide
M'ait destaché du rocq où d'un bec homicide
L'aigle rongeoit mon cœur pour le feu desrobé,
Puisqu'avecque Vulcan l'on geine Prométhée.

Quid scopulo redimi, quid profuit alite nostrâ
Viscera pascenti socro si punior idem
Vulcano et graviora luo tormenta Prometheus?

Steropes.

Encor pourrions-nous d'un rougissant ouvraige
Forger à Juppitter le foudroyant oraige.

Dira Jovi liceat procudere fulmina summo.

La concorde et les captifs par elle tirés parloient en ceste sorte :

CONCORDE.

Marche, vielle enemie avecque ta sequelle,
Discorde au crime hideux à concorde rebelle.

Ingredere ut socias comiteris victa sequentes
Sanguinolenta comas nostris contraria votis.

DISCORDE.

Je marche voirement non point d'un libre pas,
Mais comme un criminel que l'on menne au trespas.

Incedo, ceu supplicio producta luendo.

ENVYE.

Bon gré, mal gré, je suy bien que ne soit ravie,
Et ne sera jamais la force de l'envie.

Quidquid agas non invidiæ sua robora tolles.

PEUR.

J'ay faict aux Belgois ores la peur ne suit
De frayeur par mon corps le sang tiède se cuit,
Regardant ces héros.

Terrorem incussi Belgis nunc terreor ipsa
Concretusque coit trepidâ formidine sanguis.

FRAUDE.

Quelle fraude oportune
Ores m'affranchira de si triste fortune ?

Quis me captivam vinctis dolus eruet istis ?

PERTINACITÉ.

De pertinacité tout le dernier recours,
Le salut des vaincus, c'est n'espérer secours.

Una salus victis nullam sperare salutem.

PAUVRETÉ.

Il est temps, il est temps que ne sois rencontrée
Rarement ni jamais dans la belle contrée
Des Belgiques Gaulois, mais las quelle cité
Recevra volontiers la vile pauvreté.

Migrandum è Belgis sed quem delectat egestas
Quo ferar ingratus cunctis mortalibus hospes ?

Famine.

Meschante pauvreté, tousjours ou que tu aille
Il convient que je suive et les peuples j'assaille.

Improba paupertas ubi tu vestigia ponis,
Me decet usque sequi populosque invadere tecum.

Quérémonie.

Quand cesseront les plainctes? ce sera ceste fois
Puisque sont arrivez ces bourgeons de grands roys.

Cessabunt querulæ veniente hâc principe voces.

Mélancolie.

Tarissez, de vos pleurs la bonde estant bannie,
Sans espoir de retour toute mélancolie.

Arescant lachrymæ quoniam dolor exulat omnis
Non illi patet ad reditum spes ulla futurum.

Tristesse.

Tristesse l'est aussy, car par communs accords
Elle le suit tousjours comme l'ombre le corps.

Mœror abest, sequiturque comes seu corporis umbra est.

Les personnes susdictes estant bien revestues et ornées après que chacune d'elles eut dit sa partie, se prosternèrent à genoux devant la paix, qui estoit assise sur un tas d'armes, tenant en la main un rameau de palme avec ses compaignes qui dirent les vers suivants :

Paix.

Engeance de malheur, effroy de la machine,
Du monde universel, des humains la ruine,
Hommagez ma grandeur appuyée d'Albert,
Et d'Isabelle encor qui me tient à couvert
    Soub son manteau royal.

Adversis soboles fati, pavor orbis et horror,
Pernicies generi humano, nunc supplice vultu
In nomen jurate meum quod nititur uno
Alberto conjuxque ejus quod protegit una.

Alégresse.

Prenez donc alégresse,
O peuple désormais en pacifique adresse.

Exultent populi venturæ munere pacis.

Richesse.

Venez moy posséder, moy qu'on dict la richesse.
De moy l'heureuse paix vous faict belle promesse.

Pax promittit opes habeat possessor easdem.

Libéralité.

Déployez à qui mieux de votre pauvreté
Benevoles Montois la libéralité.

Promite munifico Montenses pectore census.

Asseurance.

Ne craignez plus aussy, asseurance je suis,
Qui rien que le repos paisible ne poursuis.

Securos vos esse volo deponite mœsto
Corde metum cum pace quies mihi publica cura est.

Raison.

Je vous somme, ô Gaulois, d'embrasser la raison,
Qui volontiers habite en paisible maison.

Pacificis habitat ratio validissima tectis.

Obéissance.

Peuple, doresenavant portez obéissance
A Dieu, au prince, au loix avecque révérence.

Obsequium prestate Deo, legique, ducique.

Patience.

J'enseigne à supporter dans l'escolle de paix
Toute injure qu'aux bons procurent les mauvais.

Ut mala cuncta queas patienter ferre docebo.

Justice.

Restablissez vos loix, redressez la police
Et maintenez en paix l'équitable justice.

Justitiam, legesque sacras reparare memento.

Où que la paix estoit assise l'on veoit les vers suivants :

> Carmine terrigenas peperit medea, coloni
> Laudarunt Minyæ diriguère metu.
> Cœlestes Isabella solo produxit at illam
> Cimbrica turba timet Belgica ritè colit.
> Frenduit in calido stipes versatus aheno
> Antè vetus, magicâ sed tamen illud ope.
> Eugeniæ virtute suis oneratur olivis
> Arbor in arenti quæ fuit antè solo.
> Hinc pax justitiæ felix concordia tecto
> Amplexus gratos, oscula grata dedit.

Cecy passé, l'on veoit une porte triumphale près la rue des Marquotes de forme dorique contenant sur le devant les vers suivants :

> Hactenùs exhibitis vestrum Montana favorem
> Gens experto fuit placido sic omnia vultu.
> Archiduces spectate gradu sic lumina fausto
> Hæc intrate, novis arridet Appollo theatris.

Par derrière estoient ces vers :

> Lignea porta rudi statuor simulatâ figurâ
> Sed licet ornatu reliquas spectare superbo.
> Ex minimis ad magna voco, sed tempore Belgis
> Si magis apta ferant, comites, mox aurea fiam.

Joignant et au devant la chapelle de Notre-Dame estoit un théatre de XX pieds où se représentoient par personnaiges les comtes de Haynaut, depuis le bon duc Philippe de Bourgoigne au roy Philippe 2 des Espaignes. Ilz estoient magnifiquement revestus d'habitz et cap= peaux ducals et recitoient les vers suivants :

PHILIPPE LE BON, *comte de Haynau.*

> Du sang bourgondien je suis le premier comte
> Du pays de Haynau que nul autre surmonte
> En noblesse et valeur Philippe dit *le bon*
> Puissiez-vous, chers neveux, succéder au renom.

> Hannoniæ primus Burgundio sanguine princeps
> Sceptra tuli, primos et nobilitatis honores
> Et pietas spectata bonum me nomine fecit
> Hæc exempla dedi vobis imitanda nepotes.

Charles le hardy.

Charles comte je fus le second qu'une adresse
A vaincre mes Haynneurs par guerrière prouesse,
Fit surnommer *hardy* noble postérité
Soit de vostre valeur tel surnom hérité.

Carolus ille ego sum victo qui fortiter hoste
Audacis nomen merui generosa propago
Hæc moriens tibi virtutis monumenta relinquo.

Maximilien.

Qui de Maximilien extraict de tige mesme
Ne sçait pas les valeurs, comte de rang troisiesme
Nobles fruits qu'a produict un arbre si fécund
Votre los à celuy des ayeulx soit second.

Ignorare nequit stirpem qui jactat eamdem
Egregio fuerit quam magna in Cæsare virtus
Quamne hæc præstantes fructus produxerit arbos
Tertius est nomen sed habet virtute secundum.

Philippe, *roy*.

Roy je suis et de Haynaut le comte incomparable,
Courtois envers les bons, aux mauvais redoutable,
Entre bon et malheur j'ay trouvé plusieurs jours,
Le bonheur seulement vous talonne tousjours.

Quartus eram comes Hannoniæ, maximus idem
Humanus, mitisque, bonis, metuendus at hosti
Inter utramque fui fortunam pluribus annis,
At sors læta gradu propior vestigia pressit.

Charles v, *empereur*.

Les deux Indes, la Grèce et l'Asie et l'Affrique
Que je soubmis au joug par ma force héroïque,
Deposent de mon los francisses mes enfans,
Mon plus oultre immortel malgré l'effort des ans.

Græcia victa meos animos et decolor Indus,
Europæ et validi Libyæ sensère coloni
Testanturque meas landes : extendite fines
Ulteriùs, viresque meas æquate nepotes.

PHILIPPE II, *roy des Espaignes.*

J'ay suranné les ans de mon illustre race
A bonheur non pareil, cheminez sur la trace
De si grand geniteur et pleins de majesté
Embrassez comme moy justice et piété.

Majorum explevi et vici feliciter annos,
Tu mea progenies simili vestigia passu,
Insequere, et tanti genitoris more colendi
Justitiam, sanctamque fidem te cura sequatur.

Sur le puy devant l'hostel de Cambron, l'on voyoit un aigle espan=
sant ses aisles, et au desoub y avoit tels vers :

Militat Archiduces vobis Jovis armiger ales
    Exhibet æthereo fulmina missa polo
Austriadum genus acre notat, sobolemque creatam
    Cæsaribus latiæ junctaque signa togæ.
Suspicit obtutu solis splendentia fixo
    Lumina sideream mens ita vestra fidem.

Devant le grand portail de l'église Saincte-Elizabet l'on voyoit en personaiges six princesses de l'ancien temps présenter la palme à la sérénissime princesse Isabelle avec tels vers :

JUDITH.

De magnanimité l'incomparable lustre
Rend Judith sans débat entre tous illustre
Mais vous me devancez, Clare très-clère, autant
Que moins vaut le rubis qu'un rare diamant.

Vicit sexum animis et robore Judita magno
Æternumque decus nomen illustre paravit,
Clara, tuum sidus sed Clariùs emicat ortu
Fax velut est inter stellas Phœbea minores.

SUSANNE.

De chasteté je suis un non pareil exemple,
Susanne au nom de qui le sale paillard tremble,
Isabelle me suit digne que de lauriers
Soient à jamais ornez ses pudiques templiers.

Exemplo Susanna thori pulcherrima casti
Præbet eam, sequitur titulis Isabella secundis
Hanc inter reliquas me ruit castissima laurum.

Abigail.

Quelle femme pourroit arriver à la gloire
D'Abigail que tient en depost la mémoire
Pour la rare prudence? Eugénie sera
Seule qui de tout point mes pas tallonera.

Prudentis quæ laude sequi te fæmina posset
Abigail? totum superas hoc nomine sexum.
Nobilis Eugeniæ sequitur te passibus æquis.

Esther.

Le zèle d'amitié qu'un peuple j'ay porté
Rend Esther admirable à la postérité.
Telle Isabelle on croit légitime héritière
De ses grands dévanciers en bonté la première.

Fidus amor charam populo te reddidit Esther
Atque tuum memori mirabile nomen in ævo.
Effecit patriæ virtutis at emula princeps
Nostra tenet primas bonitatis ut optima partes.

La mère des Macabiens.

Arrière Cornelie ethniquement profane,
Cède-moy tes fleurons qui d'un plus sainct organe
Ay mes enfans instruit; et cède-les encor
A la saige Isabelle d'Espaigne le thrésor.

Ingenii laudem cedat Cornelia mater
Gracchorum, institui proles ego sanctiùs omnes
Hanc Isabella tibi fas est concedere palmam.

Martha.

Des œconomes Marthe est bien la plus fameuse,
De Marthe celle à nom qui est sollicileuse,
Mais mon nom s'obscurcit au raix de ta beauté.
Claire qui gardera la médiocrité.

Sollicitas inter celeberrima fertur et inter
Frugi Martha mirus Isabella at vincit eamdem
Sedulitate tuâ cui sunt mediocria curæ.

A l'entrée du Marché l'on voyoit un arch triumphal en forme dorique à trois entrées raportant plusieures imaiges peinctes avec escriteaux tels que s'ensuivent :

Religio.

Hic pia Relligio devota sedilia fixi.

Pax.

Discordes animos concordi pace ligabo.

Justitia.

Præmia digna probis statui, sed punio sontes.

Fortitudo.

Non sum victa malis, sed fortior ipsa resisto.

Victoria.

Subjicio domitas pedibus victoria gentes.

Honor.

Conservator honor sum majestatis et auctor.

Astrea.

Nequitiam terris habitans Astrea fugabo.

Cornu copiæ.

Fœtibus arboreis superat mea copia cornu.

A cest arch pendoient des tableaux avec tels escriteaux :

A costé droit de l'entrée :

Archiduces celsi quos levis et æqua potestas
Atque gubernandi felix solertia sceptri
Delitias nostris fecit regionibus : Ite,
Ite per incœptas Belgis plaudentibus artes
Temperies hæc recta boni moderaminis aptè
Justitiam facilis stringet clementia pacis
Tempore quod nobis certum promittimus ægri
Auspiciis vestris nec enim vos trames avorum,
Majorumque fugit clarissima gloria nostræ
Authores illi pacisque bonique fuêre.

A gauche costé de l'entrée :

Ainsy qu'on voit après un long oraige
L'œil de Phebus ressereier les cieulx,
Aussy ainsy des princes le visaige
Tarit joyeux le torrent de noz yeux.
O doux aspect! ô flambeaux gratieux!
Qui les maux réunis chassez loing des Belgeois!
Vivez heureux et du peuple montois
Ne rejettant l'imbécille puissance,
Tracez voz pas dessoubs leurs humbles toicts,
Les gouvernant par justice et clémence.

Clarior ut Phæbo vehitur post nubila Phœbus,
Et gelidos imbres tempestatesque serenat,
Haud aliâ ratione duces astringitis omnes,
Aspectu vestro lachrymas, et lampadis instar
Igniferæ, densas Belgarum vincitis umbras.
Venite felices, humiles nec spernite Montes
Recturique pio nos et moderamine justo
Intrate et tectis æqui succedite nostris.

Sur le mesme arch du costé du Marché :

Hannonii mistæ, proceres, vulgusque, senesque
Ac juvenes jam tempus adest assurgite lætis
Vocibus, en adsunt totâ quos mente petistis
Archiduces, magni genere alto à sanguine regum,
Plos veterum, virtusque ducum, celebrate favent
Introitum, spectare duces ac ora tueri
Orantesque libros fas jam præsentibus ipsis
Principibus, coram submittere : Croyus heros
Adjutor vobis aderit meliore metallo
Sæcula producens : justis date gaudia causis.

A costé gauche :

Jo Pean! Jo triumphe! ô gloire!
Sus Haynnuier, rallège tes esprits,
Trace ce jour, non pas de couleur noire,
Ançoins de blanche, et ton cœur soit espris
D'un feu joyeux que tesmoigne le souris,
Puisque l'on void arrivés à bon port,
Ceulx qui malgré le marital effort
Ramèneront la paix en la contrée,
Restablissans par général accord,
Le siècle heureux de la déesse Astrée.

Hannonii lætos alacres celebrate triumphos
Hunc celebrate diem et niveo signate lapillo
Et jocus et vester testetur publica risus.
Gaudia nam cursus ad nos fecere secundos
Semidei pacem, invito qui marte te ducent
Astreamque iterùm terras habitare jubebunt.

Sur le plus haut estaige dudit portique estoient chantres et trompeteurs en nom de XXIIIIe, menants une musique à XII parties avec autres instrumens musicaulx. Les vers de la musique estoient tels :

Euge Albertus adest et adest Isabella triumphe!
Euge triumphe Deo laus ducibusque salus!
Vita sit et proles, pax et fortuna secunda,
Mars procul à Belgis, euge triumphe veni!
Ritè serenatis sic fient sæcula rebus
Aurea per Comites, euge triumphe veni!
Archiduces hominum, cælique favore potiti
Omnia restituent, euge triumphe veni!

Du susdit arch triumphal jusques à la fontaine estoient posées à deux costez bailles pour arester le peuple de n'aller oultre icelles. Cestes bailles estoient bordées des bourgeois avec armes et bel esquipaige.

Sur la fontaine estoit représenté le Jardinet de Haynaut.

Le soubas contenoit en diamètre XXII pieds et estoit eslevé de XVI pieds, ayant en son circuit degrez ou appas. En ces appas estoient posez des vases ou potz de bois peints et fleurs, au dessus desquels estoient mises les bannières ou armoiries des villes, abbayes, principautez, comtez et baronies et pairies de Haynaut. Au dessus du tout ce jardinet estoient les armoyeries de Haynaut, de la ville de Mons avec celles du duc d'Arscot, gouverneur et grand baillif dudit pays de Haynaut. Mais par dessus tout cela estoient les archiducs représentés par personnaiges revestus d'habits ducals, lesquels, avec un vase d'eau, arrousoient les fleurs pinturées. Les vers que proféroient ces personnaiges estoient tels, sçavoir :

ALBERTUS :

Hannonios magno commistus nomine flores,
Magnus alam, medioque sedens Albertus in horto
Aurea cum fibris aurato gramina rivo
Sufficiam, lætosque dabo producere fetus.

Isabelle.

 La rose doux flairant, la suave girosflée
Et tant de belles fleurs que produict la contrée,
En noblesse fécunde à notre arroussement,
Recouvreront senteur avecque l'ornement.

 Et rosa cum violis, et suave rubens hyacintus
Nomine quosque alio producit Belgica flores,
Rursùs odore suo clara rigante placebunt.

Vers apposez audit jardinet :

 Des fécundantes eaux, d'un accord chasse guerre,
O comtes arrousez de Haynau le parterre,
Douze villes deux fois, populeux il contient,
Villaiges plus de mille, un prince et si soustient
Douze pairs, comtes dix, deux fois dix baronies,
Un noble sénescal et vingt-six abbayes.
Il y a son grand veneur comme son escuyer,
Jardinet des jardins en noblesse premier.

 Hannoniæ comites hortum genialidus undis
Innocuæ pacis despergite : sustinet unus,
Areolis variis, viginti quattuor urbes,
Mille ferè pagos, uno cum principe, bissex
Indè pares, comitesque decem, pluresque barones,
Viginti sex abbates, unum senescalcum,
Ac venatorem magnum, stabulique magistrum.

A l'entrée de la rue de Caussie y avoit encore un arch triumphal en forme ionique avec figures et escriteaux, sçavoir :

Temperantia.

Temperat illicitos freno mea dextera mores.

Prudentia.

Prudenter sileo, blandis nego vocibus aures.

Liberalitas.

Nostra manus largitur opes loculosque refundit.

Du costé du Marché estoit encore tel escriteau :

 Quant l'arche s'aresta sur les monts d'Arménie,
L'Eternel s'appaise, tout en calme fut mis,
Aussi sera de nous la misère bannie,
Puisque dessus leur Mons, nos princes sont conduis.

Constitit Armeniis ut Montibus arca quietas
Obtinuit tandem pacato numine sedes,
Fas erit ad metam Belgas properare laborum
Duo illo ad proprias deducitur omine Montes.

Autre.

Eia agite, heroes, densi quo læta quiritis
    Applausura vocat concio ferte gradum.
Treïcios montes testudine moverit Orpheus
    Majùs at Hannonios attenuisse decus.

Autre.

Ces deux astres royaulx que sur nostre hemisphère
Luisent également de novelle clarté
Ne font-ilz espérer, ecclipse de misère,
Estant horrible Mars par bon accord dompté.

Scilicet astra polo fulgent quæ regia nostro
Luce novâ, non illa truci præsagia marte
Certa ferunt positis aliò commigret in armis.

Sur le Rouge Puy il y avoit une austruche avec tel escriteau :

Magnanimi Austriade gemino de principe rerum
    Archiduces præsens vos avis Afra notat
Scilicet ædurum volucri dat pabula ferrum
    Qui nisi materies laudis ab hoste datur.

Incontinent après se voyoit un théatre où estoit Minerve accompagnée de sept arts libérales proférans ce qui s'ensuit :

MINERVE.

Du fécond amary de la docte cervelle
Du père foudroyant extraicte l'on me dict,
Inventrice des arts qui siègent dans l'esprit,
Du subtile Hannuyer qui studieux m'apelle
Me recherce et fait fruict sur toutes nations
Des divines faveurs, de mes inventions.

Non utero, dicor cerebro Jovis edita feto
Inventrix operum, sed me colit atque requirit
Hannoniæ fructumque facit studiosa juventus
Et populos æquat divinis dotibus omnes.

GRAMAIRE.

J'ouvre la porte aux arts, le Belgique Haynuier
Au recés de sçavoir est admis le premier.

Artibus ingenii solertibus ostia pando
Et primum Hannonias admitto ad limina gentes.

Réthorique.

Par moy le Haynuier a grace de bien dire
Sur tous, alors qu'il veut entrer en mon empire.

Eloquio pollent facundiæ, et fulmine linguæ
Hannonii dant imperio cum nomina nostro.

Dialectique.

De mon dialectique aucun ne fait profit,
Tant comme l'Haynuier s'il y met son esprit.

Disserit, argutè nostrâ non vanus in arte
Hannonius, quandò ingenio contendit acuto.

Musique.

Orlande prouvera que nation aucune
Tant que luy n'a trouvé la musique oportune.

Diceret Hannoniæ modulos terpander amœnos
Non alios citharæ, ne musæ diceret aptos.

Arithmétique.

J'enseigne à bien nombrer, mais pourtant en Haynaut,
L'on trouve moins en l'art qu'au coffre de défaut.

Exactè doceo numeros, est nullus in arte,
Hannonii ut perhibent, omnis latet error in arcâ.

Géométrie.

D'arpenter justement le Haynuier a gloire
Au plomb, reigle, cordeau, au compas, à l'esquière.

Circinus æquator, terræque decempeda norma
Hannoniis summum decus est et palma colonis.

Astrologie.

Je monte dans les cieulx, et d'un sçavoir divin
J'instruis le Haynuier au nonpareil engin.

Ingenio secreta poli mundique pererro
Et mecum Hannonii cælum et terrestria tentant.

Il y avoit encore en forme corinthienne qui conduisoit à l'hostel de Naast, avec tels escriteaux :

Cæsaribus fecunda patrem dedit Austria Belgis
Albertum, Claram donavit Iberia matrem,
Quidmodo Belga petis? Patrias Albertus obibit
Duras maternas Isabella impendet amores.

Autre.

Alberto æternos, Isabella, sospite soles
Fæcundâ cum pace bonos sinè marte triumphos
Publicâ communi Hannoniæ prece vota precantur
Clarum Alberto diem Clarâ duce et auspice vive.

ÉPIGRAMMES
*composées par François Derpion, recteur du collége de Houdain,
à l'occasion du mariage d'Albert et Isabelle.*

Tenaris ora suum tollit super astra Lycurgum
    Palladiaque, viget Clarus in urbe Solon
Ruraque Pasiphaes laudant dicta maritum,
    Jam quoque quem jactet Belgicus orbis habet
Qualis enim Cretæ Minos, Spartæque Lycurgus
    Europiâque Solon qualis in arce fuit
Hunc modo qui princeps moderandum suscipit orbem
    Felici divûm numine talis erat.

Albertum superis dum laudat Atlantide natus
    Nominis Herculei gloria læsa fuit.
Audiit Alcides et quis me fortior, inquit?
    Non grave cælestis cui fuit axis onus.
Infit Atlantides contrà, quid robora jactas?
    Sarcina et hinc, summi templa tueri Dei
Istâ parte libet votis, par gloria surgat
    Attamen hoc uno nomine major erit.
Nam Phlegetonteis tu monstra reducis ab undis
    Ad Phlegotontis aquas sic remeare jubet.

Arbiter ut divas vidit Simoentis ad undas
    Piramides dixit, Cypria vince Venus
Eugeniam Hisperiis sed si vidisset in oris
    Dixisset merito Cypria sede Venus
Majestate et enim Juno, virtute Minerva
    Et forma Eugeniæ vincitur ipsa Venus
Quid neget Albertum felicem conjuge cui tres.
    Contulit in thalamos una puella Deas.

Una erat Hesperium regi qui temperat orbem
   Filia, cælesti munere digna viro
Hanc charites sociam musæ optavére sororem.
   Forma, pater, virtus ingeniumque vetant.
Forma virum, generumque pater, virtusque requirit
   Imperium, quod vis ingeniosa negat
Quæritur eccè gener tantis virtutibus æquus
   Unicus in toto sed gener in orbe fuit
Unicus Albertus cui conjuge dignus elisâ est
   Unicaque Alberto digna Isabella viro.

N.° CXIX. — Tome cinquième, page 352.

Réforme de la Cour souveraine de Hainaut.

Albert et Isabelle-Clara-Eugenia, infante d'Espaigne, par la grace de Dieu, archiducqz d'Austrice, ducqs de Bourgoigne, de Lothier, de Brabant, de Lembourg, de Luxembourg et de Geldres; comtes de Habsbourg, de Flandres, d'Arthois, de Bourgoigne, de Tyrol; palatins de Haynaut, de Hollande, de Zélande, de Namur et Zutphen; marquis du Saint-Empire de Rome; seigneur et dame de Frise, de Salins, de Malines, des cités, villes et pays d'Utrecht, d'Overissel et de Groninghe.

A tous ceulx qui ces présentes verront, salut. Comme par la bonté et providence divine par laquelle toutes choses sont régies et gouvernées, les princes soient establis et ordonnez au régime et gouvernement des principautez et seigneuries, afin principalement que par eux, au nom de Dieu nostre créateur, les pays et subjets soient gouvernez et conduits en bonne union, concorde et louable police. Ce que ne se peut faire que par justice bien ordonnée et réglée qui est l'esprit de la chose publique. En quoy nous avons tousjours désiré et désirons de faire tout nostre debvoir et acquit au bien et honneur de nous et au repos de noz pays et subjects; et qu'entre les pays, provinces et seigneuries où il a pleut à Dieu nous establir princes souverains pour les régir et maintenir soub sa sainte protection, nous ayons tousjours en soin singulier de nostre pays et comté de Haynaut, pour la loyauté par nous recognue et que cognoissons encore en noz vassaux et subjects d'iceluy. Et il soit qu'en nostre haulte et souveraine cour à Mons cy devant ordonnée par noz prédécesseurs comtes de Haynaut pour l'administration de la justice dudict pays en dernier ressort, seroient peu à peu introduicts plusieurs abus à l'indicible regret de noz devanciers et de nous, et au grand domaige du public et de noz subjects, iceulx abus provenus principalement du grand nombre des personnes ayant esté admises à laditte cour et à la consultation et résolution des procez y pendant; joint que les sentences rendues aux offices de l'audience, terraige et bailliage de Haynaut, par la délibération de noz conseillers, estoient bien souvent corrigées et réformées par des féodaux de nostredite cour, n'ayant aucune cognoissance du droit écrit et peu d'expérience de pratique. Desquels et autres désordres ayant esté cy devant faites diverses plaintes et doléance à feu de très-haulte mémoire l'empereur Charles v du nom, nostre ayeul, et le roy Philippe, nostre très-honoré seigneur et père, ilz auroient tasché d'y pourvoir et remédier par l'establissement d'un conseil limité à certain nombre de personnes, à l'exemple des cours souveraines et conseils de justice d'aultres royaulmes voisins et de ces Pays-Bas. Ce que touteffois ilz n'auroient sceu accomplir pour les troubles et guerres ayant règné par deça et autres grands empeschemens survenus de leurs temps. Et nous ayant les mesmes plaintes et doléances esté souvent réitérées depuis que nostredit seigneur et père nous auroit cédé et transporté ces Pays-Bas, et estant duement informés et advertis de tous lesditz grands abus, désordres et inconvéniens par lesquels l'administration de la vraye et droiturière justice est grandement empeschée et retardée, savoir faisons, que pour la considération des choses susdictes et pour le désir qu'avons de pourvoir au bien et soulagement de noz bons subjets sur pied conceu et advisé par nosdits seigneurs ayeul et père, nous, après plusieurs délibérations et communications sur ce tenues par noz commis et députez, tant avec nostre très-cher et féal cousin le duc d'Arscot, chevalier de l'ordre, de nostre conseil d'état, lieutenant, capitaine général et grand bailly de nostredit pays de Haynaut, et les gens de nostre conseil à Mons, qu'avec ceulx des trois Estatz de nostredit pays et comté de Haynaut pour ce diverses fois assemblez, et sur tout eu l'advis de ceulx de nos conseils d'estat et privé, avons de nostre certaine science et authorité restraint et limité le grand nombre des féodaux qui souloient cy devant tenir nostredite haulte cour à quinze personnes, ayant les qualitez et conditions cy-après déclarées, lesquels représenteront et tiendront doresnavant nostredite souveraine cour et conseil soub les réglemens, statuts et ordonnances cy après contenues que voulons et commandons estre estroitement observées et entretenues.

Lesdites ordonnances sont en nombre de LX entre lesquelles est contenu que le grand bailly de Haynaut sera l'un de ces XV conseillers, comme chief et semonceur; puis deux seront ecclésiastiques, deux autres nobles et autres dix de longue robbe graduez en droit.

Soub lesdites lettres et ordonnances estoit signé :

I. Albert, A. Isabel.

Plus bas : Par ordonnance de Leurs Altèses :

Verreyken.

Et estoient lesdites lettres seelées en lacs d'argent et de soye rouge et bleue.

Albert et Isabelle-Clara-Eugenia, infante d'Espaigne, par la grace de Dieu, archiducqs d'Austrice, ducs de Bourgoigne, de Lothier, de Brabant, de Lembourg, de Luxembourg et de Geldres; comtes de Habsbourg, Flandres, d'Arthois, de Bourgoigne, de Tirol; palatins de Haynau, de Hollande, Zélande, de Namur, de Zutphen; marquis du Saint-Empire de Rome, seigneur et dame de Frise, de Salins, de Malines, des citez, villes et pays d'Utrecht, d'Overissel, Groninghe, etc.

A tous ceulx qui ces présentes verront, salut. Comme il soit que depuis la réformation de nostre cour à Mons et l'institution du conseil ordonné en icelle par noz lettres patentes sur ce dépeschées le 6 du mois de juillet seize cents et onze, les Estatz de nostre pays et comté de Haynaut nous ayent fait diverses instances afin qu'il nous pleust séparer de laditte cour et judicature, tant de l'audience que de terrages, ensembles les matières en dépendantes, qu'avions pour plusieurs considérations trouvé bon d'unir et annexer avec icelle cour. A quoy nous estant enfin laissé incliner à la requeste desdits Estatz, et voulant pourveoir que par ce changement noz droitz, haulteurs et prééminences et les auctoritez de nostre grand bailly ne soient diminuées, et prévenir toutes difficultez, débats et différens qui se pourroient mouvoir entre nostre dit grand bailly et les gens de nostre dit conseil ordinaire et ceulx du conseil de nostre dite cour, sçavoir faisons, que sur tout en l'advis, tant de nostre dit grand bailly de Haynau et d'aucuns de nostre conseil illec, que des Estats de nostre dit pays, et aussy de nos très chers et féaux les chefs président de nostre conseil privé, avons ordonné et ordonnons les points et articles qui s'ensuivent. (Ces points sont en nombre de 60 qu'on peut voir au réglement du conseil ordinaire donnez par lesdits archiducqs.) Si donnons en mandemens à noz très chers et féaulx les gens de nos consaulx d'estat, privé, grand bailly de Haynau, et gens tant de nostre conseil en nostre cour à Mons que de nostre dit conseil ordinaire, et à tous noz justiciers et officiers, ausquels ce regardera, ensemble aux prélats et nobles de notre dit pays de Haynau, que ceste notre présente ordonnance et tous les poincts y contenus ils et chacun d'eux en droit soy, et sy comme à luy appertiènera, gardent et observent et entretiènent, facent garder, observer et entretenir inviolablement et à tousjours, sans faire mettre ou donner, ny souffrir estre fait, mis ou donné ores, ny en temps advenir aucun trouble destourbier ou empeschement au contraire. Car ainsi nous plaist-il. En tesmoing de ce nous avons signé ces présentes de nos noms et y faire appendre nostre grand seel.

Données à Terweren le xxiii jour d'octobre l'an de grace mil six cens dix-sept. M. V.ᵗ

Signé : ALBERT, J. ISABELLE.

Et plus bas : Par l'ordonnance de Leurs Altezes :

VERREYKEN,

Avec son paraphe et y pendant le seel de Leurs Altezes en lacqs le double filet d'or.

N.° CXXI. — Tome cinquième, page 392.

Réforme du Conseil de la ville de Mons.

Philippe, par la grace de Dieu, roy de Castille, de Léon, d'Aragon, etc., comte de Haynau, etc. A tous ceulx qui ces présentes verront, salut. Comme au mois de julet dernier, ceulx du magistrat de nostre ville de Mons nous ayent supplié affin qu'il nous pleust régler le parentaige de ceux qui pourront désormais desservir par ensemble l'eschevinaige de laditte ville, et que depuis plusieurs remonstrances nous soient esté faictes concernant quelques points grandement importans à la bonne conduicte du conseil et au bien et repos de noz bons subjetz et inhabitans d'icelle ville. Sur quoy avons fait prendre information et depuis trouver convenir et faire examiner par certains ministres de noz conseils d'estat et privé l'intervention de noz très chers et féaulx cousins le cardinal de la Cueva et le comte de Soldre, chevalier de nostre ordre, faisant présentement l'office de grand bailly en nostre province de Haynaut, sçavoir faisons, que inclinant favorablement à laditte supplication et désirant pourveoir au bien et repos de nostre ditte ville, avons, de l'advis que dessus, à la délibération de nostre très chère et très aimée bonne tante madame Isabelle-Clara-Eugenia, par la grace de Dieu, infante d'Espaigne, ordonné et statué, ordonnons et statuons les poincts et articles suivans :

Premièrement, que désormais ne seront receus ny pouldront servir par ensemble au siège de l'eschevinaige de nostre ditte ville de Mons père et fils, deux frères, oncle et nepveu, ny deux cousins germains de consanguinité. Ce qui s'observera aussy au regard de ceulx qui seront à l'advenir colloquez au conseil de laditte ville en conformité de ce qui sera ordonné cy après; mais oncle et nepveu et deux cousins germains de sang ou d'alliance pourront au mesme temps estre l'un eschevin et l'autre dudit conseil de laditte ville. Touteffois les parens ou alliez des pensionnaires ou greffiers en degretz que dessus pouldront servir avec eux en l'un ou l'autre desdittes sièges, pourveu qu'il n'y ayt au magistrat que deux semblables parens de tous lesditz pensionnaires et greffiers ensemble. Ledit conseil de la ville sera doresnavant annuel composé de xxv personnes seulement, à sçavoir de ceulx qui sortiront de l'estat d'eschevin et d'autres à choisir tous les ans par nous ou de nostre part par celuy qui sera commis au renouvellement de la loy de laditte ville, lequel commissaire recevra lesditz du conseil, aussy que desditz eschevins, chacun en son endroit, au serment en tel cas requis et accoustumé. N'entendons touteffois faire aucun changement au regard de soixante hommes de laditte ville. Car ainsy nous plaist-il. En tesmoin de ce, nous avons fait mettre nostre seel à ces présentes.

Données en nostre ville de Bruxelles le dernier jour de janvier l'an de grace 1624, et de nostre règne le 3. Estoit paraffé M. V.^t

Et sur le reply estoit escrit : Par le Roy. Et plus bas :

Signé Verreyken,

Avec le grand seel de Sa Majesté y pendant à double queuwe de parchemin en cire vermeille.

N.° CXXII. — Tome cinquième, page 595.

Ordonnance du roi Philippe,
pour la repression du traité des charges et offices.

1626.

Philippe IV, roy des Espaignes, fait ordonnance pour réprimer le trafic qui se faisoit des charges et offices du pays.

Avons, de l'advis de nostre conseil d'estat, privé et des finances à la délibération de nostre très chière et très amée madame Isabelle=Clara-Eugenia, par la grace de Dieu, infante d'Espaigne, etc., déclaré et déclarons qu'il n'a esté et n'est permis à nos subjets, vassaulx ou autres ayant moyenne ou basse justice, gouverneurs, officiers royaulx, ou ministres de quelque qualité ou condition qu'ils soient, nuls exceptés, de faire leur proufit non plus par vente ou bail à ferme qu'aultrement, des offices, en quelque manière que ce soit, ains leur avons défendu et défendons très expressément de vendre ou bailler à ferme et à tous un chacun d'achepter ou affermer les offices de baillys, chastellains, prevosts, maires ou mayeurs, lieutenants, eschevins, secrétaires, gref=fiers, huissiers, messagiers et généralement aucuns offices de justice, domaine, administration des deniers publicqs et fonctions en dépen=dantes, petits et grands quels qu'ils soient ou à cause de collation, provision ou consulte d'iceulx, ou autrement, à prétexte d'expédition, recevoir ou donner respectueusement aulcune recoignoissance, ou gratuite, directement ou indirectement, en façon quelconque, sauf ce que l'on accoustumé de donner d'ancienneté pour le droit du seel et des despeches à peine de quadruple des sommes ou de la valeur des choses ainsy furnies, à répartir entre nous, l'officier exploiteur et le dénonciateur, chacun pour un tiers.

1.

A paine en outre que les offices ainsy obtenus vacqueront *ipso jure* et seront de fait impétrables et par nous conférés pour la dicte fois à l'exclusion de tous autres et que, par dessus lesdites paines, les nou=veaux pourveus et tous autres qui auront à ce contrevenu en donnant ou recevant quelque chose seront privés de leurs offices et tenus pour incapables de desservir aulcuns autres leur vie durant.

2.

Pareilles déclarations et défenses et aux mesmes paines avons-nous faictes et faisons au regard de tous nos officiers et magistrats des villes, chastellenies, baillaiges, bourgaiges, villaiges, ou autres communautés semblables et des offices dépendants de leur collation, advis, voix, ou consulte respectivement ensemble de tous résignans et résignataires d'offices et de ceux qui y presteront leur consentement, au moyen des dictes recognoissances, voire de touts ceux qui se seront meslés de négocier choses semblables.

3.

Et affin de faire tant mieux valoir et observer ceste ordonnance voulons et commandons qu'en toutes commissions ou patentes qui seront despeschées desdits estats, ou offices de toutes dignités ou bénéfices ecclésiastiques, soit insérée la clause du grand serment en cet mots :

« Que pour obtenir ledit estat, ou à cause d'iceluy, il n'a offert,
« promis, ny donné, ny fait offrir, promettre, ny donner à qui que ce
« soit aulcun argent, ny aultre chose quelconque, ny donner directe=
« ment ou indirectement, ny aultrement en aulcune maniere, sauf et
« excepté ce que l'on est accoustumé donner pour les despesches, etc.»

4.

Et devra ledit serment en suite de ce estre reellement et de fait presté et en estre tenu acte pertinent, à la reception desdits nouveaux offices, et auparavant délivrer les lettres de nomination ou collation aux pourveus desdites dignités ou bénéfices ecclésiastiques, en char= geant très estroitement aux ministres ou officiers que ce touchera d'ainsy le procurer sans y conniver en façon que ce soit à paine de nostre indignation et d'estre corrigé exemplairement.

5.

Le mesme s'observera en tous renouvellements et continuations des loix ou magistrats desdites villes, chastellenies, baillaiges, bourgaiges, ou aultres communautés semblables, et sera ledit acte enregistré au greffe du conseil au siège où se recevra ledit serment et auparavant l'avoir presté ne pourront lesdits nouveaux pourveus exercer lesdits offices ou magistrats ou faire aulcun acte en dépendant à paine de nullité et que leurs dits estats seront vacquants et impétrables à nostre collation pour ladite fois.

6.

Et combien que nous entendons que toutes lesdites peines auront seulement lieu pour l'avenir, neantmoins nostre intention n'est point de par là dissimuler ce que cy devant pourroit avoir esté fait induement ains que recherce et punition condigne en soit faite en conformité du droit escrit et des ordonnances précédentes selon l'exigence du cas.

Quant aux autres points dudit placart, je les laisse en arriere ayant seulement rapporté ceux qui peuvent concerner les magistrats et autres officiers tels que dessus contenus audit placart.

Fin des N.os de l'Appendice.

DOCUMENTS DIVERS.

DOCUMENTS DIVERS.

N.° 1.

Documents extraits de la trésorerie du chapitre de Sainte - Waudru.

Bauduins cuens de Flandres et de Haynaut a tous chiaux qui sunt et avenir sunt, permenaulement conneute chose soit à votre universiteit ke comme jou croisies eusse entrepris le voie a soucours de le saincte tiere de promission rewardai et considerai ke jou ki sui abbes et li plus grans avoes del eglise de Mons soit tenus de wardeir icheli en son droit et en sen honneur sans blechier reconneuchs chou mesmes à leglise de droit et de men boine volenteit ke entres toutes choses asqueles je sus obligies à tenir jou et min successeur devons et astons tenus de delivrer icheli eglise a nos propres despens de toutes procurations ki sunt apellées comulnement gistes u poursoing lesqueles sunt requises aucunes fies des cardenaux u des legas de Rome u de monseigneur larchevesque de Reims u de monsigneur levesque de Cambray u des autres prelas de saincte église u des officiaux u de leurs ministres et jou mi oir et mi successeur devons paier de tant en tant lesdites pro=curations quante et quantes fies nos serons requis de cheli eglise et pour chou ke ches choses soient fermes seront wardées sans brisier de mi et de mes successeurs je les ai confermees par che present escrit et par men saicl.

Che fu fait à Mons par devant le cors saint me dame saincte Waudrut an del incarnation mil cc. et i.

N.º 2.

Nous Margherite comtesse de Flandre et de Haynau faisons savoir a tous ke comme nostre eglise Saincte-Waudrut de Mons soit de teil franchise que li bailliu nouviel de Haynau doivent premiers a Mons faire sairement a ledite eglise ke a autrui et nostres chiers et faiables Hugues de Ruesne chevaliers nouviaus baillius de Haynau par mespresure et par mal avisement ait as eschevins de nostre vile de Mons sairement avant ke a la dicte eglise nous reconnissons a nostre eglise devant dite par le tesmoing de ces lettres sa droiture teile come ele lavoit avant que ledit Hugues entrast en ladite baillie ne ne volons ke ele en soit de riens arrieree de son droit pour chose qui faite en soit par le bailliu devant nommet.

Ce fu donnet lan del incarnation mil deus cens soissante zeze le merkredi es octaves de le Thyephane.

N.º 3.

Guido Dei gratià Cameracensis episcopus universis Christi fidelibus has litteras inspecturis salutem in domino. Noverit universitas vestra quod præpositus decana totumque capitulum Sanctæ-Waldetrudis Montensis, ad preces illustris dominæ Margaretæ Flandriæ et Hay=noensis comitissæ concesserunt favorabiliter et benigne quod in loco ubi commorantur Reginæ in pratis juxtà Montes, qui locus Cantimpra=tum appellatur propè allodio beatæ Waldetrudis continens in se sex bonaria ut curatus fiat parochialis ecclesia et epinitium Salvis in om=nibus jure et decimâ dicti capituli et etiam præsentatione ad dictam parochiam ecclesiæ Montensis supra dictæ et quod presbyter paro=chialis dicti loci percipiat, exceptis decimis, quas ecclesia Montensis sibi retinuit ; alià medietate dictæ ecclesia beatæ Waldetrudis in obla=tionibus et legatis mobilibus seu immobilibus sivè fiant ecclesiæ præfati loci sivè presbytero et qualicumque modo fiant et aliis proven=tibus reservatâ ; retentis ipsi parochiali ecclesiæ de Cantimprato legatis quæ fient ad augmentationem parochiæ quousque dicta parochia valeat triginta libras alborum et iis similiter retentis quæ ad fabricam ipsius ecclesiæ conferentur concesserunt etiam præpositus decana et ad peti=ionem præfatæ comitissæ quod candelæ quas pro suà medietate debent percipere ad opus luminarii dictæ parochiæ et non alibi per unam personam aut duas personas ad hoc per ecclesiam Montensem convocatas committantur. Hoc excepto quod si corpus aliquod ibi advenerit de non parochianis dicti loci medietatem candelarum indè provenientium dicta ecclesia beatæ Waldetrudis percipiet et habebit. Insuper et cum dicta ecclesia de Cant. infrà limites parochialis ecclesiæ de comis in quâ ecclesia Montensis obtinet personatum de voluntate et consensu presbyteri parochialis dictæ ecclesiæ de comis sit constituta dicta ecclesia Montensis et presbyter dicti loci de Cant. pro recompensatione oblationum et aliorum proventuum quæ nomine dicti loci ecclesiæ de comis et presbytero parochiali ejusdem loci poterant obvenire viginti solidos alborum, medietatem scilicet in nativitate Domini et aliam medietatem in nativitate beati Johannis Baptistæ singulis annis de cummunibus oblationibus dicti loci de Cant. persolventur in futurum presbyter etiam parochialis dictæ ecclesiæ de Cant. processionibus quæ fient in purificatione beatæ Mariæ, in ramis palmarum, in ascensione domini, in die trinitatis et in assumptione beatæ virginis, in missis et vesperis in solempnitatibus beætæ Waldetrudis et in dedicatione dictæ ecclesiæ Montensis cum canonicis Sancti-Germani Montensis tenebitur interesse. Hac tamen conditione adjectà in præmissis concessis quod ad constructionem seu edificationem ad ornamenta aut libros dictæ parochialis ecclesiæ vel ad conservandum vel reparandum cancellum, vel etiam ad competentiam faciendam dictæ parochiæ, dicta ecclesia Montensis minimè teneatur cathedraticum autem et sinodoticum et alia onera ipsius ecclesiæ parochialis presbyter dicti loci in suis expensis sustinebit. Quicumque novus presbyter parochialis fuerit dicti loci tactis sacrosanctis evangeliis in suâ institutione jurabit in præsentiâ capituli beatæ Waldetrudis præmissa omnia se firmiter servaturum. Nos ergò qui promotionem et augmentum dicti loci Beginarum quantum secundùm dominum possumus, afferamus præmissis omnibus nostrum præbuimus assensum et favorem et ea concedimus et laudamus. In cujus rei testimonium præsentes litteras sigilli nostri munimine fecimus roborari.

Actum anno domini m. cc. xlviii mense junio.

N.° 4.

Formules anciennes de serment.

Serment du comte de Hainaut.

« Sire, nous le chapitre de medame Saincte-Waudru vous recevons à abbé et notre plus grand advoué et à seigneur du païs et si vous mettons en possession des patronages que de croche appertient et aussi des revenus et seigneurie du chastel de Mons, du païs et de la ville et de tout ce qui en despend, qui à vous comme abbé et seigneur et à la croche appertient. »

Serment du comte de Hainaut à l'église de Sainte-Waudru.

« Sire, cy jurez sur le corps de madame Sainte-Waudru comme abbé et grand advoé d'icelle eglise et sire du païs que ladite eglise les per= sonnes d'icelles et chacune par elle garderez contre tous de force et tenrez et ferez tenir les chartes, les privilèges et les coustumes ap= prouvées de la dite eglise sans enfreindre, et délivrer de toutes visitations, procurations, gistes d'apostelles, de cardinaux, de légat, archevesque, evesque et archidiacre. »

Maximilien, duc d'Autriche et de Bourgogne, préta ce serment le 2 novembre 1478.

Charles, fils de Philippe, le 22 novembre 1515.

Lequel serment se fait par le dict comte en mettant la main sur le corps de Sainte-Waudru et les Saintes Evangiles en présence des prélats du païs de Hainaut, nobles et députés des villes d'iceluy païs avec tout le clergé. Et pour iceulx comtes tant mieux s'acquitter envers la dite eglise et afin qu'elle soit entierement en son droit, saisine et possession trois nobles y sont spéciaux, savoir le grand bailly son lieutenant, monsieur le prévot de Mons et monsieur le mayeur dudit Mons, les= quels et chacun à la création de leur office font serment comme s'ensuit:

Serment du grand bailly de Hainaut.

« Sire bailly, cy jurez sur les Saintes Evangiles que cy sont et sur la benoite afficque madame sainte Waudru que cy est que la dicte église, les personnes, chartes et privileges, les franchises, coustumes de céans approuvées vous garderez et tenrez bien et leallement à votre pouvoir et ferez droit en loy au païs. Si Dieu vous ait et ses saints et tous autres, et ainsi vous jurez. »

Ce serment se faisait ensuite à Soignies, Maubeuge et Valenciennes.

Serment du prévôt.

« Sire prévot, cy jurez sur les Saintes Evangiles que cy sont et sur la benoite afficque que cy est que l'eglise madame Sainte-Waudru de Mons, les personnes d'icelles, leurs biens, leurs chartes, leurs privileges, franchises, libertés et les anciennes coustumes de ceans approuvées vous garderez et tenrez bien et leallement à votre pouvoir. Si vous ait Dieu et ses saints et tous les autres, et ainsi vous jurez. »

Serment du maire.

« Sire maire, jurez sur les Saintes Evangiles qui cy sont et sur la benoite afficque qui cy est que l'eglise madame Sainte-Waudru de Mons et les personnes d'icelles, leurs biens, leurs franchises, libertés, anciennes coustumes prouvées vous tenrez et garderez à votre pouvoir et si ferez loy toutefois que requis en serez et l'office de le maire de Mons bien et leallement. Si vous ait Dieu, ses saints et tous autres. Ainsi vous jurez. »

Serment des chanoinesses et chanoines.

« Sire, qui présentement êtes reçu à la gauese de la prébende de céans, vous jurez et promettez par votre foi et serment sur les Saints Evangiles qui cy sont que de jour et avant vous aiderez à garder l'héritage de droictures, revenus, profits, chartes, privileges, us, usaiges et honneur appartenant à icelle église, à votre leal pouvoir et venrez en personne toutefois que pourrez et requis en serez à toute congrégation qui se feront en capitle par les damoiselles, les autres personnes d'iceluy appelées qui y seront pour les besoignements de la dite eglise et obeirez et vous accorderez à tous statuts et bonnes conclusions qui là en droit se feront pour le bien, honneur et profit de la dite eglise et personnes d'icelle et y ferez tout le mieux que vous pourrez, et ainsi vous le jurez. »

N.º 5.

Documents sur les frères du tiers-ordre de Saint-François au couvent de Sainte-Croix, à Mons.

Extrait d'un mémorial manuscrit déposé aux archives de la ville de Mons.

« Touchant l'ordre de la maison Sainte-Croix dite *Borgne Agache* :

« *Item* une lettre en parchemin, en datte mil III.º LVIII (1358), contenant que Jakemes Borgne Agace bourgois de Vallenchiennes, d'une part, et frère Jehan Borgne Agace, son frère, frère de le tierche ordre de Saint-Franchois, d'autre part, avoient ensamble traittié en telle manière que ledit Jakemes recognoissoit que à l'acquest que son dist frère avoit fait de chertain heritage en la rue de Keuroix, à Mons, a intention et pour y fonder ung hospital et cappelle à lonneur de Dieu, de la vierge Marie et de la Sainte-Croix, il ne demanderoit riens après le trepas duditfrère Jehans, accordant par lui le dit acquest, renonchant à y riens demander. »

N.º 6.

A tous ceulx qui ces présentes lettres verront ou orront. Nous ministre et religieux de la terche ordene de la pénitance M.ʳ Saint-Franchois residens en la chapelle et maison que lon dist de Saincte-Croix à Borgne Agace en la ville de Mons, salut. Sçavoir faisons que à notre très-instante pryere requeste à nobles et vénérables les personnes du chappitre léglise madame Saincte-Waldrude de Mons et sans préjudice aux auctorités et prééminences de la dite église et chappitre. Aussi pour en joyr jusques au bon plaisir diceluy chappitre nous ont par grace bailliet et octroyet lissence et pooir de par nous, nos successeurs résidens en ladite chapelle religieux dudit ordene sonner journellement les heures cotidianes avecq auctorité de par nous chanter à haulte voix ès jours de l'invention et exaltation Saincte-Croix, aussi ès festes Sainct-Gille et Sainct-Franchois en faisant ès dits quatre jours par nous et nos successeurs residens en la dite chapelle religieux dudit ordene ledit sonaige et service divin à nous accorder pooir faire de celle et si bonne heure qu'il ne baille empeschement au service de ladite église Saincte-Waldrud et par nous et nos dits successeurs aller ès dits quatre jours et aultres en icelle église Saincte-Waldrud comme à notre mère église et parore à toutes les processions generales que l'on fera en ladite église de Saincte-Waldrud et en autre maniere si avant qu'il appertenra. Et se il advenoit que par le bon plaisir dudit chappitre peuissions continuer en dit ottroyt le terme de vingt ans routiers prochain venant sans par iceluy chappitre faire revocation ainsi que bien a le pooir comme dessus est dit, nous en dit cas advenant serons tenus et subgets de à nos dépens baillier au dit chappitre autres nouvelles lettres faisant mention de cest accort et en eussent le contenu diceluy et ainsi de vingt ans en vingt ans jusques au temps de ladite revocation. Promettant lealement et de bonne foy de ce que dit est entretenir et accomplir sans faire ne aller encontre en maniere aulcune. Par le tesmoing de ces lettres scellées de nostre seel et pour que les choses susdites ont été ainsi congneues par nous d'une part et Jehan Masselot recepveur et procureur général dudit chappitre et ayant par iceluy Jehan Masselot lettres de procuration scellées du seel du chappitre dont fut fait abstension et lecture et disant par iceluy Masselot en avoir charge desdites personnes de chappitre donner au chappitre tenu le sabmedi dixain jour du mois de novembre mil cinq cens et six d'aultre part en la présence de maistre Martin de Marphalize comme notaire apostolique et impérial. Aussi de Jean Descamps advocat en la court à Mons. Anthone de Basserode et Joachin Rotte comme hommes de fiefs en la comté de Haynau et court de Mons. Nous et le recepveur général comme procureur général du dit chappitre avons requis auxdits notaire et hommes de fiefs que avecq notre seel appendu à ces présentes ils voellent baillier attestation des choses susdites avoir été ainsi faittes et congneus. Si comme ledit notaire par souscription de son saing manuel et les dits hommes de fiefs par appension de leurs seaulx. Et nous lesdits hommes de fiefs pour tant que à tout ce que cidevant est dit ainsi faire congnoistre et passer avons esté présens et especiellement requis et appellés comme hommes de fiefs à la comté de Haynau et court de Mons tant par venerables et discret frère Paul de Hubi presbytre ministre de la dite maison et chapelle, frères Anthonne De le Motte, Franchois Lenglet et Jehan Caussin aussi presbytres tous religieux de la dite ordene et illecq lors residens et non plus, si que ils certifioient comme par ledit procureur et recepveur général dudit chappitre. Nous en avons ces présentes lettres avec le seel desdits ministre et religieux aussi le saing et subscription dudit notaire ci-desoubs pourtrait scellées de nos seaulx, dont furent requises et accordées faire deux d'une teneure.

Ce fut fait en la dite chapelle que lon dist de Saincte-Croix au dit Borgne Agace, l'an mil chinq cens et sept le vingtroixyme jour du mois de novembre.

M. Marphalize, *als de prats*.

N.° 7.

Au nom de Dieu. Amen. Sachent tous ceulx que ce présent instrument verront que l'an de grace mil cincq cents quarante cinq, indiction neufvieme, au mois de septembre quinze jours, du pontifiement et coronement de notre Saint Père le pape Paul troisieme de nom en la onzieme année en la présence de moi notaire et tesmoings après denomés et requis présents et personnellement constitués au lieu du chapitre de léglise de madame Sainte-Wauldru en la ville de Mons, nobles personnes Jehanne Depratte, Anne De Ligne, Mathilde dEspaingne, et Margareta De Tambergis représentant le chapitre d'une part, et religieuses personnes frère Adriaen de Molinos, pater ministre, Roeland Vandenoot, Jehan Fabri, Gilles Vranx, frères religieux de la maison de Sainte-Croix dit le Borgne Agache de Mons, représentant tout le couvent, d'autre part, non séduits ou circonvenus, mais volusairement par leur vraye connoissance ont déclaré que certaine matière de question estoit survenue et menée entre le dit chapitre de Sainte-Wauldru d'une part et lesdits frères religieux de Borgne Agache d'aultre part ceux du chapitre affirmant que lesdits religieux au préjudice del eglise de Sainte-Wauldru, droitures et prééminences, y appartenantes, ung frère Gilles Molemberch en son vivant leur confrère, toutefois de l'église Sainte-Wauldru, par leur propre authorité et de fait ont sepulturé et mis en terre en la chapelle ou cemitiere du dit Borgne Agache fraudant et spoliant par ce moyen ladite église Sainte-Wauldru leur église parochialle de certains droits parochialles competentes et apartenants à ladite église à l'encontre de quoi iceux religieux de la dite maison de Sainte-Croix repliquoient au contraire soubs prétexte de certains privileges apostoliques de quoi ils se vouloient ayder. Par quoy lesdites nobles personnes faisant et représentant ledit chapitre de Sainte-Wauldru ont fait tirer en cause et ajourner ledit pater ministre et les religieux de ladite maison Sainte-Croix devant venerable personne M.ʳ l'official de Tournay, conservateur apostolique de leurs privileges, par devant lequel la matière de question prédite pent pour le présent indécise entre lesdites parties, mais désirant avoir ung brief fin et bonne paix embrasser, en cette manière respectivement ont convenu, fait et recordé :

Premierement, ledit pater et ces religieux de la dite maison de Sainte-Croix recognoissant léglise de Sainte-Wauldru pour le mère, parochienne église et patrone de leur chapelle avecq toute humilité ont supplié et requis afin que lesdites nobles personnes veulent authoriser et permettre avoir sous certaine honnestes conditions et limitations comme le dits chapitre trouveront expédient par piété et vraye aumolne le sacrement de l'extrème-onction repose en un lieu honneste en leur chappelle pour iceluy en cas de nécessité occurente d'en user pour le présent et a toujours.

Aussi par grace accorder poer maintenant à toujours chanter et celebrer en ladite chapelle le divin office tant de jour que de nuit à haute et basse voix.

Item que tous les dimenches de l'an pooir consecrer l'eau benitte et les corps morts tant des religieux que aultres elisant leur sepulture en ladite chapelle ou cemitiere à ce ordonné pour le salut de leurs ames, les exeques et services celebrer et autres choses par lesquelles leur chapelle peult augmenter le service divin en tranquillité et commodité des suppliants et leurs successeurs et ce en respect de piété et en aulmone.

Lesdites nobles personnes favorablement inclinée en la dite requeste des suppliants de grace spéciale en aulmone ont donné et consenti à la dite prenomée maison de Sainte-Croix et au dit pater ministre et religieux présents et à venir et que sensuivent soubs les modifications et conditions icy inserées.

Premièrement permettent et recédent que le sacrement de l'extrème-onction soit gardé et remis en leur chapelle en lieu honneste, accordant de pooir oindre quand besoin sera les personnes père ministre et religieux professés de la dite ordre et ceulx qui étant en ordre sacrée et autres lors qui jamais ne peullent se marier et nuls autres.

Item ont donné licence et concédé par grace pour le présent et à toujours pooir en leur chapelle chanter et célébrer le service et divin office tant de jour que de nuict à haulte et basse voix comme leur semblera et toutes les dimenches consacrer l'eau benite sauf toutefois et à condition que sonnera seulement une cloche et pour cest effect et les choses predictes.

Item que les premises ou premieres messes par les religieux de ladite maison après premierement avoir obtenu licence et congé dudit chapitre comme il est de coutume pour chanter, ou pour pretres estrangiers qu'ils auront aussi mandé grace pooir dire basse messe, poiront dire et célébrer en leur chapelle, à condition que ledit pater et lesdits frères leurs successeurs seront tenus le distributeur ou aultre pour ledit chapitre député permettre lever les offertoires dons en quelque manière qui soit à la même manière que le distributeur ou aultre deputé sont accoustumés lever en toutes églises de cette ville de Mons sans aucuns contredits.

Et en cas occurent la mort de leur père ministre ou religieux ou ceulx qui sont obligiés à la dite ordre laique de ladite maison qui ne se peullent marier, polront estre ensevelis en ladite chapelle et chimitiere de la dite maison sans demander ulterieure grace et licence et mettre les corps des personnes prenomées en terre, faire oraisons, services, exeques, messes, funerales, présent le corps celebrer ce que ont lesdites personnes du chapitre à eulx consenti sauf que lesdits pater et les religieux, pour chacun religieux ou personne, payera à l'église de Sainte-Waudru xxxvIII l. monnoye de Hainau ce qu'ils ont promis satisfaire et payer, pour une messe de bourgeois celebrer et chanter et le sonaige des closches en l'église Sainte-Waudru par le doyen de ladite église ou son vicaire ou lieutenant, comme on est accoustumé celebrer pour une gryse sœur de cette ville.

Et ledit pere ne est tenu ne ces religieux estre présents à ladite messe si bon ne leurs semble. Mais ladite chapelle et le chimitiere de ladite maison de Sainte-Croix seront comme ils sont de droit parochiens de l'église Sainte-Wauldru ainsi que est la chapelle de Sainte-Margarete et nulles autres personnes que lesdits frères religieux et ceux qui sont à la dite maison obligiés ou ceux qui ne se peullent marier, ne polront en ladite chapelle ou chimitiere estre ensepvelis se ils n'ont premierement obtenu licence et grace spéciale du doyen de Sainte-Waudru, toutes aultres personnes qui pour le présent et par icy après resaient ou resaieront en la dite maison demorront et sont parochiens de Sainte-Wauldru et soubs la cure du doyen.

Et si en cas aucuns etrangiers vouloient eslire en la dite chapelle ou chimitiere de ladite maison de Sainte-Croix leur sepulture, étant parochiens de Sainte-Wauldru, la faculté et pooir de l'ouverture de terre, le droit de la sépulture, la célébration del messe basse ne se célébrera ne se polra faire sinon par ledit doyen ou son vicaire, l'ouverture de la fosse par le fosseur de l'église de Sainte-Wauldru et premierement le solenel service soit fait en l'église de Sainte-Wauldru. Ledit doyen ou son lieutenant menera le deul avec le pater ministre ou autre religieux de Sainte-Croix à la chapelle de la dite maison, pour célébrer la deuxieme messe, laquelle se polra dire ou chanter par ledit pater ou autre religieux avec l'encensement autour de la tombe par congié et consentement du doyen ou son lieutenant.

Laquelle deuxieme messe ne se polra dire ou chanter plus solenclement ou avec plus de chiers, luminaires ou oblations que la premiere sur paine de payer c. l. Hannoniæ en suivant le droit canon mais si aucuns élisant sa sépulture estoit d'aultre paroche que de Sainte-Wauldru, l'ouverture de la terre, le droit de faire la fosse, les obseques et messes présent le corps à célébrer apertiennent audit doyen ou son lieutenant comme il est dit cy devant des parochiens de Sainte-Wauldru. Le premier service et obseques seront faits et dit en l'église Sainte-Wauldru pour tant que jamais la deuxieme messe n'est dite en l'église de Sainte-Wauldru. Touchant la seconde en la chapelle Sainte-Croix y nomé, le pater et curé du parochien s'accorderont ensemble comme bon leur semblera et le doyen n'est tenu mener le deul à la deuxieme messe sinon qu'il soit spécialement requis et appellé.

Et tous ces points mediatement y dits seront tenus et ont promis lesdits religieux de la dite maison de Sainte-Croix de venir à toutes supplications et processions générales toute et quante fois que par le chapitre requis et insinués seront. Et ne porront dorenavant ledit pater ministre et religieux présents et futurs quelque chose commencer, faire ou attempter de nouveau sans grace ou licence dudit chapitre. De toutes lesquelles choses prédites par les prenomées nobles personnes à celuy pater ministre et frères furent gratieusement concedées. Lesquels pater et religieux ont rendu graces auxdites nobles personnes et cognu par prière et soubs conditions et modifications prédites, icelles avoir obtenues.

Et afin la recordation de cette grace perpetuer chacun an à toujours au jour Sainte-Wauldru qui se celebre le dixième du mois d'apvril au commencement de la grande messe à l'aisnée demoiselle en sa formes assisse, après l'ouverture du corps saint faite, ung quadrate plate d'argent, de valeur comprins la façon, de quatre esterlings, sur un coté y soit sculpé de la croix avec l'inscription comme il est à voir en cette figure :

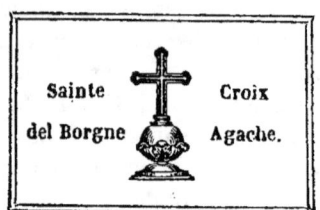

A l'autre coté la date de l'an de la présentation dudit quadrante.

Seront tenus par deux religieux de ladite maison présenter comme ils ont promis de présenter.

N.° 8.

Documents sur l'église de Sainte-Waudru à Mons.

Petrus miseratione divinâ et sancti Chrysogoni sanctæ Romanæ ecclesiæ presbyter cardinalis Cameracensis vulgariter nuncupatus in Moguntunensi, Treverensi, Salzeburgensi et Pragensi provinciis earumque ac Cameracensis, provinciæ Rhemensis, civitatibus et diœcesibus et cæteris terris et partibus Alamaniæ apostolicæ sedis legatus universis Christi fidelibus præsentes litteras inspecturis salutem et sinceram in Domino caritatem. Licet is de cujus munere venit ut sibi à fidelibus suis dignè et laudabiliter serviatur de habundantiâ pietatis suæ, quæ merita supplicum excedit et vota bene servientibus sibi multò majora retribuat quàm valeant promereri. Nihilominùs tamen desiderantes reddere domino populum acceptabilem et bonorum operum sectatorem fideles ipsos ad complacendum ei quasi quibusdam allectivis muneribus, indulgentiis videlicet et remissionibus invitamus ut exindè reddantur divinæ gratiæ aptiores. Quum itaque sicut accepimus ad ecclesiam Sanctæ-Waldetrudis, oppidi Montensis, Camaracensis diœcesis ob reverentiam dictæ sanctæ sub cujus vocabulo dicta ecclesia fundata existit ac sancti Veroni cujus reliquiæ sunt in eâdem ecclesiâ reconditæ necnon sanctæ Crucis ac beatæ Mariæ Magdalenæ et undecim millium Virginum quæ ibidem venerantur affluere consueverit causâ devotionis maxima populi multitudo, quodque anno quolibet in die sanctæ Trinitatis pro bono pacis et tranquillitatis totius oppidi prædicti fieri et congregari ibidem consueverit generalis processio ipsa que ecclesia in suis ædificiis indegeat reparationibus non modicis et valdè sumptuosis ad quas Christi fidelium eleemosynæ sunt quàm plurimum opportunæ. Nos igitur cupientes ut ecclesia ipsa congruis honoribus frequentetur et in suis ædificiis ac aliis ejus oneribus succurratur et reparetur et ut Christi fideles eò libentiùs causâ devotionis confluant ad eadem et ad reparationem hujusmodi eò promptius manus porrigant adjutrices quò ex his ibidem uberiùs dono cælestis gratiæ conspexerint se refectos, de omnipotentis Dei misericordiâ et beatorum Petri et Pauli apostolorum auctoritate confisi omnibus verè pænitentibus et confessis qui in Nativitatis, Circumcisionis, Epiphaniæ, Resurrectionis, Ascensionis et corporis domini nostri Jesu Christi ac Pentecostes, nec non ejusdem sanctæ Trinitatis, ac in Nativitatis, Annuntiationis, Purificationis et Assumptionis beatæ Mariæ Virginis, Nativitatis beati Joannis-Baptistæ, sanctorum Petri et Pauli apostolorum, necnon ipsarum sanctæ Waldetrudis et sancti Veroni ac sanctæ Crucis et beatæ Mariæ Magdalenæ ac undecim millium Virginum et ipsius ecclesiæ Dedicationis festivitatibus, celebritatis omnium Sanctorum et per ipsarum Nativitatis, Epiphaniæ, Resurrectionis, Ascensionis et corporis Domini, necnon ipsius beatæ Mariæ Virginis nativitatis et Assumptionis, sanctæ Trinitatis, beati Joannis-Baptistæ, apostolorum Petri et Pauli prædictorum, festivitatum octavas et per sex dies dictam festivitatem sanctæ Trinitatis sequentes immediatè, ecclesiam ipsam devotè visitaverint annuatim et ad reparationem hujusmodi manus porrexerint adjutrices ac in dictâ processione præsentes fuerint singulis videlicet ipsius ecclesiæ dedicationis et festi Trinitatis unum annum et quadraginta, necnon aliarum festivitatum centum, octavarum verò et sex dierum prædictorum diebus quibus ecclesiam ipsam visitaverint et manus porrexerint et præsentes fuerint ut præfertur quadraginta dies de injunctis eis pænitentiis apostolicâ auctoritate nobis in hâc parte commissâ misericorditer relaxamus.

Datum apud Sanctum-Ghislenum in cellâ, Camaracensis diœcesis sub sigillo nostro xii kalendas octobris, pontificatûs sanctissimi in Christo patris domini Johannis divinâ providentiâ papæ xxiii anno quarto (1414).

N.º 9.

Guillermus miseratione divinâ et sancti Martini in Montibus sacrosanctæ Romanæ ecclesiæ presbyter cardinalis De Estouteville vulgariter nuncupatus in regno Franciæ ac singulis Galliarum provinciis apostolicæ sedis legatus, universis et singulis Christi fidelibus præsentes litteras inspecturis salutem in Domino sempiternam. Licet is de cujus munere venit ut sibi à suis fidelibus dignè et laudabiliter serviatur de habundantiâ suæ pietatis quæ merita supplicum excedit et vota benè servientibus sibi multò majora retribuat quàm valeant promereri, nihilominùs tamen desiderantes Domino populum reddere acceptabilem et bonorum operum sectatorem fideles ipsos ad complacendum ei quasi quibusdam allectivis muneribus, indulgentiis videlicet et remissionibus invitamus, ut exindè reddantur divinæ gratiæ aptiores. Cum itaque sicut accepimus ecclesia collegiata Sanctæ-Waldetrudis opidi Montensis in Hannoniâ, Camaracensis diœcesis in quâ nonnullæ nobiles domicellæ canonisæ sæculares divinum servicium facere ac altissimas sincerâ devotione famulari dinoscuntur, rudi quodam et grosso ædi=

ficio à suæ fundationis initio constructa fuerit, et ob eam causam ipsæ nobiles canonissæ zelo devotionis accensæ volentes Domino pro ipsius majore cultu et honore templum ornatius dedicare, dictam ecclesiam in unâ parte dirui ac quoddam suptuosum ædificium erigi fecerint, quod si aliquandò perfici et sicut incæptum est, hujusmodi antiqua ecclesia in novam prorsùs posset commutari, id in non modicum divini cultûs honorem, devotionisque populi fervorem cederet pariter et augmentum, ad cujus tamen ædificii perfectionem redditus ipsius ecclesiæ cum admodùm ut etiam accepimus tenues sint et dictum ædificium valdè sumptuosum existat, non suppetunt, quinimo ipsorum Christi fidelium pia suffragia ad hoc plurimùm fore noscuntur oportuna nos id circò attendentes dignum esse prædictas canonissas in suo laudabili proposito confovere et proptereà cupientes ut hujusmodi inceptum ædificium ad majorem Dei laudem, ipsius que Sanctæ-Waldetrudis honorem magis ac magis in dies crescat et augeatur ac tandem fidelium ipsorum adjutorio, dirigente Domino, perficiatur, ut que ipsi fideles eò libentiùs ad dictam ecclesiam visitandam causâ devotionis confluant manus quoque ad ipsius ædificii augmentum et perfectionem promptiùs adjutrices porrigant quo ex hoc ibidem uberiore cælestis gratiæ dono conspexerint se refectos. De omnipotentis Dei misericordiâ ac beatorum Petri et Pauli apostolorum ejus, necnon apostolicâ quâ fungimur in hâc parte auctoritate confisi omnibus et singulis utriusque sexûs fidelibus præfatis verè pœnitentibus et confessis qui in Nativitatis Domini nostri Jehesu Christi, Resurrectionis ejusdem Pentecostes, ac omnium Sanctorum festivitatibus, necnon singulis primis cujus libet mensis dominicis diebus prædictam ecclesiam devotè visitaverint et ad hujusmodi incepti ædificii augmentum et perfectionem aliquid bonorum sibi à Deo collatorum elargiti fuerint annuatim in quâlibet festivitatum prædictarum unum annum, in singulis verò Dominicis diebus prædictis centum dies indulgentiarum de injunctis eis pœnitentiis misericorditer in Domino relaxamus. Præsentibus perpetuò duraturis. In quorum omnium fidem et testimonium præsentes litteras per nostrum secretarium infrà scriptum fieri et subscribi mandavimus nostrique sigilli oblongi jussimus appensione communiri.

Datum Gevennis anno incarnationis dominicæ millesimo quadringentesimo quinquagesimo secundo, die verò vigesimâ secundâ mensis novembris. Pontificatûs sanctissimi in Christo patris' et Domini nostri domini Nicolai divinâ providentiâ Papæ quinti, anno sexto.

N. Tectoris, Sec.

N.° 10.

Henricus De Bergis Dei et apostolicæ sedis gratiâ episcopus Cameracensis ac *Raphael* Rosensis , *Godefridus* Dagnensis, *Johannes* Sirenensis, et *Michael* Salubriensis eâdem gratiâ episcopi universis et singulis præsentes litteras inspecturis pariter et audituris salutem in Domino sempiternam. Dùm præcelsa meritorum insignia quibus regina cœlorum virgo Dei genitrix gloriosa , sedibus præclara sidereis , quasi stella matutina prærutilat devotæ considerationis indagine perscrutamur et dùm conscientiam inter pectorum arcana revolvimus, quæ ipsa ut puta misericordiæ mater, gratiæ ac pietatis amica , humani generis consolatrix, pro salute fidelium qui delictorum onere prægravantur sedula oratrix et pervigil apud regem quem genuit et maternis lactavit uberibus intercedit, dignum quin potiùs debitum reputamus ut loca in quibus imprimis virginis decorem pia ac devota exercentur opera gratiosis remissionum prosequamur impendiis et gratiarum muneribus honoremus. Cupientes igitur ut ecclesia Sanctæ-Waldetrudis oppidi Montensis , Cameracensis diœcesis in quâ ut accepimus in prælibatæ beatæ virginis Dei genitricis venustatem dietim hæc oratio salve regina cum versiculo et collectâ honorificè vocibus et organis decantatur, à Christi fidelibus jugiter veneretur debitisque frequentetur honoribus et in suis structuris et ædificiis debitè reparetur, conservetur et manuteneatur, librisque calicibus , luminaribus et aliis ornamentis ecclesiasticis pro divino cultu necessariis decenter muniatur, divinus quoque cultus in eâ augmentetur, ut que Christi fideles ipsi eò libentiùs devotionis causâ confluant ad eamdem et ad reparationem , conservationem, manutentionem et munitionem hujusmodi manus promptiùs porrigant adjutrices quo ex hoc ibidem dono cælestis gratiæ uberiùs conspexerint se refectas, dilectarum in Christo filiarum ac Georgii Lengrant confratris nostri Jerosolymæ peregrinationis, balivi ejusdem ecclesiæ, necnon singularum utriusque sexûs dicti oppidi Montensis personarum, totiusque communitatis ejusdem super hoc devotis supplicationibus inclinati. Nos Henricus episcopus Cameracensis præfatus et Rosensis, Dognensis , Sirenensis et Salubriensis episcopi præfati , quibus nos Henricus episcopus prælibatus ad infrà scriptas in nostrâ diœcesi elargiendas indulgentias nostrum annuimus consensum pariter et assensum, ac quilibet nostrûm de omnipotentis Dei misericordiâ ac beatorum Petri et Pauli apostolorum ejus auctoritate confisi , omnibus et singulis utriusque sexûs Christi fidelibus verè pœnitentibus et confessis qui ecclesiam hujusmodi tempore decantationis dictæ orationis devotè visitaverint pro singulis diebus decem et pro singulis, et pro singulis sabbathi, viginti, necnon pro singulis dictæ beatæ Mariæ virginis, ac Pascæ, Penthecostes, omnium Sanctorum, Nativitatis domini nostri, sanctæ Waldetrudis, atque ipsius ecclesiæ Dedicationis festivitatum diebus, cum octavis earumdem, quibus hoc fecerint et ad præmissa manus porrexerint adjutrices, quadraginta dies de injunctis eis pænitentiis misericorditer in Domino relaxamus præsentibus perpetuis futuris temporibus duraturis. In quorum omnium et singulorum fidem et testimonium præmissorum præsentes litteras fieri mandavimus, subscripsimus et signavimus nostrorumque sigillorum appensione jussimus communiri.

Datum Bruxellæ dictæ diœcesis Cameracensis in ædibus nostris prælibati episcopi Cameracensis sub anno à Nativitate millesimo quadringentesimo nonagesimo septimo, indictione quintâ decimâ, die verò vicesimâ octavâ mensis decembris, pontificatûs sanctissimi in Christo patris et Domini nostri domini Alexandri divinâ providentia papæ sexti, anno quinto.

Exaudi me dñe quoniam benigna † est mīa tua H. Cameracen̄ manu p̄pa.

Exaudi idm̄ miām tuā ita ē Dagnen̄.

Michael unus de precibus primis veniat in adjutorium mihi † M. F. ep̄s Salubriensis.

Monstra te esse matre sumat p̄ te preces qui p̄ nob̄ natus tulit esse tuus. R. L. ep̄s Rosensis.

Fiat mīa tua dñe sūp nos quia seperavimū ī te Joh̄es ep̄s Syren̄.

N.º 11.

Verses poétiques composés à la louange de messire Philippe de Croy, proclamé roy de la confrérie Notre-Dame, pour avoir abattu l'oyseau en 1525.

Réjouis-toi, Mons, ville de hault pris
Cesse les cris et anouy, qui te blesse
Ouvre tes yeux, reveille tes espris,
Et sans repris, rechoips d'amour epris,
En tous pourpris, une fleur de noblesse
Qui par proesse et volontaire adresse
Te redresse gardant ton héritaige
Lequel sans luy fuissez sur pilotaige.

C'est son apoy, se bien fu y regarde
Et ta garde, pour l'empereur commis,
Ton chief, ton maistre et ton arriere-garde,
Ton avant-garde et ta tres-sage garde :
Qui pique et garde et poindant ennemis
Se comme amys en luy tu tes soubmis
Et en luy mis ta parfaicte fiance
Jà loups rabis ne te front deffiance.

Ramembre toy comme en ton territoire
Emit victoire contre ton plus prochain
Ung fort estoc qui regist la doloire,
Dont acquist gloire en future mémoire
Ton adjutoire, adont ton souverain
Tu fus certain que son pooir soudain
Fist comme un dain courir à grand esmay
Tes ennemys entre France et Chimay.

De cest estoc maintenant as la branche
Plain dattamprance et de biens l'Enseigneur
Lequel te offre de sa volouté franche
Sa chevauce, son corps mettre en souffranche
Soit en France soit en Inde Mayeur
Pour défenseur estre ou médiateur
Contre l'horreur de guerre très-mortelle
Dieu te préserve et te garde de mort telle.

Par ton amour le vois en belle arroy
Couronnet Roy de tes arbalestriers.
En gros triumphe amenant son charroy
En son armoy, sans faire nul desroy

Et avec soy princes, chevaliers,
Ducs, sauldoyers montés sur bons coursiers
Puissans destriers, hongres et haghenées
Jamais fu veulx si très-noble assemblée.

Labourieux est en toute façon
Pour ta maison tenir en son degret
Et soy armer quand il en est saison
Comme un Samson mettre à destruction
Contention, dont l'on doibt savoir gret
Plus mils regrets mils conseils indiscrets
Se tes discrettes en delaissant ennuie
Ne te admendront tant que sera en vie.

Et pourtant Mons regarde de complaire
Et de luy fasse honneur et révérence
Comme à celuy vers qui te doibs retraire
Quant en la terre y a quelque contraire
Par faict de guerre ou quelque décadence
Sa deffence cause que on ne te offence
C'est ta potence ou prends tout ton repos
Et qui soustient en paix tous tes suppos.

ÉPITAPHES.

N.° 12.

S'ensuivent les diverses épitaphes des comtes du Haynaut.

I.

Alberon.

488.

Quæ res, Albero, quæ fata parant tibi
Tantum dissidium, ne imperio patris
Illustratus agas, quod rapiunt truces
Heruingi? Nec amor, nec pietas tua
Surdos officiunt ut moneas Deos,
Non fauni, nemus haud, non statuæ Jovis
Hirci victimæ non ejiciunt furem
Sed tu magnanimo sanguine, proh! Sate
Unius recolàs egregium Dei
Numen, sic que capax externus excidet
Regno : nam nihil est quod mage destruat
Raptorem, fidei quàm gravitas piæ.
Lector consideres hîc loculos Ducis,
Qui nunc mortuus est; Rex fuit licet,
Ast tanto viguit pectore montium, ut
Post vitam peteret montium cacumina
Qui tunc mole sui corporis incliti
Excelsos nequiret attingere, proh! polos.

FRANÇOIS DES ROSIERES, *Epitaphes des princes capitaux.*

2.

Waubert.

590.

(a)
Qui Deos quondam coluit paganis
Ritibus, doctus fide christianâ
Clariùs multò patribus peregit.
　　　Aurea sæcla.

~~~~~~~~

(b)
Regibus natus Ducis ampla gesta
Posteris liquit, fideique Zelo,
Præsules natos pietate summos
　　　Protulit orbi.

───────

3.

Regnier I.

914.

Victrices aquilas cruore tinctis
Gestabat manibus superbus ille
Zentbulchus validis potens catenis
Arnulphi patris ex thoro inquinato
Ardens subdere sceptra tunc Lothari,
Stagno multiplici Mosæ rufusam
Arcem in Durfos agit, locis vicinis
Depastis, subigit manu feroci
Urbes, oppida, quæve castra tuta
Ragnerus, patriæ solo subacto,
Elegit comites in omne martis
Fidum consilium, genusque belli.
Tres hi sunt, Stephanus, Gerardus, atque
Fortis Matfridus arte militari
Insignes : Fuit ad Mosam tyrannus
Tandem pulsus in hanc calamitatem

Ragneri, furiis, feris et armis
Littus pro tumulo patens arenis
Hostis promeruit cruore fœdum.
Ragnerus vario nitens honore
Fatis occubuit senile corpus
Condens subtus humum brevi sepulchro.
Parce cominùs indè tanta lugent
Tristes funera. Quem beatiorem
Lector judicet, hæc maligna nam sors
Victorem necat, occat et subactum,
Sed si vivat uterque morte felix
Victor prævalet, arte, laude, fato.

François Des Rosieres.

4.

Bauduin de Mons,

ensepvelt en l'église de Hasnon.

1070.

Balduine comes, qui nos ita clarificasti
Adsit cum Domino vita, salusque tui.

(a)

(b) Omne genus hominum mors pessima cogit obire,
    Evadit nullus, sitve vir aut mulier.
Cepit et ipsum mors, cujus hoc membra sepulchro
    Sunt sita; ceu poteris hoc titulo legere.
Montensis Balduinus hic est, homo pacis amicus,
    Octavum comitem Flandria quem tenuit.
Ob que suam dictus bonus est magnam bonitatem,
    Quâ rexisse suam dicitur hic patriam.
Arma sua siquidem non tempore bellica quisquam
    Aut gladium, aut fustem ferre necesse habuit.
Ostia non fures ausique ferire domorum,
    Raptores nullos tunc populus timuit.

Rusticus arva colens linquebat aratra ligones,
 Et capulos campis ; perdidit ac nihilum :
Richildem duxit hic , Hannoniæ comitissam ;
 Hinc etiam comes Hannoniensis erat.
Hâc uxore duos natos sibi progeneravit,
 Qui post Flandrenses ambo fuére Duces.
Ballivos statuit virgas quoque ferre nitentes
 Longas et rectas justitiæ titulo.
Hic nisi tres annos regnans est mortuus anno
 Millesimo Domini septuage que gesimo.
Atque apud Hannonium tumulatus cœnobio isto,
 Quod priùs infandos nunc monachos retinet.

OUDEGHERST.

5.

Richilde,

ensepulturée près de son mary en l'église de Hasnon.

1084.

Continet ingenuæ brevis urna hæc ossa Richildis,
 Flandrina octava quæ comitissa fuit.
Conjux Balduini Montensis nobilis olim,
 Flandriæ et Hannoniæ magnifici comitis.
Post mortemque viri licet ipsa tyranna fuisset,
 Post tamen effecta est mitis et innocua.
Posteà nam sese solita est affligere durè,
 Jejunans, orans, sancta patrans opera.
Ista ministravit mendicis, ista leprosis
 Sæpè suis propriis serviit et manibus.
Hunc sibi postremo totum mundum crucifixit,
 Et mundo pariter hæc crucifixa fuit.
Hasnoniense solum sepelivit corporis artus,
 Condens hocce loco, cernis ubi hunc titulum.
Anno millesimo, centeno, bis minùs octo
 Sustulit hanc idus martis et eripuit.

6.
Bauduin IV le Batisseur,
enterré devant le grand autel de Sainte-Waudru.
1171.

Cy gist Bauduin, comte de Haynaut, duquel le proave fut Bauduin de Hasnon (Bauduin I), qui de Richilde engendra Bauduin de Hieru= salem (Bauduin II). Cesty Bauduin engendra Bauduin d'Alide, sœur de Godefroy de Louvain, lequel est ensepveli en ceste église devant le chœur. Celui (Bauduin III) de Jolende engendra cestuy Bauduin (Bau= duin IV), homme fort et hardy, amateur de justice et de paix, humble devers ses subjets, rebelle à l'endroit de ses ennemis. Il rédifia ceste église bruslée pour la troisième fois. Et aussy feit couvrir de plomb l'église de Saint-Vincent de Soignies et murer la ville de Mons, et édifia une chapelle sur la principale porte de Saint-Servais. Il érigea la halle à Valencenes et les murs à l'entour de la ville. A Beaumont il construisit les murailles près la tour. Il establit de fond en comble et munit de tours les villes de Binche, Aumont, Quesnoy, le chasteau de Bou= chain, Brainne et Ath. Il trespassa l'an de l'Incarnation de Nostre Seigneur M. C. LXXI, aagé de LXII ans, le VI novembre.

7.
Alix,
épouse du précédent, ensepvelie en l'église de Sainte - Waudru, à Mons.
1169.

Me ligat ad lapidem comitissam mors Aalidem.
    Qui legis, addo fidem, cras tibi fiet idem.
Quid mihi famosæ dat fama genus generosæ,
    Quid mihi formosæ, forma, nitorque rosæ?
Fama tepet generi dolor est speciem removeri
    Sic que datur fieri non hodiè quod heri
Finis adest Julio cum nulla, vel altera fio
    Matris humi gremio more locata pio.
† Sanctis cognata Namucensi stemmate nata
    Sancta sequens fata plaudo metendo sata.
Quisquis ades tecum volvas quæ nunc traho mecum
    Dum potes est æquum te dare dona precum
Anno verbi incarnati M° C° sexagesimo nono.

8.

Bauduin V,

ensepveli en l'église de Sainte-Waudru devant l'autel Saint-Jacques.

1193.

Hic jacet Balduinus comes Hannoniensis, vir venerabilis, prudens, princeps potens et illustris. Hic fuit filius comitis Balduini, qui ante altare majus jacet. Hic, ex parte matris suæ, Namucum fuit adeptus, et indè primus marchio Namucensis appellatus. Hic, ex parte uxoris suæ Margaretæ, quæ fuit filia Theodorici, et soror Philippi, comitum Flandriæ, Flandriam cum Hannoniâ et Namuco possedit. Hic habuit filios quorum Balduinus primogenitus in Flandriâ et Hannoniâ, Philippus verò successit in Namuco. Habuit filios et filias, quarum una fuit Elizabeth sanctissima Francorum Regina. Obiit xvii kalendas januarii, anno mcxcv. Requiescat in pace.

9.

Marguerite,

épouse du précédent, ensepvelie à Bruges, en l'église de Saint-Donat.

1194.

Hæc fuit Margareta uxor Balduini comitis Flandriæ et Hannoniæ, primi marchionis de Namu, mater Elizabethæ sanctissimæ Francorum Reginæ, filia Theodorici et soror Philippi, comitum Flandriæ. Hæc fuit plurimorum meritorum præcellens in omni opere bono cunctas mulieres viventes in tempore suo. Obiit xvii kalendas decembris anno mclxxxxiv, mense novembri. Requiescat in pace.

10.

(a) **Ferrand,**

époux de la comtesse Jeanne,

ensepveli en l'église de l'abbaye de Marquette, près de Lille.

1233.

Fernandi proavos Hispania, Flandria corpus,
Cor cum visceribus continet iste locus.

(b)
Fernandum.
Lusitania natum regium,
Virtus ducem strennum,
Flandria comitem liberum,
Francia comitem captivum,
Mors terreum et mortalem,
Deus æthereum et immortalem
Fecit.

(c) **Jeanne,**

comtesse de Flandre et de Hainaut,

épouse du précédent, ensepvelie en l'église de l'abbaye de Marquette.

1244.

Est sita Flandrensis princeps et Hannoniensis
In tumulo tali. Vitâ nituit speciali,
Sicut, Susanna, cælebs fuit ista monalis;
Nobilis talis, proles fuit imperialis,
Justa, potens, fortis, clemens, ac horrida mortis.
Angelicis mixta sit turbis hæc comitissa.
Anno milleno migravit cum quadrageno
Quarto et bis centum, quintinâ luce decembris.

II.

Jean d'Avesnes,

fils aîné de Bouchard d'Avesnes et de la comtesse Marguerite.

1257.

Grandi regalis aquilæ leo consepelitur
Terror uterque malis, nunc vermis utroque politur
Tantus honor; talis probitas, heu cur operitur
Regia stirps horum, sed sors Hannonia morum
Vivunt laude, thorum proles sublimat eorum.

12.

Jean d'Avesnes, deuxième du nom,

ensépulturé chez les Frères Mineurs de Valenciennes.

1304.

Cy gist gentil Jean de prix,
Jadis eut dessoubz luy compris,
Quatre pays de grand noblesse,
C'est Haynau comme bien apris
Zelande et Frise que moult prise
En Hollande pleine de richesse.
En son tems fut chef de prouesse,
Fleur d'honneur, furin de noblesse.
Mil trois cents et quatre fut pris
De la mort qui bien scet l'adresse,
Or prions Dieu que l'ame adresse
Comment que le corps ait mespris.

13.

Philippine de Luxembourg,

épouse du précédent,

ensepvelie en l'église des Frères Mineurs de Valenciennes.

1311.

Cy gist Philippe le Senée
Que jadis fut extraicte et née
De Lembourg comme on recorde
D'asge fut bien endoctrinée
A Dieu servir, abandonnée
De cœur et de corps sans discorde
Grande joie fut de la concorde
Mourant ainsy que l'accorde
M. ccc et xi année ;
De l'ame ait Dieu miséricorde
Grand bien sera se à ce s'accorde
Car mieux ne peut estre asseurée.

14.

Guillaume I,

ensepveli en l'église des Frères Mineurs à Valencènes.

1337.

Guillame de trois pays conte
Du quart sire, si bien les compte,
Haynaut, Hollande en sa main tint,
En paix et en plante d'honneur,
Et moult eut en lui large honneur
Preux fut, courtois et humain,
Aussy peu de danger ou mains,
Qu'en un povre homme et luy avoit
Dont chacun qui cœr seur aveit
Qu'on devoit moult la vie aymer
De tel prince et que trop amer
Et as bons de ce que la mort
En sa griefe morsure la mort,
Après MCCC à ce jour
Le mena mort que n'a séjour
En l'an XXXVII tout à point,
Sept jours en juin et printe à point
Si qu'en la vigile expira
Que le nom du Saint-Esprit a
Qu'on dit le Pentecouste a court
Soit avec Jésus-Christ a court
Ferme, et tel pardon Dieu luy face
Qu'il le puis veoir face à face.

15.

Guillaume II,

enterré en l'église de l'abbaye de Fleurchain.

1345.

Je suis cest Hennuier, qui, d'une main hardie,
Plantay mes étendards jusques en Numidie,
Qui assiegeay, qui pris les boulevers d'Utrecht
Et qui éternisay sainctement ce beau faict.

D'une procession chaque an de moy nommée
Au jour qu'y fis entrer par bresche mon armée,
Je meurs troisieme comte en Frise entre mes gens
Et auprès de Bolswaert, on m'enterre à Fleur-champ.

16.

Marguerite,

épouse de l'empereur Louis de Bavière, comtesse de Hainaut,

enterrée en l'église des Frères Mineurs à Valenciennes.

1356.

Successi cæso fratri tunc Cæsaris uxor
    Sed mox heu! tanti conjugis orba Thoro
O vicina nimis, nimis aspera fata duorum
    O si traxisset me quoque mors comitem
Non ego vidissem natum mihi bella moventem,
    Infelix hostem quem genui, ipsa mihi,
Sceptra tamen tenui : nunc hâc requiesco sub urnâ
    Exemplo spernat femina regna meo.

17.

Guillaume III,

enterré près de sa mère en l'église des Frères Mineurs à Valenciennes.

1388.

Natus ego Augusto Batavorum sanguine princeps
    Post matrem Batavis, Hannoniisque fui.
Omnibus his videor felix potuisse videri
    Imperii nisi me præcipitasset amor.
Huic mihi prima mali labes, hinc cætera nata
    Quæ taceo facti conscius ipse mei
Turpia posteritas quoniam mihi vita negata est
    Æterna hæc mecum morte sepulta sinas.

18.

Albert de Bavière,

enterré à La Haye à costé de sa première femme.

1404.

Belgica post mortem fratris moderamina gessi,
    Illorum imperio dignus ut illa meo
Mox etiam spoliis firmavi et marte secundo
    Depopulatus agros, Geldria victa, tuos
Quid Frisiæ gentem, me ter victore, subactam
    Auspiciis referam? Quid data jura meis?
Post tot bella, necem si quæris, desipis, hospes
    Nam mea me virtus eripuit tumulo.

19.

(a)   **Guillaume IV,**

enterré en l'église des Frères Mineurs à Valenciennes.

1417.

Si quis ades longis hospes peregrinus ab oris
    Ni grave sit, paucis te volo siste gradum
Hic jacet, heu! Bavaræ Guillelmus gloria gentis,
    Nec bello proavis, nec pietate minor,
Geldria quem timuit, Leodinaque mœnia bello
    Aspera, dum pulso, prælia, fratre, movent
His gestis moritur, nunc hâc jacet æde sepultus
    At, tu, facta memor respice, non tumulum.

(b)   J'ay fourragé la Frise et butiné le Liège,
J'ay travaillé la Gueldre et de camp et de siège
A l'aide des Delfois j'allay désengager
Les os de mon grand oncle en pays étranger.
J'eus la fille du roy pour ma première femme,
Et la seconde fut de Bourgoigne une dame.
Je meurs en Valencènes ayant régné XIII ans
Y gisant au cercueil avec mes pères grands.

20.

Jean IV, duc de Brabant,

mari de Jacqueline de Bavière, enterré à Tervueren.

1427.

Dura fuit conjux tibi! Quid tum? Justior Adam
  Non fueras Princeps, cui gravis uxor erat.
Antè tamen fueras uxori durior : ex hoc
  Fœmina quæ fuerat antè, vir illa fuit.

21.

(a) **Jacqueline de Bavière,**

ensépulturée dans la chapelle du palais à La Haye.

1436.

Viderat eximiam Mavors regnare Jacobam
  Quum secum, Hœccine, ait, femina sceptra geret?
Haud ita : mox patruum furibunda capessere tela
  Jussit et hostili regna parare manu.
Postquam reddita pax novo concitat arma Philippus
  Belli auctor factus, qui modo pacis erat.
Sic moritur : felix si natus filius esset
  Crede mihi, sic poterat gignere mater avum.

(b) Quattuor ipsa viros et habens, nec habens, sed iniquis
  Vertumnis genita mœsta Jacoba jacet.

(c) L'amour par quatre fois me meit en mariage
  Et si n'ay sceu pourtant accroistre mon lignaige.
  Gorricum j'ay conquis contre Guillame Arklois,
  En un jour j'ay perdu presque trois mille Anglois,
  Pour avoir mon mary de prison délivré,
  Au duc des Bourguignons tous mes pays je livre
  Dix ans regnay en paine : ore avec mon ayeul
  Contente je repose en un mesme cercueil.

22.

(*a*) **Philippe le bon et sa femme Isabelle de Portugal,**
ensépulturés en l'église des Chartroux à Dijon.
1467. — 1472.

Cy gist très-hault et très-puissant prince et princesse Philippe duc de Bourgoigne, de Lorenne, de Brabant, de Luxembourg, comte de Flandre, d'Arthois et de Bourgoigne, palatin de Haynaut, de Hollande, Zélande, Namur, marquis du Saint-Empire, seigneur de Frise, de Salines et Malines, fils de feu très-haut prince Jean, qui fut fils du fondateur de ceste église. Et dame Isabelle, fille du roy Jean de Portugal, sa compaigne. Lequel duc trespassa à Bruges le xv de juin mccccLxvII et la dite dame Isabelle sa compaigne le xvII jour de décembre mccccLxxII.

(*b*)
  Quisquis ades magni tumulum reverere Philippi
    Aurato insignem vellere nonne vides,
  Cui Trajectinam, quam rexit filius urbem,
    Cui regem debet Gallia tota suum.
  Quid referam eximios pulchræ virtutis honores
    Quâ meruit vivus nomen habere boni.
  I, nunc perge memor tam rari principis hospes
    Felicem que urnam hanc crede tuos que oculos.
Pierre Scrivere.

(*c*)
  En premier mariage épousay ma Michele
  Au second dame Bonne, au troisième Isabelle.
  Quand furent révoltés les Gantois et Brugeois
  Je fis et juray trefve avecque les François.
  J'ordonnay la Toison, à Calais mis le siège,
  Je surprins Luxembourg, je débellay le Liège,
  En Hollande opprimay la ligue d'Hameçon,
  Trente et quatre ans regnay et morus à Dijon.
Jean Petit.

(*d*)
  Hic dux unus adest, qui cùm jacet omnis adest dux.
    Unus abest, qui cùm deficit omnis abest.
  Tota fuit bonitas : Totus bonus, ergò Philippo
    Cernere posse bono det Deus omne bonum.
F. Vinchant.

(e) **S'ensuyt encore l'épitaphe**
qu'on lit sur le tombe et qui contient l'abrégé de sa vie.

Jean fut né de Philippe, qui du roy Jean fut fils,
Et de Jean je Philippe, que mort tient en ses fils,
Mon père me laissa Bourgoigne, Flandre, Arthois.
Succéder y devois par toutes bonnes loix.
J'accrus ma seigneurie de Brabant, de Limbourg,
Namur, Haynaut, Zélande, Hollande, Luxembourg,
Contrarié m'y ont Allemands et Anglois
Mais je les ay remis par armes et par droicts.
Du mesme temps François, Anglois me défierent
Et l'empereur aussy rien du mien ne gaignerent.
Par trois fois fus requis de gouverner l'Empire,
Ceux qui me meurent guerre, ils en eurent du pire.
Mais par Charles septième j'eus guerre à grand desroy,
Il me resquit de paix dont il demeura roy.
Sept batailles soustins desquels j'eus la victoire,
Qui une n'en perdis, à Dieu en soit la gloire.
Contre moy se sont meuz des Flamengs et Liégeois,
Mais je les ai remis et vaincus plusieurs fois.
Par Lorrains et Barrois René guerre me meut,
De Sicile estoit roy, mais mon prisonnier fut
Louys, fils du dict Charles, fugitif et marry,
Fut par moy couronné quand cinq ans l'eus nourry.
Edouard duc de York chassé vint en ma terre,
Par mon port et faveur il fut roy d'Angleterre.
Pour défendre l'église qui est de Dieu maison,
Je mis sus le noble ordre, qu'on dict de la Toison.
Du bénoist sainct sepulchre frères et édifices
Bien les ay entremis en leur estat prospices.
Et pour la foy chrestienne maintenir en vigueur,
Affranchir les lieux saincts estoit tout mon ardeur,
En mes vieux ans j'avois concluz et entreprins
D'y aller en personne, si mort ne m'eust surprins.
Le concile de Basle pape Eugene priva,
Telle faveur luy feis, que pape il demeura.
En l'an soixante sept quatorze avecque cents,
Payai droict de nature à LXXI ans.

Avec mon pere et mere je suis icy recluz,
Ainsy qu'en mon vivant je m'y estois concluz.
Le bon Jesus soit garde de tous mes faicts et dicts.
Priez luy qui lisez qu'il me donne paradis.
Amen.

23.

(a) **Charles le belliqueux,**

enterré en l'église de Saint-George à Nancy.

1477.

Carolus hoc busto Burgundiæ gloria gentis
    Conditor Europæ qui fuit antè timor.
Ganda rebellatrix post hoc plebs domitore, crematas
    Post patriæ leges perpete pressa jugo est.
Non minus hinc sensit tellus Leodina cruentum
    Cùm ferro et flammis urbs populata fuit.
Monte sui hericitio francas cum rege cohortes
    In pavidam valido truserat ense fugam
Hostibus expulsis Eduardum in regna locavit
    Anglica primævo restituens solio.
Bella ducum regumque et Cæsaris omnia spernens
    Totus in effuso sanguine lætus erat.
Deniquè dum solitis fidit temerarius armis
    Atque Lotharingo cum duce bella movet
Sanguineam volvit media inter prælia vitam
    Aurea que hostili vellera liquit humo.
Ergò triumphator longæva in sæcla renatus
    Palmam de tanto principe victor habet.
O tibi qui terras quæsisti, Carole, cœlum
    Det Deus et spretas anteà pacis opes.
Nunc die Nanceios cernens ex æthere muros,
    A clemente ferox hoste recondor ibi
Discite terrenis quid sit confidere rebus
    Hìc totiens victor deniquè victus adest.

(b)
Dux jacet hic Carolus Belgarum illa ignea virtus
    Cui Mavors dederat bella gerenda pater,
Quem timuit subitis animosus Gallus in armis
    Cuique Alemanorum terga dedêre duces,
Quique animum Hesperias bellis agitabat in urbes
    Sed subitò invertit sors truculenta viam;
Nam cùm Ranerium bello sibi provocat hostem
    Occubuit fuso milite stratus humi.
Quæ ne tanti viri laus intestata jaceret
    Hoc victor victi condidit ossa loco.

(c)
Cùm premerem mediâ Nanceia mænia brumâ
    Obsidio; clades contigit ista mihi.
In castris inerant vix millia terna virorum
    Qui poterant forti tela movere manu
Attamen Helvetiis interritus obvius ivi
    Hostibus indignum vertere terga ratus.
Ah! malè consultus, Belga in prælia traxi
    Illuvie, rigido seminecesque gelu
Hostis uti numero superans ita fortior armis
    Infirmas acies obruit ense truci
Has ergò consertos penetrans ignotus in hostes
    Cuspide transfixus tempora sternor equo.
Post tridui spatium demùm sinè vestibus ullis
    Deprendor gelido corpus inane solo.
Vultus inhærebat concretis frigore lymphis:
    Agnitus à famulis, lacer ille fuit.
In tumulum funus Lotharingius intulit hostis
    Cujus ego nuper depopulabar opes.
Discite magnanimi, vicinis parcere, Reges
    Vi nec eos raptis expoliare bonis;
Scilicet oppidulum dum molior addere regno
    Vita simul rapitur cum ditione mihi.

P. MEYER.

(d)
Hannibal in castris, Romanus in agmine Cæsar
    In pugnis Macedo Carolus unus erat
Sic triplici gestans invictum pectore pectus.
    Vertit Eburonum mænia capta solo.

Mox quoque Menapios Leucorumque aspera colla
　　Invicto victor subdidit imperio.
Occubuit tandem Nanci : nunc ut priùs armis
　　Nomine sic Martis vivit, olympe, cares.

P. Scrivere.

(e) Qui Martem coluit, artem quoque Carolus : Ecquid
　　　Dic mihi, tam charum Mars necat, arsque Ducem?
　　Non ità : sed potiùs dum Carolus occubat unà
　　　Mars cædit, arsque simul, mors nocet una tribus.

(f) In vità pacis te tæduit atque quietis,
　　　Carole, quandò licet, jam requiesce tibi.

(g) eCCe Leo CeCIDIt IaM qVæsIta VIgebIt.
　　noCte regVM sVCCVbVIt CaroLVs.

(h) o MIhI sI LICeat, renate, renasCI
　　DItabor spoLIIs CaVtIor Ipse tVIs.

(i) VVLpe Leo CeCIDIt : reX IbI CLaMo bIbIt.

(k) En tant de beaus pays successeur à mon père
　　De trois femmes je n'eus qu'une seule héritière,
　　A Monthlery deffis les François bravement,
　　A Malines dressay mon plus haut parlement
　　Irrité fis sentir aux Liegeois mes vacarmes
　　Si contre les cantons n'eusse dressé mes armes
　　Mieux il m'en eust esté et n'eus la dure mort
　　A Nancy contre moi fait son dernier effort.

J. Petit.

24.

Marie d'York,

veuve du précédent, enterrée en l'église des Chartreux, à Bruxelles.

1503.

Margaris Anglorum sum stemmate nata superbo
    Regis sorore recitanda regis filia
Carolus est conjux Burgundis Marte peremptus.
    Dein ter novem viduata dego consules
Intereà, quæ cura rogas? Fuit unica cura,
    Viros fovere sacros, sacrasque feminas.
Quid Docti? Doctis templorum conferó curas
    Quibus libet, legem modo norint sacram.
Quid sibi Magnates? Sibi quid Simonis alumni?
    Malè audiunt petentes, quod dari est nefas.
Hæc mihi fas de me, narrabunt cætera veri
    Similem expetentes et sacri et docti viri.

25.

(a) **Marie de Bourgoigne,**

enterrée en l'église de Saint-Donatien, à Bruges.

1482.

Mon père après sa mort me laissa jeune fille
Lors un temps je restay de Clevois la pupille
Puis Maximilien quant et moy espousa
L'estat qu'à son trepas mon père me laissa
Et de trois beaux enfants en cinq ans me fit mère
Mais à vingt et cinq ans survint la mort amère,
Qui fit que mon esprit à Dieu s'alla rendre,
Bruges se reservant et mes os et ma cendre.

(b) Dum jacet et fama Mavors spoliatus et armis
  Idaliæ jussu bella Cupido movet
Hujus consilio Cæsar, Gallusque Mariam
  Uxorem nato quærit uterque suo.
Patria stat judex : hàc victor judice Cæsar
  Jungit eam thalamo, Maximiliane, tuo
Felices ambo, nisi quæ disrumpere Gallus
  Fœdera non poterat, morte soluta forent.

(c) gestIt eqVo MarIa aLIpeDes præVertere CerVos
  VI CaDIt aC beLgIs fVnera fLenDa parIt.

26.

Maximilien d'Autriche,

mary de la précédente, mort à Lintz,

enterré à Neustad.

1 5 1 9.

Imperatori Cæsari Maximiliano, pio, felici
  Augusto principi.
Tum pacis, tum belli artibus omnium ætatis suæ regum,
  Longè clarissimo.
  Sub cujus felici imperio
Inclita Germania, dulcissima ipsius patria
  Tam armis quàm litterarum studiis
  Plusquam antehàc florere
Caputque super alias nationes tollere cœpit
  Cujus insignia facta tabellis inferioribus
Quamvis sub compendio expressè conspiciuntur.
Imperator Cæsar Ferdinandus, pius, felix, augustus
Avo paterno perquàm colendo ac benè merito
  Pietatis et gratitudinis ergò posuit.

27.

(a) **Philippe le beau.**

Son corps fut enterré à Burgos en l'église des Chartroux, et son cœur placé dans le tombeau de Marie de Bourgoigne, sa mère, à Bruges.

O fluxum decus imperii vix Belgica natus
 Sceptra heu ! crudeli morte Philippus obit,
Nec licuit crescentem animo proferre vigorem,
 Æmulaque heu ! patri facta patrare suo.
Belgica tu tanto suspires orba parente,
 Et dic heu ! magnis mors inimica viris.
Nam si aut huic senior, aut serior illa fuisset,
 Dixisses : jacet hic qui patre major erat.

(b) DVM reX CasteLLæ LVCtatVr fLore IVVentæ
 e sVbIta bVrgIs febre phILIppVs obIt.

28.

(a) **Charles-le-Quint,**

enterré en l'église des Hieronymites de Saint-Just.

1558.

Carolo v. imp. Cæs. Aug. Max. Indico. Turc. Afric. Germ. Hispaniæ, Siciliæ et Indiarum regi, PP. principi potentiss. et invictiss. sacri im=perii liberatori, fudatori quietis, christianæ religionis acerrimo propugnatori ; justitiâ, animi magnitudine, prudentiâ, religione, clementiâ, patientiâ, aliisque insignibus virtutibus longè ornatiss. qui post ingentes ubique terrarum partas victorias et clarissimos de Gallo, Turcâ, Afris, Italis, Germanis actos triumphos ; tot multis Indiæ pro=vinciis et insulis etiam priscis incognitis, per legatos, magno respub. christianæ ornamento inventis atque lustratis ; deniquè post feliciter administratam et prudenter constitutam rempubl. Philippo filio, tot amplissimis Hispan. regnis, Flandriâ et aliis provinciis, inaugurato; religione ductus ex Flandriâ in Hispaniam trajecit, seque in justum Hieronymi ordinis cœnobium, ædibus illic, jussu ejus constructis, rece=pit, ubi reliquum vitæ, quod vix biennium fuit tranquillissimè egit et sanctissimè obiit xi kalendas octobris mdccclviii.

Joanna Lusitaniæ princeps, Hispaniarum gubernatrix patri optimo et maximo posuit.

Vixit annis LVIII mens. VI diebus XXVII. Imperavit XL. Regnavit XLIII.

(*b*) CaroLVs HæC qVintVs parVa retInet Vrna gerManIs, gaLLIs, ItaLIsqVe seVerVs.

29.

Philippe II,

enterré dans l'église du couvent de Saint-Laurent, à l'Escurial.

1598.

ortVs et oCCasVs, boreas et CærVLVs aVster pLanXerVnt CIneres, Magne pIhILIppe tVos.

30.

D. Carlos,

Fils du précédent.

1568.

fILIVs ante DIeM patrIos InqVrIt In annos.

31.

Albert Archiduc,

fils de l'empereur Maximilien, gouverneur des P.-B., mourut à Bruxelles, où il fut enterré en l'église de Sainte-Gudule.

1632.

Alberti archiducis Austriæ, Burgundiæ, Brabantiæ ducis Belgarum domini et imperatorum Maximiliani II et Ferdinandi I, Augustorum filii nepotisque. Isabellæ Claræ Eugeniæ Philippi II, Hispaniarum Indiarumque monarchæ filiæ, mariti, pietate, justitiâ, clementiâ magni.

Et æternum memorendi principis exuviæ mortales, immortalitatis gloriam beatæ resurrectionis in spe hic spectavit.

Vixerat annos 61, menses 8, diem 1. Rexerat religiosè, prudenterque annos 25.

Obiit, verum præclari principis exemplar, anno christiano MDCXXI, III idus julii.

32.

Isabella, Clara, Eugenia,

épouse du précédent, inhumée dans le tombeau de son mary.

1633.

Deo.

Et sacræ memoriæ magnæ principis Isabellæ, Claræ, Eugeniæ, D. G. Hispan. infantis, Philippi II regis filiæ, Caroli V imperatoris neptis, regum Philippi III et IV sororis et amitæ, Alberti pii, archiducis Austriæ, principis Belgarum, pientissimæ conjugis. Sanctimoniæ, sapientiæ, clementiæ, cæterarumque, dum vixit in terris, cælestiumque virtutum incomparabilis héroïnæ, mortales exuviæ hic sitæ sunt.

Vixerat in solatium omnium, annos 67, menses 3, dies 19.

Devixit summo cunctorum in mærore kal. decembris MDCLXXXIII.

N.° 13.

Épitaphes de quelques grands personnages dont il est fait mention dans les Annales du Hainaut.

1.

Gilles de Chin,

ensepveli en l'église de l'abbaye de Saint-Ghislain.

1137.

Cy gist messire Gieles de Chin, chambellan de Haynaut, seigneur de Berlaimont, aussi de Chievres et de Sars de par sa femme dame Idon, personnaige digne de mémoire tant pour son zele au service de Dieu que pour sa valeur dans les armes, lequel aidé de la vierge, tua un dragon qui faisait grand desgat au terroir de Wasmes. Il fut enfin occis à Rouillecourt l'an 1137 et ici ensepvely ayant donné grands biens en ceste maison et au villaige dudit Wasmes.
Requiescat in pace.

2.

Saint Albert, évêque de Liége.

1192.

Legia me genuit, electum Roma me probavit
Remis sacravit, sacratum martyrizavit.

3.

Philippe De Courtenay, marquis de Namur,

enterré dans l'église de Vaucelles près de Cambray.

1226.

Marchio Philippus Namurcensis hic jacet intùs
Nec facilè dicas animis an major sit armis
Tu prece sis facilis, mors comparat ultima primis
Anno 1226.

4.

Jean d'Enghien, évêque de Liége,

enterré devant le grand autel de la cathédrale de Liége.

1281.

Junge decem cubicæ quater et bis ; bisque quadratis
His unum cubicæ post partum virginitatis
Annus colligitur Jo. De Enghien quandò moritur
Hic, vi dum capitur præcessoris, sepelitur
Septem profuit his annis moderamine mitis
Finem fecit ei dum festum Bartholomei.

5.

Jean, seigneur de Chimay,

ensépulturé dans le chœur de l'église de Chimay.

1282.

Hic jacet nobilis vir Joannes comes Suessionensis, dominus Chimaci, qui corpus sanctæ Priscæ Romà attulit et anno 1282 obiit.

6.

Marie de Dampierre,

fille de Marguerite, comtesse de Haynaut,
enterrée dans l'église de l'abbaye de Flines.

1302.

Hæc de Dampetrà jacet hic veneranda Maria
Quod fuit egregia nequeunt describere metra.
Princeps Flandrensis huic mater et Hannoniensis.
Ævi sub flore domini flagrans in amore
Mirando more floruit pietatis amore.
Hæc abbatissa nituit benè mitis, honesta
Digna fuit laude, supplex, humilis sinè fraude
Huic Deus applaude, nec ei tua gaudia claude
Anno milleno trecenteno quoque bino.
Migravit festo Thomæ Didymi sub honesto.

7.

Guy de Dampierre, comte de Flandre et marquis de Namur,

enterré dans l'église de l'abbaye de Flines.

1304.

Cy gist très-illustre et noble prince Guy, comte de Flandre, fondateur de céans, qui mourut prisonnier à Compiegne, au mois de mars 1304 et remporté en ce lieu l'an 1305, et fut comte de Flandre xxvi ans et xxxiv marquis de Namur.

8.

Jean de Haynaut, seigneur de Beaumont,

enterré dans l'église des Frères Mineurs, à Valenciennes.

1356.

Chy gist hault, noble et puissant messire Jean de Haynaut, jadis sire de Beaumont, qui fut fils au comte Jean et à la comtesse Philippe et frère au comte Guillame, qui gisent icy emprès au chœur et trespassa en l'an de grace mccclvi le xi jour de mars.

Priez Dieu qui par sa miséricorde il veuille avoir pitié et mercy de l'ame de ly.

9.

Guy, comte de Blois,

enterré en la chapelle des Frères Mineurs, à Valenciennes.

1397.

Chy gist Guy, comte de Blois, sire d'Avesnes et de Beaumont, qui fonda cette chapelle et trespassa l'an 1397, le 22.ᵉ jour de décembre.

10.

Philippe le hardi, duc de Bourgogne,

enterré en l'église des Chartreux de Dijon.

1404.

Chy gist Philippe très-hault et très-puissant prince et fondateur de céans, fils de très-hault et très-puissant prince, par la grace de Dieu roy de France; et dame Bonne, fille du roy de Bohême, sa compaigne, duc de Bourgoigne, palatin seigneur de Salines, comte de Nevers, de Rhetel et Charolois, seigneur de Malines, qui trespassa à Hal en Brabant le 26 d'apvril 1404.

11.

Jean sans peur,

fils du précédent, enterré en l'église des Chartreux à Dijon.

1419.

Chy gist très-hault et très-puissant prince et princesse, Jean duc de Bourgoigne, seigneur de Salines et Malines, fils de feu très-hault et puissant prince Philippe, fils de roy de France, duc de Bourgoigne, fondateur de ceste église; et dame Marguerite de Baviere sa compaigne. Lequel duc Jean trespassa le 9.ᵉ jour de septembre l'an 1419 et la dite dame le 23.ᵉ jour de janvier 1423.

12.

Jean III, comte de Namur,

enterré dans l'église de Saint-Aubin.

1429.

Chy gist très-noble comte Jean de Flandre, qui céda à le prince de Bourgoigne la comté de Namur. Trespassa le 1.ᵉʳ mars 1429.

Requiescat in pace.

13.

Fréderic III, empereur d'Allemaigne,

enterré dans l'église de Saint-Étienne, à Vienne.

1493.

Hæc mausoleo moles æquata sepulchro
  Frederici magni Cæsaris ossa tegit,
Qui Romanum orbem placidè, sanctèque quietus
  Circiter undenas rexit olympiadas.
Largus opes et templa dedit, sæcla aurea fecit
  Hinc inter divos astraque celsa micat.
Post domitos hostes post prælia maxima postquam
  Accessit titulis Bætica terra suis.
Filius Augustus referens bonitate parentem
  Dedaleum posuit Maximilianus opus.
Amborum pietas manet, æternumque manebit
  Pyramis hæc quandò, Saxaque pulvis erunt.

14.

Albert, duc de Saxe,

mort à Embden par suite de ses blessures.

1500.

Pour dompter les Flamands et la race Frisone
Que le roy des Romains avecque raison bonne
Volut suppéditer, je fus fait gouverneur
Combien que des Saxons fusse prince et seigneur;
Mais le gouvernement de Frise héréditaire
Qui lors me fut donné, la partie adversaire
Et Groeningen lachant un coup de trait mortel
Mon corps mort fut porté en Misne mon hostel.

N.° 14.

Épitaphes de quelques évêques de Cambray.

1.

Nicolas De Fontaines,

évêque de Cambray.

1274.

Qualiter ut fontes cervus perquirit aquarum
    Sic studui Domino semper adesse meo.
Dum nequeo terræ satiari fontibus, eccè
    Ad fontem vitæ mors mihi pandit iter.

2.

Guillaume de Haynaut,

évêque de Cambray, enterré dans l'église de l'abbaye de Flines.

1296.

Hannoniæ comitum nato de stemmate, munus
    Urbs Cameracensis pontificale dedit.
Quid genus, aut quid honos terræ mihi profuit? En me
    Quæ tulit antè facem, nunc tegit ipsa fecem.

3.

Guy De Colomieu (Collomedio),

évêque de Cambray.

1302.

Flere juvat Colemand crudelia fata Guidonis
    Quæ tantum terris eripuêre virum
Et ridere quòd is lacrymarum valle relictâ
    Lætus in æthereo numina colle colat.

4.

Enguerrand De Crequy,
évêque de Cambray.

1328.

Hic Enguerranus vir relligione decorus
Stemmata nobilium præclarus ob alta parentum,
Margretam tumulo comitissam condidit amplo.
Mors tandem rapuit omnis quem clerus amavit
Pontificem : lector tibi, si benè consulis, hortor
Hoc ut alas animo, *passu mors ambulat æquo.*

5.

Jean d'Aussonne,
évêque de Cambray, enterré dans l'église de N.-D. de Cambray.

1439.

Vir, tu te virtute, gregem sermone regebas
   Sic benè vir tuti moris et oris eras.
Ad populum tua vox fuit hæc, cordate sacerdos,
   Cor date cordatè, simpliciterque Deo.
Corpore sublimem quandò te clerus honorat
   Te quià mente fores altior astra vocant.

6.

Jean De T'Serclaes,
évêque de Cambray, enterré dans l'église de N.-D. de Cambray.

1389.

Contulit urbs ortum Jano Bruxelica clarum
   Hunc utinam claro cœlica fine beet
Conjugii Bavaros Burgundis fœdere junxit
   Esset dùm cleri Cameracensis apex.
Virtutem coluit : sibi quas substraxit egenis
   Temperie victus accumulavit opes.

7.

(*a*) **Pierre Dailly, cardinal de la S. E. R.,**

évêque de Cambray, enterré dans l'église de N.-D. de Cambray.

Hic jacet R. D. Petrus de Alliaco, théologiæ doctor,
quondam episcopus Cameracensis.

Orate pro eo.

~~~~~~~~

(*b*) Mors rapuit Petrum, petram subiit putre corpus.
Sed petram Christum spiritus ipse petit.
Quiquis ades precibus fer opem, semperque memento
Quod præter mores omnia morte cadunt.
Nam quid amor regum, quid opes, quid gloria durent,
Aspicis? Hæc aderant, nunc michi, nunc abeunt.

8.

(*a*) **Jean de Bourgoigne,**

évêque de Cambray, enterré dans l'église de N.-D. à Cambray.

1479.

Sub hoc sacro marmore jacet veneradus
D. D. Joannes De Burgundià,
episcopus Cameracensis, ac comes Cameracesii,
qui præfuit huic ecclesiæ annis xxxix
et obiit anno Domini mccccLxxix.

~~~~~~~~

(*b*) Prævalui multis quià natus stemmate Vallois,
Prævaluit mihi mors, quid mihi stemma valet?
Erudii multos, prolato dogmate Christi,
Indè quid? Ad meritum nunc mihi dogma valte.

9.

Henri De Berghe,

évêque de Cambray, enterré au chœur de l'église de N.-D. à Cambray.

1502.

Hic premitur tumulo Henricus cui clara propago
    Bergentum redolet claraque facta magis.
Sidere felici natus, cùm surgit in annos
    Amplexus studia est libera, jura simul.
Hisque insignitus lauris perrexit ad urbem,
    Summus et ob merita scriba creatus erat.
Antistesque simul gratus fulsit Cameraci
    Ut summo ad patriam versus honore solum est.
Dulce refrigerium orbatis viduisque luxit
    Cùm populatæ ædis, tum reparator erat.
Cœlitis hic instar mentem corpusque ferebat
    Intactum maculis sidera ceu alta petens.
Noverat hic pariter componere fœdera regum
    Velleris aurisoni præses ad acta fuit.
Sepulchrum domini, Hesperii quoque templa Jacobi
    Paulique et visit limina sacra Petri
Et dubitamus adhuc virtutem extollere in astra
    Rumpere et in vocem grandia facta viri?
Hic vir, hic qui stellifero demissus Olympo
    Rexit ovesque suas tempore quo illud erat:

ECCE SACERDOS MAGNVS QVI IN DIEBVS SVIS PLACVIT DEO.

Rettulimus merita, meritis repetivit ad astra
    Inclyte ad ætherea tempore quo sequitur

ET INVENTVS EST IVSTVS.

Ergò si fecère fidem tot tantaquè certam
    Degere in æthereis quisque rogate pium.

10.

Louis de Berlaymont,

archevêque de Cambray, enterré dans la chapelle de Sainte-Marie-Magdelaine, au couvent des Sœurs noires de Mons.

1596.

Honoris et Æternitatis M.

Illmo præsuli Ludovico de Berlaimont archiepiscopo et duci Camera=censi, clementissimo Cameracenæ ditionis comiti, et sacri Romani Imperii principi, nobil.^{mo} comitum de Berlaimont propaginis heroï, synodi provincialis in hoc oppido habitæ auctori et executori vigilan=tissimo, R.^{mo} Tornacensi episcopatus, ob res inconcussa fide gestas in Deum et principem administratori, patriæ Cameracensium libertatis assertori, ac demùm post multos generosissimi animi, in rebus adversis perpessos labores. Vita functo 15 feb. 1596, et in hoc suo sacello quies=centi. Ætat. suæ 54, præsulatus 25.

11.

François Vanderburch,

archevêque de Cambray, enterré dans l'église des Jésuites de Mons.[1]

1644.

Hic jacet illustriss. ac reverendiss. D. Franciscus Vanderburch, archiepiscopus Cameracensis per annos circiter viginti octo et antes Gandavensis episcopus per annos propè quatuor; vir indefessi laborià et eximiæ sanctitatis. Obiit 23 maii MDCXLIV, postridie sanctissimæ Trinitatis ætatis anno 77.

---

[1] A la suppression de ces religieux, son corps fut transporté dans le tombeau des évêques à Cambray, d'où il fut arraché et profané par les révolutionnaires français.

N.° 15.

*S'ensuyvent les épitaphes les plus remarquables
qui se trouvent en l'église de Sainte-Waudru à Mons.*

1.

Chi devant chel autel gist Lancelot De Bertaimont
qui trespassa l'an mccccviii le xxvi jour d'aoust.
Priez pour s'ame.

2.

Chi gist Willaumez de Brousselles fils saul qui trespassa l'an mccccxxx le premier jour de septembre et ci ii filles. Demiselle Jehanne Rosardt se femme qui ossi trespassa l'an mccccxxxvii le xxv jour de juing.

Priiez pour leus ames.

3.

(*a*)
Qui legis hæc metra, subeam ne tartara tetra,
Elizabeth pro me De Marka cantica prome
Cœli religiosæ verbi castæ genitrici
Subveniendo mihi cum cœlicolis sine fine
Spiritus ille meus nam gliscit cernere montem
Qui datur esse Deus ut cervus tangere fontem.

(*b*) Chi gist Isabiale Delle Marke jadis canonesse et coustre de cheanx
qui trespassa l'an mcccclii, le xiii jour de juing.

4.

Chy messire Jean de Kievraing, en son temps chevalier seigneur de Monceau, Ressay, le Hute, Sautaing, etc., qui trespassa l'an mcccclxxxxv le ix d'octobre et Anthoine de Kievraing son fils du 2.me

mariage, à son vivant aussy seigneur de Ressay, le Hute, Sautaing et chambellain de feu perpétuelle mémoire le roy D. Philippe de Castille, qui trespassa l'an MDXXVI le 11 d'apvril.

5.

De maistre Jean Prevost prothonotaire
En son vivant du siège apostolique
Sommelier de la chambre ordinaire
A l'empereur Charles très-catholique
Chanoine aussy de l'église authentique
De céans, gist près ce tableau son corps
L'an quinze cent trente quatre sans replique
Trespassa. Dieu lui soit misericorde.

6.

(a)
Chy gist le corps d'un Docteur
En son temps bon prédicateur
Et de la foy grand zelateur
Carme en Valencenne et prieur
De Genappe propre pasteur
Il fut aussy le confesseur
De Charles noble duc d'Arscot
Mort fait à tous payer l'escot.

(b) Mors homini certa est; mors ultima linea rerum
Atque bonis vita est, ast inimica malis,
Gloria namque piis sed fit damnatio iniquis
Illa igitur dulcis, hæc nimiumque ferox
Sumpta pomi morsu, mors mortua fraudeque gentis
Tartara tetra petit, Christus et ipse cruce
Exsolvens debitum lethi omnia crimina lavit
Raptus ab his sæclis astricolas repetit.
Ipsa igitur cunctos mortales reddit inanes
Omnes tam justos, sic Abel atque Abraham
Hinc Mosen, Joseph; tandem Joachim, Esther et Annam,
Absalon atque Saül, sic Salomona sophum.

Nunc alacres jungas judam quoque Sampsona Judith
    Nec superest melior virgo Maria viris
Est igitur morti indubiè acris quisque creatus
    Subditus ac legibus Doctor et ipse fuit.
Ferreus et Vallenchensis frater atque prælatus
    Eximius semper candidus ordo sibi
Rexit et ipse domum Carmeli, auxitque decorans
    Rebus in adversis ipse erat alter Job.
Excelsæ studiis Galliæ, bis quatuor in annis
    Inque Remis lector lex fuit ipse regens.
Hinc natale solum rediens annisque duobus
    Indè petit cùm ruit ipse ferox
Carolus hanc quintus capit armis nomine Cæsar,
    Indè redit, princeps quum obit auringiacus.
Accipit ex sumpto beneficia larga labor
    Confessor d'Arscot ducis et ipse fuit
Æthereas poscit precibus pulsatè tonantem
    Transcenso studio mortis adire domos.

Chronicon.

hIC IaCet egRegIVs doCtoR CaRMeLI IoaNNes
FeRReI qVaNdo IaNI LVX tRINa deNa FVIt.

7.

Chy gisent Jean Dethuin, officier tailleur d'imaiges, conduicteur de l'owraige d'architrecte de ceste église qui trespassa l'an MDLVI le XXVI aoust.

Et auprès de luy gist Jean Dethuin son fils ayant exercé le mesme estat et décédé le XII d'octobre de l'an MDLXXXVI.

Pryez Dieu pour leurs ames.

8.

Chi dessoubs gist Jean-Baptiste De Tassis, filz de messire Leonardo De Tassis maistre général des postes de S. M. en ses paiis de pardecha Allemagne Bourgogne etc. qui trespassa en la ville de Mons à l'eaige de XIV ans en l'an de grace MDLXXX, en juing le X, ayant prins profession d'église.

9.

D. Matheo Bucquebuch presbytero juris utriusque licentiato, ecclesiæ metropolitanæ Cameracensis decano et canonico, necnon illustriss. ac reverendiss. domini de Berlaimont archiepiscopi vicario generali, qui cùm à rege catholico episcopus Gandavensis esset designatus in hoc oppido, civitate Cameracensi à Francis occupatâ, terrenos honores cum cœlestibus commutavit. Executores testamenti mœsti posuére. Obiit anno MDLXXXVI, die XIX mensis aprilis.

10.

D. O. M.

Nobili viro Jacobo Adolfi F. Francisci N. Pamelio presbytero, summo theologo, salvatoris præposito, ecclesiæ Audomaropolitanæ archidiacono, ejusdem ecclesiæ nominato episcopo, multis in Cyprianum, Tertulianum aliosque scriptores monumentis editis clarissimo, intempestivâ heu ! morte abrepto, fratres mœstissimi posuére.

P. P.

Natus est anno cıɔ ıɔ xxxvı.
Mortuus est anno cıɔ ıɔ LXXXVII. XIII kl. octobris.

11.

Cornelio De Jode Antuerpiensi cosmographo clarissimo, vitâ, eruditione, ac moribus insigni, qui, cùm Norwegiam, Daniam, Flandriam, aliasque remotas regiones perlustrasset hàc iter ex Hispaniâ faciens, gravi morbo correptus obiit XVIII octobris anno cıɔ ıɔc.
Ætatis verò suæ XXIX Fratres mœsti.

P. P.

12.

Davidi De Haucin D. De Rhein, juris utriusque doctori à consiliariis huic urbi primo rerum publicarum studiosissimo, cum luctu bonorum summo excedenti, D. Isabella De la Croix, amantissima necnon mœstissima conjux, pietatis ergò posuit. Vos eum unà sanctissimæ Trinitati commendate. Anno DMXVI° VIII, XVI kalendas januarii, ætatis LIIII.

13.

(a) Dominus Franciscus Malapert obiit xiv augusti mdcxxii.
Cælebs vixit, celeber vivit, cœlicus vivat.

(b) Re, bona per te stant, mala per te, nomine, si non
Re, mala per te stant, cur Malaperte cadis?
Sed cadis ut quis stet, mala per te vitet apertè
Aut alà per te mentis in astra valet.
Vas etenim pietatis eras, fax moribus æquis
Fulgebas; quodvis fæx tibi crimen erat.
Et dubitamus adhuc cœli te sede locatum?
Non ita.

14.

Hasteini spectans feralia viator
Quem mireris et hìc qua docearis habes
Westphalus infantem vidit, juvenemque Brabantus
Austrius armigerum, nobilis Hanno senem.
Hunc inopes patres venerantur eoque licet
Pullulat Houdani subveniente leges
Kievranis prætor; Montanis jura senator
Dixit; ei reddit nunc sua jura Deus.

Chronicon mortis.

LabIa IVstI erVDIVnt pLVrIMos.

15.

(a) Chy devant gist hault et illustre seigneur messire Florent De Noyelles en son vivant comte de Marles, baron de Hoffmol, seigneur de Briencourt et gentilhomme de la chambre du serenissime prince Albert archiduc d'Autriche, lequel après avoir esté gouverneur des villes et cité d'Arras et capitaine d'une compagnie de lances . . . grand bailly du Haynaut morut le x janvier mdcxxv au grand regret du peuple qu'il at gouverné avec amour et paix.

Requiescat in pace.

(b)
>
Dum Floret Floris Noyellius arte regendi
Hannoniam, moritur, proh! dolor hic que jacet
Pax populi, legum vis, majestas senatùs,
Splendida sub tanto facta fuêre viro.
Quod superest patrem patriæ cecidisse dolemus
O verum Belgam te sinè multa ruent.

16.

(a)
>
MaRgarIs has Fato terras VenIente reLIqVIt
posset Vt æthereo Degere VIVa poLo.
ergo Vos natI et Vos gaVDete nepotes
hæC naM pons VobIs In pIetate fVIt.

Autre énigmatique.

(b)
>
Margaris ecclesiam suprà, quæ floruit intrà
Ut rosa, nunc infrà rosa requirit opem.
Conjugis unius thalamos experta jugales
Millia natorum sex superesse dedit.

17.

Doctor eram medicus cum nomine Floris in arte
Flos cecidi superest nomen, odorque mei.
Omnia te docui vivendo vivere sanè,
Quod magis docui te moriendo mori.
Vivere res incerta, mori certissima lector
Quandò te credis vivere, disce mori.

18.

Huc, ades ô juvenis, mundi qui fultus amore
Stare diù vanâ credulitate putas.
Thema vetus, programma novum, tibi panditur, audi :
Morte cades hodiè forsitan, esto vigil

Hoc tumulo Germanus inest Laurentius, olim
  Lauro meritus habere suum.
Te precor ut requiem sumat laurique
  Vindicias res est digna favore. Vale.

19.

Clara jacet Vinchant quæ stemmate clara, Deoque
  Chara, charos hæredes fecit egenos.

20.

Beny les trespassés fidele créature,
Et ruminant l'estat de l'homme en sépulture
Franchy les vanités de ce monde trompeur
Qui font perdre le ciel et glisser au malheur
Au champ de la vertu emploie ton effort
Tel est vif aujourd'hui qui demain sera mort.

21.

O mort tu nous a pris, mais trop tot, d'advocat
Un conseiller eleu : pourquoi destin ingrat
Ne lui as-tu permis moissonner à mains plaines
L'honneur que luy vouloit une cour souveraine ?
Le nom de Jean Bureau tesmoigne à ses nepveux
Qu'il l'avoit mérité, je l'atteste pour eux.

N.º 16.

Épitaphes de l'église des Frères Mineurs, à Mons.

1.

Philippe sire de Croy et comte de Chimay baron de Kieveraing et de plusieurs terres, grand baillit de Haynaut renommé en son temps, aussy fut gouverneur du pays de Hollande, en l'an mil quatre cens a point huictante trois morut à Bruge en Flandre son corps est icy bas.

2.

> Walburge de bonnes mœurs
> Noble de sang et de vertus
> Fille aisnée au comte de Meurs
> Ses deux grands pères furent jadis
> . . . .
> Et qui fait à estimer plus
> L'ave d'icelle fut empereur
> Ce tombeau luy est mis dessus
> L'ame soit au ciel en honneur.

Le susdit Philippe estoit fils aisné de Jean de Croy premier comte de Chimay, et de Marie de Lalaing héritière de la terre de Kieveraing. C'estoit la plus roide lance de son temps et grand entrepenneur ès faitz d'armes. A cause de quoy il fut nommé la clochette de Hainaut et le reveille matin des Franchois.

Quant à sa femme Walburge elle fut fille de Vincent comte de Meurs et Zuerwerden et d'Anne de Bavière fille d'Estienne duc de Bavière seigneur des deux Ponts et de la comtesse héritière de Walentz. Les ditz Philippe et Walburge gisent soub un magnifique tombeau d'albaltre haultement relevé de terre au devant du grand autel contenant les quartiers de leur famille.

3.

Venerandus P. F. Sebastianus Willemart vulgò *Trompette* nominatus, quondam provincialis Sancti-Andreæ primus et quartus minister provincialis et bis guardianus montenis demùm domus Sancti-Francisci oppidi Binchiensis residens et restaurator obii anno 1571.

4.

Chi gist damoiselle Jhanne Josne femme de Gilles de Bouzanton chevalier seigneur de Kerinains, de Nastre et m.^{re} d'hostel de monseigneur le duc Charles de Bourgoigne, prince de Castille, laquelle fut en son temps mère nourice du roy Philippe de Castille duc de Bourgoigne et de madame Margueritte princesse de Castille laquelle trespassa en l'an 1504, etc.

5.

Chy gist noble homme messire Anthoine seigneur de Landas, Rocourt, Rupelie, etc., chevalier qui trespassa l'an 1552, etc., et madame Franchoise de Croy fille naturelle de feu messire Charles de Croy prince de Chimay son espouse, laquelle trespassa l'an 1555, etc.

6.

Chi gist Anthoine de Croy, fils monseigneur Jean de Croy seigneur de Chimay, qui trespassa l'an 1437, etc.

7.

Sarcofago clausus dum vixit non vitiosus
Polliciam tenuit, multum clerum decoravit
Moribus et crevit Christi, titubans vigilavit
Exercendo piæ quià doctor theologiæ
Sacros sermones vocitatur et ipse Joannes
De Bertemonte pro quo Christum rogitate.

8.

Cum vitium vigeat, cum virtus exulat omnis
  Nonnè mori potiùs quàm superesse juvat?
Cum mores pereant pietas probitasque fidelis
  Nonnè mori potiùs quàm superesse juvat?
Morum fœda lues, scelerumque immensa vorago
  Latiùs exundat, quid superesse juvat?
Bella fames pestis et mille pericula cingunt
  Turpia succrescunt, quid superesse juvat.
Justi nullus amor, nullus respectus honesti
  Nulla viget pietas, quid superesse juvat.
Fallax ambitio tumulenta superbia regnat
  Fastus et ambitio, quid superesse juvat.

9.

1363 — 1385.

Le mors très-perverse et morstelle
Tirase mors ces gens mortstelz
Qui gisent desout ceste lamme
Puis que fait de chacun cors lamme
Car audor furent de biens plains
S'en doit chacun estre benissant
Li chevalier a son nom Willame
De le Hamel avec bonne fame
Dis Baras et moult renommés
Sire de Sart et dou Mainies
Et le dame très-bien aprise
Que le mors très-mortelle a prise
Berte fu à son tamps nommée
Di Selstene moult renommée
En son tamps . . . .
. . . . ciel son regnea
Cy uzeront les cors li viers
En tous tamps l'esté et l'ivier
Or prions Dieu qu'en gloire finent
Quonques ne finera ni fine

Leurs deux ames puissent avoir
Du très-puissant ly manoir
Car celuy qui n'auroit ceste part
A mille joye ne auroit part.

10.

Luget relligio, facunda muta gemiscit,
Flet virtus Lachesis vulnera facta manu
Occidit heu Leury quo non præstantior alter
Divinæ legis scita docere fuit
At tu posteritas meritis si reddere quidquam
Vis illi precibus conciliato Deum.

11.

Ces deux dont véez la pourtraiture
Portans de saint Francois vesture
Sont Gilles Brustin et sa femme
Qui en leurs tamps eurent grande fame
Lequel Gilles du prevosté
De Mons fut enpoesté
Et en très bonne renommée
Et sa femme si fut nommée
Jheanne Niche ors sont ilz mors
Et cy dessoub gisent les corps
Lesquels rengirent eus le tamps
Sans en estre autrement contans
Du grand duc Philippe de Bourgoigne
Qui acheva grande besoigne
Priez pour luy et eux aussy
Que Dieu des ames ayt mercy.

12.

Chi dui repose à brief espouz
De Gerars de Boussu le corps
Lequel en ce mortel viage
Eut quattre enfans en mariage

Et lequel en lieu de tombeau
Ont donné ce présent tableau
Priant à Nostre Seigneur qu'il face
Au dit Gerars veoir sa face.

13.

Chi gist Hues pouvres custodes en son temps
D'Artois qui moult de biens feit cheens
A vie et à mort donna en son nom
De ses biens, furent deux imaiges estories avec se présentation.

14.

L'on cherce les estatz en ce monde
Desquels faut à Dieu rendre compte
Comptés et jettés justement
Craindant le divin jugement.

15.

Quid prosunt homini compendia totius orbis
Si ruat infelix orbus amore Dei
Evigila lector, studiis intende supernis
Infima sunt fumus ventus imago nihil
Nunc age quod cupies elapso tempore factum
Te cinerem sinè re dum brevis urna tegit
Hic Montigniacus Ballivus, in urbe senator
Montanâ sedem pulvere cinctus habet
Nomen ei superest Joannes Laurentius, ora
Numem ut in cœlis compleat omen. Amen.

16.

Areste icy tes pas
Fiche sur nous tes yeux
Quiconque sois lecteur
Et considere encore

Que rien n'est icy bas
Que la mort ne devore
En réduisant en cendre
Les jeunes et les vieux
Tel huy s'enfle d'orgueil
Et marche ambitieux
De qui dans une bière
On voira demain clore
Le corps : que mort autant
L'on refuyt et abhore
Que vivant on l'aymoit
Le reputant heureux
Les pauvres laboureurs
Les superbes monarches
Ne peuvent éviter
La rigueur des trois Parques
Et à nostre cadence
Il convient tous danser
O folle ambition
O rancune domageable
O richesses caduques
O vie misérable
Puisque mourant il faut
Toute chose laisser.

17.

Un en son tamps bon cuysinier
Appellé Guillame Couvet
Mort en habit de cordelier
Fut de terre au cloistre couvert.

18.

Quisquis es hàc qui carpis iter subsiste viator
   Quidque sibi valet hæc picta tabella vide
Hoc recubat tumulo Burdonius ille sacrati
   Qui preco verbi, dum superesset, erat

Qui cecinit vivus veri præconia verbi
  Qui coluit summi numina sancta Dei
Idcircò dominum precibus pulsare memento
  Spiritus ut cœli tecta beata colat.

19.

Chy gist François Sauvaige
Qui se tint au Boscaige
De l'ermitaige de Mons
Par frois et par saisons
Il fut de ce couvent
Relligieux prudent
Dit luy un chapelet
Lecteur ô bien aymé
Affin qu'il soit au ciel
Permanente estincelle.

20.

O mort inévitable
O mort plaine de rage
Tu as comme en un pret
Frère Jean d'Assau defulé
Il avoit la marmitte
En charge pour faire fripe
Ce fut le plus austère
En boire et en manger
Et fut un vray exemple
De vertu au couvent
Nous dirons donc pour ce
  Quiescat in pace.

21.

Qui, sed ab indomito gemitus mihi pectore rumpunt,
  Qualibus insignis rebus et arte fuit
Cumque rudes finxit patriæ studiosus ephebos
  Primus in Houdanâ Gimnasiarcha domo

Qui neque fucatum superis mentitus honorem
  Conspicuus verà relligione fuit
Hic jacet, hic lentà resolutus morte quiescit
  Octo cum natus lustra giletus erat
Et quasi mors non una foret satis expiravit
  Ex haustus longà viribus antè morà
Sed lachrimas compesce tamen respublica corpus
  Terra quidem, at mentem cœlicus orbis habet.

22.

Chy repose soub l'autel Sainct-Grégoire
Jean du Terne homme bon et sçavant
Qui demeura comme à tous est notoire
En Constantinople quarante ans
Le y prist sa femme Anne et depuis
En ce temps la ramena et gist auprès de luy
Jean trespassa l'an trente huict
Quatre cens en décembre, en décembre six jours
Gloire sans fin li conte de cely
Qui tous humains poelt prendre sans jour.

23.

Feu Engelbert de Baquehem jadis
Fut qui servy des ans peu plus que dix
Josne escuyer au conte de Lalaing
Duquel avoit grace en faitz et en dictz
Et vivoit soub vingt cinq ans tandis
Que mort tenduit le ravir comme Albain
Le bon gentilhome doux et humain
Né de Cambray trespassa pour certain
L'an mil cincq cens cincquante et un encore
Quatriesme en maye : Prions Dieu souverain
Qu'il met enfin par grace sous sa main
Le dict defunct en éternelle gloire.

24.

Soub cest autel repose le corps de vénérable et discret religieux maistre Anthoine du Terne docteur en théologie, en son temps conseil=lier des ducs Philippe et Charle et depuis au roy des Romains; confes=seur de monseigneur le bastard de Bourgoigne, lequel moult de biens a faict au couvent de chéans et trespassa l'an 1488 le penultième jour de julet, etc.

25.

Sepultus est sub hâc tumbâ
Frater Anthonius Monens
Ille fuit Christi tuba
Det sibi requiem Deus
Hierosolimis predicavit
Da requiem justis Deus hìc et ubique sepultis
Ut sint in requie propter tua vulnera quinque.

26.

Siste viator et huc faciles tua lumina flecte
    Hæc sibi quidque velit picta tabella vide
En jacet hic magnus Tonelerius, ille per ora
    Doctorum cujus cognita fama virum
Hujus conventûs lector, dum vita superstes
    Qui fuit eximiâ vir probitate gravis
Præclarus verbi divini præco pro indè
    Sublatum hunc fato luget ovile Dei
Ergò quod superest hujus memor ore quiescat
    Spiritus in sanctâ pace precare Deum.

27.

Dieu miséricordieux et bon
Fache merchy à Jean le Blon
Sans oublier Loyse Belant
Et ses amys et ses enfans.

28.

 Se vous pensez par folie ou erreur
Que nul ne rend enfin compte, si non
Ceulx qui ont tiltre et nom de recepveur
Ou singulière administration
Des biens d'aulcuns princes, seigneurs ou villes
Ostez de vous telz pensers inutiles.

 Nous sommes tous recepveurs et fault bien
Que rendions compte au prince souverain
Tout ce que avons et somes est du sien
Rien n'est nostre sors par et soubz sa main
Tout viène de luy, ame, sens, volonté,
Mémoire, corps, agilité, beauté.

 De tous ces dons et d'autres biens mondains
De richesses, d'offices et de honneurs
Dont il nous at l'un plus et l'autre moins
Faict recepveurs en temps et gouverneurs
Il conviendra une fois rendre compte
Pappe, empereur, prélat, roy, duc et conte.

 Car son sergent la mort qui tout efface
Que nul ne peult ne vaincre n'eschever
Nous viendra tous sans verbal manace
Personnellement adjourner et priver
D'estat d'office et de vacation
Si tost que elle en aura commission.

 Ceste première exécution faicte
Aultre plus griefve après s'en ensievra
Car l'espée de la justice traicte
Le souverain prince et seigneur viendra
Tenir à tous siège judiciaire
Pour à chacun son compte final faire.

 Lors ouvrira au son de la buccine
Sa générale et grande chambre des comptes
Où il faudra sans autre cris ne signe
Tous les humains tristes, craintifz et domptés
Venir compter et faire ostension
De leur recepte et villication.

A ce dur compte et estroict comparont
Pour tesmoigner contre les vicieux
Angelz, machuris et hors qui la tiendront
Comme ung visant compte et conterolle entreux
Le juste et vray livre de conscience
Qui tout fera venir en audience.

Tout y sera escript, notté et mis
Jusques au moindre point et dernier quadrant
Les excès, fruicts, temps perdus et obmis
Rien ny aura qui ne soit mis avant
O que bien nets et très heureux seront
Qui lors bon compte et juste apporteront.

N.° 17.

Épitaphes de l'église du Béguinage, à Mons.

1.

Ki chi passez priez pour nous
Tel que nous soumes sarez vous.

Ceste lame est icy mise pour monsieur Nicolon de Chierve con dis le grant et pour lame de Marie sa mère, liquelle trespassa en l'an de grace M. CCC et XXI, etc.

2.

La mort ne pardonne au bon
Du monde osta de maladie
Sire Guillame de Cambron
Prestre en son temps de bonne vie
L'an mil cincq cens et dix fois huict
D'avril en la sixiesme nuict
Il rendit son ame, et encore
Lorsque le crucifix adore
A Dieu à la terre ses os
Cy devant mis en sepulture
Priés que Dieu donne un repos
A son esprit qui sans fin dure.

N.° 18.

*S'ensuivent les épitaphes principaulx
qui se trouvent tant en l'église qu'en cloistre et capitre
du monastère des Écoliers.*

1.

Si gist Gérard d'Angien, chastellain héréditaire de Mons, seigneur de Havrecq, qui trespassa l'an 1361 au mois d'apruil. Et madame Jenne de Ligne sa secunde femme qui trespassa l'an 1368. Et madame Marie de Faignoelles sa première femme qui trespassa l'an 1333, etc.

2.

Chi gist noble homme monseigneur Godefroy dit Pinkart de Gavre, en son tamps seigneur de Fresin, d'Olignies, de Mussaing, etc., qui trespassa l'an 1400, etc. Chy gist noble dame Marie de Gistelle dite de Dugelle espeuse au dit Pinkart.

3.

Chi gist messire Jeaques de Gavre seigneur de Fresin, d'Olignies, d'Ugres et Mussaing, en son vivant grand baillit de Haynaut, chevalier du Thoison d'or, chambellain de l'empereur Charles v de bonne mémoire, lequel trespassa le v jour d'aoust l'an 1537. Et madame Anthoinette d'Incy qui trespassa l'an 1513, etc.

4.

Chy gist messire Louys de Gavre en son vivant chevalier seigneur de Fresin, lequel trespassa le xxii jour d'octobre 1560, etc.

5.

Hìc quiescit frater Franciscus Petrart ordinis Minorum episcopus Calcedonensis archiepiscopi Cameracensis suffraganeus necnon hujus domùs Vallis Scholarum administrator qui magno sui relicto desiderio ex hâc vita migravit kal. junii anno 1592.

6.

Icy gist madame Marie (ou Margueritte) . . . .
. . . . femme de Nicolon seigneur de Housdens.

7.

Chy gist . . . . fille de monseigneur de Novion de Housdens qui trespassa l'an mcccx. . . . Chy gist . . .
. . . . femme à Gerars qui fut fius monseigneur de Pottes.

8.

Autre où on ne peut lire seulement que ce qui s'ensuit :

Mors amère, eineuse
. . . .
. . . .
. . . .
. . . .
De toutes fut vallians et drois
Hardis Ismans et vigoreux
Or li soit li vrais diex pitier
Par quoy et voelle recevoir
L'ame de celuy en son manoir.

9.

Sub hâc tumbâ quiescit corpus fratris Nicolai Desmaretz sacræ paginæ professoris Parisiensis hujus conventûs religiosi jubilæi ac prioris 14 qui decessit ex hoc sæculo anno 1503.

10.

Chy Jean de Havrecq dit de le Motte chevalier qui trespassa l'an 1458, le 4 mai ; et noble dame Jhenne de le Haye et Lechien son espouse qui trespassa l'an 1439.

11.

Chy gist Jeaques bastard de Havrecq, chevalier qui trespassa l'an 1412.

12.

Chy gist noble home Philippe de Goignies seigneur d'Archenne escuyer.

13.

Chy gist hault et puissant monseigneur Engelbert d'Angien chastel=lain de Mons.

> Quem lapis iste tegit tumulo majore sepultum
> Spiritus illius cum perpete pace quiescat.

14.

Chy gist noble et puissante dame, madame Jhenne d'Engien, jadis femme de noble et puissant seigneur, monseigneur Jeaques de Har=court comte de Montgomery et seigneur de Noyelle sur mer, laquelle dame trespassa l'an 1415, etc.

Notez que ces deux personnaiges furent père et mère de Jean de Harcourt qui fut premièrement évesque de Tournay, puis arche=vesque de Narbonne, patriarche d'Alexandrie, chastellain héréditaire de Mons, et seigneur de Havrecq.

15.

Jaquemart Roussia gist icy.
Dieu face à son ame mercy,
De la court de Mons fut greffier
La mort si le veult deffuer
L'an mil quattre cent vingt cinq
Jour en jullet lors fut prins.
Aussy at icy sa sépulture
Jehanne qui de la Pasture
Son espouse estoit appellée
Pour estre en l'autre monde curée.

16.

Chy desoub reposent les corps de feu Henry Resteau, en son temps seigneur de Roeth et conseiller du très hault et très puissant prince monseigneur le duc de Bourgoigne, clerc de son bailliage de Haynau, et baillieu de céens, qui trespassa en l'an 1465, etc., et de demoiselle Alieonore de le Loge, sa première compaigne et espouse, laquelle trespassa l'an 1457, etc.

17.

Chy gist noble home Godefroy dit Pinkart de Gavre, chevalier en son temps seigneur de Fresin, d'Ollignieu et de Mussaing, qui trespassa l'an de grace 1438, etc. Chy gist noble dame Florence de Grees femme et espouse au dit Godefroy, dit Pinkart de Gavre dame de Fresin, d'Olignies et Mussaing qui trespassa l'an 1447, etc.

18.

En l'an quinze cens vingt huit ans
En julet le cincquiesme jour
Fina maistre Anthoine Meurans
Des carpentiers maistre à son tour,
Dieu veuille mettre en belle atour
Son ame en la gloire seraphine
C'est le palais noble et la tour
Des justes qui jamais ne fine.

19.

Chy gist messire Jheans Ramouneres chevalier sires de Hertains qui trespassa l'an 1363, le 18 jour de novembre.

20.

Au devant de ceste figure
At esleu sa sepulture
Jehans de Soldre amy de céens
A nous servir fort diligents
En special quant vers soy.
Il retourna enfant de loy
Pour ce qu'il prendoit debit
Avons registré son obit
Au mais omis de Pentecouste
Adont le fait on quoi qu'il couste
Et pour sçavoir de son trespas
Il est chéens mis par compas.

21.

Quid fatum metuis cum scis de funere nasci
 Vitæ aliud præstans eximiumque genus
Heu metus absit, erit fatum sopor atque sepultus
 Corporis humani sensibus alta quies.

22.

Hic jacet eximium Par : Gressum siste viator
 Quale videt toto rarus in orbe locus
Nam pia suspicies virtutis præmia Petri
 Justitiæ summus legis amator erat
Sed quoque simplicitas imò prudentia quanta,
 Quantaque sublimi cum pietate fides
Integritas et amica viris gravitasque pudorque
 Quandò ullum inveniet huic probitate parem
Quam sibi larga manus fuerit pauper populus scit
 Quamque tenax veri tu Deus alme tenes

Huic benè conjuncta est . . . .
    Cumque suo certans vel probitate viro
Qui quadraginta simul hic vixêre per annos
    Atque illis thalami gloria rara fuit
Quinque dati pueri sunt his totidemque puellæ
    Post sua ruperunt tristia pensa deæ
Eage dic Lachesis sevissima, num tibi dignum
    Morte videbatur par bonitate potens
Sat scio respondes
    At nunquam dederim corpora casta neci.

23.

Lex mortis inviolabilis!
Mirum cur variis acta laboribus
Mens indocta hominis perpetuo petat
Inconcessa datis abstineat sibi
Quis nunc sorte datâ gaudet? et apertè
Nunc quantos videas quos neque gloria
Nec sublimis honos vel tolerabiles
Captent divitiæ sicut sapientia,
Quos nomen retinet stultitiæ comes
Iste nisi hic cupit hoc, ille aliud rogat
Scis tu quid facias.

24.

Chy gist le corps de Charles de Lattre
Le fils en son temps recepveur
De Hasnon que la mort abattre
Volut de son dart de rigueur
En le point en jeunesse et fleur
L'an quinze cent quarante huict
Vingt six en mars le créateur
Le loge au throsne qui reluit.

25.

Hìc requiescit venerandus præsul Jacobus de Lattre qui morum candore Deo hominibusque gratus vixit quique prudentiâ necnon providâ, suâ discretione reipublicæ nostræ perutilis et necessarius fuit undè primo hujus conventûs ei data cura deindè summi pontificis ac imperatoris Caroli v providentiâ primus patriæ Hannoniensis constituitur inquisitor fidei ac demùm ob vigilantiam in officio præstitam abbatiali honore dignus sanè vir qui mortis jura non subiret.

26.

Vous tous qui cest escrit lirez
Priez Dieu pour les trépassés
Et par spécialement pour l'ame
D'un nommé frère Jean Tasne
Dont le corps devant ce taublet
Gist qui fut fait par le gré
Et conget de son prieur
En tamps qu'il estoit souprieur
De chéans ce fut l'an de datte
Mil cccc cincquante quatte
Et trespassa l'an cinquante le 4 de juing.

27.

Jou fréres Mathieus li Carliers
Prieurs qui fu des escolliers
De Mons fondés sus notre dame
Noeufvimes, fui or sui à viers
Par mort qui defais diviers.
Si recommande à Dieu mon ame
Pour y estre en joie sans difame
Dieu suppli qui maint cuer enflame
Ka tous chiauls qui lisent ces viers
Qui sont escripts dessus me lame
Par humilité home de fame
Soit par moy prier en tiers.

Vermibus hìc donor vobis ostendere conor
Quod sicut hìc ponor ponitur omnis honor.

28.

Calcat ut intrepido templi laquearia gressu
Briquetius, præceps horum compage solutâ
Non interrupto mox dividit aera lapsum
Et terram toto fractâ cervice cerebro
Proluit : Heu miserum ! Quem non altaribus est mors
Passa sacerdotem sanctam celebrare synaxim
Aut votis canos cumulare sacrantibus annos
Esto : piè moritur rapiunt quem fata paratum
Aut priùs insontem quam dementarit Erinnis
Vafra voluntatem ; lector tamen optime manes
Sin certæ teneant flammæ divortia votis
Pone tuis nec enim duro sub judice lis est.

N.° 19.

Écriteaux portant indulgences.

1.

Après les épitaphes je veux mettre icy deux escriteaux qui se voyent dedens ledit monastère ; le premier est près l'autel Saint-Jean dedens l'archure où sont les tombes de Godefroy Pinkart de Gavre et sa femme Florence de Grees, et est tel :

  Au temps que saint Grégoire estoit
  A Rome seul il célébroit
  Lors octroya tout la somme
  Des pardons saint Pierre de Rome
  A tous confès et repentans
  Qui cincq fois seront recordans
  Le Paternoste justement
  Et sen Ave Maria ensement
  Et ces pardons sont conformes
  xxx papes c'est vérité
  Chescuns y donna grans pardons
  Vingt mille et six cent ans dirons
  Trente six jours plus non y a
  Pape Clément confirma.

2.

Autre escriteau au sortir du cloistre, vers le jardin.

In mensâ cleri bis sex servare memento :
Sit timor in dapibus, benedictio, lectio, tempus
Sermo brevis, vultus hilaris, pars detur Egenis
Absint delitiæ, detractio, crapula, murmur.
Finitoque cibo, reddatur gratia Christo
Mensâ jam motâ, dicto hymno, posteà pota
Potus in almiflui perceptus nomine Christi,
Huic veniam scelerum dat quadraginta dierum
Papa, Dei motus Honorius almus honore.
Si fuerunt vina, præstatur gratia dupla
Laudes qui recitat haustum primum sibi tollat
Sed semel, et tantum, ne perdat jus meritorum.

N.º 20.

S'ensuivent les épitaphes du monastère de Beaumont, à Valencenes.

1.

Chi gist madame Marie, fille de monseigneur Jehan Hainyn, qui fut femme à monsieur Bauduin de le Motte, seigneur de Champiaul, chevalier, et trespassa l'an 1383, au mois de septembre.

2.

Chi gist monsieur Jean de le Motte, fils de Jean de le Motte, qui trespassa l'an 1410, le xxxi jour du mois d'aoust.

3.

Chi gist Villain de le Motte, filz Bauduin, qui trespassa l'an 1407. Chi gist demiselle Jhenne Vrenille, se femme, qui trespassa l'an 1403.

4.

Chi gist messire Paul de Aezffort, chevalier de l'ordre de Saint-Jeaques, commandeur d'Ocaigie, somelier de corps de l'empereur Charles d'Austrice, qui trespassa en ceste ville le 25 d'octobre 1521.

5.

Chy gist hault et puissant seigneur messire Jeaques de Recourt, en son vivant conseiller et chambelain du roy Philippe de Castille, qui trespassa l'an 1541.

N.° 21.

S'ensuivent les épitaphes qui se trouvent en l'église de Halle.

1.

Marmore sub gelido Selis hic recubat Guilielmus
(Quem frayeren dixêre alii) pastor venerandus,
Hujus magnifici templi dum fata sinebant;
Præfuerat sacris, forstensi sede, benignus
Virginibus sed eum rapuit mors improba, bis sex
Lustris completis, sidera ad alta vehens.

2.

Quam populo petiit verâ cum pace salutem
  Martinus Bellinck mortuus obtineat,
Vermibus hic putreat gelido sub marmore corpus
  In cœlo vivat spiritus ipse Deo.

N.° 22.

Épitaphes qui se trouvent en l'église principale de Soignies.

1.

Qui jacet hic ante sub saxo morte necante
Mitis erat, lœtus cunctis, hilarisque, modestus
Ipse capellanus hujùs templi benè canus
Atque potron dictus Vincentius est vocatus
Annos m. c. quater scribes X sex quoque bis ter
Cuinam novembris lucem dat funera nobis
Cujus ovans anima requiescat in arce supremâ.

2.

Proh dolor ! Arnoldum Giliart dominum venerandum
Alloquio mitem stravit pedes ante jacentem
Ipse capellanus templi
Floribus armonicis redimitus amicus amicis
M. C quater signa crucis et sex tu quoque signa
Ast annos octo messis cum lumina sexta
Tunc oculos clausit mundi quoque frivola liquit.

3.

L'an mil quinze cens soixante
Par mort qui tous tourmente,
Sir Daniel Resteau
Fut mis soub le tombeau.
Prièz Dieu qu'au chanone
Repos mortel donne

4.

Dieu soit mon héritage) J'estoye en ce voyage
Ci bas mon héritier (Restre icy trésorier.

Sires Philippes Laurent ci devant inhumé
Le 4 juin 1611. Prié Dieu pour son ame.

N.° 23.

Épitaphes qui se trouvent en l'église de Saint-Julien, à Ath.

1.

Chy gisent de louable mémoire messire Charles de Carondelet, chevalier, seigneur de Pottelle, Ausnoit, Auvrilles, Manille, Merlan, etc.; en son vivant conseillier de l'empereur Charles le Quint, roy d'Espaigne, son chastellan d'Ath et gouverneur d'Enghien. Et dame Henritte de Mauville, son espouse, dame desditz lieux, qui descendèrent de ce monde, à sçavoir ledit messire Charles le 1 d'aoust et laditte dame le xxvii d'octobre ensuivant l'an 1539, etc.

2.

Chy gist hault et puissant seigneur messire Charles, baron de Trazegnies et de Silly, pair de Haynaut, seigneur d'Yrchonwez, Armude, Welsing, Herpigniés, Tamize, Coywerbourg, Steenbrugghe, Goy, la Capelle, Warfusée, prince des francs fiefz de Roignon, comte d'Autreppe, de Liège, senescal héritier, etc., qui trespassa le xvij de mars l'an 1578.

3.

Chy gist le corps d nome fort estimé,
Maistre Julien Desmarez fut nommé,
L'an xv° lvj sans blasme,
Douze en novembre à Dieu rendit son ame.
Trois ans après fut emprès luy posée
Adrienne Paulmée, sa chière espousée,
xvj en febvrier par mort finas ses ans,
Priés pour eux et pour leurs xv enfants.

4.

Chy devant gist maistre Jean le Mercier
Dit Bosquillon, prebstre humble et vertueux,
Qui pour l'honneur de son Dieu avancier,
A fait bastir mains lieux dévotieux,
Et avec ce estoit fort soucieux,
De visiter et orner les lieulx saincts,
Dieu pour telz faitz luy donne les cieulx haultins.

5.

Chy par mort de nature enemie
Maistre Julien de Gavre, home honorable,
Licentié en la sainte théologie,
Grand ausmonier, doux, humble et charitable,
En soy rendant à tous prest et charitable,
L'an xve trente quattre en septembre
Jour trente quattre eut fin son course louable.
Prions pour luy; digne est qu'on s'en ramente.

6.

Horrible mort qui tout homme marchant
Dessus la terre abat finalement,
De Jean Arnoul, doux, riche et bon marchant,
Et de Jenne sa fille et son enfant
Mist chy les corps assé hastivement,
Priés Jésus par sa mort et tourment
Qui veule avoir de leurs ames pité,
Lesquelles prist au tamps icy notés,
1542, le 2 jour dé septembre;
1513, le 2 jour de jenvier.

7.

L'an xv° et ung, Jean Belhoste marchant,
Par le dard d'Atropos fut à la mort marchant,
Dix huit après obtint sa femme emprès luy placé,
Jhenne du Moulin, Dieu pardon sy leurs face.

8.

L'an xv° quarante et huit, un jour des roys,
Fut cy ensepulturé paisible sans des rois,
Amand Dassonville en son tamps somelier
De panetrie au roy Philippe familier.
Sa femme gist auprès, Jhenne de Warengien,
Jadis grande ausmonière et de noble mantien,
Qui morut ceste année en novembre en après.
Le xv du mois par certain compte exprès,
Leurs corps gisent auprès l'autel du Sacrement.
Dieu leurs donnent vray repos éternel sauvement.

9.

Hé! Hé! la mort a de sa griffe
Hapé un petit Jean le Biffe,
Duquel David en fu le père
Et Barbe Lemart en est sa mère.
Il morut à dix ans un mois,
En septembre nonante trois
Il est enterré cy devant,
Loué en soit Dieu puissant,
Affin qu'il ay son paradis,
Dictes luy un de profundis.

10.

Par Atropos qui tout tue et corrompe,
Le dure morceau de mort amère goust,
Un qui chy gist nommé Jean du Corron,
Sa femme auprès et Margueritte Couste,

Pour eux voeillés prier las sans grand couste
L'an de sa mort mil v° trente-six,
L'an en octobre et l'unziesme sans doubte,
De l'an cincquante deux fut chy assis.
Vous qui sur nous passés et rapassés,
Priés pour ceulx qui y a sont trespassés,
Car quant autres plusieurs biens amassés,
Ilz seront tost par autres fricassez.

II.

Chy gist Jean de Lielimon
Et de ses deux femmes les corps,
Retournés sont tous au limon
De terre dont issirent hors,
Quarant ans fut par bon accord
Fosseur de céans sans nul blasme.
Dieu fasse pardon à son ame.

N.° 24.

S'ensuyvent les épitaphes qui se trouvent en l'église des Frères Mineurs, à Ath.

1.

Chy gist hault, noble et puissant seigneur Jhean, seigneur de Ligne, de Biellœil, de Monstruel et d'Estambruges, etc., fondateur de ceste église, qui trespassa l'an m. cccc lxviij, le 2 de janvier.

2.

Chy fut mis Jehans de Ladeuze,
En l'an xv° deux ans moins,
Aussi fu Margueritte s'espouse,
Dieu ait leurs ames en ses mains.
Le bon chevalier rendi l'ame
En décembre le jour troisiesme;
La dame fu mise soubz lame
Le jour pascal d'april quinsième.

3.

Arestez-vous qui par ichy passez
Et compassez de tous humains le fin,
Car chy sont mis entre les trespassés
Grart Willemart et Jenne de Moulin,
Puis frère Jean le fils devant sa fin
Estant chéens religieux et père
Gist auprès d'eux. Pour quoy priez affin
Que Dieu les veille en son paradis mettre.

4.

Quisquis ades qui morte cades sta, despice, plora
Sum quod eris, modicum cineris, pro me precor ora
Mihi heri et tibi hodiè. Eccles., xxxviij.

5.

Peuple mondain, arreste-toy et vois
Coment par mort je suis mis à l'envers,
Ma face est passée, n'ay, ne sens, ne vois,
Puis mes deux yeux sont tournés de travers.
Quant au surplus, tu vois que mille vers
Rongent ma chair jadis belle et bien tendre.
Chela voyant humain tu peulx entendre,
Combien ton corps sera vil et infame,
Dont puis que faut que tu sois mis en cendre,
Regarde au moins de sauver ta pauvre ame.

6.

Chy devant gist le corps puant
De Guillame de le Vielleuse,
Et le corps de Gille le Grant,
Sa compaigne et prudente espouse.
Jésus par sa mort fructueuse
Leur donne vision de sa face,
Ceste béatitude amoureuse,
Sa grace à tous, le mesme face.
1527.

7.

L'an xve quarante cincq en somme,
Le douziesme de mars fut demarchie
Icy par mort qui un chacun consomme
Un jouvenceau dit Querin du marchie.

8.

L'an xv⁰ cincquante huit en somme,
En novembre dix jours expressément,
Rendit l'esprit par mort qui tous consomme,
Jean Bouchier, vertueux, prudent homme,
Qui de chéens fut moult louablement
Spirituel père diligemment
Par bonne espace et des ans plus de dix
Pour ses labeurs Dieu luy donne paradis.
Deux ans devant en octobre vij jours
Morut sa femme, enterrés tous chéens,
A qui Dieu doint son royaulme à toujours
Et à les siens, c'est Agnès Desablens.

9.

L'an xv⁰ et xxix en somme,
En septembre la vij journée,
De par la mort que chacun consomme
At icy pris fin place déterminée,
Sépulture requise et ordonnée,
Nicaise le Poivre nomant ce jadis,
Auquel Dieu voeil avoir sa paix donnée,
Repose sans fin la sus en paradis.

10.

O doux Jésus! agneau tres-débonaire!
Jettez les rais de vostre face envers
Jean le Velu et Laurence Consvaire,
Desquels les corps sont mis viande aux vers.
Ayez aussi vos yeux begnins ouvers
Vers Franchois, fils des deffuncts dessus dits,
Et frère Jean le Velu qui jadis
Fut de chéens religieux et prebstre.
Et puis veillez en vostre paradis
Tant les parens que tous leurs enfans mettre.

11.

Jésus Christ vueille au ciel par sa mort sure
L'ame Nicaise Ysore recevoir,
Sa femme aussi Catherine Desmasure,
Puis avec luy joye éternelle avoir.
Puis leurs enfans qui par mortel debvoir,
Ont ou auront de mort le pas passé.
Tous ensemble pour Dieu en face veoir.
Requiescant in beatâ pace.

12.

Chy desoub gist Mathieu Desterbecq,
Lequel ayant iiij^{xx} et xvj ans,
Mort en avril toucha de son dure becq
L'an liij aussi qu'estons comptans
Du prédit mois xx et iij jour passans
A un chacun pria de cœur merchis,
Pour ce qu'il a bien vescu en son tamps,
Par charité dis un de profundis.

13.

Chy gist le corps frère Jean Després
Qui visita la saincte basme.
Priez Dieu pour le trespassé,
Et que Dieu veulle avoir son ame.

14.

Le bon Jésus par sa mort doloreuse
Fache merchy à Estienne Monnart,
Et à tous ceulx qu'en sa mort fructueuse
Auront recours et qu'il ayt au ciel part.

15.

Après avoir cincquante ans sans reproche
En tant que prebstre saint Julien servy
Du dard mortel par sa cruelle aproche,
Messire Jean dit le Cocq fut ravy.
Priez au ciel que l'esprit essouvy,
Duquel le corps fut mis en désaroy
L'an xve avec cincquante trois.

16.

Ce défunct fut par mort osté de ce †
Le xv décembre xve trente un : juste est le compte,
Celle défuncte fut par mort ostée de ce †
Le vj juing xve, se bien je compte.

17.

Pensez souvent, vous qui par chy passez,
Comment la mort par cruelle morsure
At mis si bas entre les trespassés
Jean du Vivier et Jhenne Desmasure.
Telle est de tous les humains la morsure
Car comme ils sont, la mort nous fera estre.
Par quoy prions que par sa mort très-sure
Jésus les vueille en son paradis mettre.

18.

Jésus par sa bonté rechoipte en son royaulme
Les ames dont les corps sont par mort desconfis
Et principalement l'ame de Jean Villame
Et Estienotte le Pouille et frère Jean leur fils.

19.

Clausa, sub hoc, tua sunt, Laurenti, corpore busto
    Tertia quem morti sustulit orbe dies
Pavisti verbo errantes, christique redemptus
    Morte piè sancto munere functus oves
Proptereà tenebris quibus hoc involvitur orbis
    Liber es ad superos jussus abire domos.

20.

Considérez de tous humains l'issue,
Vous qui passez par ceste chimetière
Et priez pour Théophile de Lissue,
Sur qui la mort a faict emprise fière.
Auprès de luy est Jhenne Joupière
Qui son espouse estoit au tamps jadis,
Vous qui passez dites *de profundis*.

21.

O doux Jésus qui hors du monument
Lazare avez jadis rescuscité,
Et devant tous ploriez bien tendrement
Pour les humains la grande calamité.
Nous vous prions que vueillez par pitié
Rescusciter à vie bien heureuse,
Tant Bauduin le Clercq que son espouse
Qui Clare Pauls eut nom ès jour passé,
Puis avec eulx donnez gloire joyeuse
A leurs parens et amys trespassez.

22.

Ilic corpus fratris Petri cognomine Wagnion
    Conditur, illius spiritus astra tenet.

23.

Devant l'imaige de la Vierge.

Simeonis vaticinium tetra chronico.

o VIrgo, o Mater, VatIs aD propHetICa
attenDe Verba, Morte IesVs fLebILI,
sternetVr eIVs DIra Cerne stIgMata
te porrò VIrgo MIrVs affLIget DoLor.

24.

Ad imaginem Dei paræ
Conjux tunc Dei? Genitrix quoque tunc Maria?
Ergo pro miseris mater et uxor age.

25.

Sic oculos Guilielmus ego, sic ora ferabam
   Franchiæ, post vitæ bis tria lustra meæ
Me pictura refert, dedit istud avunculi amica
   Petri Guilberti dextera mnemosinon
Dic precor hìc, nostros spectas qui in imagine vultùs,
   Det Guilielme tibi cœlica regna Deus!

N.° 25.

Épitaphes qui se trouvent en l'église de Bavay.

1.

Tempore Ranæ co axant.

2.

Chy gist Arnoul d'Yve, escuyer, seigneur de Ramé et du petit Quesnoy, qui trespassa l'an 1541, le xiij de septembre.

3.

Chy gist madamoiselle Eléonore de Cordes, son espouse, qui trespassa l'an 1537, le jour Saint-Michiel.

4.

A Jeaques le Carlier et Margueritte Housseau,
Jadis mayeur d'icy, fut posé ce tableau.
A Mons ledit Carlier fut mis en sépulture,
Et Margueritte à Bavay rendit son ame pure ;
Le Carlier l'an mil cinc cent cinquant deux,
Elle huitante six d'icy party aux cieulx.
Toi qui vois ce pourtrait qu'ainsi soit, je te prie
Qu'à Dieu par oraison pour eux mercy tu cries.

N.° 26.

Épitaphes qui se trouvent en l'église de Landrechies.

1.

Cy gist feu de noble mémoire messire Jeaques de Liévin, chevalier, en son vivant seigneur de Sonsart et Famars, lequel à son avènement receut de monseigneur le comte de Lalaing, gouverneur pour sa ma= jesté de feu l'empereur Charles v, du pays de Haynau la suitte de 40 hommes d'armes, et de là puis de 200 chevaulx légers, et conséquament de la citadelle de Cambray; et estant la ville de Saint-Quentin reduite soub la puissance du roy nostre sire, iceluy en fut esleu lieutenant, et de tout le Vermandois sous la charge de monseigneur le comte de Meghes; et finalement il obtint de sa majesté, en recognoissance de sa vertu et valeur, le gouvernement de ceste ville, en laquelle il morut le dernier de décembre 1562. Avant sa mort ledit seigneur fonda douze obits perpetuels, etc.

2.

Cy gist le corps soub cette terre noire
D'un chevalier digne de mémoire,
De l'ordre Sainct-Jeaques, Charles de l'Aargilla,
Qui en son vivant vertueusement s'employa
A faits d'armes, démonstrant par indice
L'affection qu'il avoit au service.
De son feu prince et souverain seigneur
Charles cincquiesme le très-hault empereur,
L'accompaignant et par mer et campaigne
Ès guerres d'Argel, Tunes et d'Allemaigne.
Depuis suivant Philippe très-catholique,
Le puissant roy d'Espaigne et fit debvoir publique,
Tant à la bataille de Saint-Quintin,
Comme de Gravelinge où lors son bon engin
Fut esprouvé, gouvernant les chevaulx legiers.
Dont peu après comme le bon bergier,
En vint colonel d'infanterie walone
Tant il avoit aquis renomée bonne,

Et paravant pour capitaine fut mis
Au gouvernement de ceste ville de Landrechies,
Auquel jà s'est porté si sagement
Que à son roy et subjets a donné contentement.
Mais la fortune enemie de repos
Envieux de son bien commande à l'Atropos
A luy fallir par mort la vie
Le tresiesme année après et demie,
Qui au cincquiesme du mois febvrier
Ne voulant à fortune obéir
L'an mil cincq cent sept et six
Envoya son ame vers paradis.

3.

Icy gist le corps de dom George de Solorsano d'Alverado, en son temps du conseil de guerre de sa majesté catholique, capitaine d'une compaignie d'infanterie espaignolle et lieutenant-général de l'artillerie en ce Pays-Bas, qui trespassa en ceste ville le 4 jour du mois de juin 1626.

4.

Vous, messeigneurs, qui passez par icy
Soyez recors qu'ichy est en terre mis
Le corps de feu Bernard Bouté,
En son vivant homé de bien desputé.
Dix ans il fut esgliseur de ceste église
Tout ensuivant sans avoir nulle reprise.
Ce fut celuy aussy qu'il exerça
Premier l'office et qu'il fit le pourça
Pour les pauvres en ceste présente église.
Mais touteffois la mort qui tout divise
Ne la laissé pourtant à le surprendre,
Et a réduit du tout son corps en cendre,
Le vingt huitiesme jour du mois de janvier
Rendit son ame à Dieu le créateur,
L'an mil cincq cent soixante et cincq.
Priez Dieu qu'il ait son ame prinse.

N.º 27.

S'ensuivent les épitaphes qui se trouvent en l'église de Saint-Nicolas en Havré, à Mons.

1.

L'an trente neuf il est ainsi,
Colart decéda on le scet,
En octobre à Dieu le mercy
Sa femme l'an quarante sept
En la quarant . . . . Guillame
Leur fils rendit son esprit.
Je prie à Dieu qu'il eut l'ame
Affin que ne soit point périt.

2.

Gaspar Equis mercator equos distraxit et æquus
  Contulit huc æquo lucra petita foro
Pauperibus domni, quæ sacrè providit et horum
  Mensa (probi testes) missa choralis, erunt
Veloces tibi Gaspar equi, tua munera mentem,
  Æqua deportent calce, per astra tuam.

hI In CVrrIbVs et In eqVIs nos In noMIne DeI. Psal. 19

3.

L'an mil cincq cent iiij^{xx} deux
N'estoit en l'église ce lieu,
Ains l'entrée du jardin des morts
Lors qu'entre ce pillier le corps
De Philippe Mercier posa
Qui d'épidémie trespassa
Le jour Sainte Magdelaine
Qui en la chapelle prochaine
Dédiée à saint Jean-Baptiste
Icy tenant à l'opposite,
Autrement debvoit estre mis,
Où sont ses parents et amys.

Pour l'ame duquel, lecteur,
Ne passez sans dire ces mots :
Quiescat in sanctâ pace,
In regno tuo Domine.

4.

En la cimétière gist et repost
Le corps de Pasquielle Prouvost,
En son tiemps femme et espouse
A Janin Plissart de vin deschargeur.
Elle morut l'an mil v° xxxviij
Le xv d'octobre au mitant del nuicte.

5.

Jeaques Girart fina sa vie par mort
L'an 1500 et quarante en septembre,
Unziesme jour, et par dedans Francfort
La gist son corps se bien je me remembre,
L'an trente huict vray et huict jour en may.
Sa femme Catherine le Tellier
Rendit son ame à Dieu le juge sage.
Son corps chy gist. Voeillez pour eux prier.

6.

Chy gist Philippe Goublet, messagier des états,
Les ayant dix sept ans servys jusques au trespas.
Sa vie fut meslangée de joye et de tristesse,
Sy ne mourut pourtant d'ennuys ny de détresse,
Mourut de toux seiche et luy faillit l'halaine.
Voila pourquoi sa vie n'at pas esté plus longtaine.

7.

Francisci Malapert spectans monumenta viator
Disce mori. Cinis est qui modo civis erat.
Virtutem coluit cælebs, studiisque maritans
Stemmata, fæcundos clausit honore dies
Corpus humo, superis animam, bona cuncta reliquit
Pauperibus, superest ut requiescat. Amen

N.º 28.

Épitaphes qui se trouvent en différentes chapelles de la de la ville de Mons.

Hôpital de Saint-Nicolas.

1.

Marie Lion d'un zèle d'amour ardant,
Religieuse en cestuy beau saint lieu,
D'un cœur dévote fut ce tableau donnant.
Partant prié pour icelle au bon Dieu.

2.

Ichi fut ce tableau donnet
Par sœur Marie Simon
Qui gentiment ast ordonnet
Par un zèle de dévotion.
Peuple priez au hault Sion,
Qu'après la vie transitoire,
Son ame en consolation
Puis voller là sus en gloire.

3.

Sœur Bonne Caniot a fait faire
Chy ce tableau d'entente bonne,
Prétendant à Jésus-Christ complaire
Et à la Vierge et à sainte Bonne.

En mémoire de laditte sœur Bonne, qui fut mère dudit hospital, je luy ay donné pour épitaphe ce qui s'ensuit :

Possidet omne bonum nunc Bonna nec ambigo quarè?
Virgo, soror, mater, re bonâ Bonna fuit.
Dicta nec immerito Caniot, causam ne requiris?
Divinas landes quòd sinè fine canat.

4.

Hôpital de Saint-Jacques.

Chi devant cest autel dessoub la tombe gist Henri le Béguin bourgeois de Mons et confrère de ceste église qui trespassa l'an de grace ᴍᴄᴄᴄᴄʟxxɪɪɪ et se y gist demiselle Ysabeau Busteau son espouse qui trespassa l'an de grace ᴍᴄᴄᴄᴄʟxxɪɪ.

5.

En la chapelle des Clarisses de Mons.

Icy gist on ne sçait quy
Et un corps auprès de luy ;
Par les cheveux c'est d'une femme,
De qui on n'at ne bruit ne fame.

6.

Appellez les comme vous voulez ,
Et priant pour les trespassez
Passez plus oultres in pace ,
Quand vous sçavez l'an c'est assez.
Ils morurent en l'an passé
Mil quatre cent quatre vingt-seize.
Allez-vous en donc à vostre aise.

N.° 29.

Épitaphes diverses de Roland Delattre.

1593.

1.

Par un auteur incertain.

Orlandi cineres eheu modo dulce loquentes
    Nunc mutos eheu flebilis urna premit
Lassæ sunt Charites flendo tua funera Lasse
    Principibus multum chareque Cæsaribus
Belgica quem tellus genitrix dedit ingeniorum
    Ingeniorum altrix Boïa fovit humus
Corporis exuvias eadem quoque Boïa texit
    Post lustra hic hyemes sena vis acta duces
Robora Saxa feras Orpheus ac sic Orphea traxit
    Harmoniæque duces perculit harmoniâ
Nunc quia complevit totum concentibus orbem
    Victor cum superis certat apud superos.

2.

Julien Waudré lui donne cette épitaphe.

Hic jacet Hannonius celebris pro cantibus Orpheus
    Cesareas coluit musicus ille domos
Dictus in humanâ Lassus cognomine vita
    Defunctus meriti pergit honoris iter
Illius egregios viventis Iberia cantus
    Fovit et arctoo subdita terra polo.

3.

Ferreolus Locrius annonce sa mort comme suit :

Orlandus Lassus, Montibus Hannoniæ natus, musicorum nostri seculi, coripheus atque princeps monachii in Bavaria anno ætatis 73 vitâ fungitur.

4.

Joanes oratus, poeta regius.

Sur cest anagrame, Orlandus de Lassus : Laureâ donandus est.

5.

Qui novit artem, novit et nomen simul, Orlande De Lassus, tuum ; versis stupebit litteris tibi, nominis tam consonans oraculum, quùm et consonantes rebus cantus tui, res sint et ipsæ cantibus ; Apollinari, namque solus laureâ donandus es in musicis.

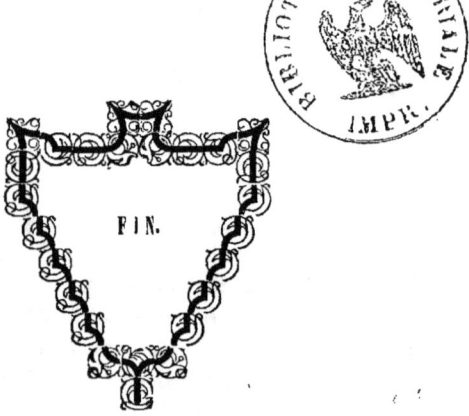

FIN.

TABLE.

TABLE DE L'APPENDICE ET DES DOCUMENTS DIVERS.

APPENDICE.

TOME DEUXIÈME.

N.° I.	— Généalogies de la famille sainte Waudru,	*Page* 5
	Parentaige de sainte Wauldrud, comtesse de Haynault,	8
N.° II.	— *De institutione sanctimonialium*,	12
N.° III.	— L'empereur Othon confirme l'abbaye de Saint-Ghislain dans la possession de ses biens,	13
N.° IV.	— L'abbé Albert de Gembloux s'engage à écrire la vie de saint Veron,	14
N.° V.	— Fondation de l'abbaye de Saint-Denis en Brocqueroie, par le comte Bauduin III,	*ibid.*
N.° VI.	— Translation des reliques de sainte Waudru,	16
N.° VII.	— Confirmation des biens et revenus de l'église de Sainte-Waudru, octroyée du pape Lucius III,	*ibid.*
N.° VIII.	— Charte du Haynaut donnée en 1200 par Bauduin VI,	17
N.° IX.	— Diplôme du comte Bauduin II, qui affranchit l'église Sainte-Waudru de certaines charges,	22
N.° X.	— Diplôme du même, affranchissant les quatre hôtes de Sainte-Waudru,	24
N.° XI.	— Extrait d'une lettre du comte Bauduin, concernant la prise de Constantinople,	25
N.° XII.	— Diplôme du comte Ferrand reconnaissant une donation faite en faveur de Bouchard d'Avesne, mari de Marguerite *la brune,*	*ibid.*
N.° XIII.	— Diplôme du comte Ferrand et de la comtesse Jeanne, statuant que les prébendes du chapitre de Sainte-Waudru ne seront conférées qu'à personnes nobles,	26
N.° XIV.	— Diplôme de la comtesse Jeanne, concernant l'administration de l'hôpital des Ladres,	27

N.º XV.	— Lettre de Fondation del cure Monseigneur saint Nicolas, en la rue de Havrecq,	Page ibid.
N.º XVI.	— Érection de la paroisse du Beghinage, à Mons,	30
N.º XVII.	— Donation en faveur de ladite paroisse,	32
N.º XVIII.	— Séparation du chef de sainte Waudru, etc.,	ibid.
N.º XIX.	— Diplôme de la comtesse Marguerite en faveur du magistrat de Mons,	33
N.º XX.	— Fondation de l'abbaye du Val - des - Écoliers à Mons,	34
N.º XXI.	— Donation des waressaix, etc., en faveur de la commune de Ghlin,	35
N.º XXII.	— Permission de tester en faveur des jeunes chanoinesses,	36
N.º XXIII.	— Ordonnance de la comtesse Marguerite, pour répression de la prostitution,	37
N.º XXIV.	— Ordonnance de la comtesse Marguerite, concernant les fruits de la première année de la jouissance d'une prébende,	ibid.
N.º XXV.	— Fondation en faveur du chapelain de l'hôpital de Cantimpret,	38
N.º XXVI.	— Diplôme de la comtesse Marguerite, reconnaissant diverses redevances dues à l'église de Sainte - Waudru par les comtes de Hainaut,	39
N.º XXVII.	— Ordonnance de la comtesse Marguerite, concernant l'administration de l'hôpital de Cantimpret,	40

TOME TROISIÈME.

N.ºˢ XXVIII et XXIX.	— Rodolphe, roi des Romains, agrée le relief des Quatre offices de Flandres, fait par Jean d'Avesnes, et lui donne l'investiture,	41
N.º XXX.	— Le roi des Romains Rodolphe confirme la charte de la ville de Valenciennes,	44
N.º XXXI.	— Guy, comte de Flandre, est mis au ban de l'Empire, pour s'être opposé à l'exécution du mandement de Rodolphe,	47
N.º XXXII.	— Rodolphe, roi des Romains, relève du serment de fidélité les vassaux de Guy, comté de Flandre, pour les terres en litige, etc.	49
N.º XXXIII.	— Sentence de proscription contre le comte de Flandre en sa personne et ses biens,	50
N.º XXXIV.	— Sentence contre les villes d'Alost, Grammont et autres terres, portant que le comte de Hainaut pouvoit saisir leurs corps et leur avoir et faire en sa volonté, comme de ceux qui sont fouringés de leur honneur et de leurs biens,	51
N.º XXXV.	— Sentence de proscription des communautés d'Alost et de Grammont,	52
N.º XXXVI.	— Fondation des Guillelmins à Flobecq,	ibid.
N.º XXXVII.	— Vente de la terre de Chièvres au comte de Hainaut,	54
N.º XXXVIII.	— Philippe, roi de France, oblige le comte Jean à relever de lui le comté d'Ostrevant,	55
N.º XXXIX.	— Rodolphe, roi des Romains, décharge le comte de Hainaut du serment qu'il avoit fait à cause de Valenciennes et annulle tous les priviléges,	57
N.º XL.	— Le comte Jean reçoit en grâce ceux de Maubeuge à certaines conditions,	59

N.º XLI. — Remise faite par Jean, comte de Hainaut, du droit de morte-main, etc., à ceux de la ville de Mons, *Page* 61
N.º XLII. — Lettre en faveur des serfs qui viendront demeurer en la ville de Mons, 65
N.º XLIII. — Fondation de l'hôpital Taye, à Mons, 66
N.ºˢ XLIV et XLV. — Le roi de France Philippe ménage la paix entre Jean, comte de Haynaut, et ceux de Valenciennes ; douze bourgeois et six échevins lui sont livrés comme ôtages, 67
N.º XLVI. — Paix et alliance entre le roi de France Philippe et Jean, comte de Hainaut, 69
N.º XLVII. — Albert, roi des Romains, confirme tout ce que son père Rodolphe avoit décrété en faveur de Jean, comte de Hainaut, 71
N.º XLVIII. — Lettres de deshéritance de Bauduin d'Avesnes en faveur de Jean d'Avesnes surnommé *sans mercy*, 72
N.º XLVIII bis. — Soumission des Frisons occidentaux. Lettres données à ce sujet, 75
N.º XLIX. — Lettre de deshéritance des terres de Dourlers, Thierimont, Coursolre, faite par Béatrix d'Avesnes en faveur de son fils Walran, *ibid*.
N.ºˢ L et LI. — Lettre du pape Clément v, concernant la remise du droit de mortemain accordée à ceux de la ville de Mons, 77
N.º LII. — Ordonnance de Guillaume, comte de Hainaut, concernant la draperie de la ville de Mons, 78
Charte comment l'on transmua les prévôt et sept hommes de la draperie à deux doyens et quatre jurés, 80
N.º LIII. — Fondation de l'hôpital de Houdeng à Mons, 81
N.º LIV. — Lettres d'amortissement, 85
N.º LV. — Lettres authentiques des reliques de Sainte-Waudru, 88
N.º LVI. — Tableau rimé placé dans la chapelle de Notre-Dame de Cambron, à Mons, à la porte du Parc, 90
Oraison à la vierge Marie en icelle chapelle, 91
N.º LVII. — Louis de Bavière, roi des Romains, écrit au comte Guillaume pour l'engager à venir à son secours, 93
N.º LVIII. — Marguerite, femme de Louis de Bavière, couronnée impératrice à Rome, *ibid*.
N.º LIX. — Ordonnance du comte Guillaume établissant un sceau pour le bailli, 94
N.º LX. — Ordonnance du comte Guillaume autorisant un marché aux chevaux à Mons, 95
N.º LXI. — Ordonnance du comte Guillaume qui autorise la judicature de l'échevinage de Mons, 96
N.º LXII. — Lettres de saufconduit pour la foire de Mons, *ibid*.
N.º LXIII. — Licence donnée à ceux de Mons de tirer cailloux ès villages de Frameries et Quaregnon pour les fortifications de leur ville, 97
N.º LXIV. — Fondation du Béghinage de Mons, *ibid*.
N.º LXV. — Ordonnance de Guillaume de Bavière, comte de Hainaut, concernant les héritages tenus à cens, 99
Édit de ne prendre armures en gage, 102
Chartes de répit en forme de privilége accordé à la ville de Mons, 103
N.º LXVI. — Le duc Albert de Bavière confirme ces ordonnances, 106
N.º LXVII. — Lettres octroyées à ceux de Mons pour la conduite des eaux d'une fontaine dans leur ville, 109

N.° LXVIII. — Le duc Albert de Bavière confirme les Franchises et priviléges de la ville, *Page* 110
N.° LXIX. — Extrait de la nouvelle charte ordonnée par le duc Albert pour le pays de Hainaut, 112
N.° LXX. — Ordonnance du duc Albert de Bavière réglant les rapports de Mons et de Valenciennes, pour l'administration de la justice, 113
N.° LXXI. — Acte des religieux de Saint-Antoine reconnaissant le don que fait Bertrand Remy, de sa personne, etc., à Saint-Antoine, 116
N.° LXXII. — Réglement pour les obsèques dans la ville de Mons, 117
Esclercissement de l'ordonnance susdite, 124
N.° LXXIII. — Défi de Jean de Werchin à tous chevaliers, écuyers, gentilshommes de nom et d'armes, etc., 127
N.° LXXIV. — Priviléges accordés par le pape Jean XXII à l'hôpital de Saint-Jacques, à Mons, 129

TOME QUATRIÈME.

N.° LXXV. — Serment du comte Guillaume IV à son avènement au comté de Hainaut, 131
N.° LXXVI. — Relique du saint Sang du Bois-Seigneur-Isaac, 132
N.° LXXVII. — Ordonnance du comte Guillaume constituant le conseil échevinal, portant le nombre de conseillers de sept à dix, 133
N.° LXXVIII. — Sentence ordonnée par le duc de Bourgoigne et comte de Haynau contre les Liégeois pour leur reconciliation, 135
N.° LXXIX. — Accord entre la ville de Mons et le chapitre de Saint-Germain concernant l'affranchissement du paiement des dîmes, 143
N.° LXXX. — Consécration de l'église de Saint-Julien à Ath, 150
N.° LXXXI. — Érection de la confrérie des Canonniers en la ville de Mons, 151
N.° LXXXII. — Lettre du duc de Clocestre au duc de Bourgogne, 155
N.° LXXXIII. — Lettre du duc de Bourgogne au duc de Clocestre, 153
N.° LXXXIV. — Cartel du duc de Clocestre au prince Philippe de Bourgogne, 157
X.° LXXXV. — Réponse du duc de Bourgogne, 159
N.° LXXXVI. — Lettre du pape Martin V au duc Jean de Brabant, 161
N.° LXXXVII. — Lettre de la comtesse Jacqueline de Hainaut au duc de Clocestre, 162
N.° LXXXVIII. — *Idem*, 164
N.° LXXXIX. — Bulle d'érection de l'université de Louvain par Martin V, *ibid*
N.° XC. — Description du char d'or de Mons, 168
N.° XCI. — Charte contenant divers priviléges accordés à la ville de Mons, 169
N.° XCII. — Institution de l'Ordre de la Toison d'Or, 174
N.° XCIII. — Acquisition de la terre du Rœulx par la maison de Croy, 175
N.° XCIV. — Éclaircissement sur le privilége accordé à la ville de Mons, 178
Du faict des eschevins pouvoir exercer justice, *ibid*
De pouvoir bannir et composer par les eschevins, 179
De aux bannis pouvoir rendre la ville par le bailly de Haynau, *ibid*
Des bourgeois pouvoir poursuivre ses amendes pour navrures par devant autres juges que lesditz eschevins, *ibid*

	Des eschevins cognoistre des afforains qui occiront bourgeois ou briseront trèves,	*Page* 180
	Des eschevins non cognoistre des nobles et aultres,	*ibid.*
	Des marchandises du prince que les bourgeois prendent,	*ibid.*
	Des eschevins pouvoir exploiter ès halles et moulins.	181
	Des bourgeois non domager les bois sinon pour les cas déclarez,	*ibid.*
	Des bourgeois ne pouvoir chasser ès bois,	*ibid.*
	De pouvoir recroire par les eschevins les bourgeois calengez par les officiers du prince,	182
	Des bourgeois ou leurs biens calengez par les seigneurs subjetz estre renduz aux eschevins,	*ibid.*
	Ottel debvoir faire par les officiers du prince,	183
	Des quatre sergeans pouvoir exploiter de tout cas, et comment ilz si doibvent conduire,	*ibid.*
	De l'amendre d'empescher les bourgeois ou leurs biens pour deptes à cognoistre, sinon par-devant les eschevins,	184
	Des quattre sergeans exploiter par tout Haynaut pour faire venir la portion de la ville ès loix qu'eschevins jugent,	*ibid.*
	Des fraix des exécutions de justice,	*ibid.*
	Du privilège des couteliers estre entretenu,	*ibid.*
N.º XCV.	— Translation des reliques de sainte Aldegonde,	185
N.º XCVI.	— Appointement du duc Philippe de Bourgogne touchant plusieurs difficultés entre le bailli du Hainaut et ceux de Valenciennes,	191
N.º XCVII.	— Privilège accordé aux états du Hainaut touchant le droit de mortemain, etc.,	197
N.º XCVIII.	— Ordonnance touchant la juridiction spirituelle de l'évêque de Cambray,	200
N.º XCIX.	— Concordat entre les juridictions spirituelles et temporelles du Hainaut,	202
	S'ensuit ladite déclaration de l'usance ci-devant au pays de Haynnaut sur lesdis cas criminelz,	205
N.º C.	— Lettre du pape Pie II au duc de Bourgogne, lui demandant secours contre le Turc,	206
N. CI.	— Lettres du comte de Charolois aux bonnes villes et principaux de la noblesse,	207
N.º CII.	— Particularités concernant l'administration de la cure de Saint-Germain,	212
	Serment des pasteurs de Saint-Germain,	213
N.º CIII.	— Lettre du roi de France, concernant le projet de mariage de son fils avec Marie de Bourgogne,	*ibid.*
N.º CIV.	— Établissement du grand conseil des Pays-Bas,	214

TOME CINQUIÈME.

N.° CV.	— Serment de l'archiduc Maximilien à sa joyeuse entrée à Mons, *Page* 220
N.° CVI.	— Établissement des Sœurs Noires à Mons, 222
N.° CVII.	— Lettre du roi de France Charles aux Gantois, 225
N.° CVIII.	— Érection du comté de Chimay en principauté, 226
N.° CIX.	— Lettre de l'empereur Fréderic aux États du Hainaut, concernant la captivité du roi des Romains à Bruges, 228
N.° CX.	— Lettre de l'archevêque de Cologne aux États de Hainaut, sur le même sujet, 230
N.° CXI.	— Concordat entre le curé de Saint-Nicolas en Havré et le magistrat de la ville de Mons, concernant l'église dite Saint-Nicolas, 231
N.° CXII.	— Établissement de quatre vicaires en l'église de Sainte-Élisabeth, à Mons, 242
N.° CXIII.	— Appointement entre le chapitre de Saint-Germain et la ville de Mons, touchant la réédification et l'entretien du chœur de cette église, 246
N.° CXIV.	— Indulgences accordées à la chapelle de Notre-Dame de Cambron, à la porte du Parc, à Mons, 249
N.° CXV.	— Privilège du roi Philippe en faveur des natifs du Hainaut, pour collation d'offices, 250
N.° CXVI.	— (Cette pièce a été insérée dans le texte), 251
N.° CXVII.	— Érection de la chapelle de l'école dominicale de Mons, *ibid.*
N.° CXVIII.	— Parades diverses qui se sont faites parmy les lieux où passèrent les archiducs Albert et Isabelle quand ils feirent leur entrée solemnelle en la ville de Mons le 23 febvrier 1600, 252
	Autre par Boschius, *ibid.*
	Épigrammes composées par François Derpion, recteur du collége de Houdain, à l'occasion du mariage d'Albert et Isabelle, 270
N° CXIX.	— Réforme de la Cour souveraine de Hainaut, 271
N.° CXXI.	— Réforme du Conseil de la ville de Mons, 274
N.° CXXII.	— Ordonnance du roi Philippe, pour la repression du traité des charges et offices, 276

DOCUMENTS DIVERS.

N.º 1. — *Documents extraits de la trésorerie du chapitre de Sainte-Waudru,*   *Page* 281
    Ordonnance du comte Bauduin reconnaissant les franchises et privilèges de l'église de Sainte-Waudru,   *ibid.*
N.º 2. — *Ordonnance de la comtesse Marguerite sur la prestation de serment du bailli de Haynaut en l'église de Sainte-Waudru,*   282
N.º 3. — *Erection de la cure de Cantimpret à Mons,*   *ibid.*
N.º 4. — *Formules anciennes de serment,*   284
    Serment du comte de Hainaut,   *ibid.*
    Serment du comte de Hainaut à l'église de Sainte-Waudru,   *ibid.*
    Serment du grand bailly de Hainaut,   285
    Serment du prévôt,   *ibid.*
    Serment du maire,   *ibid.*
    Serment des chanoinesses et chanoines,   *ibid.*
N.º 5. — *Documents sur les frères du tiers-ordre de Saint-François au couvent de Sainte-Croix, à Mons,*   286
    Extrait d'un mémorial manuscrit déposé aux archives de la ville de Mons,   *ibid.*
N.º 6. — *Idem octroi de célébrer l'office divin en leur chapelle,*   *ibid.*
N.º 7. — *Idem et autres concessions,*   288
N.º 8. — *Documents sur l'église de Sainte-Waudru à Mons,*   288
    Indulgences pour la procession générale de Mons,   *ibid.*
N.º 9. — *Indulgences accordées aux ouvriers et autres qui contribueront à la reconstruction de l'église de Sainte-Waudru,*   294
N.º 10. — *Indulgences accordées à l'église de Sainte-Waudru par cinq évêques réunis à Bruxelles,*   296
N.º 11. — *Verses poétiques composés à la louange de messire Philippe de Croy, proclamé roy de la confrérie Notre-Dame, pour avoir abbattu l'oyseau en 1525.*   298

ÉPITAPHES.

N.º 12. — *S'ensuivent les diverses épitaphes des comtes du Haynaut,*   300
    1. Alberon, 488,   (*ibid.*
    2. Waubert, 520,   501
    Autre,   *ibid.*
    3. Regnier I, 914,   *ibid.*
    4. Bauduin de Mons, 1070,   502
    Autre,   *ibid.*
    5. Richilde, 1084,   503

6. Bauduin IV le bâtisseur, 1171,	*Page* 304
7. Alix, 1169,	*ibid.*
8. Bauduin V, 1195,	305
9. Marguerite, 1194,	*ibid.*
10. Ferrand, 1233,	*ibid.*
Autre,	306
Jeanne, 1244,	*ibid.*
11. Jean d'Avesnes, 1257,	*ibid.*
12. Jean d'Avesnes, deuxième du nom, 1304,	307
13. Philippine de Luxembourg, 1311,	*ibid.*
14. Guillaume I, 1337,	308
15. Guillaume II, 1345,	*ibid.*
16. Marguerite, 1356,	309
17. Guillaume III, 1388,	*ibid.*
18. Albert de Bavière, 1404,	310
19. Guillaume IV, 1417,	*ibid.*
Autre,	*ibid.*
20. Jean IV, duc de Brabant, 1427,	311
21. Jacqueline de Bavière, 1436,	*ibid.*
Autre,	*ibid.*
Autre,	*ibid.*
22. Philippe le bon et sa femme Isabelle de Portugal, 1467.—1472,	312
Autre,	*ibid.*
Autre,	*ibid.*
Autre,	*ibid.*
S'ensuyt encore l'épitaphe qu'on lit sur le tombe et qui contient l'abrégé de sa vie,	313
23. Charles le belliqueux, 1477,	314
Autre,	315
Autre,	*ibid,*
Autre,	*ibid.*
Autre,	316
Autre,	*ibid.*
Autre,	*ibid.*
Autre,	*ibid.*
Autre,	*ibid.*
24. Marie d'York, 1503,	317
25. Marie de Bourgoigne, 1482,	*ibid.*
Autre,	318
Autre,	*ibid.*
26. Maximilien d'Autriche, 1519,	*ibid.*
27. Philippe le beau,	319
Autre,	*ibid.*
28. Charles-le-Quint, 1558,	*ibid.*
Autre,	320
29. Philippe II, 1598,	*ibid.*
30. D. Carlos, 1568,	*ibid.*
31. Albert archiduc, 1622,	*ibid.*
32. Isabella, Clara, Eugenia, 1633,	321

N.° 13. — *Épitaphes de quelques grands personnages dont il est fait mention dans les Annales du Hainaut*, Page 322
    1. Gilles de Chin, 1137, *ibid.*
    2. Saint Albert, évêque de Liége, 1192, *ibid.*
    3. Philippe De Courtenay, 1226, *ibid.*
    4. Jean d'Enghien, 1281, 323
    5. Jean, seigneur de Chimay, 1282, *ibid.*
    6. Marie de Dampierre, 1302, *ibid.*
    7. Guy de Dampierre, 1304, 324
    8. Jean de Haynaut, 1356, *ibid.*
    9. Guy, comte de Blois, 1397, *ibid.*
    10. Philippe le hardi, 1404, 325
    11. Jean sans peur, 1419, *ibid.*
    12. Jean III, comte de Namur, 1429, *ibid.*
    13. Frédéric III, empereur d'Allemaigne, 1493, 326
    14. Albert, duc de Saxe, 1500, *ibid.*

N.° 14. — *Épitaphes de quelques évêques de Cambray*, 327
    1. Nicolas De Fontaines, 1274, *ibid.*
    2. Guillaume de Haynaut, 1296, *ibid.*
    3. Guy De Colomieu (Collomedio), 1302, *ibid.*
    4. Enguerrand De Crequy, 1328, 328
    5. Jean d'Aussonne, 1439, *ibid.*
    6. Jean De T'Serclaes, 1389, *ibid.*
    7. Pierre Dailly, cardinal de la S. E. R., 329
        Autre, *ibid.*
    8. Jean de Bourgoigne, 1479, *ibid.*
        Autre, *ibid.*
    9. Henri de Berghe, 1502, 330
    10. Louis de Berlaymont, 1596, 331
    11. François Vanderburch, 1644, *ibid.*

N.° 15. — *S'ensuyvent les épitaphes les plus remarquables qui se trouvent en l'église de Sainte-Waudru à Mons*, 332
    1. Lancelot De Bertaimont, *ibid.*
    2. Willaumez de Brousselles, *ibid.*
    3. Élizabeth De le Marke, *ibid.*
        Autre, *ibid.*
    4. Jean de Kievraing, 333
    5. Jean Prevost, *ibid.*
    6. Le docteur Jean, *ibid.*
        Autre, *ibid.*
    7. Jean Dethuin et Jean Dethuin son fils, 334
    8. Jean-Baptiste De Tassis, *ibid.*
    9. Mathieu Bucquebuch, 335
    10. Jacques-Adolphe-François N. Pamelius, *ibid.*
    11. Corneil De Jode, *ibid.*
    12. David De Haucin D. De Rhein, *ibid.*
    13. François Malapert, 336
        Autre, *ibid.*
    14. N. Hasteinius, *ibid.*

15. Florent de Noyelles,	Page 336
Autre,	337
16. Marguerite,	ibid.
Autre énigmatique,	ibid.
17. Floris,	ibid.
18. Germain Laurent,	ibid.
19. Vinchant,	338
20. Sans nom,	ibid.
21. Jean Bureau,	ibid.
N.° 16. — *Épitaphes de l'église des Frères Mineurs, à Mons,*	339
1. Philippe, sire de Croy,	ibid.
2. Walburge, femme de Philippe,	ibid.
3. Sebastien Willemart surnommé le *Trompette*,	340
4. Jhanne Josne, femme de Gilles de Bouzanton,	ibid.
5. Anthoine, seigneur de Landas,	ibid.
6. Anthoine de Croy,	ibid.
7. Jean De Bertemont,	ibid.
8. *Maxime*.	341
9. De le Hamel et dame Baras,	ibid.
10. *Maxime*,	342
11. Gilles Brustin et sa femme,	ibid.
12. Gerars de Boussu,	ibid.
13. Hues d'Artois,	343
14. *Maxime*,	ibid.
15. Jean Laurentius,	ibid.
16. *Maxime*,	ibid.
17. Guillame Couvet,	344
18. *Maxime*,	ibid.
19. François Sauvaige,	345
20. Frère Jean d'Assau,	ibid.
21. *Maxime*,	ibid.
22. Jean du Terne,	346
23. Engelbert de Baquehem,	ibid.
24. Anthoine du Terne,	347
25. Anthoine Monens,	ibid.
26. *Maxime*,	ibid.
27. Jean le Blon et Loyse Belant,	ibid.
28. *Maxime*,	348
N.° 17. — *Épitaphes de l'église du Beguinage, à Mons,*	350
De 1 à 2.	
N.° 18. — *S'ensuivent les épitaphes principaulx qui se trouvent tant en l'église qu'en cloistre et capitre du monastère des Écoliers,*	351
De 1 à 28.	
N.° 19. — *Écritaux portant indulgences,*	359
De 1 à 2.	
N.° 20. — *S'ensuivent les épitaphes du monastère de Beaumont, à Valen=cenes,*	360
De 1 à 5.	

N.° 21. — *S'ensuivent les épitaphes qui se trouvent en l'église de Halle,* 361
De 1 à 2.
N.° 22. — *Épitaphes qui se trouvent en l'église principale de Soignies,* 362
De 1 à 4.
N° 23. — *Épittaphes qui se trouvent en l'église de Saint-Julien, à Ath,* 365
De 1 à 11.
N.° 24. — *S'ensuyvent les épitaphes qui se trouvent en l'église des Frères Mineurs à Ath,* 367
De 1 à 25.
N.° 25. — *Épitaphes qui se trouvent en l'église de Bavay,* 374
De 1 à 4.
N.° 26. — *Épitaphes qui se trouvent en l'église de Landrechies,* 375
De 1 à 4.
N.° 27. — *S'ensuyvent les épitaphes qui se trouvent en l'église de Saint-Nicolas en Havré, à Mons,* 377
De 1 à 7.
N.° 28. — *Épitaphes qui se trouvent en différentes chapelles de la ville de Mons,* 379
De 1 à 6.
N.° 29. — *Épitaphes diverses de Roland Delattre* 381
De 1 à 5.

FIN DE LA TABLE.

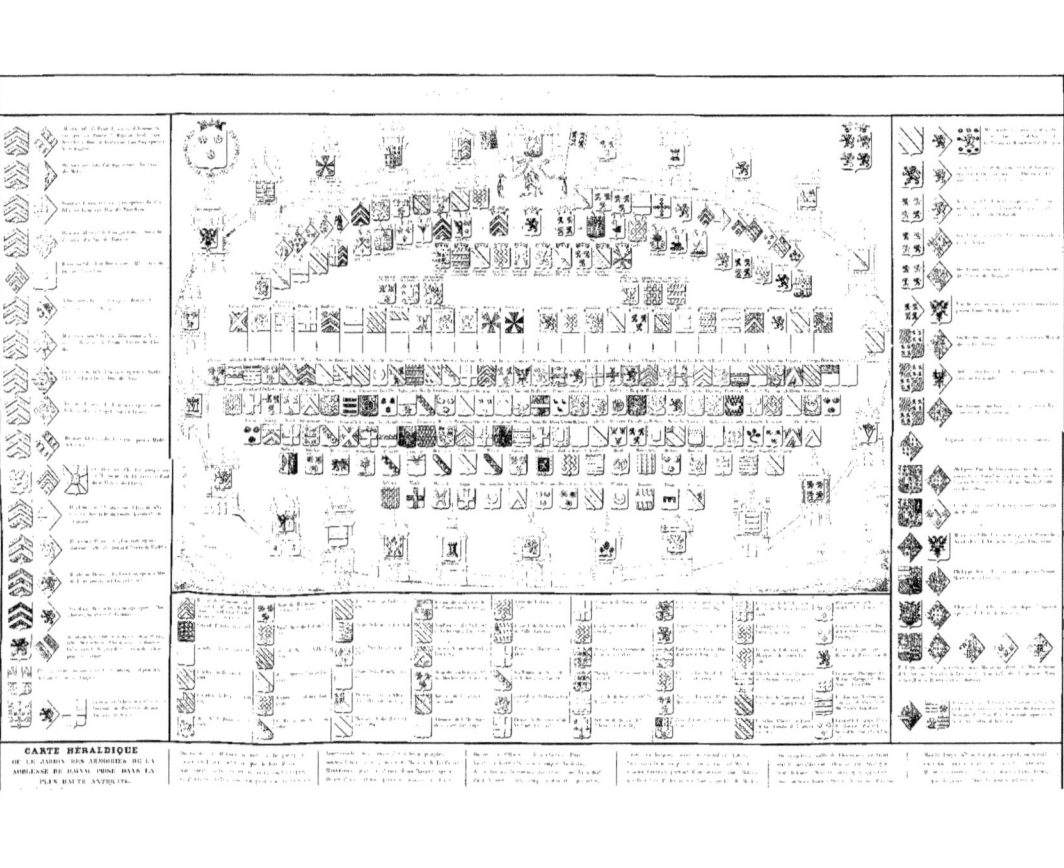

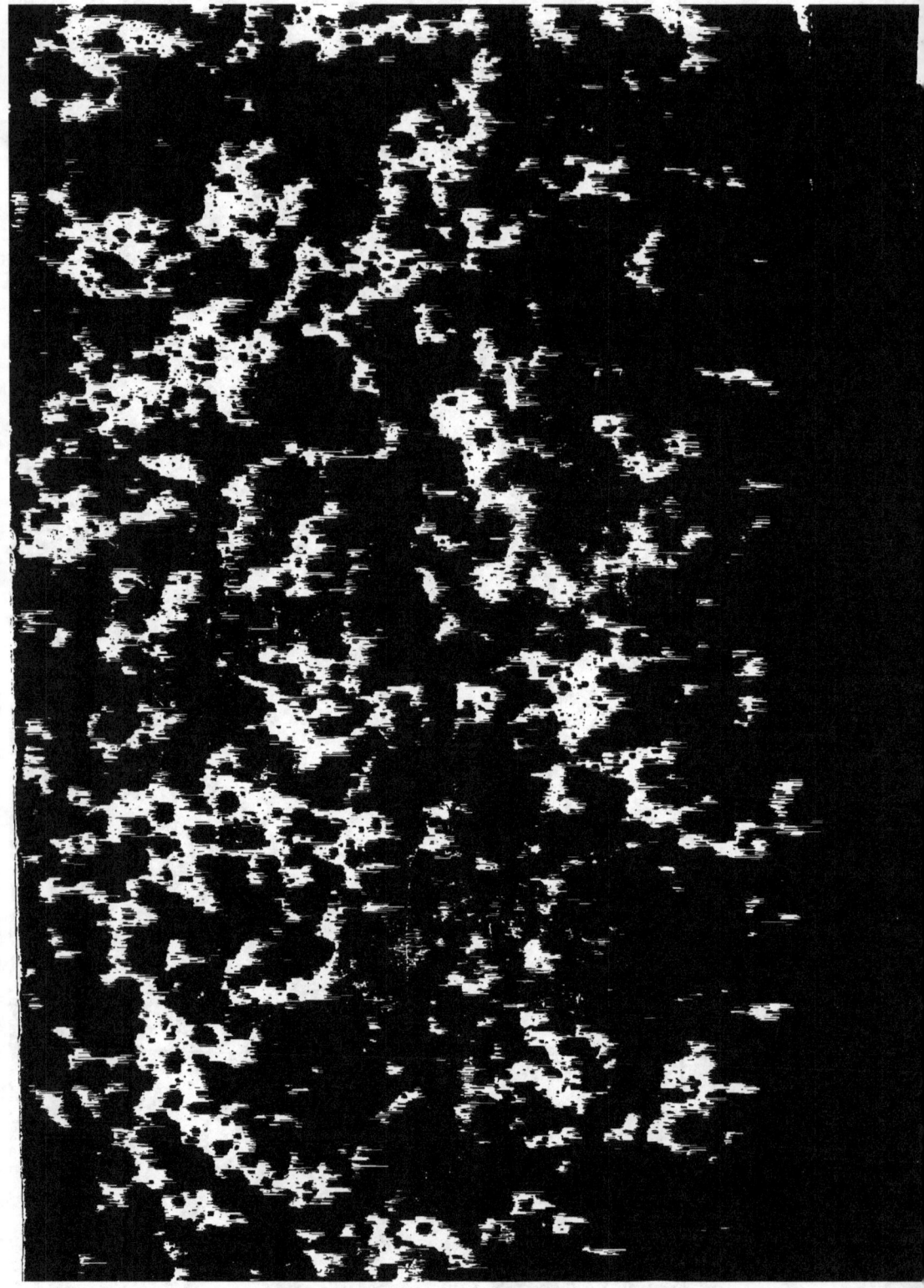

www.ingramcontent.com/pod-product-compliance
Lightning Source LLC
Chambersburg PA
CBHW052128230426
43671CB00009B/1170